Nosce te ipsum … animam tuam … Deum

Berlin-Brandenburgische Akademie der Wissenschaften

Texte und Untersuchungen zur Geschichte der altchristlichen Literatur

Archiv für die Ausgabe der Griechischen Christlichen Schriftsteller der ersten Jahrhunderte

(TU)

Begründet von
O. von Gebhardt und A. von Harnack
herausgegeben von
Christoph Markschies

Band 168

berlin-brandenburgische
AKADEMIE DER WISSENSCHAFTEN

De Gruyter

Basilius von Caesarea / Rufinus von Aquileia

Nosce te ipsum ... animam tuam ... Deum

Predigt 3 des Basilius Caesariensis
in der Übersetzung des Rufinus

Kritische Ausgabe des lateinischen Textes mit Einleitung,
griechischer Fassung und deutscher Übersetzung

Herausgegeben von
Heinrich Marti

De Gruyter

Herausgegeben durch die
Berlin-Brandenburgische Akademie der Wissenschaften
von Christoph Markschies

ISBN 978-3-11-025849-3
e-ISBN 978-3-11-025850-9
ISSN 0082-3589

Library of Congress Cataloging-in-Publication Data

A CIP catalog record for this book has been applied for at the Library of Congress.

Bibliografische Information der Deutschen Nationalbibliothek

Die Deutsche Nationalbibliothek verzeichnet diese Publikation in der Deutschen Nationalbibliografie;
detaillierte bibliografische Daten sind im Internet über http://dnb.dnb.de abrufbar.

© 2012 Walter de Gruyter GmbH & Co. KG, Berlin/Boston

Druck und buchbinderische Verarbeitung: Hubert & Co. GmbH & Co. KG, Göttingen
∞ Gedruckt auf säurefreiem Papier

Printed in Germany

www.degruyter.com

INHALT

Se Dio vedere vuoi, guardalo in ogni oggetto;
Cercalo nel tuo petto, lo troverai con te
(Pietro METASTASIO, W.A. MOZART,
Betulia liberata II)

VORWORT

Probleme des Übersetzens beginnen im heutigen Europa, dessen Bewohner sich ja dank guter Verkehrsnetze täglich begegnen, eine markante Rolle zu spielen. Menschen verschiedenster Herkunft benützen mehrere Verkehrssprachen für einen wirtschaftlichen und politischen Aufbau. Auch ausserhalb Europas haben globalisierte Kulturen mit einander zu verkehren. Dass ihre internationale Kontaktnahme erfolgreich und friedlich verläuft und ein passables Zusammenleben aller ermöglicht, ist eine Hoffnung mit alter Tradition, und ein Rückblick in die Geschichte zeigt bald, dass auch frühere Generationen um Kontakte innerhalb und ausserhalb unserer Kulturen zu kämpfen hatten.

Historiker denken bald einmal an den Zusammenbruch der Alten Welt – eine Katastrophe, die rasch auch ein Wiederaufleben von Literatur und Bildung ermöglichte. Es ist Aufgabe der Kulturwissenschaften, allfällige Erfahrungen früherer Epochen nachzuvollziehen.

Der Boden kultureller Begegnungen und Konflikte war in der ausgehenden Antike allerdings weniger ein ökonomischer als ein religiöser: mehrere rivalisierende Gruppen trafen, zum Teil recht feindselig, aufeinander. Für viele spielten ältere Traditionen eine besondere Rolle: ein Hauptpunkt war die „Schrift", die Scriptura Sacra, die von Juden, Manichäern, Christen usw. in verschiedener Art gelesen und gelehrt wurde. Die Vielsprachigkeit wurde nun rasch spürbar: viele Texte gab es jetzt auch in Randsprachen, etwa in Koptisch, Syrisch, Armenisch und Georgisch, und die sprachliche Welt veränderte sich auch im Innern der spätantiken Reiche.

Die Forschungslage ist heute erschwert durch das Nebeneinander grösserer und kleinerer Provinzen. Es fehlt immer noch an Glossaren und mehrsprachigen Textausgaben, die Vergleiche der Idiome ermöglichen, und Kommentare scheitern oft an der Masse von Textmaterial.

Als Forschungsstandort hat Zürich eine ideale Grösse: die Universität und ihre Fachbibliotheken decken die Bedürfnisse der Benützer gut ab. Ein „zwinglianischer" Rückstand ist selten spürbar, am ehesten noch bei der älteren Fachliteratur. Was hervorragend funktioniert, ist die persönliche Seite - die Zusammenarbeit von Instituten und Seminaren, inklusive ihrer Leiter; auch kleinere Fächer haben ihre Chancen. Der Verfasser dieser Studie fand bei Kollegen mehrfach Rat, und die Universitäten von Basel und Zürich haben die Arbeit des akademischen „Einsiedlers" (mit Lehraufträgen) spürbar unterstützt.-

Die Technik geht ihre Wege - ich bin auch den Jüngeren, meiner Tochter Dr.phil. Susan Marti, meinem Enkel Lukas Suter (Dortmund) und dem Assistenten Fabian Zogg für selbstlose gute Beihilfe von Herzen dankbar.

H.M.

EINLEITUNG

1. Eine Predigt edieren, erläutern, übersetzen?

Die Gattung ὁμιλία / *sermo* ist die Erbin der klassischen ‚Rede' – sie bleibt protreptisch, epideiktisch oder panegyrisch. Der Ort, an dem die antike Rede ihre Funktion erfüllen konnte, war in demokratischen oder republikanischen Zeiten die Agora, das Forum – nun ist es, im Zeichen des Kreuzes, die Kirche: das Publikum des Predigers bildet die christliche (auch gnostische oder manichäische) Gemeinde.[1]

Die Philologen beginnen erst in jüngster Zeit, von wichtigen Ausnahmen abgesehen, sich ebenfalls mit Predigten zu befassen.[2] Da Literatur heute vermehrt auch soziologisch betrachtet wird und insbesondere der Aspekt ‚Mündlichkeit' starke Beachtung findet, ist die notorische Verankerung der Predigt im Gemeindeleben für Historiker und Philologen ein zunehmend wichtiger Anreiz.[3] Der „Sitz im Leben" ist bestimmt durch das Bedürfnis, die Gläubigen aller sozialen Schichten wie auch die Glaubens-Aspiranten (die Katechumenen) über die ‚Schrift' zu belehren: ὁμιλία wie *sermo* sind stets auch Lehrvorträge[4], und ihr exegetischer Aspekt ist (neben den grossen Kommentaren)[5] nicht zu vernachlässigen: das philosophische, theologische und philologische Wissen der Zeit soll nicht nur einer gelehrten Elite, sondern dem g a n z e n Christen-Volk vermittelt werden. Die komplizierte, manchmal schwierige und anspruchsvolle Gedankenführung der Kommentare und spezialisierter Werke wie *De hominis opificio* Gregors von Nyssa oder *De natura hominis* des Nemesios von Emesa muss nun so transponiert werden, dass die bunt gemischte Gemeinde, deren Gottesdienst ja nicht nur aus dem Abhören einer

---

1   Die Entwicklung der ‚Predigt' beginnt eigentlich bereits mit Paulus (act. 13, 14-42) und dem Hebräer-Brief; auch die Synagoge kannte Homilien, wie Folker SIEGERT zeigt: Drei hellenistisch-jüdische Predigten, Wissenschaftliche Untersuchungen zum NT, 20; 61, Tübingen 1980; 1992 (Ps.Philon). – Manichäische Fragmente edierte erstmals Hans Jakob POLOTZKY: Manichäische Handschriften der Sammlung A. Chester Beatty, Bd. 1, Manichäische Homilien, Stuttgart 1934.

2   Eduard NORDEN; Werner JAEGER. – Vgl. Alexandre OLIVAR und „Rückblick und Ausblick" von Ekkehard MÜHLENBERG – Johannes VAN OORT (Hrsgg.) 123-128, ferner Michael FIEDROWICZ, Homilie, LACL 299-300.

3   Die Neuentdeckung von 30 bisher unbekannten Predigten von Augustin (über 9000 Druckzeilen; meist aus Mainz) durch François DOLBEAU wirkt ebenfalls stimulierend: Augustin d'Hippone, Vingt-six sermons au peuple d'Afrique, Retrouvés à Mayence, édités et commentés par F.D., Collection Études Augustiniennes, Série Antiquité, 147, Paris 1996. Vgl. auch Goulven MADEC (Hrsg.), Augustin Prédicateur (395-411), Actes du Colloque Internat. Chantilly (5-7 septembre 1996), Collection Études Augustiniennes, Série Antiquité, 159, Paris 1998.

4   Zu den Wurzeln der christlichen Predigt gehört auch die kynische Diatribe; vgl. CAMPBELL.

5   Den Unterschied von Origenes-Homilien und -Kommentaren untersucht Éric JUNOD, in: Ekkehard MÜHLENBERG – Johannes VAN OORT (Hrsgg.), S. 50-81.

Predigt besteht, innerhalb einer vernünftigen Zeitspanne[6] einen spürbaren Informations-Fortschritt gewinnen kann (Transfer).[7]

Predigten grosser Redner wurden in der Kirche oft stenographisch aufgenommen, hie und da nachträglich redigiert, aber sofort auch weiterverbreitet – bei andern, vielleicht weniger routinierten oder überlasteten Predigern[8] oder auch bei einem eigentlichen Lesepublikum (darüber wissen wir wenig: vermutlich gehören dazu, neben Kollegen, Leser/innen in abgelegenen Regionen, Eremiten, Mitglieder klösterlicher Gemeinschaften; Rufin erwähnt in der Vorrede zu den Basilius-Homilien besonders auch *religiosae feminae*).[9] Diese Leserschaft ist es wohl auch, die eine Vorliebe zeigt für ‚Sprüche‘ (wie Sextus), Hagiographien (etwa über Antonius, Martin von Tours) oder die Mönchsgeschichten (Historia Lausiaca, Historia monachorum, Apophthegmata Patrum). Spätere Generationen sind leicht dazu bereit, gut und elegant Formuliertes zu exzerpieren und in die eigene Produktion zu integrieren. Für den westlichen Bereich sei auf die zahlreichen Augustin-Bearbeitungen (etwa Caesarius von Arles) verwiesen oder auf die Tatsache, dass vier von Rufin übersetzte Basilius-Predigten (hom. 4; 2; ieiun. I; 3) ins Corpus der Zeno-*sermones* übernommen wurden; ebenso erscheint hom. 3 bei Maximus von Turin, und zwar schon im *Codex Sessorianus* 55/2099, der auf das 5./6. Jahrhundert datiert wird. Die (allfällige) Oralität der ursprünglichen ‚Texte‘ geht nun mehr und mehr verloren. Aus dem Wort wird Schrift.

Dass Homilien auch übersetzt werden, ist der beste Beweis für die Literarisierung dieser Gattung. Es ist ja kaum anzunehmen, dass lateinische Prediger ihrem Publikum aus dem Griechischen übertragene Reden vorgelesen hätten. Der ursprüngliche liturgische Kontext oder aktuelle Bezüge auf Kirche und Gemeinde werden bedeutungslos: Rufin merzt entsprechende Bemerkungen seiner Vorlagen nicht ganz aus, aber sie wirken bei ihm eher verloren.

Rufin hat bei der Übersetzungsarbeit, über die wir durch seine Prologe gut informiert sind,[10] ein rechtes Mass an Selbständigkeit bewahrt: er erhebt einen eigenen literarischen Anspruch, und es geht ihm nicht nur um *interpretatio*, sondern auch um *aemulatio*. Basileios ist für Rufin ein *Cyprianus Graecus*.[11] Eine Würdigung der beiden Kappadokier Gregor von Nazianz und Basileios von Kaisareia findet sich in Rufins eigenständiger Fortsetzung der Kirchengeschichte des Eusebios (hist. 11, 9 S. 1014-17 Mommsen). Hier seien zwei Stellen vorgelegt:

1) S. 1015, 2-14:

verum cum iam ipsi sufficienter instructi	Als sie nun selbst genügend ausgebildet waren,
divina dispensatione ad inbuendos populos	auf göttliches Geheiss zur Arbeit in den Gemeinden
vocarentur et alius alio itinere ad idem tamen	berufen und beide, auf diesem oder jenem Weg,
opus uterque traheretur, Basilius Ponti	zur gleichen Aufgabe herangezogen wurden, reiste
urbes et rura circumiens desides gentis	Basilius durch Städte und Dörfer des Pontus und

---

6   Der längste der neuen AVG.-*sermones* (D 26 = M 62) umfasst allerdings 1546 heutige Zeilen!
7   Anderseits sind Predigten insofern auch anspruchsvoll, als sie keine Systematik, sondern bloss Anregungen bieten können: dies beschreibt RVFIN. schön in seinem letzten Prolog: Orig.in num. praef. S. 1 Z. 23-29 (= CCL 20, 285; *testimonium* 76 bei Marti, Übersetzer).
8   Für AVG. vgl. catech.rud. 23-55; epist. 16*, 1, 1; 23A*, 3, 2; 6; serm. 214.
9   Basil.hom.praef. Z. 17 CCL 20, 237 (*testimonium* 48).
10   Zusammenstellung der *testimonia*: Marti, Übersetzer.
11   Basil.hom.praef. Z. 5-14 CCL 20, 237.

illius animos et parum de spe futura sollicitos stimulare verbis et praedicatione succendere callumque ab his longae neglegentiae coepit abolere subegitque abiectis inanium rerum et saecularium curis suimet notitiam recipere.

in unum coire, monasteria construere, psalmis et hymnis et orationibus docuit vacare, pauperum (Z. 10) curam gerere eisque habitacula honesta et quae ad victum necessaria sunt praebere, virgines instituere, pudicam castamque vitam omnibus paene desiderabilem facere.
ita brevi permutata est totius provinciae facies, ut in arido et squalenti campo videretur seges fecunda ac laeta vinea surrexisse.

begann, die lauen Herzen jener Bevölkerung, die allzu wenig auf jenseitige Hoffnungen ausgerichtet war, mit Worten aufzurütteln, durch Predigttätigkeit zu begeistern und die Kruste langer Nachlässigkeit aufzuweichen; er veranlasste sie, die Sorgen um nichtige, irdische Dinge zu vergessen und Klarheit über sich selbst zu gewinnen.
Er lehrte sie, sich zusammenzufinden, Klöster zu bauen und sich Psalmen, Gesängen, Gebeten zu widmen, ebenso, sich um die Armen zu kümmern, ihnen anständige Wohnstätten und das Lebensnotwendige zur Verfügung zu stellen, junge Frauen zu unterrichten und fast allen ein reines, ehrbares Leben als wünschbar erscheinen zu lassen. So verwandelte sich in kurzem das Erscheinungsbild der ganzen Provinz, weshalb der Eindruck entstand, auf einem trockenen, unwirtlichen Landstrich habe sich nun ein fruchttragendes Getreidefeld, ein spriessender Weinberg erhoben.

Durch die Verben *instruere, docere* und *instituere* unterstreicht Rufin den pädagogischen Aspekt von Basilius' Mission, während die Erwähnung der Arbeit für die *pauperes* (*habitacula honesta* und *victus*) auf die soziale Komponente der Aufgabe verweist. Im Hinblick auf den Gehalt unserer Homilie „Attende tibi" (hom. 2 der Rufin-Version, <hom. 3 des Basileios) ist hier – im eigenständigen Bericht des Römers! – der spezielle Hinweis auf die Pflicht ‚*suimet notitiam recipere*' (Z. 8) bemerkenswert.

2) S. 1017, 8-12:

extant quoque utriusque ingenii monumenta magnifica tractatuum, quos ex tempore in ecclesiis declamabant. ex quibus nos (Z. 10) denas ferme singulorum oratiunculas transfudimus in Latinum, Basilii praeterea instituta monachorum, optantes, si potuerimus et dei favor adiuverit, eorum plura transferre.

Es sind auch grossartige Zeugnisse von Schriften beider Talente (des Basilius und des Nazianzeners) erhalten, die sie in Kirchen *ex tempore* deklamierten. Von diesen haben wir ungefährt zehn kleine Reden eines jeden von ihnen ins Lateinische übersetzt (‚hinübergegossen'), von Basilius auch noch die Mönchsregeln, und wir haben den Wunsch – falls wir können und Gottes Gnade uns beisteht – davon noch mehr zu übertragen (*transferre*).

Es ist also nicht der berühmte Trinitäts-Theologe Basileios, der Rufin am meisten beeindruckt hat, sondern er rezipiert den Moralisten und Mönchsvater[12] – und dies ist für weite Kreise des Westens typisch; spätere Generationen haben dann die theologischen ‚Brücken' vollends abgebrochen.[13]

---

12 Eine Ausnahme bildet die kurze Partie R. hom. 6, 2-3 S. 1782D-85B, zum Thema *de fide*.
13 Eine konzentrierte Gesamtdarstellung des Grossen Basileios, gerade im Blick auf die spätere Entwicklung in Ost und West, liefert Johannes PANAGOPOULOS, Die Begegnung der griechischen Kultur mit dem Christentum, Der Beitrag Basilios des Grossen, in: Cristianesimo Latino e cultura Greca sino al sec.IV (= Studia Ephemeridis „Augustinianum", 42), Roma 1993, 165-177, s.auch Philip ROUSSEAU, Judith PAULI (LACL *s.v.*) und Rainer HENKE.

Rufin hebt in der *praefatio* der übersetzten Basileios-Homilien[14] hervor, dass sie frei seien von kniffligen dogmatischen Problemen (*nullis prorsus dogmatum quaestionibus asperatur,* scil. *lectio*), jedoch in angenehmem, klarem Stil „dahinströmten" (*eloquentiae eius limpidissimum flumen lenibus et satis placidis fertur fluentis*). Der Übersetzer würdigt also eher die stilistischen, literarischen Qualitäten seiner ‚Text-Vorlage' als den theologischen oder philosophischen Gehalt. Es ist daher kaum angemessen, die Homilie 3 gleichrangig neben die umfassend anthropologischen Werke des Gregor von Nyssa oder des Nemesios zu stellen und quellenanalytisch auszuwerten (wie dies insbesondere Karl GRONAU versuchte); Basileios und Rufin zeigen sich uns hier eher als Praktiker der Seelentherapie. Deshalb ist es eigentlich nicht überraschend, dass die Quellen-Forschung bisher nur wenig überzeugende Resultate liefern konnte: man hatte die Frage der Text-Gattung ignoriert. Trotzdem lassen sich für einzelne Motive Verbindungen zu früheren Texten herstellen: in erster Linie zum Grossen Alkibiades, dann wohl auch zu Poseidonios und später zu Porphyrios. Evidenz besteht jedoch nur für einzelne Ideen und Formulierungen oder in besonderer Art ‚gefärbte' Begriffe. Eine Universalquelle – ein Buch des Poseidonios in der Hand des griechischen Predigers ! – lässt sich beim vielseitig gebildeten Basileios nicht ausmachen.

Von grossem Interesse für den geistesgeschichtlich fragenden Philologen ist jedoch das Ausmass bzw. das Niveau des philosophischen Gedankenguts. Was konnte Basileios seiner kappadokischen Gemeinde an Finessen noch zumuten? Was musste er vereinfachen, und wie hat er diese didaktische Aufgabe gelöst? Und was ist im Westen aus seinem Gewebe von philosophischen, moralischen, theologischen und psychologischen Motiven geworden? Ist die Umsetzung Rufins letztlich nur eine Vergröberung – seine Fassung nur ein Zeugnis für die *paupertas sermonis nostri*[15]?! Eine genaue Lektüre des Textes kann auf solche Fragen nur Teil-Antworten geben; denn eine einzelne Homilie ist zu kurz, um eine Gesamtdeutung möglich zu machen. Ihre philologische Erarbeitung wäre ein erster Schritt. Aber gerade ein solch scheinbar anspruchsloser Kurztext birgt trotzdem viele Schwierigkeiten: von Basileios gibt es noch sehr wenige kritische Ausgaben; Homilie 3 – in der Musteredition von Stig Yngve RUDBERG, Stockholm 1962 – ist eine Ausnahme und wurde hier gewählt, um für Rufin und die Übersetzungsproblematik eine sichere Basis zu gewinnen.[16] Auch Indices fehlen im griechischen Bereich fast gänzlich[17] – für Rufin gibt es wenigstens Teil-Indices[18], und seine Übersetzungen liegen, mit Ausnahmen, in kritischen Ausgaben vor. An Kommentare lässt sich generell kaum denken. Ein geduldiges Aufarbeiten der handschriftlichen Basis, der sprachlichen Voraussetzungen, bei Rufin auch der Übersetzungstechnik und allgemein ein erstes Ertasten von interpretatorischen Einsichten stehen, auch zu Beginn des neuen Jahrtausends, noch lange auf der wissenschaftlichen Agenda.[19]

---

14 →A. 9.
15 So R. selbst am Ende seiner *praefatio* – natürlich ein Topos. – Vgl. auch HENKE, bes. S. 283 mit A. 72.
16 Ob sich die Hoffnung erfüllt, die antike lateinische Übersetzung, die ja 500 Jahre älter ist als die älteste griechische Handschrift, noch genauer in die Überlieferungsgeschichte des Basileios einzubetten, ist eine offene Frage.
17 Ausnahmen: B. *Hex.*, GCS NF 2, Berlin 1997, 169-232; *HAtt.* [3], ed. RUDBERG, 130-143.
18 Siehe Abkürzungsverzeichnis: Bae, Cr-Si, En, Koe, Ma, Sc, Si, St, Ze.
19 Wenn man die Situation bei den spätantiken Philosophen, bei Gregor von Nyssa oder bei Augustin vergleicht, so kann man betr. Basileios und Rufin nur von einem gewaltigen Rückstand sprechen.

2. Inhalt

Gemäss Titel[20] erwarten wir Ausführungen über das Bibelwort Πρόσεχε σεαυτῷ / *Attende tibi* aus dem 5. Buch Mose (deut. 15, 9), mit einigem Kontext zitiert erst S. 5, 10. Orientieren wir uns zunächst anhand einer Zusammenfassung:

§ 1 S. 1, 4-11, 14

Die Sprache ist ein Geschenk Gottes; wenn die Seelen laut-los mit einander kommunizieren könnten, kämen wir ohne Sprache aus. Dies ist nicht der Fall. Erfolgreiche Kommunikation braucht Ruhe und Aufmerksamkeit. Die Kürze einer Rede hilft dem Gedächtnis. Dies ist auch der Fall beim Spruch Mose aus dem Deuteronomium: „Gib acht auf dich, damit in deinem Herzen nicht etwa eine verborgene Rede zu einem Vergehen werde" (15, 9).

Reinheit des Herzens ist ein besonders wichtiges Gebot, da sich im geheimen Bereich der Gedanken leicht und unbeachtet Sünden einschleichen können. Gott wird aber alles an den Tag bringen (I Cor. 4, 5), auch den geheimen Ehebruch (Matth. 5, 28). Das Moses-Gebot ist eine schnelle Hilfe gegen über-schnelle Gedanken-Sünden.

§ 2 S. 13, 1 – 19, 10

Wir betrachten die Anfangsworte des Gebots: „Gib acht". Alle Tiere haben einen defensiven Instinkt, – die Menschen jedoch den Verstand, der von den Geboten unterstützt wird.

‚Achtgeben' geschieht entweder mit körperlichen Augen oder mit der Geisteskraft der Seele. Das körperliche Auge kann aber sich selbst (auch Scheitel und Rücken) nicht sehen! Das Gebot bezieht sich also auf das Auge der Seele.
Überall sind Schlingen versteckt (nach Sirach 9, 20): Pass auf wie die scharfsichtige Gazelle oder der Vogel! Lass dich nicht von den stummen Tieren übertreffen!

§ 3 S. 21, 1 – 29, 14

„Gib acht auf dich" – also auf dein eigentliches Wesen, nicht auf dein Fleisch. Auch nicht auf Langlebigkeit, Reichtum, Ruhm. Achte auf deine Seele und halte sie rein. Unser Leben ist zwiefach: körperlich und geistig.
Unterstütze die Seele mit Reinheit und Tugendübung, damit Körperliches nicht das Übergewicht erhält. Wahre, wie bei einer Waage, das Gleichgewicht (R.: und bedenke das Paulus-Wort von II Cor. 4, 16).

§ 4 S. 31, 1 – 43, 9

Dasselbe Gebot ist für Starke wie für Schwache geeignet. Ärzte verfahren genau so: sie versuchen, den Schwachen zu helfen. Je nach Ausmass der Krankheit braucht es leichtere oder griffigere Heilmittel.
Alle unter uns Christen üben gewisse Berufe aus – wie es II Tim. 2, 20 und I Tim. 3, 15 mit dem Bild der verschiedenen „Gefässe" ausgedrückt ist: Jäger, Reisende, Architekten und Bauleute, Bauern und Hirten, Athleten und Soldaten – und für sie alle sind in der Bibel bestimmte Regeln formuliert, Aufträgen achtzugeben.

---

20 Griechisch: → RUDBERG 23 Apparat; lateinisch: → Appendix 1.

§ 5 S. 45, 1 – 59, 5

„Gib acht auf dich selbst" – heisst es, nicht auf irreale Träumereien, wie sie
für Jugendliche typisch sind, und auch nicht auf Taten von andern, die man oft
pharisäerhaft kritisiert. „Du selbst" bedeutet auch: achte nicht auf Reichtum, Adel,
Schönheit. Im Grab sind alle gleich – klein und bescheiden.

§ 6 S. 61, 1 – 69, 16

Wenn dir Adel und Reichtum fehlen, so weisst du als Trost, dass du das einzige
Lebewesen auf der Welt bist, das von Gott eigenhändig als Ebenbild geschaffen wurde.
Denn du hast Geist und Seele und kannst damit die Welt betrachten. Die andern
Lebewesen sind dir untertan. Dein menschlicher Geist hat die Künste erfunden, die
Städte gegründet, sich die Gewässer dienstbar gemacht; auch Himmel und Sterne
sind dir dienlich: Du brauchst keine Leuchter, auch keine Rennpferde, keine Wagen,
überhaupt keinen Luxus. Besser ist die Hoffnung auf Auferstehung, und die göttlichen
Gebote weisen den Weg zu Gott.

§ 7 S. 71, 1 – 81, 12

Packt dich einmal die Wut, so denke an das Gebot und beherrsche Zunge und Hand.
Wenn du verführt wirst, denke an die Höllenstrafen – und die Gemütsruhe wird wieder
einkehren. Die Seele ist zum Teil vernünftig, zum Teil leidenschaftlich – der eine Teil
soll befehlen, der andere gehorchen. Eine genaue Prüfung deiner selbst zeigt dir den
richtigen Weg – hin zu Gott (R.: zum Himmelreich). In dir als „kleinem Kosmos" ist
die Weisheit des Schöpfers zu erkennen. Gott ist, genau wie deine Seele, unkörperlich,
nicht zu fassen oder einzugrenzen, für die körperlichen Augen unsichtbar – unsterblich.
Gottes Wirkkräfte sind erfassbar, auch die Weisheit, mit der er Körper und Seele
verbunden hat („Sym-pathie"). Der Körper erhält von der Seele das Leben, die Seele
vom Körper das Leiden. Staune über die Möglichkeiten deines Geistes; mit seiner
Hilfe reinigst du dich und gelangst wieder zur Gottebenbildlichkeit.

§ 8 S. 83, 1 – 89, 5

Beachte auch, wie der Körper als „Herberge des Geistes" gebaut ist: nur der Mensch
blickt nach oben, und die wichtigsten Sinne, Auge und Ohr, sind an der obersten
Stelle angesiedelt. Alle sind fein säuberlich getrennt, um sich nicht gegenseitig zu
stören. Das Ohr ist funktional richtig gebaut; die Zunge, das „Gehege" der Zähne
(wie Homer sagt), Lunge, Verdauungsorgane und Blutkreislauf sind Beweise für
die „unerforschliche" Weisheit Gottes. „Gib acht auf dich" – damit du auf Gott
achtgeben kannst. (Amen.)

Der Aufbau der Predigt folgt also dem Bibelwort Schritt um Schritt: gib acht – auf
dich – auf dich selbst; du „selbst" bist Seele, nicht Körper; aber mit Hilfe von Geist
und Seele gelangst du zu Gott. Sein Wesen ist unkörperlich und unsichtbar, aber durch
seine Werke, zum Beispiel den menschlichen Körper, können wir auch ‚auf Gott achtgeben' – seine Weisheit erkennen. Das biblische πρόσεχε σεαυτῷ entspricht in mehrfacher
Hinsicht der alten, heidnischen Lehre γνῶθι σαυτόν.[21] Diese Tradition ist hier schon des-

---

21 Zu Ursprung und Deutungsgeschichte s. Hermann Tränkle und Marius Reiser. – Zur philosophischen

halb nicht eingehender darzustellen, weil sie sehr populär, weit verbreitet und ‚verästelt‘ gewesen ist. Was in Homilie 3 (bzw. Rufin 2) von Bedeutung gewesen ist, war 1) der platonische oder pseudo-platonische Grosse Alkibiades (besonders 124b; 130a-e; 132d; 133cd), 2) gewisse Ideen von Poseidonios (συμπάθεια; aufwärts gerichtete Haltung des Menschen) und 3) Porphyrios, hauptsächlich wohl seine Abhandlung Περὶ τοῦ Γνῶθι σαυτόν (der Mensch ein μικρὸς διάκοσμος).

Auch im gnostischen und christlichen Bereich hat die Grundidee ‚Selbsterkenntnis = Gotteserkenntnis‘ eine lange Vorgeschichte. Der Problemkomplex ‚Gnosis‘ kann hier nicht diskutiert werden; es sei indessen ein früher Text (ca. 140 n.Chr.) herausgegriffen: Evangelium nach Thomas, Logion 3[22]:

„... If you (will) know yourselves, then you will be known and you will know that you are the sons of the Living Father. But if you do not know yourselves, then you are in poverty and you are poverty.“

Und aus dem christlich-orthodoxen Bereich ein kurzer Satz: Klemens von Alexandreia, *Paedagogus* 3, 1, 1 (GCS Klem. 1, [3]1972, 235, 21-22; SC 158, 12):

Ἑαυτὸν γάρ τις ἐὰν γνῷ, θεὸν εἴσεται· θεὸν δὲ εἰδὼς ἐξομοιωθήσεται θεῷ.[23]

In Alexandreia hat sich anschliessend Origenes eingehend mit der Selbsterkenntnis als Weg zu Gott befasst, und zwar anlässlich seiner Deutung des Hohelieds (cant. 1, 8); in dem uns in der Übersetzung von Rufin fassbaren Kommentar widmet er dem ἐὰν μὴ γνῷς σεαυτήν der Septuaginta ein ganzes Kapitel (R. Orig.in cant. 2, 5 S. 141-150 = SC 375, 354-379), ausgehend von einer bewussten Verbindung mit dem Tempelspruch Γνῶθι σαυτόν.[24]

Ferner muss an die φυλακὴ σεαυτοῦ der ägyptischen Wüstenväter[25] erinnert werden; denn es ist anzunehmen, dass der Mönchsvater Basileios gerade auch von jener Seite stark beeinflusst worden ist.

Innerhalb des literarischen Oeuvres des Basileios hat unsere Homilie 3 (*HAtt.*) eine besondere Stellung: irgendwie gehört sie zu den 9 Predigten über das Sechstagewerk (*Hex.*). Denn am Ende der letzten Predigt weist der Redner selbst auf eine Fortsetzung hin: zweimal spricht er von ἐν τοῖς (ἐφ)εξῆς; das Thema ‚Erschaffung des Menschen‘

Vertiefung, besonders in AVG. trin. (10, 5, 7; 9, 12; u.a.), s. Johannes BRACHTENDORF, Die Struktur des menschlichen Geistes nach Augustinus, Selbstreflexion und Erkenntnis Gottes in «De trinitate» (Paradeigmata, 19), Hamburg 2000.

22 Logion 3 umfasst Z. 80, 19 – 81, 5, wovon hier 80, 26ff zitiert sind, und zwar nach der handlichen *editio minor* von (u.a.) A. GUILLAUMONT, The Gospel according to Thomas, Coptic text established and translated, Leiden 1959 (Nachdr. 1998), 2-3. – Logion 5 (81, 10 – 14; S. 3-4) könnte neben unsere S. 89 gestellt werden. – *Editio maior*: Bentley LAYTON, in: Nag Hammadi Studies, 20, Leiden 1989, 52-92 (ebenda englische Übersetzung von Thomas O. LAMBDIN), bes. 52-54 (Logion 3), mit Appendix von Harold W. ATTRIDGE, The Greek Fragments: S. 95-128, bes. 114. – Weiterführend: Jacques-É. MÉNARD, La Sagesse et le logion 3 de l'Évangile selon Thomas, in: Studia Patristica, 10, 1, Berlin 1970, 137-141; ders., L'évangile selon Thomas, Nag Hammadi Studies, 5, Leiden 1975, 80-82, und *passim*: →Table analytique *s.v.* ‚Connaissance de soi...‘, S. 220.

23 Klemens hat wohl Philon gelesen: μαθὼν ἀκριβῶς ἑαυτὸν εἴσεται τάχα που καὶ θεόν (*Migr.* 195).

24 S. auch M(arcel) B(ORRET), Note complémentaire 16, SC 376, 770-772 und Marius REISER 89-90. – Die Differenzen zu B. *HAtt.* sind gross.

25 S.u. zu S. 11, 10. – Auch φυλακὴ τῶν ἔνδον, z.B. *Apophth.patr.* Agathon 8, PG 65, 112B.

gehört ja auf jeden Fall zum Thema ‚Sechstagewerk'. Aber offensichtlich ist der Bischof, von *HAtt.* abgesehen, nicht mehr dazu gekommen, den Plan zu realisieren (und somit dürfte es richtig sein, sowohl *Hex.* wie auch Homilie 3 ans Lebensende des kranken Basileios zu datieren: er starb gemäss Tradition am 1. Januar 379)[26]. Andere haben dann versucht, die Lücke zu schliessen: besonders der Verfasser der beiden Homilien *HCreat.*, die in einigen Handschriften an *Hex.* anschliessen, in andern jedoch Gregor von Nyssa zugeschrieben werden.[27]

Es ist anzunehmen, dass die vergleichsweise geringe Anzahl erhaltener Predigten von Kappadokiern auf eine sorgfältige Editionspraxis der drei Kirchenführer schliessen lässt.[28] Oft attackiert Basileios die Reichen und Mächtigen – man hat sogar von einer „prédication ‚socialiste'" oder „politique anticapitaliste" gesprochen[29] – und das ist auch in *HAtt.* hie und da der Fall[30]. Rufin hat bei seiner Auswahl[31] und Bearbeitung[32] von basilianischen Predigten diese sozialkritische Tendenz weder reduziert noch beseitigt, sondern eher verstärkt.

3. Sprache und Stil Rufins

Eine Gesamtdarstellung der sprachlichen und stilistischen Eigenheiten Rufins – in seinen Originalschriften so gut wie in den verschiedenartigen Übersetzungen (Ps.Klemens, Origenes, Basileios, Gregor von Nazianz, u.a.) – ist ein Desiderat der Forschung, kann aber auch hier nicht skizziert oder gar eingelöst werden. Aus der unten verzeichneten Sekundärliteratur und den ausführlicheren kritischen Editionen sind, was dieses Thema betrifft, besonders hervorzuheben: AMACKER – JUNOD (= Am-Ju), Ausgabe der apol.Orig., SC 465, 139-142; HOPPE; MARTI 2005; MORESCHINI 1994 und 2001, sowie SCHULZ-FLÜGEL, Ausgabe der hist.mon., bes. S. 39-46 und die Indices S. 414-423. Die Register der Editionen ENGELBRECHTS (En) und SIMONETTIS (Si) enthalten auch willkommene Sammel-Lemmata („abstracta pro concretis"; „abundantia sermonis"; ... „ablativus"; „ablat. temporis pro accusativo"; ...).

Rufins Formulierungen stehen natürlich unter dem Einfluss der Quellsprache, des Griechischen – je nach Autor von unterschiedlicher Eigenständigkeit; und ebenso bestimmend ist für ihn das Latein der Bibel, also der – ebenfalls variierenden – Vetus

---

26 Vgl. Jean GRIBOMONT, Notes biographiques, in: Toronto 1, 31 (gegen BERNARDI 67). – Ein früheres Todesdatum schlägt Pierre MARAVAL, REAug 34, 1988, 25-38 vor: September 377; sodann Jean-Robert POUCHET, RHE 87, 1992, 5-33: Ende September 378; anschliessend auch MARAVAL, RHE 99, 2004, 153-157; PAULI (→A.13): „vermutlich im Herbst 378"; ROUSSEAU 360-363 (The date of Basil's death and of the *Hexaemeron*: kaum richtig).

27 Kritische Edition mit umfangreichen Anmerkungen von Hadwiga HÖRNER, GNO Suppl., Leiden 1972; *praef.* p.VII: „*Sermones quos proponam nihil aliud mihi esse videntur nisi loci collectanei, quos Basilius in schedis pro Hexaemero suo praeparatis reliquit, alius quidam post eius mortem ad usum Ecclesiae celeriter conglutinavit.*" Weiteres bei GRIBOMONT (→A. 26) 33-34.

28 So GRIBOMONT (→A.26) 32 („compositions d'un certain niveau littéraire").

29 Ebenda 31.

30 Etwa S. 61, 1-10 oder die Tirade S. 67, 2 – 69, 6.

31 Er ist auch Übersetzer der *HDestr.* [6](PG 31, 261-277) >Basil.hom. 3 (PG 31, 1744-1753; S. 47-62LC; S. 102-32Sa).

32 Vgl. u. S. 57 oder ieiun. II 4 S. 34.

Latina: Manchmal lehnt sich der Übersetzer an die Fassung der Vorlage an, manchmal wählt er den vertrauten Text seiner lateinischen Bibel.[33]

Unerforscht ist auch die Frage einer Entwicklung der stilistischen Fähigkeiten Rufins. Es ist eigentlich anzunehmen, dass der Übersetzer mit den Jahren erfahrener und eleganter formuliert hat. Jedenfalls fällt die Arbeit an den Basileios-Homilien in die Jahre kurz vor 400, also in die mittlere Phase seines Wirkens.

Es ist auch schwierig, Rufin zuverlässig ins Bildungsspektrum seiner Epoche einzuordnen. Denn es gibt Partien mit volkstümlichen Elementen, aber an vielen Stellen sind auch poetischere Töne hörbar, etwa wenn Wendungen von Cicero, Sallust, Vergil oder Seneca eingeflochten sind.[34]

Eine weitere Frage ist diejenige nach ‚Schriftlichkeit‘ oder ‚Mündlichkeit‘ des Konzepts oder der medialen Realisierung.[35] Übersetzte Texte haben kaum je als in der Liturgie verankerte Predigten Verwendung gefunden, und Rufin hat als Zielpublikum Leser und Leserinnen im Auge.[36] Merkmale echter (medialer) Oralität (wie kürzere Wörter; kürzere Sätze; geringere *variatio* im Wortschatz) sind <u>nicht</u> zu erkennen – abgesehen von einem gelegentlichen Abgleiten in Gewohnheiten einer (gehobenen, nicht vulgären) Alltagssprache.[37] Auch Diktier-Versehen oder Improvisationen sind denkbar, jedoch für Basil.hom. 2 bisher nicht nachzuweisen.

Hier ein Blick auf statistische Zahlen, die vor allem im Vergleich mit den ‚neuen‘, von François DOLBEAU entdeckten und edierten Augustin-*sermones* erarbeitet wurden:

Wortlänge (Basis: 500 Wörter): 2, 52 Silben pro Wort (AVG. serm. D: 1, 89–2, 39)

Satzlänge (mindestens 1000 W): 19, 76 Wörter pro Satz (AVG. serm. D: 9, 59; aber: civ. 1 praef.; 1, 1-2: 19, 23)

Fehlen von Interjektionen: 1x *ecce,* als Zitat (AVG. serm. D 2, um 40 Wörter länger: 1x *absit*; 15x *ecce*; 4x *o)*

Variation im Wortschatz[38]: Koeffizient (‚Type-Token-Ratio‘) 0, 59 (AVG.civ. 1,1: 0, 56),
zum Beispiel: RVFIN. Basil.hom.2,1 (auf 500 Wörter): 23x *et*; 8x *ac/atque*; 6x *-que*
AVG. civ. 1 praef.; 1,1 (auf 500 Wörter): 12x *et*, 4x *ac/atque*, 6x *-que*

Die Homilie 2 liegt also mit ihren Zahlen dem Ingress der Civitas Dei näher als den medial-oralen Augustin-Predigten der Sammlung DOLBEAU.

---

33 S. 43, 2 wird Phil. 3, 13 ἔμπροσϑεν zitiert, mit ‚archaischem‘ *in ante*, anders als (u.a.) apol.Orig. 82 (SC 464, 51), wo *priora* gewählt wird, näher der ‚neuen‘ Vulgata.

34 S. 19, 6; 65, 2-3; 5; 71, 6-10; 83, 9 (dazu Lo CICERO 1993; RPL NS 1, 1998; FAM 14, 1998; MARTI 2000; MORESCHINI 2001, 130).

35 MARTI 2005. Vgl. o. p. X.

36 Zahlreiche Hinweise geben R.s *praefationes* zu Orig.in psalm.hom. (Z. 9-10 von T 39 in der *testimonia*-Sammlung von MARTI 1974), Greg.Naz.orat. (T 44 Z. 51), Basil.hom. (T 48 Z. 17) und Orig.in num. (T 76 Z. 4; 24; 27) – am bequemsten zugänglich bei Si, CCL 20.

37 Für apol.Orig. ermittelt von Am-Ju, SC 465, 139-142 (manifestations de l'oralité, 4.5).

38 Vgl. MARTI 2005, 114 (mit Anm. 33) und 116 (mit Anm. 37: „Die hohe Variationsquote der Übersetzung ist... dem Bearbeiter zuzuschreiben!").

Obschon viele Ungewissheiten bleiben, kann doch unser Rufin-Text an auffallenden Sprach- und Stil-Phänomenen sofort als ‚rufinisch' erkannt werden:

1) Auswirkungen der Quellsprache:
a) μέν... δέ... erscheint im Lateinischen in der Regel (hier: 15x) als *quidem... vero...*, aber an diese Junktur hat sich der Übersetzer so sehr gewöhnt, dass er sie auch eigenständig einsetzt (→ Wortregister s.v. *quidem*);
b) verhältnismässig oft (13x) verwendet Rufin den Konjunktiv Perfekt – ‚Echo' des im Griechischen beliebten Konjunktivs Aorist;
c) eine gewisse Vorliebe für Verbalkomposita, ja Doppelkomposita (*adimplere; depromere; inconfusus; pertransire; repromittere; superadditus* – also 6x) dürfte im Griechisch wie (teilweise !) im Latein dieser Epoche unverkennbar gewesen sein (διεξιέναι; ἐγκαθορμίζειν; ἐναποκλείειν; ἐναπομένειν; ἐνυπάρχειν; ἐπανιέναι; ἐπανόρθωσις; ἐπαφιέναι; ἐπεκτείνειν; ἐπιπροσθεῖν; κατεξανίστασθαι; κατεπάδειν; παρακατέχειν; παρεμπίπτειν; προεκτρέχειν; προκαταλαμβάνειν; συναπαρτίζειν: 17x);
d) überhaupt scheinen die auch bei Basileios sehr beliebten Wortzusammensetzungen dem Übersetzer Kopfzerbrechen verursacht zu haben, etwa in folgenden Fällen:

ἀνύπαρκτος	*quae nusquam sunt*
ἀργυροχάλινος	*frena mandens argentea*
ἐξαμαρτάνειν	*vergere ad peccatum*
εὐπαιδία	*liberorum felicitas*
εὐπαθεῖν	*luxuria fluitare*
θεόπλαστος	*dei manibus formatus*
μακροβίωσις	*longioris vitae vota*
παρεμποδίζειν	*praepedire vel obsistere*
παρόντα	*quae in manibus sunt*
περιγραφή	*finis aut circumscriptio*
πολυπραγμονεῖν	*curiosius perquirere*
συμφυής	*tecum natus*
ὑπερορᾶν	*contemnere et despicere*

Bequeme ‚Auswege' sind zusätzliche Relativsätze oder Verdoppelungen von Begriffen, – und gerade diese zeugen hie und da auch vom Stolz des Übersetzers über seine *copia verborum*:

2) Möglichkeiten der Zielsprache:
a) Doppelungen sind äusserst beliebt, zum Beispiel:
  par... et similis (31, 19) <ἐξισάζειν
  rhetores et... oratores (57, 4-5) <ῥήτορες
  inverecundarum protervarumque (tumultus) (73, 16-17) <ἀκολάστων
  vinctam et dediticiam (mentem) (75, 8) <ἐξανδραποδισθέντα
  declinare et labi (81, 8-9) <ὑπολισθαίνειν
  praepediunt vel obsistunt (85, 5) <παρεμποδίζει

Rufin liebt es, besonders am Kolonende Doppelungen mit Ergänzungen auszubauen, zum Beispiel:
  (colloquia) inhonesta finxit et turpia (9, 9)
  perpetuis incubes et aeternis (25, 9-10)

(fundamentum) cum omni diligentia iacias et cautela (37, 13)
(haec) discutias semper et inquiras (53, 9)
exquisita equorum et praeparata (certamina) (57, 8-9)
pulchritudine corporis (erigeris) et decore (55, 11-12)
supernorum tibi (est) caelestiumque (cognatio) (83, 7-8)

Die auf diese Art entstehende Wortfolge AB *et* (*ac* / *vel*) A ist geradezu ein ‚Markenzeichen' des Stils Rufins.[39]

b) variatio delectat
Schon bei den Doppelungen zeigt sich, dass Rufin über einen beachtlichen Wortschatz, d.h. über ein weites Spektrum des Ausdrucks verfügt – schematische Wiederholungen werden vermieden:

despicere steht 25,13 neben *contemnere*, 53,1 neben *exprobrare*, 61,8 neben *desperare*;
discutere steht 53, 2 neben *diiudicare*, 53, 9 jedoch neben *inquirere*[40]

Rufin liebt es, mit Variationen zu ‚spielen', zum Beispiel wenn er 55, 10-13 „stolz werden" fünffach wiedergibt: *intumescis... te iactas... erigeris... extolleris...fulciris.* Oder wenn die Bibel davor warnt, auf fremde Fehler mehr zu achten als auf die eigenen (49, 12-19):

<u>*facile est*</u> curiosius aliena p e r q u i r e r e quam propria... p r o c u r a r e .
<u>*desine*</u> mala aliena d i s c u t e r e ...,
<u>*desine*</u> de aliorum actibus   tua p e r s t r e p e r e ...,
<u>*desine*</u> aliena probra   poculis tuis m i s c e r e ...

In einem gewaltigen Bogen wird der Ausklang von § 3 stilistisch markiert (29, 5-11):

<u>*quis enim dubitat*</u> (A),
      cum <u>*corpus*</u> (B) *luxuria fluitat carnibusque distenditur,*
         ignavum et obtunsum effici mentis vigorem,
            si vero <u>*anima*</u> (B)... *virtutis exercitiis imbuatur* (C)
            et meditatione... ad culmen... erigatur (C),
               commoda infirmitate (D)
         fati<u>scentem</u> (E) *corporis statum... mar<u>cescere</u>?* (E).

Rhetorische Frage (A), Antithese (B), Homoioteleuton (C), Oxymoron (D), Klangfigur (E) – dem bunten Wortschatz entspricht der stilistische Reichtum. Und die Klimax ist christlich: Abschluss und Höhepunkt bildet ein zusätzliches Paulus-Zitat.

Zum Abschluss dieses Überblicks sei auch noch auf einige E i g e n a r t e n von Rufins Sprache hingewiesen: Besonders häufig zu verzeichnen sind Pleonasmen (wie *tum deinde, veloci rapidoque (cursu), nominibus ac vocabulis, stupens et admirans,* usf.) und bei den Adjektiven erfreut sich der Komparativ grösster Beliebtheit.[41] Bei Indefinita wie *aliquis*

---

39 Vgl. MARTI 1989, p. XXI.
40 Die Möglichkeiten Rufins sind fast unerschöpflich: Vgl. hist.mon. 16, 1, 3 S. 340, 10-12 *percontatur... discutit;* Greg.Naz.orat. 1, 32 S. 28, 12 *observari... et discuti;* 6, 7 S. 200, 26 *discutere et emendare;* apol.adv.Hier. 1, 8, 5-6 S. 42 *pertractatur;* Orig.hom. 2 in psalm. 38, 1, 31 S. 368 *exquirere;* symb. 4, 24 S. 138 *curiosius se inserere.*
41 Vgl. LHSz 2, 170; Am-Ju, SC 465, 124 („systématiquement employé avec *quisque,* au pluriel"; hier: 5, 9; 7, 5); Sc S. 419. Statt Superlativ: etwa 7, 2; 13, 16; 83, 16; 85, 6; statt Positiv: 3, 19; 13, 8; 21, 13; 23, 3; 31, 1-2; 31, 18; usf. – Merkwürdig sind die gemischten Konstruktionen: *magnum summumque* 63, 14; *parvo ac minori (mundo)* 77, 4.

fehlt gerne die Vorsilbe *ali-*; *quisquam* fehlt, hingegen gibt es hier 1 Beleg für *quispiam* (9, 1).[42] Einige Phänomene (abhängige Fragesätze mit Indikativ; *si* als Fragepartikel; Aussagesätze mit *quod* oder *quia*; *facere* mit Infinitiv; Adjektive mit der Vorsilbe *per-*; usw.) sind durchaus geläufig, weisen jedoch nicht auf eine individuell ‚rufinische' Ausdrucksweise hin – manches mag auch auf einen Einfluss des Griechischen zurückgehen. Rufin verfügt nicht über die Meisterschaft eines Hieronymus oder Augustin, aber er besitzt einen erstaunlichen Wortschatz und erreicht an vielen Punkten das stilistische Niveau seiner Vorlage.

4. Überlieferung

Die reiche direkte Überlieferung der griechischen Originaltexte der moralischen Homilien ist durch die Forschungen von Emmanuel AMAND DE MENDIETA (†), Stig Yngve RUDBERG, Paul Jonathan FEDWICK und Édouard ROUILLARD[43] bereits gut aufgearbeitet. Insbesondere ist die erst seit 1997 vorliegende monumentale *Bibliotheca Basiliana Vniversalis* des *Corpus Christianorum* (CCBBV), die ebenfalls FEDWICK herausgegeben hat, ein hervorragendes Arbeitsinstrument, wie es sonst kaum zur Verfügung steht. Nur *HAtt.*[3] ist – von *Hex.* abgesehen – bisher in einer umfassenden *editio maior* zugänglich (von RUDBERG). Aber die griechischen Handschriften sind nicht alt[44] – der Schlüssel zur älteren Textgeschichte liegt bei den Übersetzungen, besonders ins Lateinische (Rufin: ca. 400), Syrische und Koptische (h 880; h 631).

Für unsere Homilie verzeichnet Mauritius GEERARD in Band 2 der *Clavis Patrum Graecorum* unter Nr. 2847 Versionen in Latein, Armenisch[45], Georgisch und Arabisch[46]. Die Verhältnisse sind bei Basileios, dem „Schöpfer des östlichen Mönchtums" (Berthold Altaner), besonders kompliziert, und die vergleichende philologische Erforschung der Übersetzungen wird – angesichts der Vielfalt der involvierten Sprachen und Kulturen – nur sehr langsam vorankommen.

Was die verhältnismässig ur-alte lateinische Version Rufins betrifft, so ist durch CCBBV und die Ausgabe von Carla LO CICERO jedenfalls ein Überblick über das handschriftliche Material möglich.

---

42 Vgl. Am-Ju, SC 465, 126.
43 Für bibliographische Details sei auf das unten stehende Literatur-Verzeichnis (p. XXXI-XXXVII) verwiesen.
44 RUDBERG bietet S. 152 eine chronologisch geordnete Hss.-Liste: die älteste (Glasgow, Hunt. Mus.407-8) ist auf 899 zu datieren. – Ein Ostrakon der 1. H. des 6. Jh.s (→S. 55, 1 – 57, 13) publizierte Raffaella CRIBIORE.
45 Vgl. ferner I.W. DRIESSEN, sowie Gabriella ULUHOGIAN, Repertorio dei manoscritti della versione armena di S. Basilio di Cesarea, in: Toronto 2, 571-588, bes. 587 (über das 13.Jh. kommen wir allerdings direkt nicht zurück: aber armenische Übersetzungen können unbekanntes älteres, eventuell syrisches, Traditionsgut enthalten; jedenfalls ist *HAtt.* normalerweise Bestandteil des alten *Girk' Pahoc*: s. CCBBV 2, 1, 172-181).
46 „Translations before 1400" bespricht FEDWICK in Toronto 2; S. 483: zu einer koptischen Bearbeitung von *HIeiun.* 1 (auch durch R. ieiun. I bezeugt); vgl. †*Copt.* 10 (CCBBV 2, 2, 1226-27) und h 632, Qu. 1. Zu syrischen Handschriften s. Sebastian BROCK und CCBBV 2, 1, 240-243.

R. Basil.hom. 2 – hervorgegangen aus *HAtt.* – fand ja auch Eingang in die Predigt-
Sammlung von ZENO, 362 bis 372 Bischof von Verona[47], und zwar als Nr. 2 nach Basil.
hom. 4 (< *HInv.* [11]) und vor ieiun.I (<*HIeiun.* 1) und hom. 3 (<*HDestr.* [6]). Häufig
finden wir in den Rufin-Handschriften die Reihenfolge hom. 1-3, 6-8, 4, 5 (von Michel
HUGLO als „collection de huit pièces" bezeichnet), und – seltener – die Reihe hom. 1-4,
6, 5 („collection de six pièces"). – Die Siglen der Manuskripte in den Editionen sind
häufig nicht zu koordinieren.

Liste der lateinischen Handschriften

h:	Nummer der Handschrift nach CCBBV II 2.
IRHT:	Die Handschrift ist über das „Institut de Recherche de l'Histoire des Textes", Paris, zugänglich.
LC:	Carla Lo CICERO, Roma 1996 (nur hom. 1-3; r); CCL 22A, Turnhout 2008 (hom. 1-8; t).
LÖFST.:	Bengt LÖFSTEDT, CCL 22, Turnholti 1971.
Ma:	Heinrich MARTI, ieiun., Leiden 1989.
Sa:	Andrea SALVINI, Napoli 1998 (hom. 1-8; mit italienischer Übersetzung: n).
z:	ZENO-Überlieferung.

A   Autessiodurensis 34, f. 96r -105v
(nur bis *ho]mini* S. 83,10), *s.XII*   IRHT; A^{LC}; F^{Sa} h 3085
Auxerre, Bibliothèque Municipale 34; nur noch hom. 5, teilweise, sowie
die Regeln; von Pontigny. – f. 106 fehlt – ebenso f. 121 (Quaternio !).
→Ze p. XXVIII; LC r p. XIII; t p. XIX.

B   Romanus, Basilicae S. Petri F 33, f. 56r – 60r,
s. XIII-XIV   IRHT; B^{z}; V7^{LC} h 695
Città del Vaticano, Biblioteca Apostolica Vaticana, Archivio di San Pietro,
F 33; früher im Besitz von Kardinal Giordano Orsini (1405-1438);
ZENO-Hs. (hom.3 nur teilweise), von b benannt als „Bas.Vat.",
→LÖFST 31* („sehr viele Sonderfehler"); CCBBV S. 206 („from
a prototype common to h 722 [=K] h 726 [=N] h 728 [=O]").

C   Cantabrigiensis, Gonville and Caius 184/217,
f. 495r – 500r, *s.XIV*   h 3295
Cambridge, Gonville and Caius College 184/217; nur hom. 2.
→Iréna BACKUS 129; Alison SPROSTON: „in a very poor condition".

C^{z}   Veronensis, Bibliotheca Capitularis 327, *a.1459*   h 748a
Kopie von Z^{z}; Quelle für D^{z}(= **Y**).

Ç   Carnotensis 172, f. 41v – 45v, *s.XII*   h 3326
Chartres, Bibliothèque Municipale 172; nur hom. 2;
„...détruit... en juin 1944" (brieflich).

Γ   Colmarensis 99 (426), f. 19v – 26r, *a.1465/66*   IRHT; C^{r}; Co^{t} h 705
Colmar, Bibliothèque Municipale (de la Ville) 99 (426)
enthält: praef., hom. 1, 2, 3, 6 (bis c.3), also Teil von „huit pièces";
→LC t p.XXII.

---

47 Mustergültig ediert von Bengt LÖFSTEDT: CCL 22,1971. Die Beschreibung der Zeugen in seiner
Einleitung, S. 13*-54*, ist sehr hilfreich; aber es ist nicht ausgemacht, ob für den R.-Teil gilt, was
für den echten ZENO.

D(1)   Dresdensis A 69, f. 177v – 183r, *s.XV*   h 706
            Sächsische Landesbibliothek A 69; „huit pièces";
            unbenützbar wegen Kriegseinwirkungen.

D(2)   Dresdensis A 140, f. 1r-v, *s.X* „severely damaged" (CCBBV).   h 3605

D(3)   Dresdensis C 374, f. 76r – 79r, *s.XV*.   h 3606

D^z   →**Y**

Δ   Duacensis 209, f. 49v – 54v, *s.XII*   IRHT; D^{LC}; Q^{Sa} h 705a
            Douai, Bibliothèque Municipale 209; „huit pièces",
            aber nur bis hom.8; enthält auch EVSTATH. Basil.hex.
            und zwei R. Greg.Naz.orat.
            →LC r p. XIII; t p. XXII; XL.

E^z   Parmensis, Bibliothecae Palatinae 347, f. 102v – 110r, *s.XVex*.   h 735
            Parma, Bibliotheca Palatina 347; ZENO-Hs.(ohne hom. 3);
            verwandt mit Z^z.
            →Löfst. 36*-37*.

F^z   Florentinus Ashburnhamianus 135 (oder: 62),
            f. 91r – 98v, *s.XV*   F^{Ma} h 710
            Firenze, Biblioteca Medicea Laurenziana; ZENO-Hs.
            →Löfst. 27*-29* („unberücksichtigt"; von O abhängig).

F1^{LC}   Florentinus Mediceus Laur., Plut.XV dext. XIII,
            f. 295v – 298v, *s.XIII*   F1^r; F^t h 712
            Mit beiden Fastenpredigten ! Reihenfolge: 1-4, 6, 5, 8, ieiun.I u. II.
            →LC r p. XIII; CCBBV (mit Angabe: „f. 299v – 302v").

F2^{LC}   Florentinus Mediceus Faesulanus 44,
            f. 196r – 200v, *s.XV*   M^{Ma}; F2^r h 711
            reichhaltige Hs. (auch EVSTATH.; ieiun. II auf f. 219v – 221r);
            Reihenfolge: 7, 1-4, 6, 5, 8, ieiun.I + II.
            →En, CSEL 46, 1, p. XLIII; Ma p. XXXI; LC r p. XV;
            Gain 1985, 179-194; LC t p. XXIII.

F3^{LC}   Florentinus Bibl.Naz.Centr., II, II, 460, f. 6v – 12v, *s. XV*   F3^r; F2^t h 715
            →LC r p. XVI (mit u.a. R. symb.); t p. XXIII.

G   Gratianopolitanus 309 (oder: 258),
            f. 118r – 123v, *s.XII*   IRHT; G^{Si}; G^{LC}; G^S h 778 / 3763
            Grenoble, Bibliothèque Municipale 309; Grande Chartreuse;
            enthält u.a. EVSTATH., hom.2, R. reg.prol., R. Basil.hom.prol.
            (benützt von Si, CCL 20, 237), hom. 1.
            →LC r p. XII (mit Datierung „s. XI"); vgl. Ze p. XXVIII;
            LC t p. XVIII.

H   Vaticanus 303, f. 5v – 10v, *s.XV*   IRHT; V2^{LC} h 700
            Città del Vaticano, Biblioteca Apostolica Vaticana, Vatican. lat. 303;
            „huit pièces", auch R.symb.(von Si nicht benützt; →Si p. 128 n. 19)
            →LC r p. XVII-XVII; t p. XXVI.

Θ   Trecensis 483, f. 7r – 14v, *s.XII*   IRHT; T^{Si}; T^{Sa}; Tr^{LC} h 741
            Troyes, Bibliothèque Municipale 483, von Clairvaux
            Reihenfolge wie **M** („six pièces"); enthält (nach LC)
            auch DIONYS.EXIG. Greg.Nyss.creat.
            →LC r p. XV; benützt von Si, CCL 20, 237; LC t p. XXII.

J   Salisburgensis a VI 34, f. 8r – 15v, *s.XIV*   Sa^t   h 740
Salzburg, Stiftsbibliothek Erzabtei St. Peter, a VI 34
enthält: praef., hom.1-3, 6-8, 4, 5 (= f. 1r – 57v), also „huit pièces",
ab f. 142v R. symb. (von Si nicht benützt; wohl Gruppe X).
→Kristeller, 3, 38a; A. Hahnl brieflich: „frühes 14.Jh.;
Provenienz Italien"; LC t p. XXII

K   Luganensis D2 E19, f. 75r – 81r, *s. XV*   L^z; L^Ma; Lu^t   h 722
Lugano, Biblioteca Cantonale (e Libreria Patria) D2 E19
ZENO-Hs., viele Sonderfehler
→Löfst. 27* (abh.von N); CCBBV 2,1, 211 („probably
from a prototype common to h 695
[=B] h 726 [=N] h 728[=O])".

L   Laudunensis 115, f. 75v – 79r, *s.XII* oder *s.XIII*   L^Si; L^Sa; L^LC   h 720
Laon, Bibliothèque Municipale 115; Ancienne Abbay St. Martin;
„huit pièces" (nur prol., 1-3, 6-8!); auch AMBR. hex.
und EVSTATH. Basil.hex.
→LC r p. XIV (datiert „*s.XIII* "; wie in EVSTATH., p. LXI);
benützt von Si, CCL 20, 237.

L^z   →**K**

Λ   Londiniensis, Old Royal 5 F XVI, f. 1r – 8v, *s.XII*^ex.   Lo^t   h 783
British Library, London, Old Royal and Kings Collections, 5 F XVI;
16.Jh.in Merton Priory; enthält nur hom.2 (ohne Anfang; im Film
lesbar ab S. 5, 14 *non*), neben EVSTATH. (von Amand-Rudberg
nicht verzeichnet und nicht benützt).
→George F. Warner – Julius P. Gilson, A Catalogue of
Western Mss. in the Old Royal and Kings Collections, Bd. 1, 126.

(Li   Lincoloniensis 77 A.3.4, f. 7r – 14v, *s.XIII*   C^Sa; Li^L   h 721)
Lincoln, Cathedral Chapter Library 77 A.3.4; „huit pièces",
enthält auch Greg.Naz.orat.;
von LC verwertet; hier nur in Ausnahmefällen erwähnt.
→En, CSEL 46, 1, p. XXXIX; LC r p. XIV (G und Li
bilden die „δ"-Gruppe von r).

M   Montepessulanus H 67, f. 100r – 112v, *s.XI*   M^Si; M^Sa; M^LC   h 725
Montpellier, Bibliothèque de l'Université, École de Médecine,
H 67; „six pièces".
→LC r p. XIII; benützt von **g** und Si, CCL 20, 237; LC t p. XVIII.

M^z   Venetianus Marc.II 83, coll.2200, *a.1450*, ZENO-Hs.; ausgeschieden;
abhängig von Z^z   h 746

N   Neapolitanus VI.D.31, f. 108r – 118r, *s.XIII* (oder: *s.XV*)   N^z; N^t   h 726
Napoli, Biblioteca Nazionale Vittorio Emmanuele III, VI.D.31; ZENO-Hs.
→Löfst. 26*-29*; nicht in b; CCBBV 2, 1, 212 datiert *s.XV*;
LC t p. XXIV.

No   Novarensis LXXVIII (58), f. 184v – 191v, *s.XIIIin.*   Nu^t   h 727
Novara, Biblioteca Capitolare del Duomo, Ms.lat. LXXVIII;
Reihenfolge: prol.,1, 2, 4, 8, ieiun. I + II, 6, 5, 3(bis *tollere* S. 61,
11LC) = f. 178r – 225v; auf f. 1r – 176v ein lateinischer, dem
Chrysostomus zugeschriebener, Matth.-Kommentar. – →LC t p. XX

O   Oxoniensis Bodleian. th.d.28,
                 f. 95r – 102v, *s.XVmed.*   O^z; O1^r; O2^t h 728
                 Oxford, Bodleian Library Lat.th.d.28; ZENO-Hs.
                 →Löfst. 26*-29*; nicht in b, evtl. v. – Vgl. o.zu **K**;
                 LC r p. XVI, aber hom. 2 = 95r (nicht 94r)

O^{LC}   Oxoniensis Magdalen College 76, 156r – 165v, *s.XV*   O^r; O1^t h 729
                 mit (u.a.) R. symb.(nicht bei Si); Reihenfolge von
                 „huit pièces" mit Einschub in hom. 3
                 →LC r p. XVI; t p. XXIV

P   Parisinus lat. 10593, f. 79r – 93r, *s.VI*   P^{Si}; P^{LC}; P^{Sa} h 733
                 Paris, Bibliothèque Nationale de France, lat. 10593
                 enthält: hom. 5, 4, 2, 3, 6, später prol., hom. 1
                 und nochmals Anfang hom. 5.
                 →Huglo; Lowe, CLA 5, 603; Bammel, JThS IV (VII), bes. 377-378;
                 Radiciotti, bes. 57 und Tafel I; LC r p. IX-X (mit weiterer Literatur);
                 benützt von Si, CCL 20, 237 (mit Nr. „10539").

Pa   Patavinus 1532, f. 115r – 122r, *s.XIV*   Pa^t h 730
                 Padova, Biblioteca Universitaria 1532. – „huit pièces".
                 →LC t p. XXV.

(P1   Parisinus 3701, f. 167v – 182r, *s.XII*   P1^{LC}; A^{Sa} h 732)
                 hom. 1-5; grundlegend für Reihenfolge und Text von **g**;
                 Lesarten werden nur in Einzelfällen mitgeteilt.
                 →LC r p. XIV (gehört zu Gruppe „γ" = ε^{Ma}); t p. XXI – *„Ex libris
                 Oratorii collegii Trecensis."*

(P2   Parisinus 1701, f. 32v – 36r, *s.XII* oder
                 s.XIII (sog.*Colbertinus primus*)   P2^{LC}; B^{Sa} h 731)
                 „huit pièces", aber statt hom. 4 ein anderes Textstück (DIONYS.EXIG.
                 Greg.Nyss. creat.; auch mit EVSTATH. Basil.hex. und R. Basil.reg.);
                 von **g** (und **r**) benützt; Lesarten hier nur in Einzelfällen.
                 →LC r p. XIV (gehört zu Gruppe „α" = δ^{Ma}); t p. XXI
                 Amand-Rudberg p. XLVIII u. Ze p. XXIX: *„s.XII"*).

Π   Oxoniensis, Merton College 14 (A.3.2), f. 100r – 101v(!), *s.XIV*   h 5719

Q   Pistoriensis, Archivi Ecclesiae S. Zenonis, C 134,
                 f. 90r – 98r, *s.XII*   P^z; P^{Ma}; Ps^t h   736
                 Pistoia, Archivio Capitolare del Duomo, C 134
                 ZENO-Hs., „den Ballerini noch unbekannt"; für ZENO ist U
                 von Q (= P^z) abhängig; P^2 = U.
                 →Löfst. 22*-26*; Ma p. XXXII; CCBBV 2, 1, 214 A. 143.

R   Vaticanus Reginensis 141,
                 f. 9v – 19r, *s.IX*   (≠ R^z !) R^{En}; R^{Si}; V^{LC}; R^{Sa} h 696
                 Città del Vaticano, Biblioteca Apostolica,
                 Vaticanus Reginensis lat. 141
                 enthält: hom. 1-4, 6, 5, 8, ieiun. I + II, dazu (f. 63v – 150v)
                 Greg.Naz.orat., Lücke bei Greg.,87v, zu füllen mit f.59v – 60v, nach ieiun.
                 I; Marginalien: bei LC t S. 157-162. →En, CSEL 46, 1
                 p. XXVI-XXX; Ma p. XXXI; Bammel, JThS IV(VII), bes. 374-375;
                 LC r p. XI; t p. XVII.

R^z	Remensis; *s.VIII/IX*, 1774 verbrannt; aber evtl.Archetyp aller Zenoniani;		

R^z　Remensis; *s.VIII/IX*, 1774 verbrannt; aber evtl.Archetyp aller Zenoniani;
　　gehörte Hincmar, Erzbischof von Reims (845-882);
　　von MAFFEI kollationiert; von b benützt(als „Rem.").　　　　　*h 738
　　→LÖFST. 22*.

S　　Gotingensis Theol. 92, f. 168v – 172v, *a.1489* (oder: *1496*)　Go1^{LC}　h 717
　　Göttingen, Niedersächsische Staats- und Universitätsbibliothek,
　　Theol. 92, enthält: „huit pièces" ohne hom. 4 + 5;
　　auch Greg.Naz.orat.
　　→LC r p. XVI.

S^z　Sparaverianus; verlorene ZENO-Hs.; von b benützt (als „Sp.").　　h 748b
　　→LÖFST. 37*-38* („kein Anlass, seine Lesarten mitzuteilen");
　　LC t p. XXVIII n. 78.

Σ　　Gotingensis Theol. 83, f. 104r – 110v, *s.XIII*　　　　　　　Go^{LC}　h 716
　　Göttingen, Niedersächsische Staats- und Universitätsbibliothek,
　　Theol. 83, mit hom. 1-3, 8, ieiun. I + II; ohne prol.
　　→LC r p. XIV; t p. XIX.- Gehört eng zu R (wie auch
　　ieiun. II beweist): s.u. S. 5, 12; 57, 7-8.

T　　Treverensis 1245/597, f. 52r – 66r, *s.IX*　　　　　T^{LC}; E^{Sa}　h 6962
　　Trier, Stadtbibliothek, Historisches Archiv 1245/597 (IRHT: 504),
　　enthält: Regeln und Martyrologien, nach hom. 2 nur noch
　　Teile von hom. 1; Herkunft: Kloster Prüm.
　　→KRISTELLER, 3, 718b; LC r p. XII; t p.XVII

T^z　Venetianus Marc.II 85 (vel 2050), f. 82r – 88r, *s.XIII-XIV*,
　　ZENO-Hs., benannt als „Tol."(?);　　　　　　　　　　　h 747
　　verwandt mit **Z** (=V^z).
　　→LÖFST. 29*-31*.

U^z　Urbinas 504, f. 129r – 140r, *s.XV*.　　　　　　IRHT; U^z; V10^{LC}　h 698
　　Città del Vaticano, Biblioteca Apostolica Vaticana,
　　Urbinas lat.504
　　ZENO-Hs., in b berücksichtigt, benannt „Urb."
　　→LÖFST. 25*(s.o.zu **Q**); CCBBV S. 207 („copy of h 736[=**Q**]";
　　LC r p. XIX (mit HIL. in psalm.; POTAM.); t p. XXVIII

V1^{LC}　Vaticanus 186, f. 84r – 91r, *s.XV*; „huit pièces",
　　mit R. symb.(→Si p. 128 n. 19)　　　　　　　　　V1^{LC}　h 699
　　→LC r p. XVII; t p. XXVI.

V2^{LC}　→**H**

V3^{LC}　Vaticanus 390, f. 283r – 288r, *s.XV*; „huit pièces"　　　　　h 701

V4^{LC}　→**Y**

V5^{LC}　→**W**

V6^{LC}　→**Z**

V7^{LC}　→**B**

V9^{LC}　Urbinas 46 (67), f. 208r – 215r, *s.XV*; „huit pièces"　　　　h 697
　　→GAIN 1985, 223; En p. XIV; LC r p. XIX; SALVINI 1994, 248
　　(stark von R abhängig); LC t p. XXVII

V^z　→**Z**

Va　Vaticanus, Biblioteca Apostolica Vaticana
　　Chigiana A V 130, f. 57r – 66r, *s.XIV*　　　　　　　V11^{LC}　h 3369

V   Vindobonensis ÖNB 3551, f. 55r – 65r(bis *color*] S. 77, 3),
          s.XV; fehlt bei LÖFST., CCBBV, LC
          Wien, Österreichische Nationalbibliothek 3551; späte ZENO-Hs.
          →François DOLBEAU, RecAug 20, 1985, 10 n.28.

W   Vaticanus 1234, f. 129v – 138v, *s.XV*   IRHT; W^z; V5^{LC} h 703
          Città del Vaticano, Biblioteca Apostolica Vaticana, Vatican.
          lat.1234; späte ZENO-Hs., evtl.von Z^z abhängig; von b nicht benützt.
          →LÖFST. 35*-36*; LC r p. XVII (datiert „*s.XIV-XV*"); t p. XXVII.

X   Veronensis, Bibl.Capitularis 49, f. 111r – 118r,
          s.XV-XVI (Papierhs.)   X^z; Ve^t h 748
          Verona, Biblioteca Capitolare XLIX; ZENO-Hs., von b benützt
          (als „Pomp."); einst im Besitz der Familie Pellegrini und von
          Alessandro Pompei; „stark kontaminiert".
          →LÖFST. 38*-40*; Ma p. XXXII.

Ve   Veronensis, Bibl. Capitularis L, f. 20r – 31v, *s.XIV*;
          hom. 2 als ZENO-Text; fehlt bei LÖFST.   h 7077

Y   Vaticanus 1233, f.129v – 138v, *s.XV*   IRHT; D^z; V4^{LC} h 702
          Città del Vaticano, Biblioteca Apostolica Vaticana, Vatican.lat.1233;
          späte ZENO-Hs., wohl Kopie des wertlosen C^z.
          →LÖFST. 35* (nicht in b); LC r p. XVIII (enthält auch HIL. in psalm.,
          POTAM.).

Y^z Veronensis, Biblioteca Civica 793, *s.XVI*; ZENO-Hs.;
          benützt von b (als „Zen.", wie Z^z).
          →LÖFST. 37*.

Ψ   Valencia, Biblioteca de la Catedral, cod. 231 (191), *s.XV*;
          i.g. f. 1r – 46v   Va^t h 745
          →Elias OLMOS Y CANALDA, Catalogo descriptivo,
          Valencia ^{2}1943, 168; LC t p. XXVIII.

Z   Vaticanus 1235, f. 175v -188v, *s.XV*   IRHT; V^z; V6^{LC} h 704
          Città del Vaticano, Biblioteca Apostolica Vaticana, Vaticanus lat.1235;
          späte ZENO-Hs., verwandt mit T^z; von b benannt „Vat.".
          →LÖFST. 29*-31* (b); LC r p. XVIII (enthält auch HIL.
          in psalm., POTAM.); t p. XXVII.

Z^z Veronensis, Biblioteca Civica 2007, f. 90r – 96v, *s.XV*;
          Quelle für C^{z}und M^z,   Ve2^t h 749
          benannt als „Zen."; verwendet für die Ausgabe von Verona (h).
          →LÖFST. 33*-34*; 47*; LC t p. XXIX.

Ω   Aurelianensis 284 (238), f. 136v – 140v
          (= hom. 2, 1-5 S. 53, 2 *non*), *s.XIIin.*   Or^t h 727a
          Orléans, Bibliothèque Municipale 284 (238); Fragmente.
          →CCBBV („more of an extract than of a fragment"). –
          Nähe zu ω**: s.u. zu S. 5, 12 und zu S. 53, 2.

Gruppenbildung der hier kollationierten Handschriften:

α	*consensus codicum* ACΛ		
β	"	"	β*(=BKNOQZ) + β**(VWXY)
γ	"	"	ΓGHJ (oft auch Li von r)
δ	"	"	ΔLST (inder Regel auch P2 von r)
ε	"	"	ΘM (in der Regel auch P1 von r)
ω*	"	"	α + γ
ω**	"	"	δ + ε

Nicht zugeordnete Einzel-Hss.: No, P, R, Σ

Ausgaben (Rufin und Zeno)

b   ZENO-Ausgabe von Petrus und Hieronymus BALLERINI, Verona 1739, 336-44 (2. Aufl. Augsburg 1758, 362(350)-373), aufgrund von 9 ZENO-Handschriften: B (gelegentlich), R, S, T, U, V, X, Y, Z.
→LÖFST. 48*-49*.

g   Julien GARNIER, Paris 1721-1730, Bd. 2 (1722), 717-722.
Griechische Handschriften verzeichnet CCBBV 2, 1, 284-285; lateinische: **M**; Parisin.1701 (= P2); Parisin. 3701 (= P1).
→CCBBV 1, 272-289; allgemein: Benoît GAIN, En marge de l'édition bénédictine de saint Basil, in: B. GAIN – P. JAY – G. NAUROY (éd.s), Chartae caritatis... (FS Yves – Marie Duval; Études Augustiniennes, Série Antiquité, 173), Paris 2004, 343-356.

h   Zweite ZENO-Ausgabe, Verona 1586, von R. BAGATTA – B. PERETTI, „apud Hieronymum Discipulum"; R. hom. 2 = p. 54-82 (ieiun. I = p. 52-61); die Praefatio verweist für vier Predigten auf die Existenz von griechischen, basilianischen Vorlagen (GAIN 1985, 187); vgl. LÖFST. 47*-48*; vorhanden in der Bibliothèque Nationale Paris, Res. C. 1610.

l   ZENO-Ausgabe in der Maxima Bibliotheca Patrum, Lyon, 3, 1677;
R. hom. 2 = p. 365H – 369D (ieiun. I = p. 404A – 405C).

m   Jacques-Paul MIGNE, Patrologia Graeca 31, Paris 1857.
Griechischer Text: 197C – 217B; lateinischer Text: 1733D – 1744C.
→CCBBV ebda.

n   Andrea SALVINI, R. Basil.hom. 1-8, Napoli 1998 (hom. 2 = 64-101).

r   Carla LO CICERO, R. Basil.hom. 1-3, Roma 1996 (hom. 2 = 23-44).

t   Dies., R. Basil.hom. 1-8, Turnhout 2008 (hom. 2 = 25-46)

v   Die Editio princeps von ZENO (Ed.Ven.), von B.A. CASTELLANI – J. DE LEUCCE (Zusammenhang mit Guarino GUARINI: →Benoît GAIN 1985, 187), Venezia 1508, steht unter Einfluss besonders von O, der von N abhängig ist, was auch bezüglich RVFIN. zutrifft. - R. hom. 2 = fol.a(7v) – b(5r) (ieiun. I = L.I, sermo XI, fol. d(1) r – 3r); vorhanden in der Bibliothèque Nationale Paris: Res. C. 59. 65; auch in London.

z   *consensus editionum Zenonianarum* v (h) l b.

Es sind bisher also 58 Handschriften der lateinischen Homilie 2 einigermassen fassbar (und von zwei weiteren hat man eine gewisse Kunde aufgrund von Auktionskatalogen); kollationiert wurden hier (meist in Fotokopien) 27 Manuskripte, und der Ausgabe r von Lo Cicero lassen sich noch die Varianten von Li (s.XIII; in Nähe der αγ-Gruppen dieser Ausgabe), P1 (s.XII; Nähe ε) und P2 (s.XIII; Nähe δ) entnehmen. Klar ist also der Zugriff auf das Varianten-Material von etwa der Hälfte aller bekannten Zeugen[48].

Die Verteilung aller fassbaren Handschriften auf die Jahrhunderte ist folgende:

s. VI(-VII)	s.VIII-IX	s.X	s.XI	s.XII	s.XIII	s.XIV	s.XV(-XVI)	total
1	2 (+R^z)	1(+D2)	1	10	9	6	24 (+D1;3)	54(58)

Die Intensität der Nachwirkung unseres Textes (im Westen) lässt sich aufgrund dieser Liste abschätzen.[49] Zitate aus den Moralia scheinen im frühen Mittelalter zu fehlen.[50]

Nachdem alle erhaltenen Zeugen bis zum 13. Jahrhundert (Ç und D2 sind ja kriegsversehrt) kollationiert und auch für die letzten drei Jahrhunderte ausreichende Stichproben bekannt sind, weist die Bildung von Hauptgruppen keine grossen Probleme auf (die Gruppen δ ε entsprechen α und γ von r, und α γ gehen häufig zusammmen, so dass LC sie zu Recht in ihrer Gruppe ε vereinigt hat; hier = ω*). Unklar bleibt jedoch insbesondere die Einordnung der ZENO-Überlieferung (β):

Die älteste erhaltene Handschrift (Q) ist relativ jung (s.XII), aber wichtigster Zeuge der Gruppe β scheint der verlorene *Remensis* des 8. oder 9. Jahrhunderts zu sein.[51] Mit der ältesten Handschrift P (s.VI), die zwar flüchtig abgeschrieben wurde, aber eine sehr alte Vorlage hatte, geht β an etwa 20 Stellen zusammmen, an 4 nur β*; evident richtig: S. 19, 1; 41, 1; 53, 9; 75, 2; 77, 4. Das Berücksichtigen von zehn Manuskripten dieses Zweiges erklärt sich aus dem Bemühen, eine gewiss alte Tradition besser in den Griff zu bekommen.

Einzelfehler späterer Zeit können aus dem kritischen Apparat in eine Appendix umgeteilt werden, obschon man dabei Gefahr läuft, mögliche Zusammenhänge zu übersehen. Aber gerade unglaubliche ‚Dummheiten‘ von P wurden im Hauptapparat belassen – sozusagen *ad usum delphini*, damit wieder einmal der bekannte Lehrsatz illustriert wird: ‚*recentiores, non deteriores*‘.

Eine Statistik der Sonderfehler ist von mehreren Faktoren abhängig: einerseits von der Aufmerksamkeit der Kopisten oder vom Alter, anderseits von der zahlenmässigen Grösse der gebildeten Handschriften-Gruppen. Hier eine Übersicht (Orthographica wurden ignoriert):

---

48 Den übrigen Handschriften wurden aus praktischen Gründen provisorische Siglen zugeteilt.

49 Dass die Verhältnisse von Homilie zu Homilie stark divergieren und nicht sorglos verallgemeinert werden sollten, betont Rudberg, Manuscripts and Editions of the Works of Basil of Caesarea, in: Toronto 1, 65.

50 So Fedwick, The Translations before 1400, in: Toronto 2, 468 A. 146.

51 Betr. R^z lässt sich aufgrund von allein hom. 2 wenig sagen: in 11, 8 steht der *Remensis* gegen 6 β-Hss., geht aber mit X und „*duo Zenoniani*“; in 33, 5 ist die Angabe von b wohl unrichtig; in 35, 6 liegt (meines Erachtens; anders: LC) ein gemeinsamer Fehler von αγ(=ω*), V, No, P und R^2 vor (gegen δ ε, R^1, Σ), und in 39, 8 steht er wieder mit γ, No, P, R gegen α, BQ, δε(=ω**), Σ; 61, 5 besagt nicht viel: R^z geht wieder mit X und den „*duo Zenoniani*“. Immerhin kann eine gewisse Nähe von R^z zu P erschlossen werden.

α	A 30	C 17	Λ 14		
β	B 47 (!)	K 47 (!)	N 18	O 8	Q 15
	V 17	W 14	X 11	V 17	Z 18
γ	Γ 48 (!)	G 14	H 21	J 4	
δ	Δ 10	L 13	S 39	T 7	
ε	Θ 33	M 16[52]			
einzelne:	No 58	P 99 (!!)	R 24	Σ 57	

Die Zahlen sind also beschränkt aussagekräftig, aber gewisse ‚Trends' sind fassbar, am deutlichsten bei P; bei B und K wird bestätigt, was LÖFSTEDT schon am ZENO-Textteil beobachtet hatte.

Während die wichtigsten Gruppen und Untergruppen (β*, β**; ω*, ω**) erkennbar sind, ist der Textumfang einer einzelnen Homilie zu gering, die ‚Äste' chronologisch zuverlässig einordnen zu können.

Das Zeugnis der jüngeren Handschriften ist für die Textkonstitution meist fast wertlos, aber im heutigen Zeitpunkt kann man auch eine weitere Bildung kleiner Gruppen nicht ausschliessen. Ferner nimmt das Interesse benachbarter Wissenschaften (wie mittellateinische Philologie; Theologie; Hermeneutik) an der Nachwirkung der Texte stark zu: Man möchte genauer wissen, in welchem Zustand – zum Beispiel – die Reformatoren eine solche Predigt haben lesen und verstehen müssen.[53] Deshalb wurde der Apparat nicht so radikal entlastet, wie es im Prinzip möglich gewesen wäre – und die für den Originaltext eingesetzte kritische Ausgabe von RUDBERG berücksichtigt ja ebenfalls sehr viel Material.

5. Die deutsche Übertragung; Anmerkungen; Appendices; Indices

Seit 1930 ist keine deutsche Übersetzung der Basileios-Homilie mehr erschienen, und in den übrigen modernen Sprachen steht es nicht viel besser.[54] Die hier vorgelegte Fassung bezieht sich bewusst auf den Text Rufins – weil dieser Bearbeiter einen eigenen literarischen Anspruch stellt und weil es wichtig scheint, dem heutigen Leser diese ‚Romanisierung' des griechischen Gedankenguts nachvollziehbar zu machen.

Dem Ziel, das Transponieren der kappadokischen Formulierungen – beinahe im primären Zustand der Oralität – in die spätantike und mittelalterliche Literatursprache des Westens zu verdeutlichen, dienen auch die Anmerkungen. Es blieb auch Raum, bis zu einem gewissen Grad Textprobleme der lateinischen Spalte und quellenanalytische Fragen des Grundtextes einzubeziehen, zum Teil zusammengefasst in Appendix 3. Ein eigentlicher Kommentar zu Original und Bearbeitung ist nicht beabsichtigt und wäre wohl im engen Rahmen einer einzelnen Predigt auch wenig sinnvoll. Die sehr ausführlichen, möglichst

---

52 Wäre P1 (von LC) bzw. g hier mitberücksichtigt worden, hätte sich die Zahl von M reduziert: auf 4 !

53 Ähnlich äussert sich LO CICERO, Introduzione zu r, p. XXV. Dort auch zur Reihenfolge der Homilien in den verschiedenen *corpora*.

54 Seit Oskar RING 131-223. – Die Ausgabe n (SALVINI, Napoli 1998: s.o.) enthält eine (italienische) R.-Übersetzung. Ein kurzes Stück aus §§ 5-6 (= S. 55,9 – 69,16) liegt italienisch auch vor bei: Salvatore DI MEGLIO, Basilio, Ricchezza, povertà e condivisione (Classici dello Spirito, Patristica), Padova 1990, 98-100.

vollständigen sprachlichen Indices (Lateinisch – Griechisch und Griechisch – Lateinisch) haben ebenfalls den Zweck, einer weiteren Erforschung der antiken Übersetzungskunst dienlich zu sein. Mit dem generellen Rückgang der Griechisch-Kenntnisse im 4. und 5. Jahrhundert wird die Problematik eines Transponierens von Bibeltext und theologischem Schrifttum für Kirche, Schule und Bildung immer virulenter, und dies nicht nur im lateinischen Westen, sondern auch in Ägypten, Syrien, Kleinasien und im Kaukasus. Das Zeitalter des Übersetzens wird in der Epoche Rufins und Augustins erst eingeläutet.

Literatur

AMAND DE MENDIETA, Emmanuel, Un problème d'ecdotique, Comment manier la tradition manuscrite surabondante d'un ouvrage patristique, in: Texte und Textkritik, hgg.v. J. Dummer, TU 133, Berlin 1987, 29-42.

BACKUS, Iréna, Lectures humanistes de Basile de Césarée, Traductions latines (1439-1618), Collection Études Augustiniennes, 125, Paris 1990, bes. 129-139.

(HAMMOND) BAMMEL, Caroline Penrose, A Product / Products of a Fifth-Century Scriptorium / Scriptoria Preserving Conventions used by Rufinus of Aquileia, I: Rufinus and Western Monastic Libraries and Scriptoria; II: Lyons, Bibliothèque de la Ville 483: Citation Marks and Punctuation; JThS NS 29, 1978, 366-391 (= Origeniana et Rufiniana, Aus der Geschichte der Lateinischen Bibel, 29, Freiburg 1996, V); III: Nomina Sacra, ebda. 30, 1979, 430-462 (= Origeniana..., VI); IV: Script, ebda. 35, 1984, 347-393 (= Origeniana..., VII).

Dies., Der Römerbrieftext des Rufin und seine Origenes-Übersetzung (Aus der Geschichte der lateinischen Bibel, 10), Freiburg 1985. – Vgl. auch u.: Editionen, Rufinus, Orig. in Rom.

BEIERWALTES, Werner, Der Selbstbezug des Denkens: Plotin – Augustinus – Ficino, in: FS E. Meuthen, Studien zum 15. Jahrhundert, 2, München 1994, 643-666 (wiederholt und ergänzt in: W.B., Platonismus im Christentum, Philosophische Abhandlungen, 73, Frankfurt a.M. 1998, 172-204).

BENITO Y DURAN, Angel, Huellas autognoseológicas basilianas en San Ambrosio y San Agustín, Augustinus 10, 1965, 199-225.

BERNARDI, Jean, La prédication des pères cappadociens, Le prédicateur et son auditoire, Thèse Montpellier, Paris 1968.

BROCK, Sebastian P., Basil's *Homily on Deut. XV 9:* Some remarks on the Syriac manuscript tradition, in: Texte und Textkritik (s.o. AMAND DE M.), 57-66.

CALASANCTIUS, P. (Jos. Joosen), Beeldspraak bij den Heiligen Basilius den Grote, Diss. Nijmegen o.D. (1941).

CAMPBELL, James Marshall, The Influence of the Second Sophistic on the Style of the Sermons of St.Basil the Great, Patristic Studies, 2, Washington 1922.

CERESA-GASTALDO, Aldo, Variazioni ermeneutiche nella traduzione rufiniana del „Commento al Cantico dei cantici" di Origene, in: Storia 1992, 125-130.

COMAN, Joan, Éléments d'anthropologie dans l'oeuvre de Saint Basile le Grand, Kleronomia 13, 1981, 37-55.

COURCELLE, Pierre, Connais-toi toi-même de Socrate à Saint Bernard, t.1, Paris 1974, bes. S. 97ff.

CRIBIORE, Raffaella, A Fragment of Basilius of Caesarea, in: Akten des 21. Papyrologenkongresses, Berlin 1995, APF, Beiheft 3, 1997, 187-193; Abb. 2.

DEHNHARD, Hans, Das Problem der Abhängigkeit des Basilius von Plotin (PTS, 3), Berlin 1964.

DÖRRIE, Heinrich, Porphyrios' „Symmikta Zetemata", Ihre Stellung in System und Geschichte des Neuplatonismus nebst einem Kommentar zu den Fragmenten, Zetemata, 20, München 1959.

DRIESSEN, Wim, De Armenische Basilius-Vertalingen, Diss. Leuven (masch.) 1952.

FEDALTO, Giorgio, Rufino di Concordia, Elementi di una biografia, in: Storia 1992, 19-44.

FEDWICK, Paul Jonathan, A Chronology of the Life and Works of Basil of Caesarea, in: Toronto 1, 1981, 3-19. Ders., The Translations of the Works of Basil before 1400, in: Toronto 2, 1981, 439-512. – Ders. (Hrsg.), Bibliography, in: Toronto 2, 1982, 627-699. – Ders., The most recent (1977-) Bibliography of Basil of Caesarea, in: Messina 1, 1983, 3-19. – Ders., Basil of Caesarea on Education, in: Messina 1, 1983, 579-600.

GAIN, Benoît, L'église de Cappadoce au IVe siècle d'après la correspondance de Basile de Césarée (330-379), Orientalia Christiana Analecta, 22, Roma 1985.

GIRARDI, Mario, Il lavoro nell'omiletica di Basilio di Cesarea, VetChr 31, 1994, 79-110 (bes. 101-105).

GRIBOMONT, Jean, L'état actuel de la recherche basilienne, in: Messina 1, 1983, 23-51.

GRILLI, Alberto, Studi Paneziani I, SIFC 29, 1957, 31-67 (bes. 35ff.).

GRONAU, Karl, Poseidonios und die jüdisch-christliche Genesisexegese, Leipzig-Berlin 1914, bes. 232 und 281-294.

HADOT, Pierre, Exercices spirituelles et philosophie antique (Études Augustiniennes), Paris 1981.

HENGSBERG, Wilhelm, De ornatu rhetorico, quem Basilius Magnus in diversis homiliarum generibus adhibuit, Diss. Bonn 1957.

HENKE, Rainer, Basilius und Ambrosius über das Sechstagewerk, Eine vergleichende Studie (Chresis, 7), Basel 2000.

HOPPE, Heinrich, Griechisches bei Rufin, Glotta 26, 1937, 132-144.

HUGLO, Michel, Les anciennes versions latines des homélies de saint Basile, RBen 64, 1954, 129-132.

KOSCHORKE, Klaus, Spuren der alten Liebe, Studien zum Kirchenbegriff des Basilius von Caesarea (Paradosis, 32), Freiburg Schweiz 1991.

KRISTELLER, Paul Oskar, Iter Italicum, A Finding List of Uncatalogued or Incompletely Catalogued Humanistic Manuscipts of the Renaissance in Italian and other Libraries, 1-2, London 1963-1967; ebenso: Iter Italicum: accedunt alia itinera..., 1-4, London-Leiden 1983-1992.

KUSTAS, George L., Saint Basil and the Rhetorical Tradition, in: Toronto 1, 1981, 221-279.

LILLA, Salvatore, Le fonti di una sezione dell'omelia De fide di S. Basilio Magno, Augustinianum 30, 1990, 5-19.

LO CICERO, Carla, Prestiti basiliani e cultura latina in Ambrogio, Augustinianum 42, 1993, 245-270.

Dies., Rufino, Basilio e Seneca: fra aemulatio e arte allusiva, FAM 14, 1998, 177-182.

Dies., Rufino ed un'imitazione basiliana di Ambrogio, RPL NS 1, 1998, 181-190.

Dies., Rufino traduttore di Basilio: emulazione e citazioni bibliche, in: I. Gualandri (Hrsg.), Fra IV e V secolo, Studi sulla cultura latina tardoantica, Quaderni di Acme, 50, Milano 2002, 97-117.

Dies., Come romanizzare Basilio: ancora sul *vertere* di Rufino, RFIC 130, 2002, 40-75.

Dies., I Cristiani e la traduzione letteraria: il caso di Rufino di Aquileia, in: F.E. Consolino (Hrsg.), Forme letterarie nella produzione latina di IV-VI secolo, Studi e Testi Tardoantichi, 1, Roma 2003, 91-126.

Dies., I *munera* del Cristiano: Rufino di Aquileia lettore di Cipriano, in: I. Gualandri – F. Conca – R. Passarella (Hrsgg.), Nuovo e antico nella cultura greco-latina di IV – VI secolo, Quaderni di Acme, 73, Milano 2005, 391-415.

Dies., ,Monti, rupe e selve: Rufino tra Gerolamo e Ambrogio', RFIC 134, 2006, 333-339.

Dies., Tradurre i Greci nel IV secolo: Rufino di Aquileia e le Omelie di Basilio, Studi e Testi Tardoantichi, 9, Roma 2008.

MARTI, Heinrich, Übersetzer der Augustin-Zeit, Interpretation von Selbstzeugnissen, Studia et Testimonia Antiqua, 14, München 1974.

Ders., ,Übersetzung', in: S. Döpp – W. Geerlings (Hrsgg.), Lexikon der antiken christlichen Literatur, Freiburg im Breisgau (u.a.) 1998, 3. Aufl. 2002, 704-709.

Ders., Vom Schicksal des Basileios im Westen, Beobachtungen zu Rufins Predigt-Übersetzungen, MH 57, 2000 (= FS H. Tränkle), 166-172.

Ders., Lateinische Predigten zwischen Mündlichkeit und Schriftlichkeit, MH 62, 2005, 105-125.

MEMOLI, Accursio Francesco, Fedeltà di interpretazione e libertà espressiva nella traduzione Rufiniana dell'«oratio XVII» di Gregorio Nazianzeno, Aevum 43, 1969, 459-484 (zu CPG 3010/XVII).

MERLO, Francesca – GRIBOMONT, Jean, Il salterio di Rufino, Collectanea Biblica Latina, 14, Roma 1972.

MORESCHINI, Claudio, La traduzione di Rufino dalle *omelie* di Basilio, Motivi e scopi di una scelta, in: M.C. – Menestrina, Giovanni (Hrsgg.), La traduzione dei testi religiosi, Atti del convegno tenuto a Trento il 10-11 febbraio 1993, Collana ,Religione e Cultura', 6, Brescia 1994, 127-147.

Ders., Note di lettura dalle *omelie* di Basilio tradotte da Rufino, Koinonia 25, 2001, 125-135.

MÜHLENBERG, Ekkehard – VAN OORT, Johannes (Hrsgg.), Predigt in der Alten Kirche (mit Beiträgen u.a. auch von Christoph SCHÄUBLIN und Éric JUNOD), Kampen 1994.

NALDINI, Mario, La posizione culturale di Basilio Magno, in: Messina 1, 1983, 199-216.

NAZZARO, Antonio V., Nota a Filone De migratione Abrahami 8, RFIC III 98, 1970, 188-193.

Ders., *Exordia* e *perorationes* delle omelie esameronali di Basilio Magno, in: Messina,1,1983, 393-424

O'DALY, Gerard, Augustine's Philosophy of Mind, London 1987.

OLIVAR, Alexandre, La predicación cristiana antigua, Barcelona 1991.

OULTON, J.E.L., Rufinus' Translation of the Church History of Eusebius, JThS 30, 1929, 150-174.

PACE, Nicola, Ricerche sulla traduzione di Rufino del „De principiis" di Origene, Pubblicazioni della Facoltà di lettere e filosofia dell'Università di Milano, 133, Firenze 1990.

PÉPIN, Jean, Idées grecques sur l'homme et sur dieu, Paris 1971, bes. I, 3-6, S. 71-203. – Vgl. auch u. zu S. 15, 7-8.

PEROLI, Enrico, Il platonismo e l'antropologia filosofica di Gregorio di Nissa, Con particolare riferimento agli influssi di Platone, Plotino e Porfirio, Pubblicazioni del Centro di ricerche di metafisica, 5, Milano 1993.

POQUE, Suzanne, L'expression de l'anabase plotinienne dans la prédication de saint Augustin et ses sources, RecAug 10, 1975, 187-215.

QUACQUARELLI, Antonio, Sull'omilia di Basilio „Attende tibi ipsi", in: Messina 1, 1983, 489-501.

RADICIOTTI, Paolo, Problemi di datazione di codici in onciale (Par. lat. 10593, ...), Archivio della R. società romana di storia patria 116, 1993, 53-63 (zu Handschrift P).

RAPALLO, Umberto, Rufino traduttore di Origene e la traduzione oggi, Quaderni di semantica 12, 1991, 101-133 (bes. zu RVFIN. Orig.in lev. 5 und 8; reiche Bibliographie).

Ders., Il discorso parabolico (masal) nella versione rufiniana delle „Omelie sul Levitico" di Origene, in: Storia 1992, 221-305.

REISER, Marius, Erkenne dich selbst ! Selbsterkenntnis in Antike und Christentum, Trierer Theol. Zeitschrift 101, 1992, 81-100.

RING, Oskar, Drei Homilien aus der Frühzeit Basilius' des Grossen, Grundlegendes zur Basiliusfrage, Forschungen zur Christl. Literatur- und Dogmengeschichte, 16, Paderborn 1930, bes. 134-223. Vgl.: Ders., ZKG 51, 1932, 365-368. – Rez.: Hugo KOCH, ZKG 51, 1932, 319; Th. SCHULTE, Theol.Revue 30, 1931, 18-20.

RIST, John M., Basil's „Neoplatonism": Its Background and Nature, in: Toronto 1, 1981, 137-220.

ROUILLARD, Édouard, Recherches sur la tradition manuscrite des *Homélies diverses* de saint Basile, Revue Mabillon 48, 1958, 81-98.

Ders., La tradition manuscrite des *Homélies diverses* de saint Basile, Studia patristica, 3, Berlin 1961, 116-123.

Ders., Peut-on retrouver le texte authentique de la prédication de Saint Basile?, Studia patristica, 7, 1 (= Texte und Untersuchungen, 92), Berlin 1966, 90-101.

ROUSSEAU, Philip, Basil of Caesarea, The Transformation of the Classical Heritage, 20, Berkeley 1994 (Paperback 1998).

RUDBERG, Stig Y., L'homélie de Basile de Césarée... s.u. Editionen, Basileios, *HAtt*. [3]. – Ders., Manuscripts and Editions of the Works of Basil of Caesarea, in: Toronto 1, 1981, 49-65.

SALVINI, Andrea, Sulla tradizione manoscritta delle otto *Homiliae Morales* di Basilio-Rufino, SCO 44, 1994, 217-251.

Ders., Sulla tecnica di traduzione dal greco in latino nelle *Homiliae Morales* di Basilio-Rufino, SCO 46, 1998, 845-889.

SPIDLÍK, Thomas, La funzione del sogno in S. Basilio, Augustinianum 29, 1989, 375-378.

STOTZ, Peter, Handbuch zur lateinischen Sprache des Mittelalters (HLSMA), Bd. 1-5 (= Handbuch der Altertumswissenschaft, 2. Abt., 5. Teil), München 1996-2004.

TRÄNKLE, Hermann, ΓΝΩΘΙ ΣΕΑΥΤΟΝ, Zu Ursprung und Deutungsgeschichte des delphischen Spruchs, WJA 11, 1985, 19-31.

WAGNER, M. Monica, Rufinus the Translator, A Study of his Theory and his Practice as illustrated in his Version of the *Apologetica* of St. Gregory Nazianzen, Patristic Studies, 73, Washington 1945.

Editionen

Ambrosius

hex.: Gabriele BANTERLE (mit dem lateinischen Text von Carolus SCHENKL, CSEL 32, jedoch ohne kritischen Apparat), Sancti Ambrosii Episcopi Mediolanensis Opera, 1, Exameron = Sant'Ambrogio, Opere esegetiche 1, I sei giorni della creazione, Introduzione, traduzione, note e indici, Milano-Roma 1979.

Basileios (PG 29-32)

Ad adolesc. (= leg.lib.gent.): Fernand BOULENGER, CUF (Belles Lettres), Paris 1935.
E... (= epistulae): Yves COURTONNE, 3 Bde., CUF, P. 1957-1961; mitberücksichtigt: Wolf-Dieter HAUSCHILD, 3 Bde., Bibliothek der griechischen Literatur, 32; 3; 37, Stuttgart 1990; 1973; 1993.
HAtt.[3]: Stig Yngve RUDBERG, L'homélie de Basile de Césarée sur le mot ‚Observetoi toi-même', Édition critique du texte grec et étude sur la tradition manuscrite, Acta Universitatis Stockholmiensis, Studia Graeca, 2, Stockholm 1962.
Hex.: Emmanuel AMAND DE MENDIETA – Stig Yngve RUDBERG, GCS NF 2, Berlin 1997.
Spir.s. (*De Sp.S.*): Benoît PRUCHE, SC 17bis, Paris 1968 (Abdruck: Hermann Josef SIEBEN, FC12).

Eustathius (PL 53, 867-966)

Basil.hex.: Ancienne version latine des neuf homélies sur l'Hexaéméron de Basile de Césarée, Édition critique avec prolégomènes et tables, par Emmanuel AMAND DE MENDIETA et Stig Y. RUDBERG, TU 66 (V 11), Berlin 1958.

Gregorios von Nyssa (PG 44-46)

GNO: Gregorii Nysseni Opera, *edd.* Werner JAEGER, Hermann LANGERBECK,... Leiden 1952-
Hom.opif.: Gregorii Nysseni, *De hominis opificio*, PG 44, 124-256 (mit lateinischer Übersetzung von J. LEWENCLAIO, d.h. von Johann Löwenklau, 1567).

Nemesios von Emesa (Nem.)

Nat.hom.: Nemesii Emeseni, *De natura hominis,* ed. Moreno MORANI, Leipzig 1987.

Plotinos

Paul HENRY – Hans-Rudolf SCHWYZER, 3 Bde., Paris-Bruxelles-Leiden 1951-1973.
Dieselben, *editio minor* (mit Ergänzungen), 3 Bde., OCT, Oxford 1964-1982.

Porphyrios

Fragmente: Porphyrii Philosophi Fragmenta, ed. Andrew SMITH, Stutgardiae et Lipsiae 1993.

Sent.: Porphyrius, *Sententiae ad intelligibilia ducentes*, ed. Erich LAMBERZ, Leipzig 1975.

Poseidonios von Apamea (Fragmente)

L. EDELSTEIN – I.G. KIDD, Posidonius, The fragments, Cambridge Classical Texts and Commentaries, 13, Cambridge 1972; 2. Aufl. 1984.
Willy THEILER, Die Fragmente, Texte und Kommentare, 10, 1: Texte; 2: Erläuterungen, Berlin 1982.

Rufinus von Aquileia

Die selbständigen Werke (inkl. *praefationes*) sind nach Si(monetti) zitiert.
Übersetzungen:
Adamant.: W.H. VAN DE SANDE BAKHUYZEN, GCS 4, Leipzig 1901 (mit Register); Vinzenz BUCHHEIT, Studia et Testimonia Antiqua, 1, München 1966 (mit Kommentar).
apol.Orig.: René AMACKER – Éric JUNOD, 2 Bde., SC 464-465, Paris 2002.
Basil.hom.: PG 31, 1723-1794; ferner: s.u. Sa (n), Ma (ieiun. I + II); LC (r, 1996, hom. 1-3; t, 2008, hom. 1-8).
Basil.reg.: Klaus ZELZER, R. Basil.reg., CSEL 86, Vindobonae 1986 (Indices: →Ze).
Clement. und epist.Clement.: Bernhard REHM†- Georg STRECKER, GCS 51, Berlin 2. Aufl.1994 (Indices: →St).
Greg.Naz.orat.: Augustus ENGELBRECHT, CSEL 46, 1, Vindobonae 1910 (Indices: →En).
hist.: Theodor MOMMSEN, 3 Bde., GCS 9, 1-3 (= Eus. 2, 1-3), Leipzig 1903-1908 (2., unveränderte Auflage v. Friedhelm WINKELMANN, Berlin 1999: GCS NF 6, 1-3).
hist.mon.: Eva SCHULZ-FLÜGEL, Tyrannius Rufinus, Historia Monachorum sive De Vita Sanctorum Patrum, Patristische Texte und Studien, 34, Berlin 1990 (Indices: →Sc).
Orig.in cant.: W.A. BAEHRENS, GCS 33 (= Orig.8), 61-241, Leipzig 1925 (Register: →Bae).
Orig.in gen.(1-16): W.A. BAEHRENS, GCS 29 (= Orig.6), 1-144, L. 1920 (Register in GCS 30 = Orig.7) = Louis DOUTRELEAU, SC 7bis, P. 1985.
Orig.in exod.(1-13): W.A. BAEHRENS, GCS 29 (= Orig.6), 145-279, L.1920 (Register in 30/7) = Marcel BORRET, SC 321, P. 1985.
Orig.in lev. (1-16): W.A. BAEHRENS, GCS 29 (= Orig.6), 280-507, L.1920 (Register in 30/7) 1-7 = Marcel BORRET, SC 286, P. 1981; 8-16 = Ders., SC 287, P. 1981.
Orig.in num.(1-28): W.A. BAEHRENS, GCS 30 (= Orig.7), 1-285, L. 1921 (Register: →Bae). 1-10 = Louis DOUTRELEAU, SC 415, P. 1996; 11-19 = Ders., SC 442, P. 1999; 20-28 = Ders., SC 461, P. 2001.
Orig.in Ios.(1-26): W.A. BAEHRENS, GCS 30 (= Orig.7), 286-463, L. 1921 (Register ebda.) = Annie JAUBERT, SC 71, P. 1960.
Orig.in iud.(1-9): W.A. BAEHRENS, GCS 30 (= Orig.7), 464-522, L. 1921 (Register ebda.) = Pierre MESSIÉ – Louis NEYRAND – Marcel BORRET, SC 389, P. 1993.
Orig. (Thes.: ORIG.) in I reg.: W.A. BAEHRENS, GCS 33 (= Orig.8), 1-25, L. 1925 = Pierre et Marie-Thérèse NAUTIN, SC 328, 94-153, P. 1986.
Orig.in psalm.: PG 12, 1319-1410; Emanuela PRINZIVALLI, Origene, Omelie sui Salmi (Biblioteca Patristica), Firenze 1991 (Nachdruck: SC 411, P. 1996).
Orig.in Rom.: PG 14, 831-1294; für B.1-3: Caroline P. (HAMMOND) BAMMEL, Aus der Geschichte der lateinischen Bibel, 16, Freiburg 1990; B. 4-6: Dies., 33, F. 1997 (zum

Druck besorgt von H.J. FREDE – H. STANJEK); B. 7-10: Dies., 34, F. 1998 (aus dem Nachlass hgg.von H.J.F. – H.S.).
Orig.princ.: Paul KOETSCHAU, GCS 22 (= Orig.5), L. 1913 (Register: →Koe). = Herwig GÖRGEMANNS – Heinrich KARPP, Texte zur Forschung, 24, Darmstadt 1976 (mit Anm.)   = Henri CROUZEL – Manlio SIMONETTI, SC 252; 253; 268; 269; 312 (= Index), P. 1978-1984.
sent.Sext.: Henry CHADWICK, Texts and Studies, NS 5, Cambridge 1959 (Anmerkungen).

Zeno von Verona (PL 11, 253-528)
Bengt LÖFSTEDT, CCL 22, Turnholti 1971.

Abkürzungen

Nach Thes., LSJ, Année philologique und dem Basileios-Werkverzeichnis im Sammelband von Fedwick (Toronto 1, p. XIX-XXXI); griechische Werktitel werden in *Kursive* gesetzt (z.B. *Smp.* = *Symposion*), lateinische Autoren in Majuskeln (SEN.; VERG.).

Öfter verwendet:

Am-Ju	René Amacker – Éric Junod, R. apol. Orig., 2 Bde., SC 464-465, Paris 2002.
B.	Basileios von Kaisareia.
Ba	Gabriele Banterle, AMBR. hex., Milano-Roma 1979 (s.o.).
Bae	W.A. Baehrens, R. Orig.in num., Leipzig 1921 (Register: S. 523-619); R. Orig.in cant., L.1925 (Register: S. 455-509).
Bu	Vinzenz Buchheit, R. Adamant., München 1966.
CCBBV	Corpus Christianorum Bibliotheca Basiliana Vniversalis, 4 Teile in 6 Bden., ed. Paul Jonathan Fedwick, Turnhout 1993-1999, bes. II 1 und 2 (1996).
CCL	Corpus Christianorum Series Latina, Turnholti.
Cr-Si	Henri Crouzel – Manlio Simonetti, R. Orig.princ., 4 Bde., Paris 1978-1980 (Index: SC 312, P. 1984).
CSEL	Corpus Scriptorum Ecclesiasticorum Latinorum, Vindobonae (sog. Wiener Corpus).
CUF	Collection des Universités de France, publiée sous le patronage de l'Association Guillaume Budé, Paris.
En	Augustus Engelbrecht, R. Greg.Naz.orat., Vindob.1910 (Indices: S. 277-327).
FC	Fontes Christiani, Freiburg i.B.
GCS	Die Griechischen Christlichen Schriftsteller der ersten Jahrhunderte, Berlin (sog. Berliner Corpus).
G-K	Herwig Görgemanns – Heinrich Karpp, R. Orig.princ., Darmstadt 1976.
GNO	Gregorii Nysseni Opera, Werner Jaeger, Hermann Langerbeck, ... Leiden 1952- .
ieiun.	De ieiunio (→Ma)
JSHRZ	Jüdische Schriften aus hellenistisch-römischer Zeit, 5 Bde., Gütersloh 1973-
Koe	Paul Koetschau, R. Orig.princ., Leipzig1913 (Register: S. 375-421).
La	Erich Lamberz, Porphyrius, *Sententiae ad intelligibilia ducentes*, Leipzig 1975.
LACL	Siegmar Döpp – Wilhelm Geerlings (Hrsgg.), Lexikon der antiken christlichen Literatur, Freiburg in B.1998, 3. Aufl. 2002.
Lampe	G.W.H. Lampe, A Patristic Greek Lexicon, Oxford 1961

LC (r; t)	Carla Lo Cicero, R. Basil.hom. 1-3, Roma 1996; hom. 1-8, Turnhout 2008.
LHSz	Manu Leumann – Johannes B. Hofmann – Anton Szantyr, Lateinische Grammatik, 2 Bde., München 1977; 1965.
LSJ	H.G. Liddell – R. Scott – H.S. Jones, A Greek-English Lexicon, 2 Bde., Oxford.
Ma	Heinrich Marti, Ausgabe von bzw. (auf S. 38-56) Index zu Rufin von Aquileia, De ieiunio I, II, Supplements to Vigiliae Christianae, 6, Leiden 1989.
Messina 1	Basilio di Cesarea, La sua età, La sua opera e il basilianesimo in Sicilia, Atti del Congresso internaz. (3-6 XII 1979), vol. 1, Messina 1983.
Mo	Moreno Morani, Nemesius Emesenus, *De natura hominis,* Leipzig 1987.
Pr	Emanuela Prinzivalli, Origene, Omelie sui Salmi, Firenze 1991 (ohne Index).
PTS	Patristische Texte und Studien, Berlin 1963-
R.	Rufin von Aquileia.
Ru	Stig Yngve Rudberg, B. *H.Att.*[3], Acta Universitatis Stockholmiensis, 2, Stockholm 1962.
RAC	Reallexikon für Antike und Christentum, Sachwörterbuch zur Auseinandersetzung des Christentums mit der antiken Welt, hgg.v. Theodor Klauser (u.a.), Stuttgart 1950-
SC	Sources Chrétiennes, Paris.
Sa (n)	Andrea Salvini, R. Basil.hom. 1-8, Napoli 1998 (mit italienischer Übersetzung).
Sc	Eva Schulz-Flügel, R. hist. mon., Berlin 1990 (Indices: S. 389-423).
Si	Manlius Simonetti, R. Opera, CCL 20, Turnholti 1961 (Indices: 287-345).
(Re-St bzw.)St	Bernhard Rehm† – Georg Strecker, R. Clement. und epist.Clement., GCS 51, 2. Aufl.1994, bzw. Georg Strecker, Konkordanz zu den Pseudoklementinen, 1.Teil, Lateinisches Wortregister, GCS, 1986.
Storia	Storia ed esegesi in Rufino di Concordia, in: AAAd (= Antichità altoadriatiche) 39, Udine 1992: Akten des 2. Rufin-Kongresses in Concordia-Portogruaro, Mai 1990.
Thes.	Thesaurus Linguae Latinae, Lipsiae 1900- (auch Stuttgart – Leipzig; München – L.; Berlin – Boston
ThWbNT	Theologisches Wörterbuch zum Neuen Testament, hgg.v. G. Kittel (u.a.), Stuttgart 1933-1979.
Toronto 1, 2	Basil of Caesarea, Christian, Humanist, Ascetic, A Sixteen-hundredth Anniversary Symposium, ed. by Paul Jonathan Fedwick, 1-2, Toronto 1981.
Ze	Klaus Zelzer, R. Basil.reg., Vindobonae 1986 (Indices: S. 231-330).

Bei Zitaten aus den Editionen von Bae, En, Koe, Si, St und Ze sowie bei derjenigen von Mommsen (hist.) wird in Einleitung und Anmerkungen auf die Band-Identifikation (CCL, CSEL, GCS) verzichtet.

Predigt von Basileios dem Grossen

zu: „Gib acht auf dich" – dich selbst – deine Seele – Gott

Synoptische Ausgabe

linke Seite		*rechte Seite*
Spalte 1:	Spalte 2	
lateinischer Text der Bearbeitung des RVFINVS von Aquileia, in kritischer Edition	griechischer Original-text des Basileios, in der kritischen Edition von Stig Y. RUDBERG	deutsche Übersetzung (der lateinischen Fassung)

Testimonien-Apparat: Zitationen und Anspielungen

(zu Beginn neuer Abschnitte:)
Liste der Handschriften und ihrer Gruppierung

Kritischer Apparat zum lateinischen Text
(zu ergänzen mit Appendix 1)

Anmerkungen
(vgl. auch Appendices 2-6)

Auswahl aus dem kritischen Apparat der Edition
RUDBERG

RVFIN. Basil. hom. 2, 1 PG 31, 1733D

Basileios hom. 3, 1 *HAtt.* [3]

PG 31, 197C (S. 23Rudberg)

De eo quod scriptum est: „*Adtende tibi, ne forte fiat in corde tuo sermo occultus iniquitas.*"

1. Sermonis usum deus nobis, qui nos crea-
5 vit, indulsit, pro eo ut *cordis* occulta *consilia*
invicem nobis verbi ministerio *panderemus* et
pro communi in alterutrum affectione naturae
unusquisque nostrum proximo suo velut *ex
archanis quibusdam* (1734A) *domiciliis consilii*
10 secreta depromeret.

si enim nuda tantummodo atque intecta
anima viveremus, ex ipsis tantum mentis
motibus atque intentionibus cogitationum
ad alterutrum nosceremur. verum quoniam
15 vigor animae velamine carnis operitur, ad in-
(26LC) dicanda atque in publicam faciem proferenda
ea, quae in profundo cordis cogitationibus
vel sensibus commovemus, verbis et nominibus ac vocabulis indigemus.

Τοῦ ἐν ἁγίοις πατρὸς ἡμῶν Βασιλείου ἀρχιεπι-
σκόπου Καισαρείας Καππαδοκίας εἰς τὸ
Πρόσεχε σεαυτῷ.
Τοῦ λόγου τὴν χρῆσιν δέδωκεν ἡμῖν ὁ κτίσας
ἡμᾶς θεός, ἵνα *τὰς βουλὰς τῶν καρδιῶν
ἀλλήλοις ἀποκαλύπτωμεν* καὶ διὰ τὸ κοινω-
νικὸν τῆς φύσεως ἕκαστος τῷ πλησίον μετα-
διδῶμεν, ὥσπερ ἔκ τινων ταμειῶν,
τῶν κρυπτῶν τῆς καρδίας προφέροντες
τὰ βουλεύματα.
εἰ μὲν γὰρ γυμνῇ τῇ ψυχῇ διεζῶμεν,
εὐθὺς ἂν ἀπὸ τῶν νοημάτων ἀλλήλοις
συνεγινόμεθα·
ἐπειδὴ δὲ ὑπὸ παραπετάσματι τῇ σαρκὶ
καλυπτομένη ἡμῶν ἡ ψυχὴ τὰς ἐννοίας
ἐργάζεται, ῥημάτων δεῖται καὶ ὀνομάτων
πρὸς τὸ δημοσιεύειν τὰ ἐν τῷ βάθει
κείμενα.

1-3 deut. 15, 9 **5-10** I Cor. 4, 5; Matth. 6, 6; Luc. 6, 45

ω* = α(AC)(ab 5, 14: +Λ)+ γ(ΓGHJ[Li]) ω** = δ(ΔLST[P2]) + ε(ΘM[P1]) β = β*(BKNOQZ) + β**(VWXY)
No P R Σ

1-3 →Appendix 1 **4** nobis usum *transp.* A No ... nobis d(eu)s usum sermonis dedit ut verbo
invicem nobis panderemus occulta cordis n(ost)ri R *in marg.* **5** ut] quod δ cons. *om.* α No **6**
verbi] cordis K **7** communis β** lb „*Editio Veneta* (v)*& Benedictina Basilii* pro communi" (b)
alterum δ Θ effect. BNQZ **9** arcanis BNO[1] LT P, carnis Θ domicilii β v cons. *om.* β z
10 adprom. δ **11** nuda] nudata Θ, *om.* L adque S R, ac HJ def. R *in marg.* intacta NO
v **12** ipsius ω*[-Li] **13** adque R cogitationes A[1] (-tione A[2]) **14** ad *om.* A ΔT No P R Σ
r nasceremur KO[1], nosceremus α J δ r **15** velaminae R[1] **15-16** incitanda A ΓG, -timanda J,
-dicandum (?) Y, -dicandam No **16** adque R **17** cordis *om.* [P1]gm **18** -movemur δ(-Δ) P
ac S[P1] gm **19** et [P1]gm

---

4 ἔδωκεν E1(1) **7** (-M[23]) **9** *inv.* τῆς καρδίας κρυπτῶν 1618 *1* (bc) *2 3 4* (-O[78]) *5* (-C50 M57)P[4](12)*13*
11 *inv.* τῇ γυμνῇ ψυχῇ G[1](2) D[10](7) *10* (-M134) *13*

Predigt über das Schriftwort: „Gib acht auf dich selbst, damit in deinem Herzen nicht etwa eine verborgene Rede zu einem Vergehen werde" (5. Mose 15, 9).

Gott, der uns geschaffen hat, schenkte uns den Gebrauch der Rede, damit wir einander die verborgenen „Ratschlüsse des Herzens enthüllen" können (1. Kor. 4, 5) und damit jeder von uns gemäss der natürlichen gegenseitigen Zuneigung für seinen Nächsten die Geheimnisse seiner Planung wie aus gewissen versteckten Schatzkammern hervorhole. Denn wenn wir nur mit nackter und unbedeckter Seele leben würden, dann könnten wir einander direkt aus den Geistesbewegungen und gedanklichen Absichten heraus bekannt werden. Aber da die Wirkkraft der Seele von einer Fleischhülle zugedeckt wird, brauchen wir Wörter, Namen und Bezeichnungen, um das anzugeben und an die Öffentlichkeit zu bringen, was wir in der Tiefe des Herzens mit Gedanken oder Empfindungen

---

zu 1: Folgende Variationen des deut.-Zitats kommen in diesem (lateinischen) Abschnitt vor: *adtende* bzw. *attende* S. 1, 1 und 5, 10, aber *observa* 11, 1; *sermo occultus* 1, 2, *s. absconsus* 5, 11, *verbum occultum* 11, 2 und 13. – Ähnliche Formeln gen. 24, 6; exod. 10, 28; 34, 12; deut. 4, 9; 6, 13(LXX: 12); 8, 11; 11, 16; 12, 13. Weiteres bei Walter BAUER, Wörterbuch zum Neuen Testament, *s.v.* προσέχω. – Unser Grundzitat scheint sonst bei R. nicht bezeugt zu sein, hingegen bei AMBR.: in psalm. 118, 2, 13-14 CSEL 62, 27, 9 *adtende tibi, ne fiat verbum absconditum in corde tuo*; vgl. auch 118, 10, 10 S. 208, 22 und hex. 6, 6, 39 S. 380Ba (CSEL 32, 1, 230-231); 6, 7, 42 S. 384Ba (S. 233).

zu 4: *qui nos creavit* (<ὁ κτίσας ἡμᾶς), wie u. S. 21, 6 (auch *qui finxit* <ὁ πλάσας, u. S. 5, 13). – κτίσας auch Col. 3, 10, die Übersetzung mit Relativsatz bereits VET.LAT. (24, 2, 477-481).

zu 5-10: Ein Gewebe biblischer Motive: Paulus (βουλαὶ τῶν καρδιῶν), Matth. (ταμιεῖον; κρυπτόν) und Luk. (θησαυρὸς τῆς καρδίας); R.s Anspielungen sind weniger deutlich. Vgl. u. 9, 16. – Der stoische *t.t.* κοινωνικόν (Z. 6-7) wird von R. umschrieben und christlich interpretiert (insofern *affectio* das Element ‚Liebe' enthält).

zu 11-19: Ähnlicher Gedankengang bei AVG. serm. Dol. 3, 12, 170-175 (REAug 39, 1993, 391) S. 491(mit Parallelen; vgl. auch civ. 22, 29, 207 CCL 48, 862; doctr.christ. 2, 2, 3). Gegenüber B. (Z. 18: κείμενα) betont R. den Aspekt ‚Bewegung' (Z. 13; 18; 3, 1); eine, wohl zeitgenössische, Beschreibung der noetischen Bewegung bietet Ps.-(?)AVG. sent. 19a (→François DOLBEAU, RecAug 30, 1997, 159 Z. 415-424). – Zur paradiesischen Nacktheit der Seele s. Alois KEHL, Gewand (der Seele), RAC 10, 1978, Sp. 945-1025, bes.951-952 (u.a. Hinweis auf Thomas-Evang. Logion 37). – *nuda atque intecta*: Doppelung. – RING 134 verweist auf Pl.*Cra.* 403b. – *nudo ut ita dixerim intellectu atque animo*: R. Orig.princ. 1, 2, 2 S. 29, 16 (124G-K).

zu 12-14: Doppelung; Chiasmus. – R.verschiebt mit *nosceremur* (<συνεγινόμεθα) den sozialen Aspekt ein wenig in Richtung auf das Kommunikative. – *quoniam*: Im *Codex* Θ stets *quando* (→Appendix 1 z.St.).

zu 14-19: Aber Gott kann ohne phonetische Mittel zum Sohn (B. Hex. 3, 2 S. 40, 22) oder zu den Menschen sprechen (B. *HPs.* 28a, 3 PG 29, 289A); s.auch GRONAU 71-72 und ŠPIDLÍK, Augustinianum 29, 1989, 377-378. – Vgl. R. Orig.in gen. 3, 2, 29 S. 40, 20 (SC 7bis, 116) oder Synesios *Epist.* 41 S. 196aHe (= 61, 1Ga).

zu 16: ῥήματα / ὀνόματα sind seit Platon und der Stoa *termini technici* für die zwei Grundwortarten; R. umschreibt und verwässert. – Zu *publica facies* s. Thes. VI 1, 51, 62-65.

zu 17: B. sagt einfacher: „um das in der Tiefe Ruhende kundzutun"; R. verdoppelt δημοσιεύειν und verstärkt mit lautlichen Mitteln (*cordis cogitationibus*). – Vgl. R. Clement. 1, 3, 4 S. 7, 16 *in profundo pectoris*.

cum igitur motus hic mentis nactus fuerit
vocis significantiam, tunc velut vehiculo quodam sermonis aeris itinere vectus ad audientem
a loquente transfertur. et si quidem invenerit
5 tranquillam quietamque audientiam, sicut in
portu fidissimo ac tutissimo in auribus auditorum sermo reconditur; si vero velut fluctus
quidam et saxosa vada auditorum tumultus
et murmur docentibus refragetur, in medio
10 aeris spatio sermo transfretans naufragavit.
quamobrem praebete tranquillitatem per
silentium verbo, fortassis enim aliquid poterit
utilitatis afferre sermo veritatis, si tamen non
auditoris ignavia, dum minus intentus est
15 animus, facile dilabatur. talis namque natura
ipsa verbi spiritu compaginante formata est,
ut velox brevisque sit et transcursu concito
multa designet in paucis, ut per ipsam sui
brevitatem tenacius a memoria reservetur.

ἐπειδὰν οὖν ποτε λάβηται φωνῆς σημαντικῆς
ἡ ἔννοια ἡμῶν, ὥσπερ πορθμείῳ τινὶ τῷ λόγῳ
(200A) ἐποχουμένη, διαπερῶσα τὸν ἀέρα,
ἐκ τοῦ φθεγγομένου μεταβαίνει πρὸς τὸν ἀ-
κούοντα· κἂν μὲν εὕρῃ γαλήνην βαθεῖαν καὶ
ἡσυχίαν, ὥσπερ λιμέσιν εὐδίοις καὶ ἀχειμάστοις ταῖς ἀκοαῖς τῶν μανθανόντων ὁ λόγος ἐγ-
καθορμίζεται· ἐὰν δὲ οἷόν τις ζάλη τραχεῖα ὁ
παρὰ τῶν ἀκουόντων θόρυβος ἀντιπνεύσῃ, ἐν
μέσῳ τῷ ἀέρι διαλυθεὶς ἐναυάγησεν.
ποιήσατε τοίνυν γαλήνην τῷ λόγῳ διὰ
τῆς σιωπῆς. ἴσως γὰρ ἄν τι φανείη χρήσιμον
ἔχων τῶν ἀγωγίμων. δυσθήρατός ἐστιν
ὁ τῆς ἀληθείας λόγος, ῥᾳδίως δυνάμενος
ἐκφυγεῖν τοὺς μὴ προσέχοντας, οὕτω τοῦ
πνεύματος οἰκονομήσαντος συνεσταλμένον
αὐτὸν εἶναι καὶ βραχύν, ὥστε πλεῖστα ἐν
ὀλίγοις δηλοῦν καὶ διὰ συντομίαν εὔκολον
εἶναι τῇ μνήμῃ παρακατέχεσθαι.

1 nanctus P   **2** vocis *om.* X, vobis Q, voci NO v   -ficantia OZ v   tum ST[P2] ε P gm   **3** aer No   inter B ΔL¹, iste No, iter ω *praeter* B ΔL¹S No P r, ictu b gm *„Sic edit. Basilii. Nostri codices & editi* iter" (b)   evectus ω *praeter* No P gm r, revect. No   **4** ac loquentem δ(-S)   si quid est KNO   **6** atque γ(-Γ)   ac tut. *om.* βδ z *„Edit. Basil. addit* ac tutissimo" (b)   ita in *add.* P   **8** quosdam gm   **9** refragatur ε gm   **10** transfretas Θ¹, -fretus Θ²   naufragabit ω *praeter* S(-bat) P (*cf.graec.*), *edd.*   **13** audiant auditores R *in marg.*   **15** dilabitur [P2] „Ms. Tol.(T²?)" (b)   qualis sit natura verbi p(rae)dicatoris R *in marg.*   **17** concita ε gm   **18** designat Δ¹L Q   **19** a *om.* VP

2 ἐπίνοια *9 10* (-M134) D⁹(11)   Glossen (Rudberg 40) zu πορθμείῳ: πειράματι Pr16; πλοῖον V468   **5** *inv.* βαθεῖαν γαλήνην *7 13*   **8** *inv.* ζάλη τις 1532 *1* (ac) *2 3* P500(5) P⁴(12) O¹⁰(14)   **11** *om.* τῷ λόγῳ G¹²⁴⁶⁷(12) Ba¹²(8)   **12** *om.* ἄν *2* (-P³ Ri Va) *3* P⁴(12)   **17** *om.* αὐτόν 1618 *intra* [   ] *1* (c + A¹⁴) *2* (-G⁵P³) F¹³(5) P⁴(12)   πολλά 1532 *1 2 3 5* (-C50 Ly M57) M⁵(6) P⁴(12) *13* O¹⁰(14)

erwägen. Wenn also diese Geistesregung einen Wortsinn erhalten hat, dann wird sie wie auf einem gewissen Rede-Fahrzeug, den Weg durch die Luft nehmend, vom Redenden zum Hörenden gebracht. Und sollte sie ruhiges und stilles Gehör gefunden haben, dann wird die Rede wie in einem sehr zuverlässigen und sicheren Hafen im Ohr der Hörer untergebracht; wenn aber – wie gewisse Sturmfluten und felsenreiche Passagen – Lärmen und Raunen der Hörer den Redenden entgegenschlägt, dann wird die Rede in der Mitte des Luftraums auf der Überfahrt Schiffbruch erleiden. Gewährt deshalb dem Wort durch euer Schweigen Ruhe, denn vielleicht wird euch die Rede der Wahrheit einen gewissen Nutzen bringen, wenn sie nicht durch Fehlverhalten des Hörers, indem sein Geist zu wenig aufmerksam ist, leicht scheitert. Denn das eigentliche Wesen des Wortes ist, wenn es der Geist ordnet, so gestaltet, dass es schnell und kurz ist und in beschleunigter Überfahrt vieles in wenigem bezeichnet, so dass es infolge der ihm eigenen Kürze vom Gedächtnis

---

zu 1-4: B. sagt: „Unser Gedanke erhält ein ,bedeutungshaftes Lautgebilde'" (wiederum in stoischer Terminologie; vgl. ŠPIDLÍK [→o. zu 1, 14-19] 375-378) und „fährt auf dem Logos wie auf einer ,Fähre' durch die Luft" (vgl. CAMPBELL 117). – R. formuliert: „Die Geistesbewegung" (→o. zu 1, 12-14) „erhält eine Wort*bedeutung*" (abstrakt statt konkret). R. gibt das seltene Wort πορθμεῖον mit *vehiculum* wieder: vgl. AVG. serm. Dol. 3, 9, 135-136 S. 490 (REAug 39, 1993, 390): *adhibuit* (*sc.* das ,innere Wort') *sibi quasi veh.vocem, per quod veniret ad te.* Vergleichbares bei O'DALY 76 A. 211. – ἡμῶν: B. drückt sich persönlicher aus, auch o. S. 1, 15.

zu 3: *(aeris) itinere* ist die richtige Textform; *(aeris) ictu* wäre im Thes. *s.v.* (Sp. 166, 72-74) zu streichen. – Dieselbe Form von Chiasmus z.B. auch hom. 7, 1 1786B *(aviae) corpore quidem fessae, viridis vero virtute.*

zu 5-7: Mit dem Abstraktum *audientiam* (noch Basil.reg. 162, 1 S. 185; Orig.in I reg. 1, 3, 3 S. 4, 22 = SC 328, 102; Orig.princ. 2, 7, 3 S. 150, 21 = 378G-K) nimmt R. die Pointe vorweg: das Bild der γαλήνη (z.B. Pl. *Lg.* 791a; Ph. *Sacrif.* 90) geht zum Teil verloren. – Zur häufigen Metaphorik mit ,Anker' und ,Hafen' s. J. KAHLMEIER, Seesturm und Schiffbruch als Bild im antiken Schrifttum, Diss. Greifswald, Hildesheim 1934, 34-35. Von „Basil's graphic skill" und „predilection for maritime scenery" spricht CAMPBELL 131. Bei B. ist der Hafen „ruhig und sturmfrei", bei R. „zuverlässig" (Anklang an *fides*) und „sicher". – Zur Doppelung vgl. hom. 5, 17 1781B7 *quietissimum et tranquillissimum portum.*

zu 8: Attributives *quidam* ist bei R. sehr oft enklitisch gestellt, so dass die Korrespondenz mit ζάλη τις auf Zufall beruhen kann. – *saxosa vada*: eine überflüssige Ergänzung R.s, der sich nicht streng an die Vorstellung des *fliegenden* Wortes hält. – Vgl. NAZZARO, *Exordia* 423, GAIN 188-189 und OLIVAR 874. S. auch u. 5, 5-6.

zu 10: Material zum Schiffbruch-Motiv (auch biblisch: I Tim. 1, 19) bei KAHLMEIER a.O.(→o. zu 5-7) 32-33. – Vgl. auch R. Basil.hom. 5, 15-16 (1778B: Wasser und Meer in der Bibel; 1780AB: *transfretare – naufragare*). – Zum Perfekt vgl. etwa u. 9, 7-13 oder hom. 5, 15 1779A (*demerguntur et... nonnulli... receperunt... quietem*).

zu 12-14 *poterit*: Wiedergabe eines Potentialis, auch u. 15, 12. – Das Jagd-Motiv geht bei R. verloren. – *ignavia*: abl. causae, wie Clement. 5, 4, 1 S. 167, 16. Vgl. SALVINI 1998, 871 („un'accusa precisa al lettore").

zu 16: *compaginare*, eigentlich „zusammenfügen" (R. Greg.Naz.orat. 1, 3, 2 S. 9, 4; weitere 6 R.-Belege im Thes. *s.v.* Sp. 2000-2001, ferner Clement. 8, 13, 4 S. 224, 22), steht hier – eher ungeschickt – für οἰκονομεῖν; Tempuswechsel in der Partizipialkonstruktion.

zu 17-18: Das Bild der ,Überfahrt' wird hier von R. nochmals aufgenommen, während es bei B. sechs Zeilen vorher abgeschlossen wird. – πλεῖστα >*multa* (→Apparat von RUDBERG). – *designare* ist häufig: →Ma, Si, St, Ze, Thes.; oft auch R. Orig.in psalm. (Pr: S. 124; 282; 284; 296; 374; 378); hist.1: 13x (Es steckt nicht immer ein griechisches σημαίνειν dahinter; hier <δηλοῦν; u. 5, 2 erscheint σημαινόμενα als *quae dicuntur.*). – *sui*: vgl. Am-Ju 2, 122, nach LHSz 2, 61.

zu 19: *brevitas* ist eine rhetorische ,Tugend' (zahlreiche Beispiele: Thes. *s.v.*), die aber in *obscuritas* (u. 5, 2) umschlagen kann. Vgl. QVINT. inst. 12, 10, 48 (*sententiae) ipsa brevitate magis haerent.* – *tenacius* ist bei R.beliebt: →Ma und Basil.reg. 7, 5 S. 39 *firmius et t. in posterum conservare*; hist.mon. 1, 2, 11 S. 255,151 *t.solent inhaerere memoriae*; hist. 9, 8, 14 S. 827, 13. – *a memoria*: vgl. Si (S. 297).

haec namque est emendati natura sermonis,
ut neque obscuritate, quae dicuntur, offuscet
neque abundans ineptiis vim rerum, quae in-
dicantur, faciat evanescere. talis enimvero
5 etiam hic est, qui nunc nobis ex Moysei
voluminibus recitatus est sermo, si tamen
meministis vos, quibus verbi divini attentior
cura est, nisi forte pro brevitate sui paulo
tardiores quosque transfugit auditus. est
10 autem sermo hic: *attende tibi, ne forte fiat*
(27LC) *in te sermo absconsus in corde tuo iniquitas.*
faciles sumus ad cogitationum delicta nos homines: propter quod et *qui finxit singillatim*
corda nostra sciens, quod non parum delic-
15 torum in his motibus admittitur, qui fuerint ex
proposito mentis voluntatisque concepti,

καὶ γὰρ φύσει ἀρετὴ λόγου μήτε (24) ἀσαφείᾳ
κρύπτειν τὰ σημαινόμενα, μήτε περιττὸν
εἶναι καὶ μάταιον εἰκῆ τοῖς πράγμασι
περιρρέοντα. ὁποῖος οὖν δή ἐστι καὶ ὁ ἀρτίως
ἡμῖν ἐκ τῶν Μωυσέως βίβλων ἀνεγνωσμένος,
οὗ μέμνησθε πάντως οἵ γε φιλόπονοι, πλὴν εἰ
μή που διὰ βραχύτητα παρέδραμεν ὑμῶν τὰς
ἀκοάς.
ἔχει δὲ ἡ λέξις οὕτως·
πρόσεχε σεαυτῷ, μή ποτε γένηται ῥῆμα
κρυπτὸν ἐν τῇ καρδίᾳ σου ἀνόμημα.
εὔκολοί ἐσμεν πρὸς τὰς κατὰ διάνοιαν ἁμαρτίας οἱ ἄνθρωποι. διόπερ ὁ πλάσας καταμόνας τὰς καρδίας ἡμῶν, εἰδὼς ὅτι τὸ πλεῖστον
τῆς ἁμαρτίας ἐν τῇ ὁρμῇ πληροῦται τῇ
κατὰ πρόθεσιν, τὴν ἐν τῷ ἡγεμονικῷ

10-11 deut. 15, 9 (LXX *om.* ποτε; VVLG.: *cave ne forte subripiat* [-*repat* Clement.] *impia cogitatio et*
dicas i.c.t.)   13-14 psalm. 32, 15

---

1 quomodo se habere debeat sermo doctoris R *in marg.* nat.emend. *inv.* [P1] gm serm.nat.*inv.*
A¹Λ   2 [quod P2] dicitur T[P2]   3 ineptis PΣ¹   5 nobis nunc *inv.* Γ S[P1] gm nunc *om.*
HJ moisei A, moysi KOβ**(-X) Δ Σ gm z, moisi S[P1] M, mosei T[P2], moseis Θ, moyse P   7 vos.
o. quibus β Θ No P   8 nisi si β*(-Q) δ(-L)[P2] No v sua ΔL   9 quousque β(-Q²) vl „Quosque *pro*
quousque *in Mss. Zenon.* (Yᶻ, Zᶻ)*& edit. Basilii, ex quo nec non ex Mss.Pomp.* (X)*& duplici Zenoniano*
correximus subinde transfugit auditus *pro eo quod alibi legebatur* transfugit, auditus est" (b) est.
Est vl   10 autem *om.* β**, tamen Z   11 in te *om.* A(C *vix legitur*) γ[Li] P absconditus No P
12 ad cogitationem delicti CHJ², delicti ad cog. A ΓGJ¹, ad delicta cogitationum ω**[+Ω] No R Σ gm
r   13 sigill. Kβ**(-V) γ(-G) v   14 *inde ab* non *legitur etiam* Λ   15 admittatur P, -mittimur M²
16 vol.que *om.* δ, animi mentisque ε gm, „*Edit. Basil. ex* proposito (*sic!*) *animi mentisque concepti*"
(b) -cepta M, -ceptis KO¹QXZ

---

4 δή] ἤδη 2 (-Ri Va) 3 O⁷⁸(4) F¹³ P⁷⁶³(5) Ba¹² K¹²(8) 10 13 καί *om.* 8 (-E¹ L¹ La) M¹³⁴(10) O²(11) s.
RUDBERG 64   5 βιβλίων G¹²⁴⁵⁶(2) 4 (-O⁷⁸) 5 (-C⁵⁰ Ly M⁵⁷) M⁵(6) BC(9) V1148(12) 13 N¹²(14) *add.*
λόγος *post* ἀνεγν. 1618 2 (-Ri Va) 3 O⁷⁸(4) 5 (-C⁵⁰ Ly M57) K¹²(8) D²(9)10 P⁴(12) 13   O¹⁰(14) s.
RUDBERG 110-111   10-11 *inv.* ἐν τῇ καρδίᾳ σου ῥῆμα κρυπτόν A¹⁴ V420(1) 2(G²⁶) 3   *inv.* ἐν τῇ
καρδίᾳ σου κρυπτόν G²⁶(2) F¹³ P500(5) 13 (*om.* ῥῆμα G²⁶)

beharrlicher bewahrt wird. Denn es ist das Wesen gepflegter Rede, dass sie weder durch Unklarheit verdunkelt, was gesagt wird, noch durch ein Übermass an Floskeln die Kraft der Dinge, die ausgedrückt werden, schwinden lässt. Solcherart ist nämlich auch die Rede, die uns jetzt aus den Büchern des Moses vorgelesen worden ist, wenn ihr euch noch an sie erinnert, ihr, denen die Sorge um das Gotteswort besonders wichtig ist, es sei denn, zufällig sei die Verständigung infolge ihrer Kürze den etwas schwerfälligeren Hörern misslungen. Die Rede ist aber folgende: „Gib acht auf dich, damit in deinem Herzen nicht etwa eine verborgene Rede zu einem Vergehen werde" (5. Mose 15, 9). Leicht sind wir bereit, wir Menschen, zu Verfehlungen von Gedanken: im Wissen darum, dass nicht wenige Vergehen in solchen Regungen begangen werden, die aus einem Vorsatz des Geistes und Willens gefasst worden sind, auferlegt und lehrt uns deshalb derjenige, „der unsere Herzen einzeln

---

zu 2: *offuscare* ist ein spezifisch christliches Wort, das R. mehrfach verwendet (s. Thes. *s.v.* Sp. 533-534).

zu 4-5: Die Weglassung von καί in einem Teil der griech. Überlieferung wird von R. nicht bestätigt. – *Moysei*: →u. Appendix 4.

zu 5-6: R. übernimmt hier die lebendige Predigt-Situation des Kappadokiers: *nunc* (!) *recitatus*. Vgl. o. 3, 8-9 und u. zu 7-10; ganz deutlich auch das Ende von R. Basil.hom. 1,6 1733C (22, 2-4LC). – Lit.: OLIVAR 516-517.

zu 6: *sermo* ist kein Zeugnis für λόγος (in einem Teil der B.-Tradition: RUDBERG 110-111; BACKUS 137). -Zu *tamen* vgl. LHSz 2, 496 und Am-Ju 2, 122.

zu 6-8: Das griech. Kompositum φιλόπονος wird vom Übersetzer weitläufig umschrieben (andere Lösung: Greg. Naz.orat. 1, 54, 1 S. 44, 12). – παρατρέχειν im Sinn von „leave unnoted": LAMPE *s.v.* B1b und B.*Hex*. 3, 4 S. 45, 15 (>*praeterire*, EVSTATH. 3, 4, 13 S. 37, 4); vgl. HOPPE 139. – Die Variante von β / P (*vos.o.quibus*) ist alt (→ o. Einleitung *p.* XXII###); o. *quibus* für *omnes quibus* findet sich in 3 Hss. von R. Greg.Naz.orat. 2, 6, 3 S. 91, 22 (→En *p.* LVIII). Vgl. πάντως bei B. (Z. 6). Anderseits kennt R. Greg.Naz.orat. 4, 7, 1 S. 149, 2 *vos o qui* (<ὦ οὗτοι)!

zu 7-10: Mit ὑμῶν nimmt B. nur kurz und unauffällig Bezug auf die konkrete Situation in der Kirche (s.o. zu 5-6); R. sagt umständlich *paulo tardiores quosque* (dann: *auditus*!): an wen denkt er – in seinem Lesepublikum? – Mit *sermo* <λέξις wird der liturgische Bezug ebenfalls ‚verwässert'. – Vgl. R. Basil. hom. 1, 6 1733B (21, 24LC): *brevitas quae sufficere multitudini debeat*.

zu 11-12 *absconsus / -conditus*: Vgl. R. Basil.reg. 45, 2 S. 89 (-*consa*) und STOTZ, HLSMA 4, VIII § 122 (S. 216). – εὔκολος ist in dieser Predigt häufig: →§ 1 S. 3, 18 und besonders § 5 S. 45, 15. – Die Lesart von Ω teilt CCBBV 2, 1, 212 (h 727a) mit.

zu 13-14: Zur Deutung von καταμόνας durch B. vgl. *HPs.* 32, 8 PG 29, 344BC (niemand entgeht dem Blick Gottes, auch ἔννοιαι und πρόθεσις nicht). – Sonst wird diese Psalm-Stelle bei R. nicht zitiert. Merkwürdig ist, dass die Lesart *sigillatim* auch in der (nach dem griech. Original erstellten?) Übersetzung von J. RAASCH (→u. zu 7,1) 11,308 erscheint; *sigillatim* ist in VVLG.-Ausgaben ab 1532 verbreitet, aber nur im *cod.Parisin.lat.* 15467 (*a.* 1270) überliefert. – Vgl. Bengt LÖFSTEDT, CCL 22, 72*-74* (vor allem zu ZENO).

zu 14-16: ὁρμή ist ein Fachausdruck der Stoa (→SVF 3, 169-178 S. 40-43) – bei R.weitläufig umschrieben. Vgl. Rowan WILLIAMS, Macrina's deathbed revisited, Gregory of Nyssa on mind and passion, in: L.R. WICKHAM – C.P. BAMMEL (ed.s), Christian faith & Greek philosophy in late antiquity (Essays... to G.E. Stead), VChr Suppl., 19, Leiden 1993, 232. – Das stoische ἡγεμονικόν war R. offensichtlich nicht vertraut, vgl. auch B. § 7 (S. 36,4Ru) / R. u. S. 81, 6 oder etwa R. Orig.in cant. 1 S. 108, 30. – Zur Verwendung des Begriffs bei B.: NALDINI (Messina 1) 206. – Vgl. auch B. *HPs. 28a*, 3 PG 29, 289A (dort auch ‚Traum' und ‚Phantasie').

ante omnia nobis puritatem et munditias
cordis iniungit ac praecipit. in quo enim proclivius vergimus ad peccatum, hanc nobis
partem maiore cautela diligentiaque communit.
5 sicut enim infirmiora quaeque corporum
membra peritior ac bene providus medicus,
antequam ipse morbus immineat, studio prae-
currente et diligentia cuiusdam procurationis
antevenit, ita et communis omnium provisor
10 et animarum medicus deus hoc, quod maxime
in nobis ad culpam lubricum providebat, circumdare tutioribus saeptis studuit et circumvallare
cautioribus munimentis. nam hi actus, qui ministerio corporis adimplentur, opus habent et
15 tempore et oportunitate et labore et adiutoriis
ceterisque huiuscemodi instrumentis: mentis
vero motus et cogita(1735A)tionum lapsus absque tempore consummantur, sine labore com-
plentur, omne tempus habent oportunum.

καθαρότητα πρώτην ἡμῖν διετάξατο.
ᾧ γὰρ μάλιστα προχείρως ἐξαμαρτάνομεν,
τοῦτο πλείονος φυλακῆς καὶ ἐπιμελείας
ἠξίωσεν.

ὥσπερ γὰρ τῶν σωμάτων τὰ ἀσθενέστερα
οἱ προμηθέστεροι τῶν ἰατρῶν ταῖς προφυλακ-
τικαῖς ὑποθήκαις πόρρωθεν ἀσφαλίζονται,

οὕτως ὁ κοινὸς κηδεμὼν καὶ ἀληθινὸς τῶν
ψυχῶν ἰατρός, ὃ μάλιστα ἡμῶν εἶδε πρὸς
ἁμαρτίαν ὀλισθηρότερον, τοῦτο ἰσχυροτέραις
προκατελάβετο φυλακαῖς.
αἱ μὲν γὰρ διὰ τοῦ σώματος πράξεις
καὶ χρόνου δέονται καὶ εὐκαιρίας καὶ
καμάτων καὶ συνεργῶν καὶ τῆς λοιπῆς
χορηγίας. αἱ δὲ τῆς διανοίας κινήσεις
ἀχρόνως ἐνεργοῦνται, ἀκόπως ἐπιτελοῦνται,
ἀπραγματεύτως συνίστανται,
πάντα καιρὸν ἐπιτήδειον ἔχουσιν.

ω* = α(ACΛ) + γ(ΓGHJ[Li])   ω** = δ(ΔLST[P2]) + ε(ΘM[P1])   β = β*(BKNOQZ) + β**(VWXY) No
P R Σ

---

1 nobis *om.* [P1] gm   munditiam ω*(-J) O²VY No z   **2** praecepit No¹ P   in qua A(Λ *n.l.*) XY γ
lb „*Eadem editio* in quo" (b)   **3** vergimur β P (*recte?*)   **4** ad maiorem -lam -tiamque P   maiori
ω*(-C) S, maiora Σ   cautella R¹(*ante rasuram*)   -que] quae R, *om.* S   communio P, -niunt(?) V   **5**
sicut] sic BNOQβ**(-V) v   corporis α   **6** peritiora NO   providus] prudens gm „*Ibidem*" (= *in edit.*
Basil.) „bene prudens" (b)   **8** praecur. ω** No P R gm r„*& post pauca* praecurationis" (b)   **11**
praevid. α(-C) ω** No P Σ gm r   **12** totior. R¹   studet β (stupet Y) z „...*ac dein* studuit *pro* studet"
(b)   **13** tutioribus CΛ(?)   hii Γ M P (h.qui *add.* Γ), ii gm   **14** adimpletur NQX(?)   **15** opport. K
HJ   **17** De motibus mentis et cogitationum R *in marg.*   cogitationis β v „*Ibidem* cogitationum" (b)
18 consumantur BKO¹QWX HJ T², -sumuntur O² Γ v, -sumatur T¹   **19** opport. K HJ rt

---

10 οἶδε(ν) 1618 B82(1) A413(2) Ly(5) M⁵(6) V427(11) V1148(12) KL(14)

gebildet hat" (Psalm 32, 15), vor allem Reinheit und Sauberkeit des Herzens. Diesen Teil nämlich, worin wir rascher zur Sünde neigen, festigt er für uns mit grösserer Vorsicht und Aufmerksamkeit. Wie nämlich ein sehr erfahrener und gut vorausblickender Arzt gerade schwächere Körperteile, bevor eine Krankheit direkt ausbricht, mit frühzeitigem Bemühen und Anwendung einer gewissen Prophylaxe zum voraus in die Kur nimmt, so wollte auch der allen gemeinsame Fürsorger und Seelenarzt, Gott, das, was er an uns zum voraus als besonders schuldgefährdet kannte, mit ganz sicheren Zäunen umgeben und mit recht geschickten Befestigungen umgürten. Denn diejenigen Handlungen, die mit Unterstützung des Körpers ausgeführt werden, brauchen Zeit, eine günstige Gelegenheit, Anstrengung, Beihilfe und andere Beiträge solcher Art: aber geistige Bewegungen und gedankliche Fehler werden unabhängig von Zeit vollendet, ohne Anstrengung durchgeführt – jeden Zeitpunkt

---

zu 1: *munditia(m) cordis*: VVLG. prov. 22, 11 (LXX: ὁσίας καρδίας); R. Orig.in gen. 6, 2 S. 67, 14 SC 7bis, 186 (gen. 20, 5: ἐν καθαρᾷ καρδίᾳ >*in corde mundo*; vgl. Matth. 5, 8); *cor mundum* Orig.princ. 3x (→Cr-Si); *puritas cordis*: z.B. Orig.in exod. 9, 3, 41 S. 238, 28 (SC 321, 288); in lev. 5, 12, 137 S. 358, 14 (SC 286, 266); 15, 2, 26 S. 488, 19 (SC 287, 254). Hier ist *p. et munditiae* Doppelung für καθαρότης, nachher gleich zwei Verben für διατάττειν; Klausel mit Doppel-Trochäus (was dem frühen Kopisten von P schon entgangen ist). – Vgl. Juana RAASCH, The Monastic Concept of Purity of Heart and its Sources, StudMon 8, 1966, 7-34; 183-213; 10, 1968, 7-56; 11, 1969, 269-314 (besonders zu B.); 12, 1970, 7-47.

zu 2-4: Die ungeschickte Verbindung *in quo – hanc* wird auch in der deutschen Wiedergabe nicht gemieden. – Zur Lesart P / β (→o. zu 5, 6-8) vgl. R. hist. 1, 2, 19 S. 23, 11 *quo ... proclivius vergitur* und Greg. Naz.orat. 7, 19, 1 S. 229, 21 *vergatur* – neben *revertatur* – allerdings gegenüber 8, 9, 1 S. 245, 19 *quo vergit* . →St, Ze (je 1x). – *procl.ad...*: →Thes.*s.v.* Sp. 1539, 38-61 (*lubidinem*; *vitia*). – R. ändert die Tempora (Aor.>Präs.). – *cautella* R vor Rasur, wohl auch u. 19, 7; 27, 1; 37, 13, sicherlich *medella* 31, 5 (mit u.a. P); →En *p.* LII; LXVII.

zu 5-9 *infirmiora... membra... antevenit*: eine merkwürdige Konstruktion, – die Bedeutung von *a.* ist aussergewöhnlich. – *membra* (Z. 6) könnte Glosse sein. – CAMPBELL 123 scheint diese Stelle übersehen zu haben.– Dem *providus med.* entprechen *periti medici* in R. hist.praef. S. 267, 1-4 (in einer ‚eigenständigen' Partie).

zu 7-8: *praecurrere* auch u. § 5 S. 53, 5 (neben *p r a e venire*); Clement. 1, 60, 4 S. 42, 19; Orig.princ. 3, 6, 6 S. 287, 26 (658G-K). – *praecuratio* (ω** NoPR) wäre Hapaxlegomenon (als solches aufgenommen von den Wörterbüchern SOUTER und BLAISE); aber R. ist kein Freund des Aussergewöhnlichen; da *procuratio* ein politischer und juristischer *t.t.* ist, setzt R. hier *cuiusdam* dazu.

zu 11-13: (*prae-* oder *pro-*)*videbat* zeugt für εἶδε (statt οἶδε): vgl. RUDBERG 111. – *praev.* auch R. Orig.in num. 10, 2, 153 S. 72, 18 (SC 415, 282); Basil.hom. 5, 15 1779A5 *p r o spice et p r a e vide tempestatem* (vgl. *prae-* / *pro-* in Z. 7-8). – *circumdare... studuit et circumvallare*: die bei R. beliebte Figur ‚ABet A'. – Klangvolle Doppelung als Höhepunkt der Satzperiode.– *tutioribus... cautioribus*: Komparative mit Superlativ-Bedeutung (→Am-Ju 2, 124), aber bereits im Griechischen (ἰσχυροτέραις).

zu 14-19: *opus habent*: →St und Am-Ju 2, 231. – Zum Stil des Originals s. HENGSBERG 42; die Vorstellung einer χορηγία (ein ‚alexandrinisches' Wort: s. LAMPE) kann im Lateinischen nicht nachvollzogen werden. – *adimplere*: →En 3x; Sc 419; Si 4x; St 9x; Ze 12x.

zu 15: Fast alle Hss. bieten (hier und Z. 19) *oport-*; so edieren auch Re-St und (teilweise) Cr-Si; hier ist ein Homoioarchon mit *opus* beabsichtigt. Vgl. hist. 4, 22, 8 S. 373, 14 (*opp.*, <οἰκείως τοῖς καιροῖς); 5, 1, 61 427, 12; 5, 24, 14 495, 26. – *adiutorium* ist häufig: VET.LAT., AVG., besonders auch R. zu 16-19: Die Stilisierung von B. (Asyndeta, Homoioteleuta, *parallelismus membrorum*) ist noch bei R. spürbar. – Vgl. R. Basil.reg. 7, 2 S. 38-39 *omne tempus a prima aetate opportunum... esse ducimus*; 4x bei St; *tempora opportuniora*: Orig.princ. 3, 1, 13 S. 217, 22 (506G-K); Basil.hom. 4, 3 1755D: *opport. neci*. – Wortwiederholungen vermeidet R. nicht, aber *absque* variiert hier mit *sine*; s.u. zu 87, 6.

intuere namque mihi ambitiosum quempiam
et ingenti supercilio honestatis elatum, imaginem quandam continentiae et sobrietatis
habitu exteriore gestantem, in mediis quo-
5   que virorum laudabilium et sapientium resi-
dentem; hic subita cogitatione mentis percurrit et evolavit ad loca peccati, maligna desideria mente concepit, colloquia quoque
intra se inhonesta finxit et turpia, et totus
10 in occulta mentis suae officina universam
(28LC) sibimet libidinis imaginem deformavit gestus-
que descripsit. hic ignotum quidem omnibus
peccatum et sine ullo teste commisit, sed
arguetur ac revelabitur sine dubio per adven-
15 tum eius, *qui reserat occulta tenebrarum*
et manifestat consilia cordium.

καὶ πού τις τῶν σοβαρῶν καὶ κατωφρυομέ-
νων ἐπὶ σεμνότητι, πλάσμα σωφροσύνης
ἔξωθεν περικείμενος, ἐν μέσοις καθεζόμενος
πολλάκις τοῖς ἐπ᾽ ἀρετῇ αὐτὸν μακαρίζουσιν,
ἀπέδραμε τῇ διανοίᾳ πρὸς τὸν τῆς ἁμαρτίας
τόπον ἐν τῷ ἀφανεῖ τῆς καρδίας κινήματι.
εἶδε τῇ φαντασίᾳ τὰ σπουδαζόμενα,
ἀνετυπώσατό τινα ὁμιλίαν οὐκ εὐπρεπῆ,
καὶ ὅλως ἐν τῷ κρυφαίῳ τῆς καρδίας
ἐργαστηρίῳ ἐναργῆ τὴν ἡδονὴν ἑαυτῷ
ζωγραφήσας, ἀμάρτυρον ἔσω τὴν ἁμαρτίαν
εἰργάσατο, ἄγνωστον πᾶσιν,
ἕως ἂν ἔλθῃ

ὁ *ἀποκαλύπτων τὰ κρυπτὰ τοῦ σκότους καὶ*
φανερῶν τὰς βουλὰς τῶν καρδιῶν.

15-16 I Cor. 4, 5

2 et *om.* ω*(Λ¹²)   **3** quedam BN, quendam KO v contin. *om.* β z   et *om.* β** lb   **4** exteriori α
G Γ   **5-6** resedentem BNQZ   **6** subito ω*(-A)[+Li] β P R Σ vl r t „*Codices et editi nostri habebant*
subito..." (b)   cogitationem P   **6-7** percucurrit LT ε   **7** evolat ω* β No P R vl r, volat Σ   „*...et*
praesenti tempore efferebant percurrit, evolat, concipit, *excepta edit. Ven.* (v) *in qua legitur* concepit" (b)
7-8 desidesideria B, desederia M   **8** concipit β** Γ No² Σ l   **9** turpiae ~ totius R   r *in marg. R* (*cf.*
infra ad p. 79, 1)   et² *om.* gm   totus] ocius ω* Σ   **10** oculta BX¹   officinam Θ No   **11** et lib.
add. KNO v   **12** descripsit P   notum R¹   **14** arguitur β*(-O)V R¹, redarg. Σ   relevabitur KO¹
per *om.* R, ad Σ   adventu R²   **15** reservat Θ¹, reseriat v   **16** manifestabit KNO v

---

3 καθήμενος G¹²⁴⁵⁶(2)   **4** *om.* πολλάκις A²(1) 7   αὐτὸν μακ.] περιβλέπτοις 7 s. RUDBERG 59-60
9 *om.* ὅλως 2 (-G⁵ P³ Ri Va) 3 (-O¹) O⁷⁸(4)   **10** ἐν ἑαυτῷ τὴν ἡδονὴν ζ. 1532 1 (-A¹⁷ ²⁵ ²⁸ E1 M133)
2 3 (-O¹¹ V468) 5 (-C50 Ly M57) P⁴(12) 13; ἑαυτῷ τ. ἡδ. ζ. A¹⁷ ²⁵ ²⁸ E1(1) 4 (-O⁷⁸) 6 D¹⁰ Pr4 C⁶(7);
τ. ἡδ. ἐν ἑαυτῷ ζ. BC D²(9) 14 (-E⁷ V581); τ. ἡδ. ἐν αὐτῷ ζ. O⁷⁸(4) V581(14); τ. ἡδ. ἐπ᾽ αὐτῷ ζ. L¹(8)
Ma²(12); αὐτῷ τ. ἡδ. ζ C50(5); τ.ἡδ.ζ. ἐπ᾽ αὐτῷ L²(8); ἐν αὐτῷ τ. ἡδ. ζ. M133(1) O¹¹ V468(3) Ly(5)
M¹²³⁴(7)

halten sie für günstig. Denn schau mir einmal einen Ehrgeizling an, der auf dem hohen Ross der Ehrwürdigkeit sitzt, der ein bestimmtes Bild von Enthaltsamkeit und Nüchternheit mit seinem äussern Gehaben zur Schau trägt, der sogar inmitten von löblichen und weisen Männern sitzt: dieser enteilte in plötzlichem Gedankenflug zu den Gefilden der Sünde, fasste in seinem Sinn böse Gelüste, erfand in seinem Innern sogar unehrenhafte und schändliche Zwiegespräche und schuf insgesamt in der versteckten Werkstatt seines Geistes für sich selbst ein umfassendes Schaubild der Lust und zeichnete ihre Gebärden. Dieser beging zwar, ohne jeden Zeugen, eine allen unbekannte Sünde, aber er wird ohne Zweifel überführt und entblösst werden durch die Ankunft dessen, „der die Geheimnisse der Finsternis aufschliesst und die Ratschlüsse der Herzen offenbar macht" (1. Kor. 4, 5).

---

zu 1: *intuere* ist manchmal eine lat. Floskel o h n e griech. Entsprechung: ebenso zum Beispiel R. ieiun. I 4 S. 18, 1Ma; II 1 S. 22, 5; anders aber u. § 5 S. 55, 18. – *intuere quomodo...* Clement. 9, 15, 7 S. 266, 1; *int. qualiter* Orig.in psalm. 37 hom. 1, 1, 185 S. 260; ferner: 1, 5, 25 S. 280; 1, 6, 53 S. 286. – *quispiam* kommt auch bei R. vor: anders Am-Ju 2, 126.

zu 1-2: *supercilio...elatum* <κατωφρυομένων; Belege für κατοφρυοῦσθαι bei Philostrat und Lukian; christlich: Andreas-Akten, B. und Kyrill (LSJ; LAMPE).

zu 3: *quandam*: Dieses Indefinitpronomen ist bei R. sehr beliebt und verrät gelegentlich eine gewisse Unsicherheit des Übersetzers (πλάσμα >*imago*): vgl. u. 13, 3; 85, 10. – Doppelung für σωφροσύνη.

zu 4: Vgl. B. und R. ieiun. I 2 S. 10, 18Ma. – Das in der Spätantike, auch bei Christen, beliebte *gestare* scheint nach Thes. und Indices von R. gemieden zu werden; *imaginem g.* hat TERT. resurr. 49, 7 S. 102, 8 (CCL 2, 991).

zu 5 *laudabilium*: R. scheint B. nicht ganz verstanden zu haben.

zu 6: Für das Adjektiv *subita* spricht auch die Satzstellung; das Adverb würde wohl näher bei den beiden Verben (Doppelung!) stehen. – In R. Clement. findet sich 4mal das Adjektiv, 9mal das Adverb (St).

zu 7: Auch hier bestätigt sich ,*recentiores, non deteriores*': der gemeinsame Fehler ist leicht aus falsch verstandenem *percurrit* zu erklären. An der Präsens-Deutung halten die Schreiber mit unterschiedlicher ,Starrköpfigkeit' fest: VX geben erst bei *finxit* auf! – Zu den Problemen betr. φαντασία →u. zu 45, 10.

zu 8: ὁμιλία – zum Begriff s. T. STEIGER, Historisches Wörterbuch der Rhetorik, 3, Tübingen 1996, Sp. 1512 – ist für Übersetzer gelegentlich schwierig: vgl. Thes. *s.v.* ,*hom.*'; ὁμ. >*colloquium* in VVLG. I Cor. 15, 33 (das berühmte Menander-Zitat; ITALA: *confabulationes*); R. hist. 2, 17, 1 S. 143, 3; BEDA gramm. 7, 282, 14.

zu 9-10: AB *et* A, wie oft (→o. zu 7, 11-13). – καρδία >*mens* ist auffällig.

zu 10: Eine enge Parallele zu B. findet sich beim Mönch Kallinikos in der *Vita s. Hypatii* S. 102. – Während das deutsche Wort „Werkstatt" die Konnotation seriöser Arbeit hat, klingt *off.* häufig negativ, besonders bei Christen wie R.: Basil.hom. 1, 6 1732D (S. 21, 3LC) *in turpissimis off.*; Clement. 3, 64, 3 S. 139, 13 *ipsam sceleris sui off.*; 4, 26, 3 S. 159, 15 *ex off. malitiae*; Greg.Naz.orat. 9, 2, 3 S. 266, 17; hist. 4, 7, 3 S. 311, 3.

zu 12: Die Schreibweise *descri̲bsit* wäre wohl richtig: →u. zu 77, 15 (*describtionis* P)

zu 13-15: Das knappe, wirkungsvolle ἔλθῃ wird klangvoll aufgebläht.

zu 14-15: Σ hat R v o r der Korrektur R² abgeschrieben.

observa ergo, *ne forte fiat in corde tuo*
verbum occultum iniquitas. qui enim aspe-
xerit mulierem ad concupiscendum eam,
iam moechatus est eam in corde suo.
propter quod corporis quidem actus pos-
sunt nonnullis obstaculis intervenientibus
impediri; ubi autem mente delinquitur,
quam facile est puncto cogitationis evagari,
tam pernix adhaerebit noxa delicti. ubi ergo
velox occasio peccati, ibi etiam celeris providetur cura remedii, et ideo protestatur
dicens: *ne forte fiat in corde tuo verbum*
occultum iniquitas. sed ad ipsum iam potius
verbi initium recurramus.

φύλαξαι οὖν, μή (25)ποτε γένηται ῥῆμα
κρυπτὸν ἐν τῇ καρδίᾳ σου ἀνόμημα. ὁ γὰρ
ἐμβλέψας γυναικὶ πρὸς τὸ ἐπιθυμῆσαι ἤδη
ἐμοίχευσεν ἐν τῇ καρδίᾳ αὐτοῦ. (201A)
διότι αἱ μὲν τοῦ σώματος πράξεις ὑπὸ πολλῶν
διακόπτονται· ὁ δὲ κατὰ πρόθεσιν ἁμαρτά-
νων τῷ τάχει τῶν νοημάτων συναπαρτιζο-
μένην ἔχει τὴν ἁμαρτίαν.
ὅπου οὖν ὀξὺ τὸ παράπτωμα,
ταχεῖα δέδοται ἡμῖν ἡ φυλακή.
διαμαρτύρεται γάρ·
μή ποτε γένηται ῥῆμα κρυπτὸν ἐν τῇ
καρδίᾳ σου ἀνόμημα. μᾶλλον δὲ ἐπ᾽αὐτὴν
τοῦ λόγου τὴν ἀρχὴν ἀναδράμωμεν.

1-2 deut. 15, 9   **2-4** Matth. 5, 28   **12-13** deut. 15, 9

---

1 forte *om.* Γ δ   **2** sermo -tus P   ergo R Σ   evangel(ium) R *in marg.*   **3** concupiscendam T
Σ?   **8** quam] quia gm   „*Edit. Basilii:* quia facile est puncto cogitationis" (b)   cogitationibus β*
z   „Cogitationis *item habent Mss. Rem.*(R^Z) *Pomp.*(X) & *duo Zenoniani* (Y^z, Z^z)" (b)   **9** tam] tunc
KO v   pertinax α   adheret B, adherebat Z   noxia Γ, noxadflicti P (!)   delicta R^1   ergo *om.* R, autem
Σ (*cf.lin.* 7)   **10** accusatio δ   pecc.] delicti δ(del.acc. *inv.* S)   ibi *om.* R Σ, ubi Z   sceleris P, celerius
RΣ   **11** testatur γ, obtest. α   **12** attende tibi ne *add.* ω*   forte *om.* R   **13** iam ad ips. *transp.*
M [P1] b gm   iam *om.* ω*(-J)[+Li]   **14** recuramus NO No(?)

1-2 *inv.* ῥῆμα ἐν τῇ καρδίᾳ σου κρυπτὸν   **2** (-P^3 Ri Va)   **3** (-V468) **5** (-Ly M57 P763)   **6   13;**
inv.   ἐν τ. κ. σου ῥῆμα κρυπτὸν   Ly(5)   **7   4** *add.* αὐτήν *post* ἐμοίχευσεν (=NT)   A^2 ^18 E1
Ev(1) G^5(2) V468(3) 5 (-M57) 8 M134(10) D^5 O^2 V427(11) O^E P^4(12) *13* N^3 O^10 Si(14)   **3-4** *inv.* ἐν
τῇ καρδίᾳ αὐτοῦ ἤδη ἐμοίχευσεν 1 (c+H18) 2 3 (-V468) 5 (-M57 P500, 763) 6 7; ἤδη ἐν τ.κ.αὐ.ἐμ. A^17
^28(1); ἐμοίχευσεν ἐν τ.κ.αὐ. ἤδη Ti Ra(4)   **14** *inv.* τὴν ἀρχὴν τοῦ λόγου 2 (-Ri Va) 3 M^1(7)

„Nimm dich" also „in acht, dass in deinem Herzen nicht etwa ein verstecktes Wort zu einem Vergehen werde" (5. Mose 15, 9). Denn „wer eine Frau ansieht, um sie zu begehren, hat in seinem Herzen mit ihr bereits Ehebruch begangen" (Matth. 5, 28). Deshalb können Handlungen des Körpers vom Dazwischentreten mancher Widerstände behindert werden; wo aber mit dem Geiste gesündigt wird, da wird genau so eilig eine Schuld für das Vergehen hängen bleiben, wie es leicht ist, im kurzen Augenblick eines Gedankens abzuschweifen. Wo nun die Gelegenheit zur Sünde schnell ist, da ist auch für ein rasches Heilmittel vorgesorgt, und deshalb warnt die Schrift deutlich: „dass in deinem Herzen nicht etwa ein verstecktes Wort zu einem Vergehen werde." Aber wir wollen nun eher ganz zum Anfang des Wortes zurückkeilen.

---

zu 1-2: In der Satzstellung stützt hier R. die Hss.-Gruppe 7 von B. (vgl. RUDBERG 60).

zu 2: In der VVLG.-Fassung: *omnis qui viderit mulierem...* <πᾶς ὁ βλέπων γυναῖκα...; vgl. R. Clement. 7, 37, 3 S. 215, 6 *quicumque viderit mul. ad concupiscendam* (-*dum*, viele Hss.; R-St dazu: „= Vulg.") *eam...*; Orig.in cant. 1 S. 95, 4 *omnis qui viderit...* – Das Matth.-Zitat findet sich im Zusammenhang des Problems der προαίρεσις auch bei Nem. *Nat.hom.* 40 S. 320Mo. – Vgl. R. sent.Sext. 233 S. 38-39.

zu 4: *moechari* ist eine „*vox vulgaris sermonis propria*" (Thes. *s.v.* Sp. 1322, 79; vgl. 1324, 15 zu *moechus*). R. Clement. bietet (nach St) nur 2mal *moechari* in Zitaten, aber 2mal *adulterare*, 8mal *adulter*, 4mal *adultera,* 22mal *adulterium*; Si: 5 *adulterare*; Cr-Si: 3 *adulterare*, 2 *moechari*. Vgl. J.N. ADAMS, Words for ‚Prostitute' in Latin, RhM 126, 1983, 321-358. – Die Zufügung von *eam* (vgl. den griech. Apparat) findet sich bei R. auch Orig.princ. 3, 1, 6 S. 202, 20 (476G-K) und Clement.(s.o. zu 2); auch hie und da in ITALA und VVLG. – Für die Beurteilung des Verhältnisses von R. zur B.-Überlieferung lässt sich hier nichts ableiten.

zu 6: Das (in den romanischen Sprachen erfolgreiche) *obstaculum* wird erst im 4. Jh. häufiger gebraucht; bei R.: Orig.in cant. 1 S. 105, 17; hist.mon. 28, 3, 7 S. 367, 57; hist. 10, 34 S. 995, 8. – πρόθεσις „Vorsatz" (evtl. zusammen mit ἐπιβολή) wird R. Orig.princ. 3, 1, 14 S. 220, 25 (512G-K) mit *adpetentia(e)* übersetzt; den (wohl genuin stoischen) Terminus (SVF 1, 581 S. 131; 3, 173 S. 41) kennen u.a. bereits Klemens von Alexandreia und Origenes.

zu 6-11: Analyse dieser Stelle bei Iréna BACKUS 134-135. – Zur Praxis in Klöstern vgl. R. hist.mon. 11, 9, 15 S. 329, 63-67.

zu 7 συναπαρτίζειν: →LAMPE *s.v.* (Parallelen bei den Kappadokiern).

zu 8-10: Den Gedanken der ‚Schnelligkeit' drückt R. mit reicher Variation aus: *puncto, pernix, velox, celer.*

zu 8 *evagari*: Basil.reg. 144, 1 S. 171 *mentem... a deo longius e.*; Orig. in exod. 12, 2, 12 S. 263, 18 (SC 321, 356) *corde et cogitationibus e.*; in num. 11, 9, 3, 675 S. 93, 2 (SC 442, 66) *si non evagetur mente et cogitationibus evolet*; Clement. 2, 17, 5 S. 61, 26 *evagari ... a deo vero mentem atque animum fecit*; Orig.princ. 1, 2, 2 S. 28, 19 (124G-K); 3, 2, 7 S. 255, 27 (584G-K).

zu 10: Zur φυλακή (σεαυτοῦ, s.u. 17, 8 und 19, 8) als „Methode der Achtsamkeit" ägyptischer Mönche vgl. Ath. *V.Anton.*, lat. VITA Anton. 3, 1-2 S. 10BARTELINK (bes. Z. 10 *sibi attendere*); 91, 3 S. 172 (Z. 17), Adalbert DE VOGÜÉ, Histoire littéraire du mouvement monastique dans l'antiquité, 1, Paris 1991, 48-49 und Franz DODEL, Das Sitzen der Wüstenväter (Paradosis, 42), Freiburg Schweiz 1997, 126-129.

zu 11: Die Gebote h e l f e n den Menschen: vgl. Basil. reg. 2, 46 S. 15 (*legem in adiutorium dedit*), und oft in dieser Predigt. – *protestari*: hist. 1, 2, 4 S. 13, 10; 7, 24, 9 S. 691, 4 (<διαμαρτύρεσθαι); Clement. 5x (→St); → En, Si, Ze (*protestatur dicens*: Basil. reg.prol. 2 S. 5).

2. *Attende,* inquit, *tibi.* singula quaeque animalium a conditore omnium deo ad defensionem
ac tutelam sui occasiones quasdam proprias
acceperunt, quibus saluti suae, cum necesse
5 fuerit, auxilium ferant; et invenias, si diligenter
intendas, plurima quaeque nullo docente adversum eos, qui perniciem moliuntur, vel obniti vehementius vel declinare callidius et rursum naturali quodam impulsu ad ea, quae expediunt, ferri
10 atque compelli. propterea ergo etiam nobis eruditionis causa magnificum istud mandatum praecepit deus, ut, quod illis adest per naturam, id
nobis ope verbi ac rationis addatur, et, quod in
mutis animalibus absque imperio efficitur, hoc
15 nobis per praecepti diligentiam conquiratur, ut
maiore providentia conservemus ea, quae
nobis divinitus indulta sentimus, fugientes
quidem peccatum, sicut muta animalia sponte
sua fugiunt noxios et mortiferos cibos,

Πρόσεχε, φησί, σεαυτῷ. τῶν ζῴων ἕκαστον
παρὰ τοῦ τὰ πάντα συστησαμένου θεοῦ
οἴκοθεν ἔχει τὰς ἀφορμὰς πρὸς τὴν φυλακὴν
τῆς οἰκείας συστάσεως.
καὶ εὕροις ἄν, εἰ καταμάθοις ἐπιμελῶς,
τῶν ἀλόγων τὰ πλεῖστα ἀδίδακτον ἔχοντα
τὴν πρὸς τὸ βλάπτον διαβολήν καὶ φυσικῇ
τινι πάλιν ὁλκῇ πρὸς τὴν τῶν ὠφελούντων
ἀπόλαυσιν ἐπειγόμενα.
διὸ καὶ ἡμῖν ὁ παιδεύων ἡμᾶς θεὸς τὸ μέγα
τοῦτο παράγγελμα δέδωκεν, ἵνα, ὅπερ
ἐκείνοις ἐκ φύσεως, τοῦτο ἡμῖν ἐκ τῆς τοῦ
λόγου βοηθείας προσγένηται, καὶ ὅπερ κατ-
ορθοῦται τοῖς ἀλόγοις ἀνεπιστάτως, τοῦτο
παρ᾽ ἡμῶν ἐπιτελῆται διὰ τῆς προσοχῆς καὶ
τῆς συνεχοῦς τῶν λογισμῶν ἐπιστάσεως·
καὶ φύλακες ὦμεν ἀκριβεῖς τῶν παρὰ
θεοῦ δεδομένων ἡμῖν ἀφορμῶν, φεύγοντες
μὲν τὴν ἁμαρτίαν, ὥσπερ τὰ ἄλογα φεύγει

ω* = α(ΑϹΛ) + γ(ΓGHJ[Li])   ω** = δ(ΔLST[P2]) + ε(ΘM[P1])   β = β*(BKNOQZ) + β**(VWXY) No
P R Σ

---

1 inquid P R   **3** et [P 1]gm tutellam R¹   **4** salutis KNOQ²²Z LT[P2] ε No P v   **5** fuerint
ΒΣ¹   inveniar P, -nies ω* V(?) δ No R(?) Σ r   **6** attendas A KV δ(-S) [P2] quoque β Σ Σ z „*Editio
Basilii:* quaeque nullo docente adversus ea, quae sibi perniciem &c." (b) quaeque] nullo duce ω*[Li]
7 adversus ω*[-Li] ea quae δ(-S) gm (*cf.* b) sibi pern. *add.* δ(-S) gm   **8** vehementia Θ², -tiam
Θ¹M¹(= ε) rursus α natura quadam in pulsa R   **9** conpulsu P R   **10** nobis etiam *inv.* β z   **11**
causam β(-WX) v istum P   **12** natura P   **13** opere δ   **16** maiori α Γ Σ   **18** multa vl "*Sic*
(= muta) *codices Vatic.*(Z) *& Pomp.*(X) *sicut supra* mutis animalibus *ceteri Mss. cum editis* multa, *quod
non male relinqui potuisset*" (b)   **19** cybos R

---

1 φ. *om.* N¹² Si (14) (+M133)   **7** τὰ βλάπτοντα A¹⁴(1) 2 (-G⁵⁶) 3 (-O¹) O⁷(4) P500, 763(5) 10 O²(11)
13 O¹⁰(14)   **11** παράγγ. τοῦτ. 8 (-K¹²) + O²(11) ἵνα] ἵν᾽ O⁷⁸(4) Ly M57(5) 9 11(-O²) 12 (-P⁴)14
(-O¹⁰ V581)

„Gib acht", sagt er, „auf dich selbst". Jedes einzelne Lebewesen hat von Gott, dem Schöpfer aller Dinge, gewisse ihm eigentümliche Fähigkeiten erhalten, sich selbst zu verteidigen und zu schützen; damit kann es, wenn es notwendig wird, zu seiner Rettung beitragen; und wenn du genau beobachtest, merkst du wohl, dass sich die meisten von ihnen (d.h. die Tiere), ohne Belehrung, gegen solche, die Verderben androhen, entweder ziemlich heftig zur Wehr zu setzen versuchen oder ihnen recht schlau aus dem Wege gehen, und umgekehrt, dass sie mit einem gewissen natürlichen Instinkt dem, was Nutzen bringt, eilends nachstreben. Deshalb nun hat auch uns Gott zum Zweck der Erziehung dieses grossartige Gebot vorgeschrieben, damit uns das, was jenen von Natur aus zur Verfügung steht, mit Hilfe von Wort und Vernunft dazugegeben werde, und damit etwas, was bei stummen Lebewesen ohne Befehl getan wird, von uns durch das Beachten einer Vorschrift erworben wird – so sollen wir mit grösster Vorsicht bewahren, was uns von Gott, wie wir spüren, gewährt worden ist, indem wir Sünde gerade so meiden, wie die stummen Lebewesen aus eigenem Antrieb schädliche

---

zu 1-9: Das Problem des tierischen „Instinkts" haben besonders die Stoiker diskutiert: s. Appendix 3.

zu 1: Zur beliebten Wendung *singula quaeque* vgl. u. 45, 1.

zu 2-3: *defensio...sui*: vgl. TAC. ann 3, 67, 4; POMPON. dig. 9, 4, 33; LACT. inst. 4, 18, 5. – Der Thes. nimmt unsere Stelle nicht auf, und *tutela* fehlt bei den „*synonyma*" (Sp. 309, 28). – Doppelung. – συνίστασθαι (σύστασις Z.4) vgl. SVF 3, 184 (S. 44) = SEN. epist. 121, 5 (*constitutio*). Parallele bei B.: *Hex*. 9, 4 S. 153, 19 (πρὸς τὴν φυλακὴν τῆς οἰκείας αὐτῶν σωτηρίας). – (*tu-*)*tella*: →o. zu 7, 2-4.

zu 3: *occasio* <ἀφορμή, üblich: Thes. *s.v.* Sp. 333, 20 „*i.q. facultas, commoditas sim.*", auch in Glossarien, VET.LAT. (Gal. 5, 13), R. hist. 4, 11, 2 S. 323, 3, Orig.princ. 4, 2, 6 S. 316, 8 bzw. 23 (716G-K), ORIG.in Matth. 16,17; schon QVINT. inst. 3, 6, 27 sagt: *occasionem factorum...(Graeci)* ἀφορμὰς ἔργων *vocant*. – R. hat mit stoischen Termini (ἀφ., SVF 3, 42: die defensive ‚Kehrseite' der ὁρμή) oft Mühe; vgl. u. Z. 18. – Für οἴκοθεν ἔχειν... ἀφορμὰς πρός...(*Hex*. 6, 1 S. 87, 8) sagt EVSTATH. Basil. hex. 6, 1, 2 S. 69,19 *adferre propias causas ad...*;
ἀφ. steht 8x in B. *Hex*. (E. setzt dafür 2x occ., 6x causa); häufig in Greg.Nyss. *Hom.opif*.

zu 6-7: Der Abschnitt beginnt (→Z. 1) mit dem Begriff ζῷα, hier (Z. 6) bei B. auf die „vernunftlosen" Lebewesen eingeschränkt; bei R. wird dieser Übergang erst bei Z. 14 klar. Statt *quaeque* würde man *mutorum* erwarten; darauf bezieht sich *illis* von Z. 12. – *obniti* auch R. Greg.Naz.orat. 5, 9, 3 S. 177, 9 neben *resistere* (2x) und *obvenire*; Clement. 1, 57, 2 S. 40, 27 *adversum hunc ...vehementer obnisi sunt*; Adamant. 2, 22 S. 50,10 (für ἀνθέστηκεν); hist. 10, 5 S. 965, 8. – διαβολή: hier etwa „Abneigung", „Ablehnung", „Feindschaft" (LSJ *s.v.* II.3: „aversion"); vgl. Werner FOERSTER, ThWbNT 2 (1935), 70-71 (*s.v.* διαβάλλω-διάβολος).

zu 10-14: *eruditionis causa* <ὁ παιδεύων ἡμᾶς: „Rufin ... mettant ainsi l'accent sur la valeur pédagogique du précepte lui-même et non pas sur Dieu qui nous instruit constamment" (BACKUS 135). – *adest... addatur /absque imperio*: „... l'instinct des animaux leur est inné et non pas simplement donné par Dieu sans enseignement" (*ibid.*).

zu 14-16 ἀνεπιστάτως / ἐπίστασις: R. hat das Adverb („unbewusst") mit *absque imperio* falsch übersetzt und das Substantiv umgangen. Das Adverb ist auch bei Porph. *In Cat.* 65, 22 belegt, das Adjektiv -στατος Abst. 1, 9, 2 (LSJ). – R. setzt mit *ut* die Satzperiode fort (vielleicht zu Recht): vgl. ἵνα Z. 11.

zu 18-19: Zum griechischen Satzbau (Parison) vgl. CAMPBELL 85. – *mortiferos cibos*: Der Thes. kennt nur CYPR. laps. 15 CSEL 3, 1, 248, 6; dazu R. Orig.princ. 3, 1, 17 S. 226, 31 (524G-K). – *mortifer(us)*: R. epist.Clement. 14, 5 S. 383, 19; Orig.princ. 2, 10, 5 S. 178, 26 (430G-K).

(29LC) sectemur vero iustitiam, sicut illa fecundos
et utiles pastus nullo cogente
sectantur. *attende* ergo *tibi*, ut possis
discernere ab utilibus noxia.

5 sed quoniam dupliciter est attendere, aliud
quidem corporeis oculis intueri corporea,
aliud vero intellectualis animae virtutibus
incorporea et spiritalia conspicari, in hoc loco,
si quidem de oculis carnalibus dictum esse

10 sentiamus, continuo verbi sententia arguetur
absurda.

quomodo enim quis semet ipsum totum corpo-
rali oculo attendere poterit vel comprehendere,
quia primo neque semet ipsum oculus conside-

15 rare et intueri (1736A) potest neque vicina sibi
et imminentia conspicari supercilia? sed neque
in verticem capitis diriget aciem suam aut aliquo pacto propria terga conspiciet nec aliquid

τῶν βρωμάτων τὰ δηλητήρια, διώκοντες
δὲ τὴν δικαιοσύνην, ὥσπερ κἀκεῖνα τῆς
πόας μεταδιώκει τὸ τρόφιμον. πρόσεχε οὖν
σεαυτῷ, ἵνα δυνατὸς ᾖς διακρίνειν τὸ
βλάπτον ἀπὸ τοῦ σῴζοντος. ἐπειδὴ δὲ διπλοῦν τὸ προσέχειν – τὸ μέν, σωματικοῖς
ὀφθαλμοῖς ἐνατενίζειν τοῖς ὁρατοῖς, τὸ δέ,
τῇ νοερᾷ τῆς ψυχῆς δυνάμει ἐπιβάλλειν
τῇ θεωρίᾳ τῶν ἀσωμάτων -, ἐὰν μὲν ἐπὶ τῆς
τῶν ὀφθαλμῶν ἐνεργείας κεῖσθαι εἴπωμεν
τὸ παράγγελμα, εὐθὺς αὐτοῦ τὸ ἀδύνατον
ἀπελέγξομεν. πῶς γὰρ ἄν τις ὅλον ἑαυτὸν
τῷ ὀφθαλμῷ καταλάβοι; οὔτε γὰρ αὐτὸς
ἐφ᾽ἑαυτὸν ὁ (26) ὀφθαλμὸς κέχρηται τῷ
ὁρᾶν, οὐ κορυφῆς ἐφικνεῖται,

οὐ νῶτα οἶδεν,
οὐ πρόσωπα,

2 pastos K²NQZ S R¹(?)Σ, *om.* B **5** quando Θ, quo R, *om.* CS iter est *add.* KN Duplex atentio(?)
X *in marg.* aliut R **6** quidem] enim α est cor.*add.* α(est enim est corp.C?) γ(-G) corporea]
corpore ε P **7** aliud *etiam* R **8** spiritualia M No gm de hoc δ **9** de *om.* ε No **12** qui Q
Θ[P2] P **13** oculi P, oculum Q **14** oculos Θ, -lis β M Σ z „*Editio Basilii* oculus...“ (b), oc. totum
add. X **16** et] etiam Γ, *om.* No sup. con. *inv.* α **17** dirigit Γ M[P1] No gm „*Editio Basilii...*
dirigit...“ (b) **18** neque GH

3 μεταδ. τῆς πόας Ben. *1* (ac + A²⁵ H¹⁸) *2 3* Ly(5) M⁸(8) P⁴(12) Si(14) διώκει [1532, 1618] A⁵ ⁶ ²⁵ B82
E1 **4** *inv.* ᾖς δυν. *1* (bc) *2 3 4* (-O⁷⁸) F³ P500, 763(5) P481(13) **13** οὔτε] οὐδέ 1532 *1* (ac + A⁷
²⁸ H18) *2 3 5* (-C50 M57) *10* O¹⁰(14) vgl. Anm. **14** τοῦ ὁρᾶν P763/5) BC D² (9) *10* (-D³ M134)
D⁵ ¹¹(11) D⁸(12) **18** τὰ νῶτα 1532 *1* (ac) *2 3* O⁷⁸(4) *5* (-P500) M⁵(6) *10*

und todbringende Speisen meiden, und wir sollen so der Gerechtigkeit nachgehen, wie jene, ohne Zwang, fruchtbaren und nutzbringenden Wiesen nachgehen. „Gib also acht auf dich selbst", damit du Schädliches von Nutzbringendem unterscheiden kannst. Da aber ‚achtgeben' zwei Bedeutungen hat – einerseits mit körperlichen Augen Körperliches betrachten, anderseits mit der Kraft der geistbegabten Seele Unkörperliches und Geistiges erschauen – so wird sich an dieser Stelle, wenn wir annähmen, es werde von fleischlichen Augen gesprochen, sofort zeigen, dass die Bedeutung des Spruches unsinnig ist. Wie nämlich wird sich jemand selbst ganz mit einem körperlichen Auge sehen oder erfassen können? Denn in erster Linie kann das Auge weder sich selbst ansehen und betrachten noch die ihm benachbarten, sich über ihm befindlichen Brauen anschauen; auch wird es seinen Blick nicht auf den Scheitel des Kopfes richten oder auf irgend eine Weise den eigenen

---

zu 1: *sectemur vero* <διώκοντες δέ verschiebt das Satzgefüge (vgl. o. 13, 17: *fugientes* < φεύγοντες).

zu 2: *pastus* <τῆς πόας τὸ τρόφιμον: vgl. R. Basil.hom. 8, 2 1792A <τροφή,in der Nähe *cibus*; Orig. princ. 4, 3, 12 S. 343, 3 (770G-K) *pastibus et nutrimentis pecorum*; Greg.Naz.orat. 1, 9, 2 S. 13, 17; hist. 3, 29, 4 S. 263, 2-3 *sapientiae pastibus et scientiae cibis* . – Schulbeispiel: vgl. CIC. off. 1, 11 (= Panaitios *Frg.* 38Stra); nat. deor. 2, 122 (*naturales pastus*, im Plural); QVINT. inst. 2, 16, 13. – Zum Fehler *pastos* vgl. S. 13, 19. – Der Zusatz R.s *nullo cogente* klingt nach OV. met. 1, 103.

zu 5: Ähnliche Auffächerung bei ARNOB. nat. 5, 36 und R. Orig.princ. 1, 1, 7 S. 23, 20 (114G-K; s. zu 7).– Merkwürdig hier das Adverb als Prädikatsnomen, was ursprünglich volkssprachlich ist (*aliter sum*); vgl. aber etwa MAR.VICTORIN. adv.Arium 1, 26 (S. 1059D = 262 Z.25 der ‚ed.minor' von HADOT): *intellegibiliter ... erat et intellectualiter* (λόγος).

zu 7-8: Vgl. R.Orig.princ. 1, 1, 9 (u.a. S. 27, 7 = 120G-K); zum neuplat. Hintergrund (Plot. 1, 6[1], 4; 5, 8[31], 2) s. G-K S. 121 A. 26; Jean PÉPIN, REA 66, 1964, 105-106 (= Ex Platonicorum Persona, Amsterdam 1977, 265-266) vergleicht AVG. trin. 9, 3, 3 mit Porph. *Sent.* 43 S. 54-56La. – Vgl. auch MAR.VICTORIN. adv.Arium 4, 2, 19 S. 506; R. apol.adv.Hier. 1, 4, 19 S. 39; Orig.princ. 1,1, 5 S. 20, 20(108G-K; neben *incorp.*); 2, 9, 1 S. 164, 11 (400G-K),<νοερός; Adamant. 3, 4 S. 52, 19; 21. ‚Seelisches Auge' (vgl. u. zu 17, 8-9): B. *EPat.* [300] Z. 20 3, 175COURT. = 3, 148HAUSCH. und *EGNys.* [38], 7 1, 91COURT. = 1, 90HAUSCH. (zur Echtheit vgl. HAUSCHILD S. 182-185). – *spiritalis* neben *intellectualis* haben auch MAR.VICTORIN. gen.div.verb. 9 (S. 21, 9 = S. 142 Z. 4; 6; 19) und AVG. civ. 10, 27 S. 444, 13 (CCL 47, 301 Z. 12; 21; 60-61).

zu 12-15: Futurum Indikativ für ἄν + Potentialis auch R. sent.Sext. 52 S. 18-19; 243 S. 40-41. – Im *Alc.maior* 132d5 - 133b5 k a n n das Auge sich selbst sehen – mit Hilfe eines Spiegels; vgl. Marius REISER 87. – Vgl. CIC. Tusc. 1, 67; B. *Hex.* 9, 6 S. 158, 1-6; *HCreat.* 1 GNO Suppl. S. 3, 1; AVG. trin. 9, 3, 3.

zu 14-17, 2: *neque...neque...sed neque...nec...non...non...* <οὔτε (οὐδέ ?)...οὐ...οὐ...οὐ... Die *supercilia* fehlen bei B.; vereinzeltes οὔτε scheint zwar bei B. vorzukommen (so: RUDBERG 111), aber hier könnte eine Lücke im Original vorliegen. – Das Auge, das sich selbst nicht sehen kann, erinnert an das paradoxe Jesus-Wort Matth. 7, 3 (Splitter / Balken): Im NT wird das Verbum βλέπειν verwendet, ebenso bei B. *Hex.* 9, 6 S. 158, 2 >EVSTATH. 9, 6, 6 S. 123, 9-10 *oculus ea quae extrinsecus habentur inspiciens seipsum non valet intueri*; Greg. Nyss. *Mort.* GNO 9, 41, 2 τὰ ἄλλα βλέποντες ἑαυτῶν ἀθέατοι μένουσιν; AVG. in psalm. 49, 28, 25 CCL 38, 596 *in dorso tuo tibi es: non te vides*; quant.anim. 23, 44; trin. 9, 3, 3; 10, 3, 5. Vgl. auch A. OTTO, Die Sprichwörter der Römer, *s.v.* ‚alienus' 2. – E i n Auge genügt nicht: B. *ETim.* [291] Z. 25-27 3, 164COURT. = 3, 142HAUSCH. Im Kosmos-Bereich sind die Augen mangelhaft: B.*EAmph.* [233] § 2 3, 40COURT. = 3, 66HAUSCH.

zu 18: *aliqu.* in negativen Sätzen: →Am-Ju 2, 126.

omnino proprio videbit ex vultu, non latentia
viscerum, non occulta venarum. quod si ita
est, impium videbitur dicere impossibilia
esse spiritus sancti mandata. superest ergo,
5 ut ad mentis intuitum praecepti vigor atque
intellegentia transferatur. *attende* ergo
tibi, id est undique te ipsum circumspice:
pervigiles gere ad custodiam tui oculos
animae.
10 *in medio laqueorum ingrederis,* occultae
tibi ab inimico tenduntur insidiae, doli, machinae, pedicae ubique defossae. circumspice
igitur omnia et cauta intentione considera, *ut*
effugias sicut dammula ex laqueis et sicut avis

οὐ τὴν ἐν τῷ βάθει τῶν σπλάγχνων
διάθεσιν. ἀσεβὲς οὖν τὸ λέγειν
ἀδύνατα εἶναι τὰ τοῦ πνεύματος παρ-
αγγέλματα. λείπεται τοίνυν ἐπὶ τὰς
κατὰ νοῦν ἐνεργείας τοῦ προστάγματος
ἐξακούειν. *πρόσεχε σεαυτῷ,* τουτέστι·
πανταχόθεν σεαυτὸν περισκόπει. ἀκοίμητον
ἔχε πρὸς τὴν σεαυτοῦ φυλακὴν τὸ
τῆς ψυχῆς ὄμμα.
ἐν μέσῳ παγίδων διαβαίνεις, κεκρυμμένοι
βρόχοι παρὰ τοῦ ἐχθροῦ πολλαχόθεν
καταπεπήγασιν. πάντα οὖν περισκόπει,
ἵνα σῴζῃ ὥσπερ δορκὰς ἐκ βρόχων καὶ
ὥσπερ ὄρνεον ἐκ παγίδος.

---

10 Sirach 9, 20 (13LXX) (in medium V, -dio D; ingredieris V, -grederis I, ambulas O)   **13-19,1** prov. 6, 5 (VVLG.: *eruere quasi dammula de manu et quasi avis de insidiis aucupis*)

---

1 proprio ex v. v. *inv.* ω*, ex v. *om.* B   **4** esse] est B, *post* spir.s. *transp.* Σ   **8** vigiles KNO v
10 medium ΑΛ   ingredieris Z¹ δ(= VVLG.)   occulte α QX ΔΤ P gm *(cf.graec.),* -lta Γ¹   **11** insidiae]
retia δ   **13** igitur] ergo C gm   caute (*om.* intent.) CΛ   **14** damula A β(-Q) γ *edd.*   aves ε gm

---

4 τοίνυν] οὖν *1* (-Α² ¹⁸) *2 3 5* (-F¹ C50 M57) *7* P⁴(12) P481(13)   ἐπὶ τῆς 1532 *1 2 3 4 5 6* (-M⁵) *7*
E⁵K¹²(8) D²(9) D⁴⁶(10) *12 13 14*   **6** ἐπακ. KLE²⁶O³ V581; ὑπακ. N¹²³ *add.* οὖν *post* πρόσεχε 1532
3 (-O¹¹ V468) A674(4) K¹²(8) *10* (-D⁴) E⁶N³(14)   **7** περισκέπτου G⁷ P¹²A413(2) *3* (-O⁵V468) Ly(5)
7 P481(13)   **11** πανταχόθεν *6* P763(5) D⁵P1162(11) E⁷(14) s. RUDBERG 90

Rücken erblicken noch überhaupt irgend etwas (direkt) vom eigenen Gesicht aus sehen: nicht das Innere der Eingeweide, nicht die Verstecke der Adern. Wenn dies jedoch der Fall ist, wird es sich als sündhaft erweisen zu behaupten, die Gebote des Heiligen Geistes seien unmöglich zu erfüllen. Es bleibt also nur übrig, Verständnis und Wirkung der Vorschrift auf das Schauen des G e i s t e s zu beziehen. „Gib also acht auf dich", das heisst: spähe dich selbst von allen Seiten aus; setze unermüdlich die Augen der Seele zu deiner Bewachung ein.

„Inmitten von Schlingen gehst du einher" (Sirach 9,20), versteckte Hinterhalte werden dir von einem Feind gelegt, Listen, Tricks, Fussangeln, die überall verborgen sind. Schau also um dich und beobachte mit vorsichtiger Aufmerksamkeit, „damit du entkommst wie eine Gazelle aus den Schlingen und wie ein Vogel aus den Netzen" (Sprüche 6,5). Denn die Gazelle springt nicht

---

zu 3: Das Problem der ‚Unmöglichkeit‘, die Gebote zu erfüllen, ist für B. zentral: KOSCHORKE, Spuren 87-96, vgl. auch *HDiv.* [7], 8 PG 31, 300B. – Für Pelagius ist *‚posse esse sine peccato‘* ein Kernsatz (Stellen und Literaturhinweise bei Andreas KESSLER, Reichtumskritik und Pelagianismus (Paradosis, 43), Freiburg 1999, 158.

zu 5: ἡ κατὰ ν.ἐνέργεια auch B. *Hex.* 1, 7 S. 12, 7 >EVSTATH. Basil.hex. 1, 7, 1 S. 11, 26 *mentis intentio.*

zu 7: πάντοθεν περισκοπεῖν für die Aufmerksamkeit des Christen: B. *Hex.* 1, 1 S. 2, 2 (>EVSTATH. 1, 1, 2 S. 4, 13 *omnia circumspectans*). – ἀκοίμητος ist das Auge Gottes: ebda. 7, 5 S. 122, 2 (>EVSTATH. 7, 5, 9 S. 96, 10 *insopitus*). – *id est* ist in dieser Predigt 10x häufiger als *hoc est*: nach Christine MOHRMANN, Études sur le latin des chrétiens, 3, Roma 1965 (ursprünglich VChr 1951), 392 ist *id est* typisch für die „langue courante et plutôt populaire", während *hoc est* auf „langue cultivée et littéraire" hinweist.

zu 8: Mit *per-* verstärkte Adjektive sind bei (CIC.und) R. häufig (*-exiguus*; *-facilis*; *-necessarius*; auch *-magnus* hist. 7, 5, 5; *-optimus* → En); *pervigil* (auch u. 73, 8) ist allerdings eine retrograde Bildung – was R. kaum empfunden hat. – φυλακὴ σεαυτοῦ: s.o. zu 11, 10; vgl. u. 19, 8. – zu *tui* vgl. Am-Ju 2,122.

zu 8-9: ὄμμα ψυχῆς kennt schon Pl. *R.* 7, 533D; *Sph.* 254A; auch Ph., z.B. *Abr.* 15 (S. 12M. = 70COHN = § 70 S.52GOREZ) und *Mutat.* 3 (S. 32ARNALDEZ); vgl. Richard REITZENSTEIN, Die hellenistischen Mysterienreligionen, Leipzig-Berlin (3. Aufl.) 1927, 318; Paul WILPERT, RAC 1 (1950) *s.v.* ‚Auge‘; Wilhelm MICHAELIS, ThWbNT 5 (o.D.: 1955), bes. S. 376-379. Nach CALASANCTIUS 139-140 gebraucht B. „bij voorkeur" ὀφθαλμὸς τῆς ψ. (viele Parallelen). Vgl. *e.g.* Regulae brevius tractatae, PG 31, 1137C; *EAmph* [150], 1 (2, 72COURT. = 2, 71HAUSCH.). ὄμμα τ.ψ.: *Ad adolesc.* 2 (S. 43, 30BOUL.; S. 64 Verweis auf Plut.). – Eus./ R. hist. 8, 10, 2 S. 760, 4 / 761, 3: ψυχῆς ὄμμα> *oculum mentis.*

zu 10: Das Sirach-Zitat findet sich auch AMBR. hex. 6, 8, 48 S. 392Ba, und zwar: *in medio laqueorum ambulas, quos absonderunt tibi in via inimici; omnia ergo circum inspice, ut effugias sicut dammula de retibus et sicut avis de laqueo. dammula retia aspectus vivacitate declinat, avis evitat laqueos, si ad superiora se conferat et terrena supervolet.* – B. *Hex.* ist hier nicht vorhanden. – Das Zitat auch Ps.-B. *EChil.*[42] § 2 (1, 101 Z. 28-30COURT. = 1, 95HAUSCH., auch S. 191-192, mit Literatur): aus Eremiten-Kreisen.

zu 11: *tendere* passt nicht mehr recht zu den lat. Subjekten, am wenigsten zu *pedicae defossae*: R. hat das klare Bild von B. moralisierend aufgebläht und verschwommen werden lassen. – *machinae* belegen Thes., St, Si und Cr-Si für R. i.g. 13x (jedoch in den verschiedensten Bedeutungen).

zu 14: Das lat. Wort *dam(m)ula*, Diminutiv zu *dam(m)a*, ist eventuell afrikanischen (libyschen) oder keltischen Ursprungs. Die Schreibung mit *-mm-* ist EDICT.imp.Diocl. 4, 45 (→Thes. *s.v.*) gut belegt. Das Tier war im Osten und in Ägypten verbreitet, aber auch bei den Römern beliebt: O. KELLER, RE 7 (1912) *s.v.* ‚Gazelle‘. – Zum Fang mit Netz und Lasso vgl. Arr. *Kyn.* 24, 1. – Vgl. R. Orig.in psalm. 36 hom. 4, 2 S. 176: *tamquam damula ex retibus et tamquam avis de laqueo*; Orig.in cant. 3 S. 221, 21 *effugere... sicut d. ex laqueis et avis ex retibus.*

ex retibus. nam dammula non incurrit in laqueum, pro eo quod visum dicitur acutissimum gerere, unde et nominis sui etymologia servatur in Graecis; avis vero auxilio usa pennarum, cum voluerit effugere dolos retis, (30LC) altiora aeris itinera secat. vide ergo tu, ne forte deterior mutis animalibus ad cautelam tuae salutis existas, ne forte laqueis irretitus venatio et captura diaboli fias *captus ab eo secundum illius voluntatem*.

ἡ μὲν γὰρ δορκὰς ἀνάλωτός ἐστι τοῖς βρόχοις δι᾽ ὀξύτητα τῆς ὁράσεως, ὅθεν καὶ ἐπώνυμός ἐστι τῆς οἰκείας ὀξυδορκίας· τὸ δὲ ὄρνεον κούφῳ τῷ πτερῷ ὑψηλότερον τῆς ἐπιβουλῆς (204A) τῶν ἀγρευόντων, ὅταν προσέχῃ, γίνεται. ὅρα οὖν μὴ χείρων φανῇς τῶν ἀλόγων πρὸς τὴν σεαυτοῦ φυλακήν· μή ποτε, ταῖς παγίσιν ἁλοὺς, θήραμα γένῃ τοῦ διαβόλου, *ἐζωγρημένος ὑπ᾽ αὐτοῦ εἰς τὸ ἐκείνου θέλημα*.

9-10 II Tim. 2, 26 (VET.LAT. D; *ad i.v.* VET.LAT. I = VVLG.)

---

1 nam et *add.* ω *praeter* β P z   damula A β(-QV) γ *edd.*   in] *om.* AΛ ε gm   **2** dic.vis.*inv.* KO^{1}V RΣ v   accut. KNO H v   **3** eis ethimo. *add.* δ(-S)   etimo- A, ethimo- C(?)Λ O$^{2(?)}$β**(Y^{1}) γ ω**(S^{2}) R^{2}Σ, et IMO- BN, & ιμο- Z, ETOIMO– S^{1} P, etim- Q, ετΘι)-(- No (ετΘι)-(^{o}- No^{2}), εϑoMo– R^{1} -λOΓίA BN, -ΛΓIa Z, –ΛOΓIA S^{1} P, -λoΓια Q No, -λoΓya R^{1}, -logiam ω* ε gm, *lacuna* K   **4** servat ω* ε gm „*Eadem edit.* etymologiam servat“ (b), dorcaſ vocatur No (*recte* ?), dicitur P (*post* dicitur *duae vel tres litterae, quarum ultima* -r; *cf. l.* 2), reservatur Q   De avibus R *in marg.*   usu S, visa No   **5** pinnarum P(R?)   **6** vide] unde KN   **7** cautellam R^{1}(?; *cf. p.* 7, 4)   **8** insist. P   interitus Q, inreticus H P **10** ipsius Γ P (= VET.LAT. *et* VVLG.)

---

6 προσέχῃ] θέλῃ *2* (–G^{5} Ri Va) *3* (-O^{4} V468) M^{4}(7); ἐθέλῃ Ly(5) *7* (-M^{4}) P1162(11)

in eine Schlinge hinein, weil sie ja eine ausgezeichnete Sehschärfe besitzen soll – worauf bei den Griechen auch die Etymologie ihres Namens beruht. Der Vogel aber benützt die Hilfe seiner Federn, wenn er Listen eines Netzes entkommen will, und er durchmisst höhere Bahnen in der Luft. Schaue also auch du, dass du dich nicht etwa als minderwertig gegenüber den wilden Tieren herausstellst, was die Erhaltung deines Heils betrifft, damit du dich nicht etwa in Schlingen verstrickst und dadurch zur Jagdbeute des Teufels wirst, „nachdem du von ihm nach seinem Willen gefangen worden bist" (2. Tim. 2, 26).

---

zu 1: *incurrere in* bei R. Orig.in cant. 2 S. 135, 21; 136, 14; Orig.in Rom. 5, 1, 108-109 S. 364 belegt; mehrfach transitiv: Basil.hom. 5, 16 1780B *naufragia... inc.*; hist.mon.epil. 7, 17 S. 385 *incurrimus loca (in loca* η); 8, 23 S. 386 *vallem*; Orig.in lev. 8, 11, 155 S. 417, 2 (SC 287, 66); hist. 2, 5, 1 S. 117, 10; 5, 8, 6 S. 445, 13 *periculum*; Adamant. 1, 1 S. 2, 7Bu; 4, 16 S. 74, 4 *blasphemiam*; Greg.Naz.orat. 5, 9, 3 S. 177, 3 *temptationes* (*in tempt.* V); 5, 10, 1 S. 178, 4; u.a. – *non incurrit* < ἀνάλωτος: diese Übersetzungsmethode bereits bei CIC. rep. 6, 2-3 = Tusc. 1, 54 <Pl. *Phdr.* 245d3 *numquam oritur* <ἀγένητος und *ne occidit quidem umquam* <ἀδιάφορος.

zu 3 Etymologie von δορκάς: →u. Appendix 6.

zu 3-4: Mit Zögern ist der passiven Fassung (von β δ) der Vorzug gegeben, da die Gazelle ja selbst keine „Etymologie bewahrt". – Die Lesart des *Novarensis* (*dorcas vocatur* statt *servatur*) besticht durch ihre Klarheit: konnte ein Kopist noch so viel Griechisch?!

zu 4-6: Auch bei AMBR. hex. 6, 8, 48 S. 392Ba folgt sofort das Vogel-Beispiel, nach prov. 6, 5. – *cum voluerit eff.* <ὅταν προσέχῃ (*v.l.* θέλῃ/ἐθέλῃ): R. folgt der Variante und verliert damit den klaren Bezug auf das Hauptthema.

zu 6: *secat aera pinnis* hat CIC. Arat.48 (später auch ALC.AVIT. carm. 4, 283), *s. aethera pennis* VERG. georg. 1, 406 u. 409; *vox secans aera* QVINT. inst. 11, 3, 40. R. drückt sich hier poetischer aus als B.

zu 8: *ne forte* = μή ποτε gilt nicht nur im Grund-Zitat deut. 15, 9. – *laqueis irretitus* ist ein klassischer Ausdruck, schon CIC. de orat. 1, 43; auch NOVATIAN. Cypr.epist. 30, 3 (S. 550, 24: *irretientes illos diaboli laqueos*); HIER. epist. 1,15, 2 CSEL 54, 9, 3. Der christliche Sprachgebrauch (auch von R.) ist oft von I Tim. 3, 7 *incidat et in laqu.diaboli* beeinflusst; reiches Belegmaterial im Thes. *s.v.* ‚*laqueus*‛ Sp. 963, 46 - 964, 20. – *irretire* bei R.: hist. 5, 16, 2 S. 461, 5 („gr. aliter": Thes. *s.v.*); 10, 14 S. 980, 5; Orig.princ. 2, 10, 5 S. 178, 22 (430G-K). – Vgl. AMBR. hex. 6, 8, 50 S. 394Ba: *attende tibi, ne quando laqueis implicatus diaboli fias praeda venantis* (COURCELLE 121 A. 26 wäre zu präzisieren). – R. hat den Satzbau durch Zufügung von *forte* in Z. 7 leicht verschoben.

zu 9-10: *venatio et captura* Doppelung (<θήραμα); vgl. u. 35, 5. – In der Beuroner VET.LAT.-Edition werden von R. nur folgende Zitate vermerkt: Ct (= Orig.in cant.) 3(S. 203, 29 = SC 376, 608 und S. 213, 12 = 644), mon. (= hist.mon.) 1 (403A = S. 271, 491). VET.LAT. und VVLG. sind fast identisch: *a diaboli laqueis a quo capti tenentur ad* (*secundum*: s.o.) *ipsius voluntatem.*

3. *Attende* ergo *tibi,* id est neque tuis neque his, quae circa te sunt, sed tibi soli attende. aliud enim sumus nos ipsi, aliud, quae nostra sunt, aliud, quae circa nos sunt.
5 nos namque sumus anima et mens, secundum quam *ad imaginem* eius, qui nos *creavit, facti* sumus; nostrum vero est corpus et corporalis sensus; circa nos autem sunt mundana substantia, vivendi artes ceteraque instrumenta mortalium. quid igitur
10 praecipit sermo? ne *attendas,* inquit, carni neque ea, quae carnis bona videntur, studio impensiore secteris,

Πρόσεχε οὖν σεαυτῷ, τουτέστι· μήτε τοῖς σοῖς μήτε τοῖς περὶ σέ, ἀλλὰ σαυτῷ μόνῳ πρόσεχε. ἄλλο γάρ ἐσμεν ἡμεῖς αὐτοί καὶ ἄλλο τὰ ἡμέτερα καὶ ἄλλο τὰ περὶ ἡμᾶς. ἡμεῖς μὲν οὖν ἐσμεν ἡ ψυχὴ καὶ ὁ νοῦς, καθ' ὃν *κατ' εἰκόνα* τοῦ κτίσαντος γεγενήμεθα· ἡμέτερον δὲ τὸ σῶμα καὶ αἱ (27) διὰ τούτου αἰσθήσεις· περὶ ἡμᾶς δὲ χρήματα, τέχναι καὶ ἡ λοιπὴ τοῦ βίου κατασκευή. τί οὖν φησιν ὁ λόγος; μὴ τῇ σαρκὶ *πρόσεχε*, μηδὲ τὸ ταύτης ἀγαθὸν ἐκ παντὸς τρόπου δίωκε,

---

6-7 gen. 1, 27 (VET.LAT.: fecit, finxit, figuravit, plasmavit, formavit; VVLG.: creavit)

ω* = α(ACΛ) + γ(ΓGHJ[Li])   ω** = δ(ΔLST[P2]) + ε(ΘM[P1])   β = β*(BKNOQZ) + β**(VWXY) No P R Σ

---

2 qui   LT R   **3** sumus *om.* Θ, sumus enim *inv.* S   def. R *in marg.*   quae circa nos sunt, aliud quae nostra sunt   δ   **4-5** De condicione hominis quid sit R *in marg.*   **5** scimus   P   **7** nostra v. sunt c. et c.s. β** z   „*Ibidem* (scil. *in edit.Basilii*) nostrum vero est corpus" (b)   **8** corporales α (!) autem] vero CΛ   **9** et cetera *add.* lb   **10** -que *om.* β(-B) z   usus (in us. No) instr. *add.* ω *praeter* P (*et edd.*) et mort. *add.* S   **11** praecepit ω*(-AH) KNO ω** No R *add.* sermone att. KZβ**(-V) R¹ (sermo.ne R²), sermone isto att. *add.* V   inquid P R¹, igitur non W, ig. inquam non *add.* Y   non car. *add.* β**(-W) „*Ms. Vat.* (Z) praecipit sermone? Adtendas, inquit, non carni. *Idem habent Mss.Pomp.*(X) *et duo Zenoniani* (Y²Z²) *excepto quod* precepit *scribunt*" (b)   **12** ea *om.* δ sunt et bona *add.* δ(s.et quae b. *add.* S)   pr(a)ecepta salutaria R *in marg.*   **13** secretis KNQ

---

3 καί *om.* **4** (-O⁷⁸) **8** (- E¹ K¹² A857 La) **9** (-BC D²) D⁹ P1162 V413, 427(11) *12* (-Oᴱ P⁴) C⁵(13)   **6** καθό 1532 *1* (-A² ¹⁸ E1 Ev) *2* *3* O⁷⁸(4) P763(5) 7 D²(9) D¹¹ O²(11) P481 (13) E7 E⁶ O¹⁰(14) s. RUDBERG 112.   **8** δι' αὐτοῦ 1532 SM *1* (-K³) *2* (-G⁵) *3* O⁷⁸(4) *5* (-C50 M57) *10* P⁴ V1148 (12) P481(13) O¹⁰(14)   διὰ τοῦτο M255(9) *11* (-D⁵ ⁹ ¹¹ O²) V581(14)   διὰ τοῦ σώματος C50(5) 6 KL O³(14)   δι' ἑαυτοῦ K³(1) s. RUDBERG 112.

„Gib" also „acht auf dich", das heisst: weder auf das Deinige noch auf dieses, welches um dich ist, sondern auf dich allein gib acht. W i r selbst sind nämlich das eine, ein anderes das, was das Unsrige ist, (und) wieder ein anderes das, was um uns ist. Denn w i r sind Seele und Geist, dem gemäss wir „gemacht" worden sind „nach dem Bild dessen, der uns geschaffen hat" (1. Mose 1, 27); das Unsrige jedoch ist Körper und körperlicher Sinn; um uns aber sind die Dinge der Welt, die Fertigkeiten des Lebens und die übrigen Gebrauchsgegenstände der Sterblichen. Was bringt uns also die Rede (Gottes) bei? „Du sollst" nicht „achtgeben", sagt sie, auf das Fleisch noch allzu eifrig diesen ‚Gütern' nachstreben, welche solche des Fleisches (zu sein) scheinen: das heisst Gesundheit des Körpers,

---

zu 1ff: B.hat sich von *Alc.*133d5-8 (τὰ ἡμέτερα .. ἡμᾶς αὐτούς... τὰ τῶν ἡμετέρων) anregen lassen, sowie von Porph. *Frg.* 275F Z. 22-42 (SMITH S. 312-13: τὰ ἡμέτερα καὶ τὰ τῶν ἡμετέρων, wenig später, Z. 34: τὰ περί... (Der von PÉPIN 201 A. 2 postulierte Bezug auf *Alc.*131c1 πορρωτέρω τῶν ἑαυτῶν – ohne τά! – vermag kaum zu überzeugen.) – Vgl. Greg.Nyss. *Mort.* GNO 9, 40, 1-5 (ergänzt, 41, 9, mit dem häufigen Bild des ‚Spiegels').

zu 1-10: Diesen Passus hat auch AMBR. hex. 6, 7, 42 (CSEL 32, 1, 233 = S. 384Ba) aufgenommen und übersetzt, worüber sich – nach COURCELLE 120-121 – Goulven MADEC, Saint Ambroise et la philosophie, Paris 1974, 322 äussert: *Adtende, inquit, tibi soli. aliud enim sumus nos, aliud sunt nostra, alia quae circa nos sunt. nos sumus, hoc est anima et mens, nostra sunt corporis membra et sensus eius* (<δι'αὐτοῦ, nach PG), *circa nos autem pecunia est, servi* (MADEC: „je suppose qu'Ambroise lisait τέκνα") *sunt et vitae istius adparatus.* Pierre HADOT bemerkt 64 n.33: „Célèbre distinction stoïco-platonicienne". – Vgl. auch R. Orig.in gen. 1, 13, 6-15 S. 15, 4 (SC 7bis, 56): *facere* / ποιεῖν bezieht sich auf den „inneren Menschen", *plasmare* / πλάσσειν (s.auch LAMPE) auf den „köperlichen". – Z. 1-7 sind sehr wörtlich übersetzt, nicht jedoch Z. 8-12.

zu 6-7: ὁ κτίσας (statt θεός) ist bei CAMPBELL 24 als „antonomasia" bewertet. Die Übersetzung des aktiven Aorist-Partizips durch einen Relativsatz ist bei Übersetzern häufig; vgl. o. S. 1, 4-5 und Index *s.v.* qui; ὁ κτίσας >creator: s.u. 81, 11 (und EVSTATH.).

zu 8: Mit der Wahl des Adjektivs *corporalis* scheint sich R. der Unklarheit der Textüberlieferung der Vorlage entzogen zu haben: war der griechische Text an dieser Stelle schon damals schlecht lesbar? – Der Plural *corporales* (α) könnte richtig sein: vgl. griech., und eine Anpassung an den Sing. vorher wäre leicht erklärbar.

zu 9: Nach *Alc.* 131b1. – Die Ergänzung *vivendi* scheint an der falschen Stelle zu stehen (vgl. τοῦ βίου): R. wollte die Disqualifizierung aller *artes*, auch der theoretischen, vermeiden. AMBR. (o. zu 1-10) ist klarer.

zu 10: *usus* (fast aller Handschriften) hätte eine auffallende Satzstellung: wohl eine Glosse, da die Stelle nur schwer verständlich ist. Die Zufügung von τέχναι stammt von B., während χρήματα Porphyrs κτήσεις (Z. 35; s.o. zu 1ff) entspricht. – κατασκευή seit Pl. (R. 544e5; *Lg.* 842c1 – τοῦ βίου) häufig: 3x Posid. (bes. *Frg.* 169, 112E-K); 3x Porph.(*Frg.* 270[sic]F 12; 16; 17); 15x in B. *Hex.*, auch τοῦ βίου κ.: 5, 1 S. 70, 16-17 (>EVSTATH. 5, 1, 7 S. 56, 26 *subsidia vitae*); 6x Nem. *Nat.hom.*; oft bei Greg.Nyss. *Hom.opif.* (z.B. 3 PG 44, 133C; 6 140C; 8 144B; C; 30 240C – dazu H. HÖRNER S. 4 Anm.); *HCreat.* 1 GNO Suppl. S. 4, 3; 2 S. 66, 12. – Im Falle von Orig.princ. 3, 1, 18 S. 229, 11 / 28 (530G-K) gibt R. κατ. kurzerhand mit *natura* wider, wie u. 83, 2 (4, 1, 7 S. 303, 12 = 690G-K weicht R. allen *termini technici* aus).

zu 11 *sermone* / *sermo* ne: →zu 23, 8. – Das Präsens *-cipit* (P und einige β-Hss.) wird gestützt von φησίν.

zu 11 - 23, 11: Die Lehre des Gotteswortes ist in einer umfangreichen, doppelten Satzperiode umspannend formuliert, angelehnt an das Stichwort *attendas* – attende tibi. Der Parallelismus der beiden Hauptteile wird durch die Wiederholung von *id est* (23, 1 und 11) unterstrichen: die lehrerhafte Formel verdeutlicht den erzieherischen Aspekt (*praecipit*, Z. 11) des *sermo*.

zu 13: *videntur* ist eine treffende Ergänzung Rufins, etwa ‚sogenannte Güter'...

id est sanitatem corporis, decorem cultumque vultus, voluptatem carnis atque delicias:
neque longioris vitae vota suspires, non
divitias saeculi, non ambitionis gloriam, non
5 potentiam caducae fragilitatis mireris et
nihil omnino, quod ad praesentis vitae
ministerium pertinet, magnum aestimes et
appetendum, ut, dum in haec sollicitudinis
tuae intentione raptaris, illa, quae vere magna
10 sunt et in quibus vere vita est, neglegas; sed
attende tibi, id est animae tuae. hanc excole,
huic omnibus curis omnibusque studiis consule, ita ut omnem maculam, quae in ea
forte nequitiae vitiis obrepsit, abluas et ex-
15 purges intentione meliorum. exornes vero

ὑγείαν καὶ κάλλος καὶ
ἡδονῶν ἀπολαύσεις καὶ
μακροβίωσιν· μηδὲ
χρήματα καὶ δόξαν καὶ
δυναστείαν θαύμαζε· μηδ᾽ ὅσα
σου τῆς προσκαίρου ζωῆς τὴν
ὑπηρεσίαν πληροῖ, ταῦτα μεγάλα
νομίσας, τῇ περὶ ταῦτα σπουδῇ τῆς
προηγουμένης σαυτοῦ ζωῆς
καταμέλει· ἀλλὰ πρόσεχε
σεαυτῷ, τουτέστι· τῇ ψυχῇ σου. ταύτην
κατακόσμει καὶ ταύτης ἐπιμελοῦ,
ὥστε πάντα μὲν τὸν ἐκ πονηρίας ἐπιγινόμενον
αὐτῇ ῥύπον ἀποικονομεῖσθαι διὰ τῆς προσοχῆς,
πᾶν δὲ τὸ ἀπὸ κακίας αἶσχος ἀποκαθαίρεσθαι,
παντὶ δὲ τῷ ἐξ ἀρετῆς κάλλει κατα-

1 cultus B, *om.* C? R Σ   2 -que *om.* β z   volunt. BQ P, voluptates R r   3 vit.long. *inv.* ω (*et edd.*)
praeter X P   suspiras KO¹(?), -spiris NQZ, -spiceris B, -sceperis R²ʔ Σ   5 felicitatis ε gm   7 pertinere
N, pertineret KO¹   existimes K HJ   et *om.* β(-V) z   8 ad petendum β(-VZ; têtênd.Q) S vl   „*ita*
(*i.e.* appet.) *edit. Basil. alias*   aestimes ad petendum" (b)   ut] ne Σ z   hac C(?) β(-B) Θ No² P v, *om.*
[P1] gm   9 interiora δ[P2]   10 vera O²V Γ z „*Paullo post eadem editio Basilii cum duobus Mss.
Zen.* (Yᶻ Zᶻ) vere *pro* vera" (b)   neglig. ω* ΚΟβ** Δ ε Σ z gm   12 omnis c. b   curiis P   13 in
eam ω*(-G) Οβ** ε lb gm rt (*recte?*)   14 forte *om.* AC   et *om.* R

2 ἀπόλαυσιν M57(5) 6 8 11 (-D⁵⁹ P1162) C⁵(13) O¹⁰(14)   9 σεαυτοῦ 1532 1a(+A⁹ ¹³ ²³) G⁷(2) 4
(-O⁷⁸) 5 (-C50 M57) 6 (-M⁵) 7 K¹²(8) D¹¹(11) 12 P481(13) 14 (-O¹⁰); αὐτοῦ A¹B²B82 H19 VS(1) O⁸(4)
M255(9) V413(11); σαυτῷ A¹⁴K³(1) D⁹(11); ἑαυτοῦ C50(5)

Schönheit und Schminke des Gesichts, Fleischeslust und Vergnügungen: Du sollst dir auch nicht ein längeres Leben wünschen, und nicht Reichtümer des Diesseits, nicht Ruhm (als Lohn) des Ehrgeizes, nicht Macht von hinfälliger Zerbrechlichkeit bewundern, und du sollst überhaupt nichts, was dem gegenwärtigen Leben dient, für gross und erstrebenswert halten, so dass du dann, während du dich aus deiner angespannten Sorge heraus auf das Diesseitige stürzest, das Jenseitige, das wahrhaft gross ist und in dem wahrhaft das Leben gründet, vernachlässigst; aber „gib acht auf dich", das heisst: auf deine Seele. Diese putze heraus, um diese kümmere dich mit all (deinen) Sorgen und all (deinem) Eifer, so dass du jeden Schmutz, der vielleicht aus Lastern und Unverstand auf sie gefallen ist, abspühlst und durch das Streben nach Besserem reinigst. Du sollst sie jedoch

---

zu 2: *voluptatem* ist besser überliefert und neben dem Plural *delicias* eher ‚*lectio difficilior*'. – *carnis* ist von R. zugefügt – ganz im Stil von B., aber auch von Max.Tyr. 33,7ac S. 394Koniaris (S. 270 Z. 138; 148-49Trapp).

zu 3-5: Die Binnengliederung ist in den äusseren Teilen parallel (Objekt + Verb: *vota suspires – potentiam... mireris*), die beiden Objekte sind durch Genetiv-Attribute (mit 2 Worten) erweitert – ebenfalls in paralleler Anordnung: Adjektiv + Substantiv – Adjektiv + Substantiv; im Kern des Satzes ein Chiasmus: *divitias saeculi – ambitionis gloriam*. – Diese Partie der grossen Satzperiode ist gegenüber B. beträchtlich erweitert: zugefügt sind *suspires, saeculi, ambitionis, caducae fragilitatis*; im Griechischen (nach dem sich die deutsche Übersetzung zum Teil richten muss) ist klar, welchen Hauptverben die Objekte zuzuordnen sind.

zu 5: *caducae felicitatis* (δ) würde gestützt durch SEN. contr. 2, 1, 1, VAL.MAX. 1, 6 ext.3, CVRT. 8,14, 43 (*potentia fel.*: FIRM. math. 4, 22, 4), *cad. fragilitatis* durch SEN. suas. 6, 6 (*corpus f.c.*), FIRM. math.4, 22, 4; entscheidend ist, dass *fragilitas* geradezu ein Lieblingswort von R. ist: Basil.hom. 1, 6 S. 1733C3 (S. 22, 3LC), hist.mon. 8, 4 (Z. 13: S. 308Sc, sofern richtig überliefert: s.S. 75), Orig.in cant. prol. S. 79, 15 (*rerum caducarum -tate*); 2 S. 130, 3; 143, 20; 3 S. 197, 8; Orig.in Rom. 4, 114, 11 S. 999C; in exod. 5, 4, 27 S. 188, 32 (SC 321, 162), in num. 6, 3, 5 S. 128 S. 34, 20 (SC 415, 152); Orig.princ.1, 1, 8 S. 26, 11 (120G-K; = apol.adv. Hier. 1, 17 CCL 20,51); 2, 6, 1 S. 139, 12 (356G-K); 6, 2 S. 140, 27 (358G-K); S. 141, 6; 4, 3, 14 (26) S. 345, 7 (774G-K); Clement. 2, 25,7 S. 67, 12; patr. 2, 19, 31 (= 7, 2; S. 216). – R.liebt Pleonasmen: →Si S. 331; Sc S. 420.

zu 8: Der Fehler *ad pet.* ist bei Einführung der Worttrennung entstanden, wie oben 21, 11 *praecipit sermone attendas*; in beiden Fällen hatte die Unklarheit weitere Folgen: die Zufügung *non* vor *carni* (21, 11/12) und hier (Z. 7) die Weglassung von *et*.

zu 9-10: Das Partizip zu προηγεῖσθαι ist auch bei B. ein häufiges ‚Adjektiv' (5x in Hex.; bei EVSTATH. *principalis* oder *praecipuus*; auch R. Basil.reg. 185, 3 S. 206 <B. *Asc. 1*, 101): Hier vertieft R. den Gedanken und schmückt ihn stilistisch aus (*vere*, mit Anapher). – S.u. 77, 8.

zu 12: Ein mit Homoioarchon, Homoioteleuton und Anadiplosis geschmückter Zusatz Rufins (vgl. u. zu 43, 8-9). Aber *huic... consule* / ταύτης ἐπιμελοῦ ist ein Echo von *Alc*.132c1 ψυχῆς ἐπιμελητέον (Pépin 201 Anm. 2).

zu 12 - 25, 1: →zu 81, 8.

zu 13-14: Beziehungswort von *in ea* ist *animae tuae* in Z. 11. – *obrepere* oft mit Dativ, oft mit *in* + Akk. oder Abl.; R. epist.Clement. 7, 7 S. 379, 19 (absolut). – Das griechische Partizip wird, wie oft, mit einem Relativsatz wiedergegeben, hier mit Wechsel des Tempus.

zu 14: Typische Doppel-Übersetzung für ἀπο/καθαίρεσθαι; zur Wortwahl von B. und zur Vorliebe Rufins für Komposita s. Rudberg 107 (dort jedoch *expurgare* statt *expugnare* zu lesen), mit Verweis auf Wagner 68.

eam et excolas omnibus virtutis pietatisque monilibus ... quoniam quidem
corpus tuum mortale est, anima vero
immortalis, et duplex quaedam est vita
5 nostra, una quidem carni huic familiaris
(31LC) et cito cum ea deficiens, alia vero animae
cognata nec ullo fine aut circumscriptione
claudenda. *attende* ergo *tibi*, et non
mortalibus ac caducis velut perpetuis
10 incubes et aeternis: neve rursum, quae ae-
terna sunt, tamquam caduca et transeuntia
neglegas atque contemnas. contemne potius
(1737A) et despice carnem tuam: pertransit
enim. adhibe diligentiam et studium animae:
15 immortalis est enim. intuere igitur et *attende*

κοσμεῖν αὐτὴν καὶ φαιδρύνειν. ἐξέτασον
σεαυτὸν τίς εἶ, γνῶθι σεαυτοῦ τὴν φύσιν·
ὅτι θνητὸν μέν σου τὸ σῶμα, ἀθάνατος δὲ
ἡ ψυχή, καὶ ὅτι διπλῆ τίς ἐστιν ἡμῶν
ἡ ζωή· ἡ μὲν οἰκεία τῇ σαρκί, ταχὺ
παρερχομένη, ἡ δὲ συγγενὴς τῇ ψυχῇ,
μὴ δεχομένη περιγραφήν.
πρόσεχε οὖν σεαυτῷ, μήτε τοῖς
θνητοῖς ὡς ἀιδίοις ἐναπομείνῃς,
μήτε τῶν ἀιδίων ὡς παρ-
ερχομένων καταφρονήσῃς.
ὑπερόρα σαρκός,
παρέρχεται γάρ·
ἐπιμελοῦ ψυχῆς, πράγματος
ἀθανάτου. ἐπίστηθι

1 virtutibus V(?) No   pietatibusque P   **2** nominibus ΓG, munîbus J, vel munîbus nomîbus H (!)
lacuna: cf. graec. si quid V   **4** quidem α Σ   De duplici hominum vita R *in marg.*, Duplex vita X *in
marg.*   **5** carnalibus β*(O¹) b, carnis O²β** vl *„legebatur* carnis; *emendationem suggesserunt Mss.
Vat.*(Z)*& Tol.*(T²?)*"* (b)   huic *om.* β z   **7** cognita V(?), cognominata Γ   -scribtione P   **8** tollenda
δ, laud. KN   *post* claud. *add.* FINIS Z   et (ut J) non] ne β z, et ne No   **9** ac] aut KO No, et [P1]
gm *„Edit. Basilii:* et ne mortalibus et caducis velut perpetuis incumbas et aeternis; neve rursum &c.*"*
(b)   **10** incumbas ΓJ ε gm, incumbes H   ne vere r. β*, ne vero r. β** z   **12** transitoria CΛ   cont.
atque neglig. CΛ   potius *om.* KO   **14** anim.tuae *add.* CΛ   **15** igitur *om.* C?Λ

4 ἐστιν *om.* 1 (bc) 2 (-G¹⁷) 3 A674 Ra(4) P763(5) 6 D¹⁰Pr4(7) C³(8) P1162(11) P489 V1148(12)
P481(13)

schmücken und herausputzen mit jeglichem Geschmeide aus Tugend und Frömmigkeit. (Prüfe dich selbst, wer du bist; erkenne die Natur deiner selbst:) Denn dein Körper ist zwar sterblich, die Seele jedoch unsterblich, und doppelt ist gewissermassen unser Leben. Das eine ist zwar zugehörig zu diesem Fleische, auch schnell mit ihm verfallend, das andere jedoch ist verwandt mit der Seele und nicht mit irgend einer Grenzlinie abzuschliessen. „Gib" also „acht auf dich", und du sollst nicht auf Sterblichem, Hinfälligem verharren, so wie wenn es dauernd, ewig wäre; noch sollst du andererseits, was ewig ist, vernachlässigen und missachten, als wäre es hinfällig und vergänglich. Missachte und verschmähe eher dein Fleisch: es vergeht nämlich. Wende Sorgfalt und Fleiss auf für die Seele: unsterblich ist sie nämlich. Schaue also und „gib acht" mit jeglicher Behutsamkeit „auf dich selbst",

---

zu 1-2 *pietatisque*: ein römischer Zusatz.

zu 2: Für *monile*: Bae 2, En 3 Belege (e i n mal metaphorisch); Thes. *s.v.*: Adamant. 1, 10 S. 23, 4 (11, 13Bu; AT-Zitat); hist. 5, 1, 35 S. 417, 1; 5, 18, 11 S. 479, 4; 8, 12, 5 S. 769, 23 (*ornatae m o ribus magis quam m o nilibus*; dasselbe Wortspiel bei PETR.CHRYS. serm. 115, 2, 29 S. 516 A CCL 24A, 700, mit, kaum richtigem, -*u*-: *munil.*); apol.adv.Hier. 2, 38, 20 S. 113 (nach Is. 61, 10); Orig.in cant. 2 S. 154, 2; 156, 7; 17; 26 (*oboedientiae*); in gen. 8, 1, 9 S. 77, 17 (SC 7bis, 212); in exod. 9, 4, 81 S. 242, 27 (SC 321, 300); Orig.in Rom. 5, 1, 137 S. 365; ferner (ein Buch als *m.*!): sent.Sext.praef. S. 259, 18 – also häufig (sowohl in übersetzten wie in originalen Partien) und in der Bildsprache des AT verankert! – Die *lacuna* des lateinischen Textes ist evident, da der Nebensatz (ὅτι >*quoniam*) bis in die Details (μέν / δέ >*quidem / vero*) wörtlich übersetzt ist, jedoch völlig in der Luft hängt. In der Folge war den Kopisten nicht mehr verständlich, dass das letzte Kolon (*et duplex...* Z. 4) ebenfalls noch zum Nebensatz gehört: Schon in einigen Handschriften, dann aber in der ZENO-Ausgabe wird zu Beginn dieses Teils ein neuer Hauptsatz-Anfang markiert. Vgl. die Lücke R. sent.Sext. 265/266 S. 43: h i e r ist -ιν / -ιν eventuell Ursache. – *quoniam / quando*: →Appendix 1 zu S. 1, 14.

zu 3-7: → CAMPBELL 89 („antithesis"). – διπλῆ (Z. 4): Vgl. Plot. 4, 8 (6), 4, 32 ἀμφίβιοι.

zu 7: περιγραφή und ἐναπομένειν (Z. 9) sind nach LAMPE wichtige Begriffe der philosophischen Theologie, insbesondere der Trinitätstheorie, und zwar zwischen Origenes und Kyrill (auch bei Gregor von Nyssa; dazu PEROLI 93-94). Es geht um das alte Problem von πέρας / ἄπειρον. Vgl. R. Orig.princ. 2, 9, 1 S. 165, 1 (400G-K): *circumscriptio* (G-K: „Umschriebenheit") ebenfalls neben *finis*; 4, 4, 8 S. 359,15 (809G-K): *sine fine vel sine mensura*. Ferner: hist.mon. 1, 3, 21 S. 397 (S. 260Sc; vgl. S. 40); Adamant. 2, 1 (S. 28, 12Bu); symb. 27, 11 S. 161 (neben *concludere*). – Gleiches Verfahren über 100 Jahre später: DIONYS.EXIG., in seiner Übersetzung Gregors von Nyssa (vgl. *Hom.opif.* 12 PG 44, 157D). – S.o. zu 9, 12 und u. zu 77, 5-6; 13-15.

zu 8-12: *non* negiert die falschen ‚Güter', nicht das Hauptverb, während *neve* (Z. 10) zu Recht auf die beiden Verba zu beziehen ist. – Die ‚*commata*' von B. hat R. zu ‚*cola*' erweitert (bis Z. 15 sechs Doppelungen).

zu 9-10: Die häufige Wortstellung *velut perpetuis incubes et aeternis*: AB et A. – Das durative *incubare* passt besser zu ἐν – μένειν als *incumbere*, vgl. u. § 7, S. 73, 7-8 *carni nostrae incubat luxus* und Basil. hom. 5, 15 1778D. Eine traditionelle Wendung: CYPR. eleem. 7 (CSEL 3, 1, 378, 23) *nec terrenis possessionibus incubemus, sed caelestes thesauros potius recondamus*, oder HIL. in psalm.118 he 14, 6 SC 344, 216 (*oculi) theatralibus ludis captivi incubant*; incub.divitiis bietet der von Andreas KESSLER (→o. zu 17, 3) edierte pelagianische *Anonymus Romanus*: 10, 2, 28 S. 274.

zu 11 / 13: Für παρέρχεσθαι wählt R. zwei Lösungen; bei *pertransire* (→En; St; Thes.*s.v.* Sp. 1822, 43-50) ist auch der Ausgang im Blick: →R. Orig.in Rom. 5, 1, 304-317 S. 374.

zu 12-15: Der variierte Parallelismus ist auffällig und wird durch die Wiederholung der ungewöhnlichen ‚Klausel' *enim* unterstrichen (vgl. γάρ am Kolonende, nur e i n mal): verdoppelter Imperativ + e i n Objekt, einfacher Imperativ + verdoppeltes Objekt. Ist das erste Prädikat (*pertransit*) zufällig kürzer als das zweite (*immortalis est*)?

cum omni cautela *tibi ipsi*, ut scias distribuere
unicuique parti, quod convenit, carni quidem
victum et vestitum, animae vero doctrinam
pietatis, conversationem severam et gravem,
5 exercitium virtutis emendationemque vitiorum;
non pinguedini corporis deservire neque circa
carnis laetitiam cursitare. quoniam quidem
concupiscit caro adversus spiritum, spiritus
autem adversus carnem, et haec sibi invicem
10 *adversantur,* vide ne forte tu in huius belli
congressione manus accommodans carni
et auxilia ei quam plurima subministrans
potentiam eius *adversus spiritum* erigas
et meliorem tui partem deteriori facias esse
15 subiectam. sicut enim staterae momentum

μετὰ πάσης ἀκριβείας σαυτῷ, ἵνα εἰδῇς
ἑκατέρῳ διανέμειν τὸ πρόσφορον, (28) σαρκὶ
μὲν διατροφὰς καὶ σκεπάσματα, ψυχῇ δὲ
δόγματα εὐσεβείας, ἀγωγὴν ἀστείαν,
ἀρετῆς ἄσκησιν, παθῶν ἐπανόρθωσιν· μὴ
ὑπερπιαίνειν τὸ σῶμα, μηδὲ περὶ τὸν ὄχλον
τῶν σαρκῶν ἐσπουδακέναι. ἐπειδὴ γὰρ
ἐπιθυμεῖ ἡ σὰρξ κατὰ τοῦ πνεύματος, τὸ δὲ
πνεῦμα κατὰ τῆς σαρκός, ταῦτα δὲ ἀλλήλοις
ἀντίκεινται, ὅρα μή ποτε, προσθέμενος τῇ
σαρκί, πολλὴν παράσχῃ τὴν δυναστείαν
τῷ χείρονι.

ὥσπερ γὰρ ἐν ταῖς ῥοπαῖς τῶν ζυγῶν,

---

3 I Tim. 6, 8 (VVLG.: *alimenta et quibus tegamur*)   **8-10** Gal. 5, 17

1 cautella R¹ (?: *cf.* 7, 4)   **2** quae β(X¹; -BQX²) γ LT Θ[P2] No R¹P vl „*sic* (quod) *Ms. Urbin.*(Uᶻ)*cum*
edit. Basilii: alias quae convenit. *unus e Zenonianis* (Yᶻ*vel* Zᶻ)*addit,* quae sibi convenit." (b)   competunt
No   **3** doctrinae δ(-[P2]S)   **4** si veram P   **5** -que *om.* γ(G²)   **6** circa *om.* P   **7** cursiturae P
8 caro conc. *inv.* M [P1] Σ gm (= VVLG.)   adversum Θ R   **9** adversum R   sibi *om.* δ   **10** tu *om.*
CΛ Δ   **11** tu man. *add.* CΛ   accommodas KNO   **13** adversum S ε[P1] R

2 *inv.* διανέμειν ἑκατέρῳ 1532 *1* (-A² ¹⁸) *2 3 4* (-O⁷⁸) *5* (-Ly M57) *6 7 8* (-C³) D²(9) O²(11) P⁴(12) C⁵(13)
14 (-KL O³); διανέμειν ἑκάστῳ Ly(5) C³ (8); ἀπονέμειν ἑκατέρῳ A²³(1); ἑκάστῳ διανέμειν KL(14); *om.*
διανέμειν O³(14); *om.* ἑκατέρῳ P481(13)   **5-6** μὴ ... μηδέ] μήτε ... μήτε 1532 *1* (ac + A²⁸H18) *2 3*
4 5 (-M57) *6* K²La(8) D²(9) *10* D⁵(11) P481(13) O¹⁰(14); μήτε ... μηδέ K¹(8) P⁴(12); μή ... μήτε Ev(1)
6 ὄγκον *14* (-C¹⁰) (+V427) s. Rudberg 85.

damit du jedem einzelnen Teil zuzuteilen weisst, was passt, dem Fleisch zwar „Nahrung und Kleidung" (1. Tim. 6, 8), der Seele jedoch Glaubenslehre, strengen und würdigen Umgang, Übung der Tugend und Besserung der Laster; nicht der Übersättigung des Körpers verfallen zu sein und sich nicht um Fülle im Fleisch abzumühen. Da es ja heisst „das Fleisch gelüstet wider den Geist, den Geist aber wider das Fleisch, und diese liegen mit einander in Streit" (Gal. 5, 17), sieh zu, dass du nicht im Treffen dieses Krieges dem Fleische zudienst, ihm möglichst viel Hilfe leistest, so seine Macht wider den Geist aufrichtest und den besseren Teil von dir dem schlechteren untertan sein lässest. Denn wie du nämlich, wenn du den Balken der Waage in e i n e r Richtung hinabdrückst,

---

zu 2: Rufins Zufügung *parti* soll wohl verdeutlichen, dass im Griechischen von ἑκατέρῳ (nicht von ἑκάστῳ) gesprochen wird.

zu 3: *victum et vestitum*, mit Lauteffekt; VET.LAT. Texttypus D; 4 R.– Belege in der Beuroner Edition von Frede, darunter Basil.hom. 3, 7 1752A (S. 60, 19LC); *vic. et indumentum:* Orig.in Rom. 6, 14, 11 S. 539.

zu 4: Der griechische Begriff ἀστεῖος wird kräftig romanisiert, indem der moralische Aspekt betont wird. Vgl. Verf., Beobachtungen 168. – *conversatio severa* auch hom. 5, 9 1771A <δίαιτα κατεσταλμένη, PG 31, 404B.

zu 5: *emendatio* ist bei R. häufig (→Bae S. 575); *em.vitiorum* findet sich schon bei TERT. – Zur Zusammengehörigkeit von *vitia* und πάθη vgl. hist.mon. 13, 4 S. 333.

zu 6-7: ὄχλος σαρκῶν: Pl.*Ti.* 75e8; Ph.*Her.* 56. – *laetitia* ist eindeutig Wiedergabe der seltenen Variante ὄγκος: vgl. den Apparat des griechischen Textes! (Franciscus Sparaverivs, dessen *Adnotationes* b S. 413 mitteilt, bemerkt dazu: *„Intelligat qui potest, ego heic prorsus caligo").* – *laetitia carnis* auch hom. 8, 5 1794B, <εὐπάθεια σαρκός, PG 29, 468C. – Für *cursitare,* hier <ἐσπουδακέναι (abgesehen vom Tempus-Wechsel) wörtlich übersetzt, kennt der Thes. nur 1 R.– Beleg; ähnlich wäre HIER. epist. 22, 24, 6 CSEL 54, 178, 8.

zu 8-10: Engelbrecht *s.v.:* „adversum *saepissime,* adversus ... *rarissime* „. Die Briefstelle wird von R. oft zitiert und variiert: patr. 2, 14, 26 S. 212 (*adversum*); Orig.princ. 3, 2, 3 S. 248, 22-24 (570G-K; mit Varianten); 3, 4, 2 S. 265, 2 (606G-K; do.) und S. 265, 8 (ebda.; vgl. 607G-K Anm. 11); ebda. S. 266, 21 (608G-K); 3, 4, 3 S. 267, 27-28 (612G-K); Orig.in gen. 7, 2, 41 S. 72, 20 (SC 7bis, 200).

zu 11: *congressio* ist ab CIC.häufig belegt, bei R.: Adamant.prol. S. 1, 12Bu; hist. 2, 21, 2 S. 161, 19 (<συμβολή); Clement. 8, 4, 5 S. 219, 13 (*partium aequa cong.*). – *belli* (Z. 10) ist eine präzisierende Ergänzung, das Ganze aber gegenüber B. stark (römisch-militärisch) erweitert. Zum inner-seelischen ‚Krieg' der Christen, besonders der Asketen →Lampe *s.v.* πόλεμος 6 und Thes. *s.v.* ‚bellum', Sp. 1830, 36 - 1831, 19.

zu 12-14: Auch dies von R. beträchtlich erweitert; vgl. Salvini 1998, 872-873 („un periodo attentamente costruito sull'antitesi e ben connesso al suo interno dall'allitterazione"). – Homoioteleuta: -ans /-ans; -as /-as.

zu 15: Zum Bild der Waage bietet Calasanctius 189-190 Vergleichbares aus B. (wichtig wäre: Pl. *R.* 8, 550e); bei den übersetzten B.-Predigten: hom. 5, 10 1772D; s. auch R. Greg.Naz.orat. 8, 9,1 S. 245, 17 (*st. iustitiae*) und epist.Clement. 10, 3 S. 381, 4. – ῥοπή ist im patristischen Griechisch sehr häufig, wie der vielfältige Artikel Lampes zeigt; im NT (I Cor. 15, 52) erst als Variante (von Codex D und den Lateinern, z.B. AMBR. hex. 4, 4, 14 S. 204Ba) zu ἐν ῥιπῇ. Zur Übersetzung dient meist *momentum* (EVSTATH. Basil.hom.: 9x; CONC.S; CASSIOD.), – wie dies auch die Glossare ausweisen. ὡς ῥοπὴ ζυγοῦ: Is. 40, 15; VET.LAT. und VVLG. *sicut (quasi) m. staterae*; sap. 11, 23. Vgl. Thes. *s.v.* (reichhaltiger Artikel von Wieland).

si in unam partem depresseris, leviorem sine
dubio alteram facies, ita in hoc animae et corporis iugo, cum in unam partem propensior
extiteris, clara erit alterius et manifesta
5 diminutio. quis enim dubitat, cum corpus
luxuria fluitat carnibusque distenditur, ignavum
et obtunsum effici mentis vigorem, si vero
anima florentioribus virtutis exercitiis imbuatur
et meditatione meliorum ad culmen propriae
10 magnitudinis erigatur, fatiscentem corporis
statum commoda infirmitate marcescere? et
hoc indicans beatus apostolus dicebat: *nam*
(32LC) *et si is, qui foris est homo noster corrumpitur,*
sed, qui intus est, renovatur de die in diem.

ἐὰν μίαν καταβαρύνῃς πλάστιγγα, κουφο-
τέραν πάντως τὴν ἀντικειμένην ποιήσεις·
οὕτω καὶ ἐπὶ σώματος καὶ ψυχῆς, ὁ τοῦ ἑτέρου πλεονασμὸς ἀναγκαίαν ποιεῖται τὴν
ἐλάττωσιν τοῦ ἑτέρου. σώματος μὲν γὰρ
εὐπαθοῦντος καὶ πολυσαρκίᾳ βαρυνομένου,
ἀνάγκη ἀδρανῆ καὶ ἄτονον εἶναι πρὸς τὰς
οἰκείας ἐνεργείας τὸν νοῦν· ψυχῆς δὲ εὐεκ-
τούσης καὶ διὰ τῆς τῶν ἀγαθῶν μελέτης
πρὸς τὸ οἰκεῖον μέγεθος (205A) ὑψουμένης,
ἑπόμενόν ἐστι τὴν τοῦ σώματος ἕξιν κατα-
μαραίνεσθαι.

12-14(lat.) II Cor. 4, 16

2-7 Λ *vix legitur*   **4** extiterit B G P R Σ   **5** deminutio BQZ T P R Σ rt   **6** luxoria R¹ (*cf.* Thes.
s.v. luxuria, En *p.* XXVIII, *app.crit. ad* R. Basil.reg.11, 11 *p.* 53 *et ad* R. Orig.in Rom. 9, 33, 5 *p.*
760)   fluit ac KNO δ, fluit et Z   carnalibusque Z   -que *om.* δ   **7** obtusum ω*(Λ?) β No Σ² z gm   efficit
β*(Q¹; *om.* K)   **8** florentibus KNO v   exerciis A K   **10** facit fat. *add.* S   fatescere M[P1] gm(-
isc-) „*Edit. Basilii*: fatiscere corporis statum, & commoda infirmitate marcescere facit. *Placuit tamen*
nostrorum codicum et editorum lectio, quae per interrogationem elata, refertur ad superioris sententiae
interrogativam particulam quis dubitat? Unam conjunctionem & quae a nostris aberat tum Mss. cum
editis, ex editione Basilii restituimus." (b)   **11** stat.et *add.* M[P1] gm   stat.facit *add.* δ(-S[P2])(*cf.lin.*
10) in inf. *add.* O² v(-tatem)l marcere A, macessere W, arescere Δ   marc.facit *add.* M[P1]   ap. Paulus
add. ω(*et* z rt) *praeter* P (Paul.ap. AB)   nam *om.* R Σ   **13** et si] si [P1] gm   his qui NO² L No

---

Ergänzung zu S. 30:
zu 10-14: Die (überflüssige) Zufügung *facit* (δ und M) ist an drei verschiedenen Stellen in den Text
geraten: vor *fatiscentem* in S, nach *statum* in ΔLT, nach *marcescere* in M: wohl eine Rand-Glosse (ohne
Binnenmarkierung) in ω**. –   Das Paulus-Wort ist eine Ergänzung R.s (ὁ ἔξω / ἔσω ἡμῶν ἄνθρωπος);
teilweise als Predigt-Ende auch Orig.in exod. 1, 5, 138-139 S. 154, 12 (SC 321, 66: *renovari semper*
de die in diem). –   Vgl. Orig. in gen. 1, 13, 78 S. 17, 18 (SC 7bis, 62: *secundum interiorem hominem*
renovantur cotidie –   weniger ,archaisch' als die Relativ-Sätzchen); Orig.in lev. 12, 5, 36 S. 463, 24
(SC 287, 186: *nam etsi is, qui deforis est, homo noster corrumpitur...*; ebenso Orig.in Rom. 7, 2, 112
S. 565, jedoch *foris* 5, 8, 168 S. 430); patr. 2, 6, 4-5 S. 206-207 (*...is qui videtur noster homo...*). Zur
Paulus-Stelle: R. Orig.in I reg. 1, 9, 71-79 S. 16, 28 (SC 328,130).

ohne Zweifel den andern hebst, so wird bei diesem Zweigespann von Seele und Körper, wenn du dich stärker auf die e i n e Seite gelehnt hast, die Verringerung der andern klar und eindeutig sein. Denn wer bezweifelt, dass (dann), wenn der Körper in Luxus überquillt und sich in seinem Fleische ausdehnt, die Geisteskraft untauglich und abgestumpft wird, dass aber, falls die Seele durch kräftige Tugend-Übung erfüllt und durch Besinnung zum Gipfel eigener Grösse aufgerichtet wird, der Zustand des Körpers sich infolge von Erschöpfung in passender Schwächung entkräftet? Und dies verdeutlichend, sagte der seelige Apostel: „Denn ob auch unser äusserer Mensch zerstört wird, wird doch unser innerer von Tag zu Tag erneuert" (2. Kor. 4, 16).

---

zu 1-2: R.hat unpräzis übersetzt, da sich bei ihm *alteram* auf *partem* bezieht. – Die gesamte Vergleichs-Satzperiode ist sorgfältig konstruiert: Haupt- und Nebensatz je mit einem weiteren Nebensatz und je einem kräftigen Hyperbaton erweitert; Wiederholung des Motivs ‚Einseitigkeit' (*in unam partem*: Z. 1 / 3); synonyme Doppelung.

zu 3: Es ist nicht ganz auszuschliessen, dass R. mit *iugo* das Bild des „Waagbalkens" weiterführt: in astronomischem Kontext (= *Libra*) fände sich ein Beleg bei CIC. div. 2, 98 (vgl. A.S. Pease z.St.), im konkreten Bereich nennt der Thes.(*s.v.* Sp. 643, 11-13) lediglich das (etwa zeitgenössische) CARM.de pond. 142.

zu 5: Ob *di-minutio* oder *de-m.* zu schreiben ist, lässt sich kaum entscheiden; vgl. R. Orig.in Rom. 2, 9, 547 S. 173 *de-m.* (*di-m.* AΔYLH); der Thes. führt alle Belege unter *de-m.* an. S.u. 47, 16 *di-bacchari* / *de-b.*-*quis dubitat?* (= *nemo dubitat*), mit a.c.i.: → LHSz 2, 679; Am-Ju 2, 134.

zu 5-11: Die weit gespannte rhetorische Frage passt gut ans Ende dieses Abschnittes; aber δM gm lassen mit *si vero* (Z. 7) eine neue Periode beginnen (Hauptverb: *facit*; s.u.). Die g-Fassung besticht stilistisch: Rahmen-Komposition der Infinitive der wohlklingenden *incohativa* . Die Entscheidung g e g e n g erfolgt aufgrund der handschriftlichen Bezeugung. – Der Satzbau bei B. allerdings durch die strenge Parallelität klarer als bei R.: seine rhetorische Frage und der Wechsel (*cum* + Ind. / *si* + Konj.) erschweren die Übersicht – was sich in der Überlieferung auswirkt. Vgl. auch o. *p. XIX*.

zu 6: Zu *luxuria fluitare* vgl. etwa hist. 8, 14, 11 S. 783, 19 *luxu*; Orig.in gen. 4, 4, 17 S. 54, 12 (SC 7bis, 152, wo von der ‚Ehe' von Fleisch und Verstand die Rede ist: *in luxuria et voluptatibus*); Orig.in exod. 2, 1, 45 S. 155, 26 (SC 321, 72) *luxu*; Orig.in psalm.36 hom. 5, 5, 18 S. 228; psalm.37 hom. 1, 4, 5 S. 274 (je *deliciis*). – *corpus distenditur* auch R. ieiun. II 1 S. 22, 7Ma; *ille … distenditur*: hist. 8, 16, 4 S. 791, 2; *distenti membratim*, bei der Tortur: hist. 8, 10, 5 S. 761, 22; vgl. auch En. – B. bleibt dagegen im Bild: βαρυνομένου.

zu 7: Die Schreibweise *obtunsum* ist vorzuziehen: →Orig.princ. 2, 8, 4 S. 162, 6 (396G-K) *obtunsissimi*; 1, 1, 5 S. 20, 16 (108G-K); 4, 4, 9 S. 362, 18 (816G-K) *obtunsior*; Orig.in cant. 3 S. 215, 6 *obtunsiores* (-*tusi-* CD).

zu 7-10: Der mystische Aufstieg wird von B. wie von R. genau beschrieben; bei R. findet auch die *virtus* ihren Platz! – Deutliche Betonung des tatkräftigen Einsatzes des Menschen für seinen Aufstieg über die Jakobsleiter des Heils: B. und R. Basil. hom. 1, 4 1728CD (r S. 12, 21 - 13, 20LC).

zu 8-9: *florentior*, wie *fluentior* R. patr. 1, 1, 9 S. 190 und *instantius* ebda. Z. 2. An dieser Stelle (d.h. 27, 14 - 29, 9) erscheinen 6mal klangvolle Komparativformen (B. nur 1mal); in der ganzen hom. 2 finden sich bei R. 49, aber bei B. nur 14 Komparative (12‰ des lat., 5‰ des griech. Wortschatzes): vgl. o. *p. XIV*. – *exerciriis imbui* auch R. hist.mon. 31, 13, 54 S. 381; neben *edocere*: Orig.in lev. 13, 3, 60 S. 472, 20 (SC 287, 210); neben *instituere*: Orig.in Rom. 6, 7, 73 / 79 S. 487 (vgl. CIC. Phil. 10, 20). Die Bedeutung liegt näher bei „durchtränken" als bei „benetzen" (vgl. TAC. dial. 19, 5). – ἀγαθά >*meliora* ist typisch: vgl. Sc S. 419; Wagner 72.

zu 11: *marcescere* auch Greg.Naz.orat. 5, 11, 1-2 (S. 179, 23; 180, 3); die Wendung *comm. inf. marc.* hat der Abt von Lerinum Faustus Reiensis (FAVST. REI. epist. 9 S. 212, 20) aufgegriffen. – *comm. inf.* ist ein interpretierender Zusatz R.s. Vgl. Moreschini 2001, 129. – Zu Z. 10-14 vgl. die Ergänzung am Fuss von S. 29.

4. Hoc ergo idem praeceptum et infirmioribus utile est et robustioribus commodum.
nam et in infirmitatibus medici aegris praecipere solent, ut attendant sibi et nihil
5 omnino contemnant, quod ad medelam
possit adhiberi. similiter ergo et medicus
animarum nostrarum, sermo dei, animae
ex peccatorum acerbitate languenti
magnifice brevissimi huius praecepti suc-
10 currit adiutorio dicens: *attende tibi*, id est,
ut, si quando forte deliqueris, secundum
magnitudinem delicti etiam remedii et
emendationis cura pensetur. grande
alicui peccatum et grave commissum est:
15 grandi sine dubio confessione indiget
paenitentiae, multis et amaris lacrimis,
intentis pernoctatisque vigiliis, iugibus
continuatisque ieiuniis. levius est delictum:
par commissi sit et similis paenitentia.

Τὸ αὐτὸ δὲ τοῦτο παράγγελμα καὶ ἀσθενοῦσι
χρήσιμον καὶ ἐρρωμένοις ἁρμοδιώτατον.
ἐν μέν γε ταῖς ἀσθενείαις οἱ ἰατροὶ τοῖς
κάμνουσι παρεγγυῶσι προσέχειν αὐτοὺς
ἑαυτοῖς καὶ μηδενὸς τῶν εἰς θεραπείαν
ἡκόντων καταμελεῖν. ὁμοίως καὶ ὁ ἰατρὸς
τῶν ψυχῶν ἡμῶν λόγος τὴν ὑπὸ τῆς
ἁμαρτίας κεκακωμένην ψυχὴν διὰ τοῦ
μικροῦ τούτου βοηθήματος ἐξιᾶται.
πρόσεχε οὖν σεαυτῷ, ἵνα κατὰ ἀνα-
λογίαν τοῦ πλημμελήματος καὶ τὴν
ἐκ τῆς θεραπείας βοήθειαν καταδέχῃ.
μέγα καὶ χαλεπὸν τὸ ἁμάρτημα·
πολλῆς σοι χρεία τῆς ἐξομολογήσεως,
δακρύων πικρῶν, συντόνου τῆς
ἀγρυπνίας, ἀδιαλείπτου νηστείας.

κοῦφον καὶ φορητὸν τὸ παράπτωμα·
ἐξισαζέσθω καὶ ἡ μετάνοια.

ω* = α(ACΛ) + γ(ΓGHJ[Li])   ω** = δ(ΔLST[P2]) + ε(ΘM[P1])   β = β*(BKNOQZ) + β**(VWXY)
No P R Σ

1 ideo β v   3 in *om.* α Bβ**(-X) G   infirmantibus ω*, infirmioribus R²   4 sibi att. *inv.* M[P1] gm
5 medellam NXZ T P R¹(*cf.* 7, 4)   6 exhiberi K δ(-S)   et *om.* ω*(- Λ)   7 dei] divinus gm   Deus
animarum medicus X *in marg.* „*Editio eadem Basiliana* sermo divinus animae, *& post pauca* auxilio
pro adjutorio" (b)   8 ex *om.* δ   acervitate β*(acc.K; O¹)X¹   9 brevissime QZ¹ v   10 auxilio
ω** No gm   13 Qualis esse de[....] confessio ... (2 *voces*) X *in marg.*   17 -que *om.* l „*In edit.Ver.*
(h) *cum aliquot Mss. coniunctio* que *aberat a voce* pernoctatis; *restituimus ex tribus Mss. & edit. Ven.*
(v) *atque Basiliana, in qua subinde legitur*: si leve est delictum, & par commissi sit poenitentia." (b)
18 si lev. (leve ε gm) *add.* ω** No gm   19 et par *add.* ε gm   et *om.* M[P1] gm

---

6 *add.* δέ *post* ὁμοίως 1532 1 2 3 4 5 (-M57) 6 K¹²(8) D²M255(9) 10 P⁴(12) P481(13) N² O¹⁰ Si(14)
12 καταδέχῃ] καταδέξῃ 1532 1 2 3 O⁷⁸(4) M57(5) K¹² La(8) D²(9) D⁵(11) P⁴(12) O¹⁰ V581(14); ἐπιδέχῃ
Ba¹²(8)

Deshalb ist gerade diese selbe Vorschrift einerseits für Schwache nützlich, anderseits für Starke vorteilhaft. Denn auch bei Schwäche schreiben Ärzte Kranken gewöhnlich vor, auf sich achtzugeben und überhaupt nichts zu vernachlässigen, was zur Heilung angewendet werden könne. Einer Seele, die infolge bitterer Sünden kraftlos geworden ist, hilft deshalb in ähnlicher Art auch der Arzt unserer Seelen, das Wort Gottes, vorzüglich mit dem Mittel dieser äussert kurzen Vorschrift, indem er sagt: „Gib acht auf dich", das bedeutet, dass entsprechend der Grösse einer Verfehlung – falls du vielleicht einmal gefehlt hast – auch die Sorge um Heilung und Besserung zugemessen wird. Jemand hat eine grosse, schwere Sünde begangen: ohne Zweifel braucht er ein umfassendes Reuebekenntnis, viele bittere Tränen, angestrengtes ausdauerndes Wachen, wiederholtes anhaltendes Fasten. Eine Verfehlung ist leichter: gleich und entsprechend dem Begangenen sei auch die Reue.

---

zu 1ff: Der gewichtige 4. Abschnitt der Rede dient dazu, die Botschaft an die Hörer bzw. Leser heranzubringen: ‚*tua res agitur*'! Und zwar gilt sie für a l l e: die Kranken und die Kräftigen und (ab 33,10) für alle Glieder der christlichen Gesellschaft. Vgl. Klaus KOSCHORKE, Spuren 74; zu unserem Abschnitt besonders S. 76 A. 17. – Allgemein zur Tendenz der Prediger ‚*pro nobis*': Basil STUDER, Schola christiana, Die Theologie zwischen Nizäa (325) und Chalzedon (451), Paderborn 1998, 131-135.

zu 1-2: Zum Komparativ als Positiv → o. zu 29, 8-9 und besonders QVINT. inst. 9, 3, 19. – χρήσιμον: Zu diesem Konzept (auch u. 55, 1) vgl. ROUSSEAU 55. – Das Adjektiv *commodus* auch o. 29,11.

zu 3: *in-firmus / in-firmitas* beliebt als Übersetzung von ἀ-σθενής / ἀ-σθένεια, etwa in der VET.LAT. Von einigen Dichtern gemieden. – Zum Sprachgebrauch in diesem Bedeutungsfeld s. AVG. serm. 46, 6, 13 (zitiert Thes. VII 1, 10, 1441, 83). – Interessant bei R.: Orig.in exod. 7, 2, 4; 36-45 S. 206, 18 (SC 321, 208-212), wo *infirmitas* auch für νόσος erscheint (wohl unter Einfluss der VET.LAT.); hist. 1, 13, 12 S. 91, 8: νόσον καὶ μαλακίαν >*languorem et infirmitatem*. – Zur Bedeutung des ἰατρός bei B. vgl. Ekkart SAUSER, Christus Medicus – Christus als Arzt und seine Nachfolger im frühen Christentum, Trierer Theologische Zeitschrift 101, 1992, 101-123, bes. 117-119 (mit Lit.).

zu 10: *adiutorium* (→o.zu 7,15) hier in einem Teil der Überlieferung (δε) von *auxilium* abgelöst: Klassizismus.

zu 13-15: *pensare*: Orig.in cant. prol. S. 83, 7; 3 S. 189, 10; Orig.in num. 21, 1, 33 S. 199, 29 (SC 461, 62); symb. 18, 29 S. 155. R. drückt sich, anders als B., typisch juristisch-römisch aus: vgl. Thes. s.v. Sp. 1112, 43-64; Verf., Beobachtungen 168. – *alicui*: Zum ‚*dativus auctoris*' bemerken LHSz 2, 97: „in der christlichen Literatur ist er im wesentlichen auf die Autoren, die eine etwas gekünstelte Sprache schreiben, beschränkt"; →En S. 306; Sc S. 419. Vergleichbar: hist.mon. 16, 1, 4 S. 340, 16; 32, 4 S. 383, 12 (*admissum*). – *committere* (vgl. Z. 19) kann ‚*commendare*' bedeuten (so fast immer in R. Basil.reg.: →Ze) oder, wie hier, ‚*facere / peccare*' (so 9x in Clement.: →St). – gra- gra- gra-: Stil! – σοι (B.) ist persönlicher als *alicui* (R.).

zu 15-16: *confessio* (<ἐξομολόγησις) allein genügt nicht, es muss durch *paenitentiae* erläutert werden.– Nach *indiget* ein Komma zu setzen (n), widerspricht dem parallel gebauten Satzende.

zu 16-18: R. setzt drei parallele Adjektiv-Paare statt der drei einfachen Attribute des Griechen. Das letzte Paar *iuge continuatumque (ieiunium)* auch R. ieiun. I 4 S. 18, 9Ma (Parallelen: →Ma S. 42). – *pernoctare*: -antes in oratione R. Clement. 1, 71, 2 S. 48, 16; hist. 7, 28, 2 S. 954, 16; die passive Konstruktion scheint einzigartig (→Thes.s.v.).

zu 18-19: Die Formulierung als Hauptsatz (ohne *si*) ist sicher richtig (vgl. griechisch); erste Depravation wohl *si levius* (= δ), zweite dann *si leve* (= ε gm). – Satzstellung AB *et* A.

tantum *attende tibi*, ut intellegas et agnoscas et sanitatem animae et languorem.
multi enim, dum sibi non attendunt, aegritudines graves et insanabiles pati se nesci-
5 unt, et ne hoc ipsum quidem sentiunt,
quod aegrotant. propter quod magna
(33LC) est praecepti huius utilitas, per quod et
aegris cura suggeritur et sanis perfectionis
demonstratur integritas.
10 unusquisque autem nostrum, qui in disci-
pulatum nos verbi dei mancipavimus, unius
alicuius operis ministerium(1738A) gerit
eorum, quae in evangeliis praecepta sunt.
in magna enim *domo*, in hac ecclesia dico,

μόνον *πρόσεχε σεαυτῷ, ἵνα γνωρίζῃς*
ψυχῆς εὐρωστίαν καὶ νόσον.
πολλοὶ γὰρ ὑπὸ τῆς ἄγαν ἀπροσεξίας
μεγάλα καὶ ἀνίατα νοσοῦντες,
οὐδὲ αὐτὸ (29) τοῦτο ἴσασιν, ὅτι νοσοῦσιν.
μέγα δὲ τὸ ἐκ τοῦ παραγγέλματος ὄφελος
καὶ τοῖς ἐρρωμένοις περὶ τὰς πράξεις·
ὥστε τὸ αὐτὸ καὶ νοσοῦντας ἰᾶται καὶ
ὑγιαίνοντας τελειοῖ.
ἕκαστος γὰρ ἡμῶν τῶν μαθητευομένων
τῷ λόγῳ μιᾶς ἐστί τινος πράξεως
ὑπηρέτης τῶν κατὰ τὸ εὐαγγέλιον
ἡμῖν διατεταγμένων. ἐν γὰρ τῇ
μεγάλῃ οἰκίᾳ τῇ ἐκκλησίᾳ ταύτῃ

14-35,2 II Tim. 2, 20 (NT: ἀλλὰ καὶ ξύλινα...; VVLG.: *non solum... sed et lignea...*)

---

2 et¹*om.* C L Σ   sanitas et (?) languor animae X *in marg.*   **5** ne] nec β(-Y) Σ² vl   hi quidem ipsi [P1] gm   „*Haec* (i.e. & ne hoc ipsum) *est lectio Mss. Rem.* (Rᶻ)& *Pomp.* (X; *falso*) *Ceteri cum editis, nec hoc quidem sentiunt; edit. autem Basilii:* & ne hi quidem ipsi sentiunt." (b)   ipsud T, *om.* KOVW vl   **6** propter quod] propterea P   **7** et *om.* β No P z „*Edit.Basilii: et aegri* (sic!) *cura suggeritur,* & *sanis perfectionis demonstratur integritas.*" (b)   **8** san.et *inv.* Qβ** lb   sanitatis β z   **9** int.dem. *inv.* ω*   **13** evangelio M [P1] gm (*cf.graec.*)   **14** enim] autem β L vl „*Autem pro enim in Mss. atque editis nostris: correximus ex edit. Basilii, quae lectio & graeco textui & sententiae magis congruit.*" (b)

---

1 γνωρίζῃς] γνωρίσῃς *1* (-E1) *2 3* (-O¹) *4 5* (-M57) A³(6) La(8) *9* (-BC) P481(13)   **3** ὑπό] ἀπό 1618 A¹⁴ ¹⁷ ²⁵ ²⁸ H18 Ma¹(1) *2* (-G15) *3 4* (-Ti Ra) *5* (-C50 Ly M57) *10* (-D³) P481(13); ἐκ E1 VS(1) P1162(11) P489(12) *14* (-O¹⁰); ἐπί D³(10)   **11** τινος *om.* A²⁵(1)

„Gib" so weit „acht auf dich", dass du einen gesunden wie auch einen geschwächten Zustand deiner Seele spürst und erfassest. Während nämlich viele nicht auf sich achtgeben, wissen sie nicht, dass sie schwere, sogar unheilbare Krankheiten erleiden, und sie spüren nicht einmal dies, dass sie krank sind. Deshalb ist auch der Nutzen dieser Vorschrift gross, durch welche einerseits Kranken eine (heilsame) Kur geboten, anderseits Gesunden die Vollkommenheit ihres Zustandes aufgewiesen wird. – Jeder einzelne aber von uns, die wir uns in die Schule von Gottes Wort verdingt haben, führt (s)einen Dienst aus an irgend einem einzelnen Werk von all dem, was in den Evangelien vorgeschrieben ist. „In einem grossen Haus" nämlich – ich meine damit: in dieser Kirche – „sind nicht

---

zu 1-2: *intelligas et agnoscas*: Doppelung.

zu 1-9: Zu dieser für B. typischen Stelle vgl. George L. KUSTAS (Toronto 1) 244-245 A.74.

zu 2-3: AB *et* A. – Der Nebensatz (*dum...*) ist die Wiedergabe des ‚komplizierten' griech. Verbalsubstantivs. Zur „attitudine di R. alla concretezza" vgl. auch Umberto RAPALLO 1991, 121.

zu 4-5: Mit *pati se nesciunt* (<νοσοῦντες) nimmt R. die Pointe vorweg. – Klaus KOSCHORKE, Spuren 95 A.40 verweist auf B. *HIul.* [5], 7 PG 31, 256c und *HDiv.*[7], 9 (301c).

zu 7: R. lässt unübersetzt καὶ τοῖς... πράξεις.

zu 9: Mit dieser stilistisch ausgeschmückten Klausel endet der erste Teil dieses Abschnittes (sowohl bei B. wie bei R.). Die Stichworte von Z. 8 (*aegris / sanis* <νοσοῦντας / ὑγιαίνοντας) runden ihn ab: vgl. 31, 1-2 *infirmioribus / robustioribus* (<ἀσθενοῦσιν / ἐρρωμένοις). – Die Stellung der Starken-Gesunden ist betr. Paränese delikat: bei B. scheint sie die Gesunden zur Vollendung zu führen (BERG übersetzt: „...Gesunde kräftigt"); vgl. Klaus KOSCHORKE, Spuren 24 (und *passim*); bei R. wird die (mit zwei Synonymen pleonastisch hervorgehobene) Vollendung „aufgezeigt". – *integritas*: 7 R.-Belege im Thes.*s.v.*, ferner hist.mon. 7, 15, 1 S. 304; Basil.reg. 177, 3 S. 200.

zu 10ff: Das gewichtige Kompositum *unusquisque* eröffnet den zweiten Hauptteil: a l l e sozialen Kategorien von Kirchenmitgliedern sind angesprochen. Die erwähnten – bei B. paarweise angeordneten – Berufe sind jedoch kein soziologisch korrekter Spiegel der Gesellschaft des 4. Jh.s; denn B. und R. formulieren nach literarischen bzw. biblischen Gesichtspunkten: Die Berufe des NT sind auch ‚für uns heute' massgeblich. Mario GIRARDI 101 spricht von einem „centone prevalentemente paolino" und verzeichnet zahlreiche Bibelstellen. Die Gewichtung der Arbeitsmoral erklärt sich vielleicht auch aus den Diskussionen um die *electi* der Manichäer: vgl. den Codex von Tebessa, *col.* 28 (→ Reinhold MERKELBACH, Der manichäische Codex von Tebessa, in: Peter BRYDER (Hrsg.), Manichaean Studies, Lund Studies in Asian and African Religions, 1, Lund 1988, 229-264, bes.230 (auch dort gelten *militia* und *cursus* als *labores*; der Hintergrund ist ebenfalls paulinisch).

zu 10 *discipulatus*: „*vox ECCL. peculiaris*" (Thes.*s.v.*), 2x bei TERT., 4x AVG. serm., 2x CASSIAN., 4x R. (dazu Orig.princ. 4, 1, 1 S. 294, 22 = 672G-K, <μαθητεία); vgl. Andreas KESSLER (→o. 17, 3) 382-383. – Inhaltlich vergleichbar: *Apophth.Patrum* 4, 49 SC 387, 210.

zu 11 *mancipare*: apol.ad Anast. 5, 9 S. 27; ieiun. II 1 S. 20, 8Ma; Clement. 5, 29, 3 S. 182, 6; Greg. Naz. orat. 1, 77 S. 60, 2,7; hist. 2, 17, 19 S. 151, 9 *libidini*; 6, 2, 7 S. 521, 25 *se lectioni*; 6, 27 S. 581, 17 *vitae tempus ad*; 7, 28, 2 S. 955, 24 *se vitae... castissimae*; 11, 9 S. 1014, 19 *se totum dei servitio*; Orig.in num. 10, 1, 7, 85 und 96 S. 70, 19 und 29 (SC 415, 276-278; Kontext!); 11, 8, 1, 590; 4, 647 S. 90, 25; 92, 12 (SC 442, 60; 64); Orig.princ.1 praef. 5 S. 12, 3 (90G-K); 3, 1, 15 S. 222, 34 (516G-K) *in omnem oboedientiam*; 3, 2, 6 S. 255, 8 (584G-K) *se ministros ex... oboedientia*; sent.Sext. 277 S. 45. Vgl. TERT. apol.21, 2; 24, 1 (*deo*).

zu 14: Dieses NT-Zitat findet sich bei R. auch Orig. princ. 2, 9, 6 S. 170, 7 (412G-K); Orig.in num. mehrfach.

non sunt tantummodo vasa diversa aurea
et argentea vel lignea et fictilia, sed et
artificia quam plurima et diversa. habet
namque *domus dei, quae est ecclesia dei*
5 *vivi*, venatores vel captores, habet viatores,
habet architectonas, structores, agricolas,
pastores, athletas, milites, quibus omnibus
commode satis aptabitur brevissimi huius
mandati vigor, ut unicuique et operis diligen-
10 tiam tribuat et propositi ac mentis desideria
atque incitamenta commoveat. venator es,
et ad capturam a domino destinatus, qui
dixit: *ecce ego mittam multos venatores,*
et capient eos supra omnem montem.
15 *attende* ergo *tibi* diligenter, necubi te

οὐ μόνον σκεύη ἐστὶ παντοδαπά, χρυσᾶ
καὶ ἀργυρᾶ καὶ ξύλινα καὶ ὀστράκινα,
ἀλλὰ καὶ τέχναι παντοῖαι. ἔχει γὰρ
ὁ οἶκος τοῦ θεοῦ, ἥτις ἐστὶν ἐκκλησία
θεοῦ ζῶντος, θηρευτάς, ὁδοιπόρους,
ἀρχιτέκτονας, οἰκοδόμους, γεωργούς, ποιμέ-
νας, ἀθλητάς, στρατιώτας. πᾶσι τούτοις
ἐφαρμόζει τὸ βραχὺ τοῦτο ῥῆμα,
ἑκάστῳ γὰρ ἀκρίβειαν τοῦ ἔργου
καὶ σπουδὴν τῆς προαιρέσεως
ἐμποιοῦν. θηρευτὴς εἶ ἀπεσταλμένος
παρὰ τοῦ κυρίου τοῦ εἰπόντος· ἰδοὺ
ἐγὼ ἀποστέλλω πολλοὺς θηρευτάς, καὶ
θηρεύσουσιν αὐτοὺς ἐπάνω παντὸς ὄρους.
πρόσεχε ἐπιμελῶς, μή πού σε διαφύγῃ τὸ

4-5 I Tim. 3, 15   **13-14** Ier. 16, 16 (LXX: ἰδοὺ ἀποστέλλω τοὺς ἁλεεῖς τοὺς πολλούς... καὶ ἁλιεύσουσιν αὐτούς· καὶ μετὰ ταῦτα ἀποστελῶ τοὺς πολλοὺς θηρευτάς, καὶ θηρεύσουσιν αὐτοὺς ἐπάνω παντὸς ὄρους...; VVLG. und HIER. in Ier. 6, 51, 1 CCL 74, 158: *ecce ego mittam piscatores multos... et piscabuntur eos et post haec mittam eis multos venatores et venabuntur eos de omni monte...*)

1 tantum α   **2** vel] et C Σ(sed et), *om.* A   et²] vel CΛ K   et³ *om.* β**(-X)   **5** vni P   habent P hab.vi. *om.* β*(-K)X   „Habet *(ante ar.)* suppletum est ex editione Basilii, ob cuius verbi repetitionem *aliquot a codicibus absunt voces* habet viatores." (b)   **5-6** habet ar. habet vi. *inv.* M   **6** habent P, *om.* A γ vl   architectos ω*(C²) V No P(-tus)R² b r „*Trium codicum Rem.*(Rᶻ), *Tol.* (Tᶻ)*& Zen.* (Yᶻ*vel* Zᶻ) *lectio* architectos, *pro eo quod alibi & apud Basilium legitur* architectonas *magis adrisit, cum* architectus es *subinde* (37, 12) *legatur.*" (b)   habet st. *add.* δ   **7** achletas P, atletas W, adlethas S   **9** ut] et P   *unice* δ   **11** -moneat Y HJ Σ   **12** ad *om.* P   a *om.* ω*   **13** ego *om.* Z R Σ (*recte* ?)   **14** capiens β v

---

8 ἐφαρμόσει 1532 *1* (ac) *2 3* (-V468) *4* Ly P500, 763(5) D¹⁰ Pr4(7) D³(10) O²(11) P481(13) O¹⁰(14)   **12** παρά] ὑπό 1618 *1* (c +A² ⁷) *2 3 4* (-O⁷⁸) *5* (-C50 M57) *6* O²(11) P481(13) O¹⁰(14)

allein" verschiedene „goldene und silberne Gefässe oder hölzerne und irdene" (2. Tim. 2, 20), sondern auch sehr viele und verschiedene Handfertigkeiten. Denn es hat „das Haus Gottes, welches ist die Gemeinde des lebendigen Gottes" (1. Tim. 3, 15), Jäger oder Tierfänger, es hat Reisende, es hat Architekten, Baumeister, Bauern, Hirten, Sportler, Soldaten – auf diese alle wird der kraftvolle Gehalt dieses sehr kurzen Gebotes ganz passend angewendet werden, dass es (nämlich) von einem jeden einzelnen sowohl Sorgfalt der Ausführung verlangt als auch Wünsche und Anregungen bei der geistigen Planung aktiviert. Du bist Jäger und vom Herrn zum Einfangen bestimmt, der gesagt hat: „Siehe, ich sende aus nach vielen Jägern, und sie werden sie jagen von allen Bergen" (Jer. 16, 16). „Gib" also vorsichtig „acht auf dich", dass dir die Jagd des Herrn nicht irgendwo entflieht und dir entgeht,

---

zu 4-5: Dieses Paulus-Zitat findet sich bei R. noch viermal: →FREDE z.St. (S. 510).

zu 5: Zum Jagd-Sport, der mit Kirchenbesuch in Konflikt geraten kann, vgl. z.B. MAX.TAVR. 36, 2 CCL 23, 141. – Die Doppel-Übersetzung *venatores vel captores*, angeregt durch das gleich folgende Ier.-Zitat, ist stilistisch unglücklich: denn B. bildet offensichtlich vier Gruppen, die je aus zwei Gliedern bestehen. – *captor* ist selten, aber gelegentlich in (AVG.-, Ps.AVG.-) Predigten. – *viator* <ὁδοιπόρος auch 2x EVSTATH. Basil.hom.; bei R.: Clement. (→ St).

zu 5-6: Die Anapher von *habet* ist eine Zutat Rufins. – Der Katalog von Berufen wird anschliessend chiastisch abgehandelt: Jäger / Reisender (S. 35, 11 / 37, 6), Architekt / Baumeister (37, 11 / 13), aber Hirt / Bauer (39, 1 / 6) und Soldat / Sportler (39, 10 / 41, 5). – Vgl. R. Basil.hom. 1, 3 1726A-27B (r S. 8, 18 - 9, 21LC): Bauleute, Reisende, Händler und Bauern.

zu 6: *architectus* (vgl. u. 37, 11) ist üblicher als *architecton* (→En, St; auch Orig.in gen. 2, 4, 51 S. 33, 17 SC 7bis, 96 und in exod. 13, 7, 28 S. 279, 6 SC 321, 398), aber hier, angesichts der eindeutigen griech. Form der Vorlage, wenig wahrscheinlich (,*lectio facilior*'). – zu *structores*: s.u. 37, 14 und R. Basil. reg. 3, 33 S. 31; Clement. 3, 68, 5 S. 142, 11 ist Zacharias ein *structor*; Orig.in psalm. 38 hom. 1, 8, 40 S. 350 *faber vel str.*

zu 7: Die Schreibweise *adletha* bespricht F. TAILLIEZ, Neophilologus 35, 1951, 49-50; s.u. 41, 5 (Γ bietet dort *adleta*). – Auch die Soldaten gehören zur Kirche: zur Problematik →Klaus KOSCHORKE, Spuren 320-324.

zu 8: *aptabitur* bezeugt die B.-Variante ἐφαρμόσει; dieses Verbum gibt R. auch Orig.princ. 4, 2, 2 S. 309, 12 / 29 (702G-K) mit *aptare* wieder.

zu 9-11: Das Finale der rufinischen Satzperiode ist durch Doppelungen aufgebläht. Vielleicht zeigt sich darin auch Verlegenheit über die Wiedergabe des philosophischen *t.t.* προαίρεσις (Pl.; Pos.; Porph.), der in dieser Predigt nur hier ‚aufblitzt' (anders B. *Hex.*: 5x, z.B. 6, 7 S. 99, 5, wofür EVSTATH. Basil. hex. S. 78, 25 *arbitrium* setzt, und Z. 23 >E. S. 79, 16 *propositum*).

zu 11-41, 6: Es handelt sich n i c h t um Fragesätze (gmn), wie Ru und LC (r) gesehen haben. Bis in den Wortlaut ähnlich, aber kürzer ist AMBR. hex. 6, 8, 50 S. 394Ba: *venatorem te fecit deus... piscator Christi es... miles es... athleta es...*

zu 12-13: Vgl. Matth. 4, 19; Marc. 1, 17; Luc. 5, 10 (*homines eris capiens*); *venator = apostolus*: R. patr. 2, 10, 10-12 S. 210, anschliessend dasselbe Ier.-Zitat: *mittam venatores multos, et venabuntur eos in omni monte* (gewiss nach Origenes). Ferner: Orig.in cant. 3 S. 205, 17-20 *ecce mitto multos piscatores et multos venatores*; Orig.in Rom. 1, 7(5), 42 S. 56 *ecce ego* (om. B) *mitto pastores* (!) *multos et ven.m. ...* – *ego* fehlt (ZRΣ; gemäss LXX) auch bei AMBR. hex. 6, 8, 50 S. 394Ba (=CSEL 32, 1, 242, 8; exkl. N) und in psalm. 118 serm. 6, 10 CSEL 62, 5, 113, 12. – *mittam* folgt der Textform der LXX (ἀποστελῶ) und ihrer Übersetzungen.

zu 14 *capiens* (β): Typischer Fehler in der karolingischen Minuskel.

venatio domini effugiat et evadat, quominus verbo veritatis capias et offeras
domino ad salutem eos, qui erroribus
decepti nequitiae feri ac palabundi per
5 aspera quaeque peccatorum et devia per-
vagantur. viator es talis, qualis ille, qui orat
ad dominum: *dirige gressus meos in semitis*
tuis, ut non moveantur vestigia mea. attende
tibi, ne forte erres a via, *ne declines in dex-*
10 *teram neque in sinistram*, sed via recta, *via*
regali incede. architectus es: *attende tibi*, ut
fundamentum fidei, *qui est Christus Iesus*,
cum omni diligentia iacias et cautela. structor
es: *vide, quomodo aedifices*; ne *ligna* et
15 *faenum*, ne *stipulam* vel paleas, sed *argentum*
et *aurum* et *lapides* exstrue *pretiosos*.

θήραμα, ἵνα συλλαβόμενος
τῷ λόγῳ τῆς ἀληθείας τοὺς ὑπὸ τῆς
κακίας ἀγριωθέντας προσαγάγῃς
τῷ σῴζοντι.

ὁδοιπόρος εἶ ὅμοιος τῷ εὐχομένῳ·
τὰ διαβήματά μου κατεύθυνον.

πρόσεχε σεαυτῷ, μὴ παρατραπῇς τῆς ὁδοῦ,
μὴ ἐκκλίνῃς δεξιᾷ ἢ ἀριστερᾷ· ὁδῷ βασιλικῇ πορεύου. ὁ ἀρχιτέκτων ἀσφαλῶς
τὸν θεμέλιον καταβαλλέσθω τῆς πίστεως,
ὅς ἐστι Χριστὸς Ἰησοῦς. ὁ οἰκοδόμος
βλεπέτω, πῶς οἰκοδομεῖ· μὴ ξύλα, μὴ
χόρτον, μὴ καλάμην, ἀλλὰ χρυσίον,
ἀργύριον, λίθους τιμίους.

7-8 R.: psalm. 16, 5 (psalm.iuxta LXX: *perfice...*)   B.: psalm. 39, 3; 118 (119), 133 (κατεύθυνον)
9-11 num. 20, 17 (ὁδῷ βασιλικῇ >VVLG.*via publica*); 21, 22 (*via regia*); deut. 2, 27; 5, 32; 17, 11; 28,
14; Ios. 1, 7; II par. 34, 2; prov. 4, 27 (VVLG.: *ad d. ... ad s.*)   **12-16** I Cor. 3, 10-12

---

1 et evadat *om.* β z „Edit. Basilii effugiat & evadat." (b)   **2** verba CΛ P, verbum R²²   **4** ferri B,
fieri YS, fere No, fari P, *om.* KO   pabulabundi R, palpabundi V HJ¹, vagabundi δ   **6** es talis] t. esto
S   tales P   **7** dirige] dirigere v, perfice R Σ (!)   **9-10** ad dext. n. ad(*om.* Γ) sin. V Γ   **10** atque
δ(-S)   **11** regia A No   incedi P   **12** quod A Δ¹[P2] ε gm „Eadem editio quod." (b)   Iesus *om.*
γ (C *n.l.*) No   **13** iaceas QW   cautella R¹ (*cf.* 7, 4)   **14** lignum Γ S   et] ne B R Σ   **16** exstruas
ω* β** l, strue ω** gm

---

6 ὅμοιος] ὁμοίως Ben. G⁴⁵⁷P²³(2) O¹⁴⁵(3) F¹³P763(5) D¹⁰(7) H²(8) M255(9) D³ M134(10) D⁵ ¹¹ O²(11)
Oᴱ(12) *14* (-E7 E⁶ O¹⁰)   **13** ὁ Χριστός Ly(5)

dass du die mit dem Wort der Wahrheit einfängst und dem Herrn zum Heil zuführst, welche, vom Irrtum des Leichtsinns verführt, wild und unstet durch jegliche rauhe Schleich-
wege von Sünden streifen. Du bist ein solcher Reisender, wie jener, der zum Herrn betet:
„Lenke meine Schritte auf deinen Pfaden, so dass meine Fussspuren nicht abgelenkt werden" (Psalm 16, 5). „Gib acht auf dich", damit du nicht vom Weg abirrst, „damit du nicht
abweichst, weder zur Rechten noch zur Linken", sondern „schreite" auf dem rechten Wege
einher, „auf dem Königswege" (4. Mose 20, 17). Du bist ein Architekt: „Gib acht auf dich",
dass du „den Grund" des Glaubens, „welcher Christus ist" (1. Kor. 3,11), mit aller Genau-
igkeit und Vorsicht legst. Du bist Baumeister: „Sieh zu, wie du baust; schichte nicht Holz

---

zu 1-4: *effugiat... evadat... verbo veritatis capias et offeras. – domini* ist *genetivus subiectivus*; vgl.
19, 9. – Die dreifache Partizipialkonstruktion des Griechen hat R. elegant gemeistert. – Zu ähnlichen
rhetorischen ‚Spielen' bei AMBR.(hex.) s. HENKE 355. – Die Stelle ist eine Kurzfassung des apostolischen
Auftrags: die Waffe des ‚Jägers' ist das „Wort der Wahrheit".

zu 4: *palabundus* ist gemäss ADKIN, Thes.(s.v.) *„incorporaliter"* nur in CYPR.-Briefen und in RVFIN.
Basil.hom. (noch 5, 17 1780D) belegt. – Der abstrakte Ausdruck B.s („von der Schlechtigkeit verwildert")
wird vom Übersetzer dramatisiert bzw. aufgebläht. – Man beachte: τῷ σώζοντι >*domino ad salutem*
(Z. 3).

zu 5-6: Vgl. AVG. conf. 9, 9, 21 *pestilentia peccatorum latissime pervagante. – viator* auch R. Clement.
2, 22, 3 S. 65, 18 (*qui bona opera gerunt*); 3, 34, 4 S. 120, 27. – Zu ὅμοιος >*talis qualis* →RUDBERG
108.

zu 7-8: Die Stelle ist für die Handhabung der Bibelzitate aufschlussreich: R. ‚verwechselte' zwei ähnliche
Psalmstellen; er hat also nicht jedesmal genau in seinem Psalterium nachgeschaut. – Der Schreiber des
Reginensis (+Σ) hat sich jedoch von s e i n e m Text beeinflussen lassen. – Vgl. MERLO-GRIBOMONT
98; 125.

zu 9-11: Im Bewusstsein R.s ist auch die Stelle prov. 4, 27 lebendig: s. patr. 2, 14, 14 S. 212; dort auch
die Interpretation: *hoc est enim rectilineam tenere et viam virtutis incedere.* Vgl. Orig.in psalm.36 hom. 4,
1, 100-115 (S. 172); Orig.in cant. 2 S. 127, 3-5 wird ebenfalls auf *beide* AT-Stellen angespielt. Weiteres:
Berndt SCHALLER, JSHRZ 1 (8, 1998) 738. – βασιλικὴ ὁδός: Greg.Nyss. *V.Mos.* 1 GNO 7, 1, 31, 6;
2 GNO 7, 1, 132, 1-2 (dazu PEROLI 261); hom.11 in cant. GNO 6, 330-331 (ἑαυτὴν φυλάσσει; auch
psalm. 39, 3!); Ps.-B. *Const.* 4, 2 PG 31, 1349B („of the *via media* in ethics", LAMPE *s.v.* βασιλικός):
προσήκει τὸν ἀσκητὴν... τὴν β. ὁδὸν πορευόμενον ἐπὶ θάτερα μηδαμῶς ἀποκλίνειν; *Apophth.Patrum* 7, 5
SC 387, 338; vgl. auch Eus. *E.th.* 1, 8 GCS 14 (= Eus. 4), 66, 1(PG 24, 837A): τὴν εὐθεῖαν καὶ β. ὁδόν;
wichtig bei Philon: *Gig.*159-164; *Poster.*101; *Migr.*146; u.a. (→F. TAILLIEZ, Basilike Hodos, OCP 13,
1947, 299-354; Wilhelm MICHAELIS, ThWbNT 5, 1948, 62-63; Marius REISER 86; Walter BURKERT,
Kleine Schriften II, Orientalia (hgg.v. Laura GEMELLI; Hypomnemata Suppl. 2), Göttingen 2003, 251,
mit Anm. 14). – Vgl. R. Greg.Naz.orat. 1, 34, 2 S. 29, 22-23; hist. 2, 25, 7 S. 179, 4 (Zusatz R.s);
Orig.in num. 12, 4, 1, 369; 4, 5, 453 (SC 442, 100; 108).

zu 11-16: *architectus*, nicht *architecton*, wie o. 35, 6. – Die direkte Anrede (2. Sing.) wird von R.,
anders als B., konsequent weitergeführt: s. auch Z. 14, S. 39, 1; 6; 10; 41, 6 (fiktive Oralität!). – Der
Unterschied von ‚Architekt' und ‚Baumeister' scheint hier vor allem darin zu bestehen, dass der erste
für das Fundament, der zweite für die Materialien zu sorgen hat. Der Paulus-Bezug ist wichtiger als die
realen Gegebenheiten, aber im Brief ist die Aufgabenteilung klar: ὡς σοφὸς ἀρχιτέκτων θεμέλιον ἔθηκα,
ἄλλος δὲ ἐποικοδομεῖ ... ἐπὶ τὸν θεμέλιον. Zu dieser Stelle vgl. H.L. STRACK – P. BILLERBECK, Komm.
zum NT, 3 (1926), 333. Allgemeiner: Otto MICHEL, ThWbNT 5 (1948) *s.v.* οἶκος..., bes. S. 139-151.

zu 12: Vgl. Orig.in gen.14, 2, 20-22 S. 123, 11-12 (SC 7bis, 338) *fundamentum...qui est Christus
Iesus.*

zu 12-16: Dasselbe Paulus-Zitat, ausführlicher, in R. Orig.in lev. 15, 3, 44-51 S. 491, 9-11 (SC 287,
260; mit ‚archaischem' *superaedificet*). Vgl. Orig.in gen. 6, 3, 28-31 S. 195, 14 (SC 321, 178). – AB *et*
A (Z. 13). – Das Simplex *struere* (Z. 16) wird auch u. 47, 5 und 10 von ε bevorzugt. Vgl. R. Basil.hom.
1, 3 1726B (r S. 8, 18LC): c o n *struere* der *structores*, nachher (S. 9, 1) *constructores* als „Erbauer
von Schiffen".

pastor es: *attende tibi*, ne quid te praetereat eorum, quae ad pastoris studium ac diligentiam pertinent. si autem, quae sint ista, perquiris, ausculta: *quod erravit, converte*
5 *et revoca; quod attritum est, colliga; quod aegrum est, sana*. agricola es: *attende tibi*, ut diligenter circum*fodias* infructuosam *ficum* et *adhibeas stercoris qualos* et totum facias, quidquid ad fructuosum spectat even-
10 tum. miles es: *attende tibi*, uti ne *militans deo implices te negotiis saecularibus, ut placeas ei, qui te probavit; sed collabora evangelio, ut milites in illis bonam militiam,*
(34LC) dimicans *adversus spiritus nequitiae* et ad-

ὁ ποιμήν, *πρόσεχε* μή τί σε παρέλθῃ τῶν ἐπιβαλ(208A)λόντων τῇ ποιμαντικῇ. ταῦτα δέ ἐστι ποῖα; *τὸ πεπλανημένον ἐπίστρεφε, τὸ συντετριμμένον ἐπίδησον, τὸ νοσοῦν ἴασαι.* ὁ γεωργός, *περίσκαπτε τὴν ἄκαρπον συκῆν, καὶ ἐπίβαλλε τὰ πρὸς βοήθειαν τῆς καρπογονίας.* ὁ στρατιώτης, *συγκακοπάθησον τῷ εὐαγγελίῳ,* (30)*στρατεύου τὴν καλὴν στρατείαν κατὰ τῶν πνευμάτων τῆς πονηρίας, κατὰ τῶν παθῶν τῆς σαρκός, ἀνάλαβε πᾶσαν τὴν πανοπλίαν τοῦ πνεύματος· μὴ ἐμπλέκου ταῖς τοῦ βίου πραγματείαις,*

4-6 Ezech. 34, 16 (LXX: ...ἐπιστρέψω... καταδήσω... ἐνισχύσω)   **7-8** Luc. 13, 6-9 (V.8: ἕως ὅτου σκάψω περὶ αὐτὴν καὶ βάλω κόπρια [κοφινον κοπριων **D** it]; *qualum* in d [= Lat.Teil von **D**] von Jülicher-Matzkow-Aland [3², 1976, 159])   **10-12 (gr.: 14-41,1)** II Tim. 2, 4   **11-12 (gr.)** Eph. 6, 12   **12-13 (gr.: 9-10)** II Tim. 1, 8   **13 (gr.: 10-11)** I Tim. 1, 18   **13 (gr.)** Eph.6, 11 (lat.: →41, 4)   **14-41,2** Eph. 6, 12

---

1 praeterea P   Ad pastores R *in marg.*   **3** sunt K Δ v   **4** perquires P   **5** alliga α Δ   **6** aegrotum Γ S   est aeg. *inv.* γ   est *om.* β z   Ad agricolas R *in marg.*   **8** cophinum α, squalos Q Σ, squalores B, squalorem ω** gm „*In Ms. Remensi* (R²) *haec vox subsignatur, et secunda manu appositum* catinum (< cofinum *?). In editione Basilii* squalorem, *male: nam vas indicatur rusticanum ad stercora portanda idoneum.*" (b)   **9** quicquid α β G ω** Σ v   spectas Q, exspectat δ(-Δ) Θ   **10** es *om.* P   Ad milites R *in marg.*   uti *om.* α No   ut ne G, ut non β P R Σ z r „*Editio Basilii* uti ne militans" (b)   **10-11** militans deo] militando ω*   **12** probat V, creavit No   **13** in illo L² R² r, in ipso No, *om.* α   **14** adversum[(1)] β**(-V) G ε No R Σ r   et *om.* β z   adversus[(2)] α B gm

---

13 πνεύματος] θεοῦ (= NT) 1532 *1* (ac) *2 3* O⁷⁸(4) P763(5) C²(8) D²(9) O²(11) P481(13) O¹⁰(14) Vgl. Rudberg 92.

und Heu auf, nicht Stroh" oder Stoppeln, sondern „Silber, Gold und Edelsteine" (1. Kor. 3, 10; 12). Du bist Hirt: „Gib acht auf dich", dass dir nichts entgeht von dem, was zu Fleiss und Aufmerksamkeit eines Hirten gehört. Wenn du aber fragst, was dieses sei, so höre: „Was verirrt ist, hole ein und rufe zurück; was gebrochen ist, verbinde; was krank ist, heile" (nach Ezech. 34, 16). Du bist Bauer: „Gib acht auf dich", dass du sorgfältig um den unfruchtbaren „Feigenbaum gräbst, Körbe von Mist" bringst (Luk. 13, 6-9) und alles tust, was immer zu einem erfolgreichen Ertrag führen kann. Du bist Soldat: „Gib acht", dass „du dich, wenn du Kriegsdienst tust, nicht in die Geschäfte des (gewöhnlichen) Lebens verstrickst, damit du dem gefallest, der dich angeworben hat" (2. Tim. 2, 4); „sondern leide mit für das Evangelium" (1, 8), „damit du in ihnen den guten Kampf führest" (1. Tim. 1, 18), kämpfend „wider den Geist des Leichtsinns

---

zu 4-6: Die Ezech.-Stelle lautet: (τὸ ἀπολωλὸς ζητήσω καὶ) τὸ πλανώμενον (τὸ πεπλανημένον A) ἐπιστρέψω καὶ τὸ συντετριμμένον καταδήσω καὶ τὸ ἐκλεῖπον ἐνισχύσω...; HIER. in Ezech. 34, 1-31 Z. 73-76 (CCL 75, 482) enthält gegenüber der VVLG. Doppelungen: *(quod perierat, requiram, et) quod abiectum erat s i v e   e r r a v e r a t, reducam, et quod confractum fuerat, alligabo, et quod infirmum erat, consolidabo s i v e   c o n f o r t a b o.* HIER. versteht diesen Abschnitt des Propheten als Kritik an den *pastores* der Kirche, zu denen er (Z. 144) *episcopos, presbyteros et diaconos* zählt (Ezech.nehme besonders den „Stolz der Bischöfe" ins Visier: Z. 182). Die „Gebrochenen" seien Verbrecher *(adulter, homicida, sacrilegus*: Z. 177), die „Verirrten" die Häretiker. – R.s *converte et* ergibt einen Lauteffekt mit *colliga*. – Vgl. auch R. Greg.Naz.orat. 1, 66 S. 53, 8-11. – Relativsätze aus Partizipien sind schon im lat. Bibeltext vorgegeben.

zu 6 / 10: Die zwei Ergänzungen *attende tibi* verankern die NT-Zitate im Hauptthema von deut. 15, 9.

zu 7-8: Die Stelle ist sonst auch bekannt mit dem gräzisierenden „ITALA"-Wort *cophinus* (in den Hss. meist *cof-*): AMBR. Iac. 1, 1, 2 CSEL 32, 2, 4, 16; in Luc. 7, 167 CSEL 32, 4, 356, 17; AVG. serm. 110 PL 38, 638; in psalm. 79, 13, 60 CCL 39, 1118; serm.Dol. 16 (= Mainz 46-7), 3 Z. 29 (RBen 103, 1993, 328); Z. 46 *(cophinus stercoris, sordes sunt paenitentis)*; PAVL.NOL. epist. 43, 6 CSEL 29, 368, 15; QVODV. temp.barb. 1, 2, 10 CCL 60, 426, 34. R. kennt diese Lehnübersetzung ebenfalls: Orig. in lev. 2, 3, 56 S. 294, 23 (SC 286, 104) *coph.ille stercoris, qui ad radices succidendae ficulneae mittitur*. Vgl. Philip Burton, The Old Latin Gospels, Oxford 2000, 60 (mit Literatur).– Meist (nicht jedoch hier) wird das Düngen mit Mist auf das Bekennen von Sünden gedeutet, so auch im griechischen Bereich, z.B. bei Greg.Naz.: Orat. 32, 30, 16 (SC 318, 148) – wohl Einfluss des Origenes. – *qualus* ist seit PLAVT. belegt: CATO, VERG.(georg. 2, 241), HOR., COL., PLIN., APVL. Das hier vorausgehende *-s* hat zum hybriden ‚Wort' *squalus* geführt, das darauf durch Änderung in *squalor* wieder verständlich gemacht wurde. Für die Bewertung der Hss.-Gruppen ist diese Stelle entscheidend. – Die Interpretation von Claudio Moreschini 2001, 129 („termine di uso non solo tecnico, ma anche della lingua famigliare") verkennt die Zitat-Situation.

zu 9: Ein Kompositum wie καρπογονία kann in Normal-Latein *nicht* direkt nachgebildet werden; während es für EVSTATH. typisch ist, dass er kühn ein ‚Hapax legomenon' prägt *(fructiferatio,* Basil.hex. 5, 2, 7 S. 57, 26 <B.Hex. 5, 2 S. 72, 3), zieht sich R. mit einer schwerfälligen Umschreibung aus der Affäre.

zu 10: *miles es... (athleta es...)* auch AMBR. hex. 6, 8, 50 S. 394Ba (→zu 35,11-41,6); vgl. Stotz, HLSMA 2 V § 10 (S. 27-29). – *uti (ne)* klingt biblisch und ist bei R.sehr häufig: *e.g.* hist. 8, 14, 3 S. 781, 2; 9, 5, 1 S. 811, 13; 10, 12 S. 978, 19; 10, 14 S. 979, 4; Orig.in num. 26, 6, 379; 384; Basil. hom. 5, 12 1775A14 ...

zu 10 - 41, 5: Vgl. hiezu Claudio Moreschini 1994, 127-147, bes. 144-145. – Ähnlich: HIER. Orsies. doctr. 34 S. 132B.

zu 13: *in illo*(R) bevorzugte LC 1996 (Bezug: *evangelio)*; *in illis* (auch LC 2008) entspricht dem Wortlaut I Tim. 1,18, hier aber höchstens auf *negotiis saec.* (Z. 11) zu beziehen: ist die Weglassung (α; wie griechisch) richtig?

versum principatus et potestates et adversum
mundi huius rectores tenebrarum. tum deinde
etiam adversum vitia carnis assume scutum fidei
et omnia arma spiritus, quibus indutus possis
5 resistere adversum ignita diaboli iacula. athleta es: attende tibi, ne quid adversum leges
athleticas geras, quia nemo coronatur, nisi
legitime certaverit. imitare Paulum, qui sic
currit, ut comprehendat, et sic luctatur non
10 quasi aera verberans, sed macerat corpus
suum et servituti subicit, ne forte aliis prae-
dicans ipse reprobus efficiatur. vigila ergo et
tu et indesinentem oculum ad considerandas
adversarii astutias gere. si curris, sic curre, ut

ἵνα τῷ στρατολογήσαντι ἀρέσῃς.

ὁ ἀθλητής, πρόσεχε σεαυτῷ,
μή πού τινα παραβῇς τῶν ἀθλητικῶν
νόμων. οὐδεὶς γὰρ στεφανοῦται, ἐὰν μὴ
νομίμως ἀθλήσῃ. μιμοῦ τὸν Παῦλον καὶ
τρέχοντα καὶ παλαίοντα καὶ πυκτεύοντα·
καὶ αὐτὸς, ὡς ἀγαθὸς πύκτης, ἀμε-
τεώριστον ἔχε τὸ τῆς ψυχῆς βλέμμα.
σκέπε τὰ καίρια τῇ προβολῇ τῶν χειρῶν·
ἀτενὲς τὸ ὄμμα πρὸς τὸν ἀντίπαλον ἔστω.

---

3 Eph. 6, 16   4 (gr.: 39, 12-13) 6, 13   4-5 6, 16   7-8 II Tim. 2, 5   8-12 I Cor. 9, 24; 26-27
(V. 26: οὕτως πυκτεύω ὡς οὐκ ἀέρα δέρων – VVLG.: sic pugno, non quasi aërem verberans)   12 I Petr.
5, 8   14 Eph. 6, 11   14-43,1 I Cor. 9, 24

---

1 principes ε gm   et² om. ω* V ω** No¹ R Σ gm rt   adversus⁽²⁾ α BV No gm   2 ten.harum add. α Σ,
har.ten. γ   3 etiam om. δ[-P2]   adversus α VW ε Σ gm   4 inductus N v, indutiis S   5 adversus
α BKNOVY No P z gm, -rsa W   iac.diab. inv. M[P1] gm   Ad athletas R in marg.   adleta Γ No
6 adversus ω*(-G) gm   7 atleticas W, adtletic. Y   coronabitur ω*   nisi qui Λ VX ε No R Σ gm
9 appreh. P   10 aerem V G P   11-12 cum al. praedicat No   12 inveniatur Λ M[P1] gm, eff.
inv. add. C   vigilato ω*(-A), evigila ω** gm „Inveniatur. Evigila, in eadem editione, quae mox scribit
indesinentem & gere pro indesinenter & geras." (b)   13 indesinenter β z   14 geras β z, agere P
si curris om. δ

---

11 βλέμμα] ὄμμα A²(1) 3 5 (-P500, 763) M⁵(6) 7 O²(11) Ma²P489 V1148(12) P481(13) E7 KL N³
O¹⁰(14)

Ergänzung zu S. 42:
zu 5 ἀθλητής / athleta: Im NT: Ethelbert STAUFFER, ThWbNT s.v. ἀθλέω (1, 1933, 166-67) wäre
ergänzungsbedürftig; bei B.: CALASANCTIUS 211-214; CAMPBELL 104. – Auf die weite Verbreitung
der „terminologia tratta del repertorio dello stadio" verweist BARTELINK zu VITA Anton. 12, 1 Z. 3.
– Das Motiv findet sich oft zusammen mit dem Zitat II Tim. 2, 5, z.B. AMBR. hex. 6, 8, 50 S. 394;
in psalm. 36 § 17 CSEL 64, 83, 8-9 athletas, cum vicerint, certum est coronari, non antequam vincant.
nobis lucta cum saeculo est; HIER. epist. 14, 10, 3 CSEL 54, 1, 60, 5 nemo a. sine sudore coronatur;
PAVL.NOL. epist. 24, 7 CSEL 29, 206, 24 a. ..., cum legitime certaverit, coronandus; CASSIAN. inst.
12, 32, 1 CSEL 17, 229, 25 = SC 109, 498. Vgl. auch R. Orig.in psalm. 36 hom. 4, 2, 115-121 S. 182;
hist. 6, 1, 1 S. 519, 4 (<Eus.). – Ein instruktives ‚Gemälde' des moralischen athleta liefert Panaitios
Frg. 116Str = GELL. 13, 28 (27). – Zur Schreibweise adleta (Γ) s.o.zu S. 35, 7.

und wider die Gewalten und Mächte, auch wider die Beherrscher dieser Welt der Finsternis" (Eph. 6, 12). Dann „ergreife" ferner auch gegen die Laster des Fleisches „den Schild des Glaubens" (6, 16) sowie alle „Waffen des Geistes" (6, 13), „weil du mit ihnen, wenn du sie angezogen hast, den feurigen Pfeilen des Teufels Widerstand leisten kannst" (6, 16). Du bist Sportler: „Gib acht auf dich", dass du nichts gegen die Gesetze des Sportes tust, denn „niemand wird gekrönt, er kämpfe denn recht" (2. Tim. 2, 5). Ahme Paulus nach, der „so läuft, dass er (den Siegeskranz) bekommt, und so (mit der Faust) kämpft, indem er nicht sozusagen die Luft schlägt, sondern er betäubt seinen Leib und zähmt ihn, dass er nicht vielleicht andern predige und selbst verwerflich werde" (1. Kor. 9, 24; 26-27). „Sei" also auch du „wachsam" (1. Petr. 5, 8) und richte das Auge unaufhörlich darauf, „die

---

zu 1: Vgl. die Belege bei Frede z.St., S. 287; 295: die ε-Variante *principes* (auch Orig. in exod. 11, 4, 28 S. 256, 4 = SC 321, 334) wirkt nun etwas einsam – bei über 30 Belegen für *principatus*! – *et* (nach *potestates*) von βP z (s.o. Einleitung *p.* XXVIII) ist gedeckt durch 18 Parallelen (→Frede a.O.).

zu 2-12: Die Paulus-Zitate sind bei R. ausführlicher. Vgl. u. zu Z. 10.

zu 2: *tum deinde* (auch u. 63, 7) ist ein bei R. sehr häufiger Pleonasmus: z.B. Basil.hom. 1, 4 1729A; B (S. 14, 4; 10LC); 3, 1 1745C (S. 49, 8); hist. 1, 8, 14 S. 71, 5; 1, 12, 5 S. 83, 15; →En („*passim*"); Sc S. 420.

zu 3-5: Vgl. R. Orig.in cant. 3 S. 195, 15-19; Orig. in psalm. 36 hom. 3, 3, 24-36 S. 116 *arripe sc.fid., ut possis in ipso omnia tela maligni ignita exstinguere*; in psalm 36 hom. 2, 8, 6 u. 19 S. 100 u. 102 (dazu das griech. Fragment 13 PG 17, 128B-C14 = S. 476-77Pr). – Zur Paulus-Stelle vgl. J. Gnilka, Herders Theol. Komm. zum NT, 10, 2 (4. Aufl. 1990), 312-313. – Zu Z. 5 vgl. die Ergänzung am Fuss von S. 41.

zu 4-5: *omnia arma spiritus*: →Frede z.St., S. 295; 301. – *ignita diaboli iacula*: s. auch R. Basil.hom. 7, 1 1785C7 *ign.iac.maligni*; Orig.in I reg.1, 16, 1 S. 23, 2 (SC 328, 146); Orig.in psalm.37 hom. 1, 1, 37; 53 S. 248.

zu 8-10: νομίμως ἀθλεῖν gebraucht auch Epiktet, und zwar ebenfalls im übertragenen Sinn (ὁ θεός σοι λέγει...): 3, 10, 8. Auch das NT denkt nicht an reale Athleten! – AMBR. hex. 6, 8, 50 S. 394Ba formuliert: *sic curre, ut ad brabium venias, sic certato, ut saepe decernas, quia legitimo debetur corona certamini*.

zu 10 *aera verberans*: Ähnlich *ventilans* bei SEN. contr.3 praef. 13 *totum aliud est pugnare, aliud ventilare*. Vgl. Hom. *Il*. 20, 446 und SEN. epist. 117, 25. – I Cor. 9, 27 bei R.: patr. 2, 17, 16-17 S. 215; Orig.in exod. 13, 5, 7 S. 276, 26 (SC 321, 392); Orig.in Rom. 5mal; stets mit *cum*-Satz statt Partizip.

zu 12: Mit der Anspielung auf I Petr. 5, 8 überdeckt R. die Weglassung eines griechischen Satzes (= Z. 12) – den er vielleicht nicht verstanden hat. – προβολὴ χ. auch bei Panaitios: s.o.zu Z. 5.

zu 13: *indesinens (-enter)* ist bei R. sehr häufig (→Bae, Cr-Si, Si, St, Ze; Thes.), z.B.auch Basil.hom. praef. S. 237, 13. Vgl. II Petr. 2, 14, wo das Adjektiv ἀκαταπαύστους (in einem Teil der Überlieferung) mit ὀφθαλμούς verbunden ist; AVG. fid.et op. 46 CSEL 41, 91, 19 belegt (ebenfalls nur in einem Teil der Überlieferung) *oculos... indesinentes peccati*. Bei R. liegt kaum eine Anspielung auf die Brief-Stelle vor.

zu 14: Sonst spricht R., der diese Bibelstelle liebt, meist von *astutiae d i a b o l i* (→Frede z.St., S. 278-280); die Wahl von *adversarii* ist entweder durch B. (ἀντίπαλος) oder durch I Petr. 5, 8 beeinflusst.

comprehendas, ea, quae retro sunt, obliviscens et ad (1739A)ea te, quae in ante sunt,
extendens. si colluctaris, adversum invisibiles
adversarios pugna. talem te esse vult huius
5 praecepti sententia, nihil remissum, *nihil
somno et ignavia praepeditum, sed sollicite
et vigilanter* cuncta circumspectantem;
prudentem te vult esse in consiliis, in
actibus strenuum. *attende* ergo *tibi*.

ἐν τοῖς δρόμοις *τοῖς ἔμπροσθεν ἐπεκτείνου.*
οὕτω τρέχε, ἵνα καταλάβῃς.
ἐν τῇ πάλῃ τοῖς ἀοράτοις ἀντ-
αγωνίζου. τοιοῦτόν σε εἶναι
διὰ βίου ὁ λόγος βούλεται, μὴ
ἀναπεπτωκότα, μηδὲ καθεύδοντα,
ἀλλὰ νηφόντως καὶ ἐγρηγορικῶς
σεαυτοῦ προεστῶτα.

1-3(gr.: 1) Phil. 3, 13 (τὰ μὲν ὀπίσω ἐπιλανθανόμενος, τοῖς δὲ ἔμπροσθεν ἐπεκτεινόμενος; VVLG.: *quae quidem retro sunt obliviscens, ad ea vero quae sunt in* [*om.* AFSKΦ] *priora extendens me* [+*ipsum* Φ]) **2 (gr.)** I Cor. 9, 24   **5-7** I Thess. 5, 6

---

1 adpreh. P   et ea *add.* β δ(-S)[P2] vl „*In editione Patavina legebatur:* & ea, quae retro sunt, obliviscens, ad ea te, quae ante sunt, extende. *Correximus ex edit. Basilii.*" (b)   te sunt *add.* γ(-G)   **2** et *om.* β P vl   te *om.* ω*(-A) Σ gm   in *om.* ω* S Σ²   **3** te ext. *add.* CΛ Σ   adversus α BW [Li] ω** gm **4** pugnas P   **5** nih.rem. *om.* HJ δ   **6** somno et] omnino R Σ   praeditum P¹   **8** et prud. *add.* No P   esse vult *inv.* ε gm (*cf. lin. 4*)   in¹ *om.* P   in²] et R, et in ω* [P1] ε No Σ (*recte ?*)   **9** strenuum *om.* ε

---

7 ἐγρηγορικῶς] ἐγρηγορότως 1532 *1* G⁵P²³Ri Va(2) *3* M57 P500, 763(5) A³Ha(6) M⁴(7) L²³K¹²M⁸ La(8) BC(9) *10* D⁹(11) Oᴱ(12) P481(13) *14*

Schliche des Feindes" (Eph. 6, 11) zu sehen. Wenn du läufst, „laufe so, dass du (den Kranz) bekommst" (1. Kor. 9, 24), indem du „vergissest, was hinten ist, und dich streckst zu dem, was vorne ist" (Phil. 3, 13). Wenn du ringst, so kämpfe gegen die unsichtbaren Feinde. S o l c h e r Art solltest du sein, will die Aussage dieser Vorschrift, ganz und gar nicht nachlässig, ganz und gar „nicht von Schlaf" oder Tatenlosigkeit „behindert, sondern aufmerksam und wach" (1. Thess. 5, 6) alles beachtend; klug solltest du sein im Planen, im Handeln tatkräftig. „Gib" also „acht auf dich".

---

zu 1-3: Die Anspielung auf Phil. 3, 13 findet sich auch in B. *Spir.s.* 8, 18 (FC 12, 124, 16: vgl. H.J. Sieben z.St.). R.hat hier das Zitat (unter Einbezug des ‚Rückblicks') erweitert; Frede (S. 205) nennt für R. 21 Belege, die stark divergieren: ohne *et* (βP; VVLG.) Basil.reg. 82, 6 S. 117 (mit *quidem... autem*), Orig.in Rom. 6, 11, 35 S. 521, Orig.in num. 17, 4, 341 SC 442, 296; andererseits steht *et* z.B. Orig.in cant. 2 S. 143, 16; 3 S. 213, 17; Orig.in Rom. 1, 1, 31 (praef.) S. 38. – Dass *te* nicht fehlen darf (γ u.a.), beweisen zehn Parallelen (Frede S. 205) – am ehesten Orig.in num. 23, 11, 408 S. 221, 30 (SC 461, 140): *paratus es extendere te semper ad...*– Für *in ante* (< ἔμ-προσθεν) vgl. Orig.in cant. 3 S. 219, 12 (dazu App. zu 213, 17!). – Diese Paulus-Stelle beginnt bei AVG.gerade um 400 eine grössere Rolle zu spielen – etwa in der Ostia-Vision, conf. 9, 10, 23; vgl. J.J. O'Donnell z.St.

zu 3: Mit πάλη wird auch auf Eph. 6, 12 angespielt: Motive aus Paulus und der Zweiten Sophistik sind hier eng verwoben, wie auch im Finale der (betr. Echtheit anfechtbaren?) *EMon.com.* [23] 1, 59Court. = 1, 70Hausch. (vgl. 1, 176 A. 139). – *colluctatio* ist in VET.LAT. und in VVLG. Wiedergabe von πάλη, Eph. 6, 12: vgl. u.a. R. Orig.princ. 1, 5, 2 S. 70, 17 (196G-K); 1, 5, 3 S. 72, 9 (200G-K); 3, 2, 3 S. 248, 26 (570G-K); 3, 2, 4 S. 252, 14 (578G-K), ferner R. Greg.Naz.orat. 1, 115 S. 81, 23; aber Orig.in gen. 9, 3, 21 S. 91, 11 (SC 7bis, 248) und in iud. 6, 6, 14 S. 504, 7 (SC 389, 166) bieten *lucta*, Orig.in exod. 11, 4, 28 S. 256, 4 (SC 321, 334) *pugna* und Orig.in Ios. 12, 1 S. 367, 22 (SC 71, 296) *proelium.* →Frede zu Eph. 6, 12: R. kennt fast alle der elf Variationen. – *invisibilis* (keine eigentliche Variante der VET.LAT.; B.hat ἀοράτοις) taucht im Kontext des Zitats hie und da auf: R. Orig.in num. 7, 6, 381 S. 47, 25 (SC 415, 196): *hanc pugnam spiritalem atque inv. ... spiritalia arma et inv. tela*, auch PAVL.NOL. epist. 40, 10 S. 352, 1 und Ps.RVFIN. fid. 33 PL 21, 1141B.

zu 4-9: B. und R. schliessen den Abschnitt ringförmig ab, indem sie nochmals an die göttliche Vorschrift erinnern (*praeceptum* / λόγος); R. wiederholt (selbständig) das Leitmotiv *attende tibi* – die Pointe aller Überlegungen: die Rückkehr zur Heiligen Schrift. Vgl. o. zu 39, 6 / 10.

zu 5-7: Nur im griechischen Original noch als Zitation erkennbar; auch I Petr. 5, 8 ist spürbar. Verbindung des νήφειν mit dem θεοῦ ἀθλητής schon im Brief des Ignatios an Polykarp (2, 3). – Die rufinische Anapher der verstärkten Negation verrät bereits das Bemühen, die letzten Zeilen des Abschnittes stilistisch auszugestalten.

zu 6-7: *praepedire* / *-itus* auch bei R. selten; immerhin noch 1 Beleg aus dieser selben Predigt: § 8 S. 85, 5. – ‚Kappadokische' Belege für das Adverb νηφόντως bei Lampe *s.v.* – Lautmalerisches Spiel: <u>cunct</u>a <u>circumspect</u>antem.

zu 8-9: Zusatz R.s, mit Chiasmus; das Arbeitsethos wird betont, wo immer nur möglich. – *te vult esse:* anaphorisch (s. Z. 4).

5. *Deficiet me tempus enarrantem de* singulis quibusque, quae in opus evangelii pro-
curanda edocemur huius praecepti virtute.
attende tibi, ut vigiles ad omnia, ut nihil te in
5 consiliis praetereat: observare praesentia,
futura prospicere, quae in manibus sunt,
commode dispensare, quae sperantur, fideliter exspectare, ne forte praesentibus iactanter te et inaniter debere perfrui putes, sicut
10 nonnulli leves et instabiles iuvenes vana cogitatione mentis inflati, si quando forte per silentium temporis et nocturnam quietem falsis ima-
(35LC) ginibus per cogitationem mente conceptis
describunt sibimet ipsis excelsas dignitates,
15 praeclara coniugia, liberorum felicitatem,

Ἐπιλείψει με ἡ ἡμέρα διηγούμενον τά τε
ἐπιτηδεύματα τῶν συνεργούντων εἰς τὸ εὐαγγέλιον τοῦ Χριστοῦ καὶ τὴν δύναμιν τοῦ
προστάγματος, ὅπως εὐαρμόστως ἔχει πρὸς
ἅπαντας. πρόσεχε σεαυτῷ· νηφάλιος ἔσο,
βουλευτικός, τῶν παρόντων φύλαξ, προνοητι-
κὸς τοῦ μέλλοντος. μὴ τὸ μὲν ἤδη παρὸν διὰ
ῥαθυμίας προΐεσο, τῶν δὲ μήτε ὄντων μήτε
ἐσομένων τυχόν, ὡς ἐν χερσὶν ὄντων τὴν ἀπόλαυσιν ὑποτίθεσο. ἢ οὐχὶ φύσει ὑπάρχει τὸ
ἀρρώστημα τοῦτο τοῖς νέοις, κουφότητι γνώμης
ἔχειν ἤδη νομίζειν τὰ ἐλπισθέντα; ὅταν γάρ
ποτε ἠρεμίας λάβωνται ἢ ἡσυχίας νυκτερινῆς,
ἀναπλάττουσιν ἑαυτοῖς φαντασίας ἀν-
υποστάτους, τῇ εὐκολίᾳ τῆς διανοίας
ἐπὶ πάντα φερόμενοι,

---

1 Hebr. 11, 32

ω* = α(ΑCΛ) + γ(ΓGHJ[Li])   ω** = δ(ΔLST[P2]) + ε(ΘΜ[P1])   β = β*(BKNOQZ) + β**(VWXY) No
P R Σ

---

1 enarr. *om.* [P1] gm   de *om.* ω** g, in m   **2** quibus queque BK, quibuscumque H, quibusque No[1],
quibus No[2], quibusque producendis *add.* m   quae *om.* No   **3** -curande KN Θ[1], -curando BO[1]Q,
-curandi R, -ducenda M [P1] g   edocentur M[P1] gm, docemur ω* δ R Σ rt   virtutem B, *om.* P   **4** uti
S, *om.* No   **5** observa α   **6** prospice α   **7** comm.] caute CΛ, commoda No   dispensa α   disp.
et comm. *add.* CΛ   superantur R[1]   **8** expecta α   **9** te *om.* Z G[1] S   debere] videre P, *om.* δ[P1
P2] gm „Debere *desideratur in editione Basilii*" (b)   **10** iuv.*om.* HJ, invenies G[1]   **12** et per *add.* δ
imaginationibus H(ym-)J   **13** cogitantem HJ   **14** discr. M

---

5 *add.* οὖν post πρόσεχε 2 (-P[3] Ri Va) 3 O[78](4) 5 (-C50 M57) 10 (-D[6] Hi) O[2]V427 (11) Ma[2]P489(12)
O[10](14)   **13** ἠρεμίας] ἐρημίας B82(1) 2 (-P[3] Ri Va) 3 (-O[11] V468) 4 5 (-Ly P500, 763) M[5](6) D[10]Pr4(7)
BC D[2](9) 10 (-D[3]) 11 (-D[9] O[2] V427) 14 (-O[10] V581)

„Die Zeit würde mir zu kurz, wenn ich erzählen sollte" (Hebr. 11, 32) über alles im einzelnen, was wir, durch die Kraft dieser Vorschrift belehrt, für das Werk des Evangeliums zu leisten haben. „Gib acht auf dich", um allem deine Aufmerksamkeit zu widmen, damit dir bei Beratungen nichts entgeht: das Gegenwärtige beobachten, auf das Künftige vorausschauen, zweckmässig ordnen, was du in Händen hast, vertrauensvoll erwarten, was du erhoffst – damit du nicht etwa glaubst, überheblich und leichtsinnig das Gegenwärtige geniessen zu dürfen. Dafür sind manche unstete, unzuverlässige junge Menschen ein Beispiel: Sie sind vom nichtigen Gedankenspiel ihrer Einbildung aufgebläht, wenn sie sich etwa einmal in einer stillen Stunde oder während der Nachtruhe in Gedanken Trugbilder zusammenfantasieren und sich selber einbilden, (sie besässen) ausserordentliche Ehrungen, eine glänzende Ehe, Kinderglück, hohes Alter, (sie seien im Genuss von) Gefolgschaften Untergebener

---

zu 1: Dieselbe Einleitungsformel zum Beispiel auch B. *Spir.s.* 27, 67 (FC 12, 280, 24). Einige lateinische Hss. fassen den ersten Satz von § 5 als Abschluss von § 4 auf (vgl. 33, 13 neben 45, 2-3) und beginnen mit dem Grund-Zitat (Z. 4) einen neuen Abschnitt. – Zu *singulis quibusque* vgl. o. 13, 1; u. 75, 13; hist. 5, 23, 2 S. 489, 14 und öfter (7x in hist. 6-9; →Sc S. 42); →Am-Ju 2, 125.

zu 5-8: Freie Verwendung des Infinitivs (verkannt vom aufmerksam redigierenden α): →En, Sc, Si. – Man beachte auch den Parallelismus der Relativsätze (die auf Partizipial-Konstruktionen zurückgehen).

zu 7: *dispensare* ist in der christlichen Literatur häufig, auch bei R. (8 Zitate im Thes.*s.v.*, wovon allerdings 2 zusammenfallen, da Hier.adv.Rufin. 2, 8 Sp. 1403, 83 einfach R. apol.ad Anast. 6 Sp. 1402, 46 zitiert; weitere →Cr-Si, St, Ze), und zwar in verschiedenen Bedeutungen (‚ordnen', ‚verwalten', ‚zuteilen') – eine stilistisch ausgefeilte Stelle. – Wiederum (→o. zu 33, 2-3) werden griechische Nomina (-ικος!) lateinisch verbal übersetzt.

zu 8-9: Zur Definition von *iactans* und *inanis* vgl. Basil.reg. 164 bzw. 146 (S. 187-188 bzw. 172). S.u. Z. 10 und S. 47, 3 *vana cogitatio*. – Ähnlich B. *EAmph.* [233], 1 3, 39COURT. = 3, 65HAUSCH. (wohl auf 375/6 zu datieren: →HAUSCHILD S. 294 A. 187): πολλάκις μὲν φαντασιοῦται περὶ τῶν οὐκ ὄντων ὡς ὄντων.

zu 9: Der (in δ fehlende) Infinitiv *debere* kann (laut STOTZ, HLSMA 4, IX § 61. 7 S. 325) „ein geschmeidiges Ausdrucksmittel verschiedener modaler Tönungen" sein. *deb.* im Infinitiv: →St, Ze. – Die schwierige B.-Stelle (ὑποτίθεσο: dazu vgl. ὑποτιθέμενοι 47, 1 – ein Ausdruck aus der Schullogik) hat R. nur halbwegs verstanden: seine Übersetzung bleibt vage. – Was *perfrui* meint, ergibt sich aus dem Beispiel der tagträumerischen jungen Menschen.

zu 10 *leves et instabiles iuvenes*: vgl. Basil.reg. 8, 5 S. 41 *iuventutis tumor ac fervor aetatis velut freno quodam restringi ... potest*; hist.mon. 29, 1, 5 S. 370 *iuvenum ferventes animos represserunt*. Ähnlich Orig. princ. 3, 1, 5 S. 201, 2 (474G-K): τὸ τῆς νεότητος... ἄστατον, und Clem.Al. *Paed.* 2, 7, 53, 5: τὸ ἄστ. τῆς ἡλικίας (der νέοι καὶ νεανίδες). Arist. *Pol.* 1340b29: οὐ δύναται τὸ νέον ἡσυχάζειν. – Vgl. auch CIC. off. 1, 117, wohl von Panaitios inspiriert (s. Peter STEINMETZ, Die Stoa, in: Die Philosophie der Antike [Überweg], Bd. 4, Die hellenistische Philosophie, Basel 1994, 657): *ineunte enim adulescentia, cum est maxima imbecillitas consilii, tum id sibi quisque genus aetatis degendae constituit, quod maxime adamavit; itaque ante implicatur aliquo certo genere cursuque vivendi, quam potuit, quod optimum esset, iudicare*; ferner gen. 8, 21 (LXX): ἡ διάνοια τοῦ ἀνθρώπου ἐπιμελῶς ἐπὶ τὰ πονηρὰ ἐκ νεότητος. – Vgl. im AT bereits Ioel 2, 28 (3, 2LXX).

zu 11-12: Bei CIC. div. heisst es mehrfach (1, 43; 48; 2, 124; 126; 135) *secundum quietem* (*in quiete*: 1, 53; 58); AMM. 15, 3, 5 *per qu.* (wie hier).

zu 12-15: → u. Appendix 2.

prolixam senectutem, obsequia subiectorum,
clientum famulatus, et, cum in re nihil sit,
vanae cogitationis tumore supra omnes homines
efferuntur: ingentes domos intra momentum
5 exstruunt easque subitis et mente sola
conspectis facultatibus replent, immensa
terrarum spatia et agros uberes occupant et
tanta possessionum iura defendunt, quanta
nutus vagae mentis incluserit; sed et fructum
10 earum exstructis latius horreis vanitatis recondunt. addunt nihilominus greges, armenta,
servitia, magistratus, regni etiam ipsa et imperii
fastigia summa praesumunt; gerunt bella,
movent classica, tropea statuunt, ducunt
15 triumphos et per totius regni curas inani solici-
tudine dibacchantur, ita ut in manibus
tenere omnia et nusquam comparentibus

ὑποτιθέμενοι περιφανείας βίου, γάμους
λαμπρούς, εὐπαιδίαν, γῆρας βαθύ, τὰς
παρὰ πάντων τιμάς. εἶτα μηδαμοῦ στῆναι
τῶν ἐλπίδων δυνάμενοι, πρὸς τὰ μέγιστα
τῶν ἐν ἀνθρώποις ὑπερφυσῶνται. οἴκους
κτῶνται καλοὺς καὶ μεγάλους· πληρώσα-
ντες τούτους παντοδαπῶν (31) κειμηλίων,
γῆν περιβάλλονται, ὅσην ἂν αὐτοῖς ἡ ματαιότης τῶν λογισμῶν τῆς ὅλης κτίσεως
ἀποτέμηται. πάλιν τὰς ἐντεῦθεν εὐπορίας
ταῖς τῆς ματαιότητος ἀποθήκαις ἐναπο-
κλείουσιν. προστιθέασι τούτοις βοσκήματα,
οἰκετῶν πλῆθος ἀριθμὸν ὑπερβαῖνον, ἀρχὰς
πολιτικάς, ἡγεμονίας ἐθνῶν, στρατηγίας,
πολέμους, τρόπαια, βασιλείαν αὐτήν.
ταῦτα πάντα τοῖς διακένοις τῆς διανοίας
ἀναπλασμοῖς ἐπελθόντες, ὑπὸ τῆς (209A)

---

2 clientium [P1]gm „*eadem editio* (*scil. Basilii*) clientium, *& mox* vanae *pro* vano" (b)   in] *add.* P *supra lin.*   sunt C, sint ω*(-C) ε, *om.* Σ   **3** vana   α N, vano KO(*supra lin.:* -ae)β**(-X) z   cogitatione (*om.* tum.) α   super B?O?X? R   **5** instruunt δ(-uent T), struunt ε gm   eas que K, eaq; Θ, eas quae P, -que *om.* [P1]gm   sola me. *inv.* β z   mentes T   **6** conceptis β**(-X) lb (*cf. supra* 45, 13), -sceptis Σ   **9** nutu β P z   incluserit A¹, -cluserint β(-B) z(-erunt v)   „*Ibidem* (*in ed. Basil.*) nutus vagae mentis incluserit" (b)   fructus α(C?) Δ   **10** eorum γ   structis ω** gm   **11** attendunt BK²N(*in marg.*)Q gregis P   **12** regna ε gm lb   **13** summa] alta [P1] gm   **14** trophea ω* BK²N²O² β** ΔS ε No R Σ z, trophaea g, tropaea m rt   dicunt B P   **15** inani *om.* ω   **16** sollicite CΛ   debacch. ω* β**(-V) ω**(-T) No² R² Σ *edd.*, diu bacch. P (!)   **17** omnia ten. *inv.* CΛ S   videantur et *add.* C?Λ

---

8 *om.* ἄν C50 Ly(5) 6 (-C49) 14 (-E7 O¹⁰)

und von Dienstleistungen der Klienten; während in der Realität nichts (davon) vorhanden ist, erheben sie sich mit dem Schwulst ihrer Illusionen über alle Mitmenschen: sie konstruieren sich im Nu riesige Gebäude und füllen sie an mit plötzlichen, nur fantastisch eingebildeten Schätzen, sie bemächtigen sich unermesslicher Ländereien und fruchtbarer Äcker und sie beanspruchen so viele Rechte auf Besitztümer, wie ihnen ein Wink ihrer unsteten Fantasie eingegeben hat; sie verwahren sogar deren Ertrag in Scheunen der Einbildung, die sie übergross gebaut haben. Um nichts weniger fügen sie noch Herden von Gross- und Kleinvieh hinzu, bilden sich Gesinde ein, Amtsbefugnisse, ja sogar höchste Gipfel von königlicher und kaiserlicher Macht; sie führen Kriege, bewegen Feldzeichen, stellen Siegesmale auf, führen Triumphzüge an und schwelgen mit schaler Aufmerksamkeit in Sorgen um ein ganzes Königreich, so dass sie glauben, sie hätten alles im Griff und genössen in vollen Zügen wie Gegenwärtiges solches, das sich nirgends tatsächlich einstellt. Wachend

---

zu 1: Der Thes.*s.v.* ‚*prolixus*‘ stellt dazu: *senectutis prolixae beneficio*, APVL. met. 5, 25.

zu 1-3: Die (griechische) Liste vermeintlicher Lebensgüter wird u. 55, 9-12 ergänzt. – Bei R. ist die römische Färbung Z. 2 (und u. Z. 15 *triumphos*) offensichtlich; vgl. u. 55, 12.

zu 4-13: Ähnlich „träumt" (*in mentem*) Gripus (PLAVT. Rud. 930-936) von *agrum atque aedis, mancupia..., nobilitas..., regnum magnum* – gewiss wie bereits im griechischen Original des Diphilos. – *exstruunt* (Z. 5) ist eine sehr freie Wiedergabe von κτῶνται. – *terrarum spatia* (Z. 7): R. hist. 5 pr. 4 S. 401, 22 *pro t. spatiis*. – *tanta* (Z. 8): →LHSz 2, 207; Am-Ju 2, 122.

zu 10-11: Mit *exstructis latius horreis* erinnert R. (klarer als B.) an das häufig (z.B. u. 55, 16-17) anklingende Motiv von Luc. 12, 18; vgl. auch R. Basil.hom. 3, 6 1751A (S. 58, 21LC) und Greg.Naz. orat. 8, 18 S. 257, 15-20. – Für die kühne Junktur *horreis vanitatis* (<ματαιότητος ἀποθήκαις) gibt es Vergleichbares bei Origenes (R. Orig. in iud. 7, 2, 31 u. 39 S. 506, 6 u. 13 = SC 389, 176: *replere horrea sua iustitiae frugibus ... in horrea conscientiae*) und bei B. (R. Basil.hom. 3, 6 1751A: *h. iniquitatis*); AMBR. Nab. 7, 36 CSEL 32, 2, 487, 15 kennt *h. iustitiae tuae*. – ματαιότης >*vanitas* ist üblich, schon in VET.LAT. und VVLG. (eccles. 1, 2; Eph. 4, 17; II Petr. 2, 18; sogar Rom. 8, 20), auch EVSTATH. Basil.hex. 1, 2, 1; 1, 3, 6; 8, 7, 8; s. ferner St. – *recondere*: häufig in Basil.hom. 3, 1-2.

zu 12-16: R. ergänzt die asyndetische Substantiv-Reihe des Griechen durch Verben mit gleicher Endung: vgl. MEMOLI 471 und u. zu 55, 9-13; das dunkel gefärbte *-unt* ist vorherrschend (3x2 ab Z. 11, je im ‚Kreuz‘ des χι).

zu 13: *fastigia summa* auch Basil.hom. 6, 1 1781D3. – *gerunt bella*: Dieses Beispiel von Tagträumerei auch bei QVINT. inst. 6, 2, 30 (*proeliari*): s.o. zu 45, 12-15.

zu 14: *classica m o v e n t* ist ein unpräziser, wenig plastischer Ausdruck (absichtlich?). Der Thes. kennt die Stelle, bietet aber keine vergleichbaren Parallelen. – Die Schreibweise von *tropea* in den Hss. KNO (mit eingefügtem *h*) ist aufschlussreich: →LÖFSTEDT, CCL 22, 26*-29*(zu K); STOTZ, HLSMA 3 (1996) § 142.1 S. 177.

zu 15-16: Vgl. R. Basil.hom. 3, 1 1745D (r: S. 50, 1LC) *sollicitudo vero inutilis et inanis* < B.HDestr. [6], 1 PG 31, 264B ἄποροι δὲ αἱ φροντίδες. – *temulentia debacchari* R. Orig.in iud. 2, 1, 24 S. 472, 23 (SC 389, 74). – Lauteffekt: 8x *-i-*. – *in manibus tenere* für ἐν ποσὶ κειμένων (49, 2 gr.) ist weniger ‚exotisch‘; vgl. o. 45, 6, u. 63, 2.

zu 17: *nusquam comparere*: VET.LAT. Luc. 24, 31 (einige Hss.); ARNOB. nat. 7, 46; VVLG.(VET. LAT.) IV Ezra; AVG.; PASS. Matth.; PASS. Petr.Paul.long.; R. hist.mon. 2, 13, 61 S. 278 („der Teufel verschwindet"); Clement. 1, 53, 2 S. 38, 26; hist. 7, 17 S. 671, 22. – ‚Hübscher‘ Fehler in *codex* P2 von r: *cum parentibus*.

tamquam praesentibus se perfrui arbitrentur.
proprius iste languor est otiosae et desidis
animae videre somnia vigilantem. quam dis-
solutionem mentis et inflammationem cogita-
5   tionum resecans et restringens sermo divinus saluberrimi praecepti huius auctoritate
succurrit dicens: *attende tibi*, id est: ne ea,
quae nusquam sunt, cogites, sed ut praesentia et, quae palam sunt, diligenter expedias.
10   arbitror autem: etiam illud vitium resecare vo-
lens legis lator mandati huius adiutorium protulit, quoniam facile est unicuique nostrum
curiosius aliena perquirere quam propria et
domestica procurare. ne ergo hoc accidit,
15   desine, inquit, mala aliena discutere; desine
de aliorum actibus tua perstrepere et con-
(36LC)   celebrare convivia; desine poculis tuis aliena
probra miscere et inter epulas ac fercula tua
alterius vitae innocentiam lacerare. noli ergo

ἄγαν ἀνοίας ἀπολαύειν δοκοῦσι τῶν ἐλπισθέν-
των ὡς ἤδη παρόντων καὶ ἐν ποσὶ κειμένων
αὐτοῖς. ἴδιον ἀρρώστημα τοῦτο ἀργῆς καὶ ῥαθύ-
μου ψυχῆς, ἐνύπνια βλέπειν ἐγρηγορότος τοῦ σώματος. ταύτην τοίνυν τὴν χαυνότητα τῆς διανοίας καὶ τὴν φλεγμονὴν τῶν λογισμῶν καταπιέζων ὁ λόγος καὶ οἷον χαλινῷ τινι ἀνακρούων
τῆς διανοίας τὸ ἄστατον, παραγγέλλει τὸ μέγα
τοῦτο καὶ σοφὸν παράγγελμα· *σεαυτῷ,* φησί,
πρόσεχε, μὴ ὑποτιθέμενος τὰ ἀνύπαρκτα, ἀλλὰ
τὰ παρόντα πρὸς τὸ συμφέρον διατιθέμενος. οἶμα
δέ, κἀκεῖνο τὸ πάθος ἐξαιροῦντα τῆς συνηθείας,
ταύτῃ χρήσασθαι τῇ παραινέσει τὸν νομοθέτην.
ἐπειδὴ ῥᾴδιον ἑκάστῳ ἡμῶν πολυπραγμονεῖν
τὰ ἀλλότρια ἢ τὰ οἰκεῖα ἑαυτοῦ διασκέπτεσθαι, ἵνα μὴ τοῦτο πάσχωμεν, παῦσαι, φησί,
τὰ τοῦ δεῖνος κακὰ περιεργαζόμενος· μὴ δίδου
σχολὴν τοῖς λογισμοῖς τὸ ἀλλότριον ἐξετάζειν

---

1 semper frui R   arbitrantur K vl   **2** protinus *vel* primus H, propius No¹   est iste lan. *transp.*
M gm, est lan. iste KNO z(iste *om.* l)   totius oti. *add.* β z „Ab eadem editione abest totius, *quae
mox scribit* & inflammationem cordis & cogitationum praesecans et restringens.“ (b)   desideres
K¹, desides BNO¹Q¹Z(β*!), desidiosae δ(-S), languentis CΛ   **4** mentis *om.* P   cordis et cog. *add.*
M [P1] gm   **5** praesecans ε gm   res. sermo div. et rest. *transp.* α   restringuens K Θ No, restinguens
XYZ δ z rt, stringens γ [Li]   **6** saluberrima δ(-S), -imae P   hui.praec. *inv.* ΔS Σ   **10** quod etiam
add. S R   vitium] iudicium G   **11** dator R Σ   **12** praetulit β(-OW) z „Protulit *in eadem Basiliana
editione*“ (b)   facilius α S   nostrum *om.* gm   **13** curiosus B P   quae P   **15** inquid R¹ ali.mal.*inv.*
S Σ   **16** de *om.* β No z „Ibidem de aliorum actibus“ (b)   perscrepere P   **18** ac fercula *om.* ω**
gm   tuas ω** (*iterat* S) gm

Traumgebilde zu sehen, dies ist eine Schwäche, die einer müssigen und faulen Seele eigen ist. Einen solchen Verstandeszerfall und Gedankenbrand beschneidet und bändigt Gottes Wort mit dem Gewicht dieser sehr heilsamen Vorschrift; es unterstützt und sagt: „Gib acht auf dich", das heisst: du sollst (dir) nicht das, was nirgends vorhanden ist, ausdenken, sondern sorgfältig das Gegenwärtige und Offensichtliche bewältigen. Ich glaube aber: Da der Gesetzgeber auch jenen Fehler ausmerzen wollte, hat er das Hilfsmittel dieses Gebotes zur Verfügung gestellt, da es ja für jeden von uns leicht ist, neugieriger dem Fremden nachzuforschen als sich um das Hauseigene zu kümmern. Damit dies nun nicht geschieht, sagt er: ‚Höre auf, fremden Fehlern nachzuspüren; höre auf, aufgrund der Handlungen anderer deine Gastmähler zu erfüllen und laut zu feiern; höre auf, in deine Becher Vorwürfe gegen andere zu mischen, während deinen Gelagen und Speisen die Unschuld des Lebens eines andern zu zerpflücken'. „Gib" also nicht „acht" auf fremde Schwächen, sondern

---

zu 2-3: *languentis*, Variante von CΛ = α(-A), ist wiederum (→39, 8; 46, 5-8; 51, 8) ein bewusster redaktioneller Eingriff. – Vgl. u. Appendix 2.

zu 4-5: M und gm bieten *cordis et cogitationum* – ein Homoioarchon, das von R. stammen könnte (belegt R. Orig.in exod. 12, 2, 11 S. 263, 17 SC 321, 356), gleich neben *resecans* – *restringens*; aber hier scheint die Doppelung sachlich zu wenig überzeugend (vgl. B.) und überlieferungsmässig auf zu schwacher Basis. – Verwechslung *restingu-* /*restring-* auch in der Überlieferung von R. Orig.in I reg. 1, 16, 11 S. 24, 2 (SC 328, 148, ohne App.). – χαυνότης τῆς διανοίας: →CAMPBELL 67.

zu 6: *auctoritas* (ein Zusatz von R.) im Sinne von dt.„Autorität", auch R. Basil.hom. 5, 2 1762B12: *auct. personae*, nämlich *Salomonis filii David*.

zu 7: Das basilianische Bild des „Zügels" hat R. nicht übernommen; für ihn ist Gottes Wort mehr ein „Hilfsmittel" als eine „Bändigung" (καταπιέζειν; vgl. B. *reg.fus.* 17 >R. Basil.reg. 8, 26 S. 44, *coercere*): Ist die mönchische Strenge für die römischen Adelsgesellschaft (s.u. Z. 17-18) nicht immer zumutbar?!

zu 8-11: Vergleichbares findet sich vor allem bei Mark Aurel (z.B. 7, 54): s. dazu Pierre HADOT 32; 65. – BERG verweist in seiner Übersetzung auf das Wortspiel im griechischen Original (Z. 10-11: ὑπο-/δια-τιθέμενος).

zu 11 *adiutorium*: Auch 7, 15 (mit Anm.) und 31, 10. – *legis lator* wird oft in 1 Wort geschrieben (so Bae, Koe, LC und BAMMEL in R. Orig.in Rom. 4, 3, 6 S. 291): vgl. HÜBNER, Thes. *s.v.* ‚lator' (Sp. 1010, 84).

zu 12ff: Eine vergleichbare Geschichte findet sich in Antonius 2 der *Apophthegmata Patrum* (PG 65, 76BC): Der Abbas fragt Gott, warum die einen länger leben als die andern, Ungerechte reich werden, u.s.w. Die Antwort lautet: πρόσεχε σεαυτῷ· ταῦτα γὰρ κρίματα θεοῦ εἰσι, καὶ οὐ συμφέρει σοι αὐτὰ μαθεῖν.

zu 14: Für *procurare* bei R. gibt REINEKE, Thes. *s.v.* 7 Belege.

zu 15-17: Die Anapher (3mal *desine* + Objekt + Infinitive) ist Eigenheit R.s. – Zu *concelebrare* s.u. zu 57, 7.

zu 16: *de* ist auch bei R. sehr beliebt: →Sc S. 420, Si *s.v.* und etwa Orig.in cant. 2 S. 149, 3. Zur Umgangssprache dieser Zeit, bes. in AVG.-Predigten, s. Michel BANNIARD, Variations langagières et communication dans la prédication d'Augustin, in: Goulven MADEC (Hrsg.), Augustin Prédicateur (395-411), Colloque Chantilly 1996, Paris 1998, 87. – Die Satzkonstruktion ist singulär: →LEY-HUTTON, Thes. *s.v.* ‚perstrepo' (Sp. 1755, 21).

zu 17-18: Die Invektive gegen Schwätzereien an Gelagen ist eine (vielleicht aktuelle) Zugabe, die R. reich variiert: die *fercula* sind kaum erst später interpoliert worden (gegen ω** gm). Vgl. AMBR. Hel. 13, 47 CSEL 32, 2, 439, 9 *certant pocula cum ferculis* (nach B.); MACR. 1, 5, 11.

attendere alienis languoribus, sed *attende*
tibi ipsi, hoc est: ad perscrutationem tui
converte oculos animae tuae, quia multi
secundum verbum domini *festucam in oculo*
5 *fratris sui vident, trabem vero, quae in suo*
oculo est, non considerant. tu ergo numquam
cesses temet (1740A) ipsum perscrutari,
si vita tua secundum normam dirigitur mandatorum, si conversatio tua omni culpa vacat.
10 *attende* ergo et circumspice *te ipsum,* non
eorum, qui extra te sunt, culpas et peccata
dinumeres nec sollicite disquiras, sicubi
maculae aliquid in proximo tuo reperias secundum *phariseum* illum tumidum et iactantem,
15 *qui stabat se ipsum iustificans* et exprobrans

ἀρρώστημα, ἀλλὰ σαυτῷ πρόσεχε, τουτέστιν·
ἐπὶ τὴν οἰκείαν ἔρευναν στρέφε σου τὸ ὄμμα
τῆς ψυχῆς. πολλοὶ γὰρ, κατὰ τὸν λόγον τοῦ
κυρίου, τὸ μὲν κάρφος τὸ ἐν τῷ ὀφθαλμῷ τοῦ
ἀδελφοῦ κατανοοῦσι, τὴν δὲ ἐν τῷ οἰκείῳ
ὀφθαλμῷ δοκὸν οὐκ ἐμβλέπουσιν. μὴ παύσῃ
τοίνυν διερευνώμενος σεαυτόν, εἴ σοι κατ᾽ ἐν-
τολὴν ὁ βίος πρόεισιν·

ἀλλὰ μὴ τὰ ἔξω περισκόπει,

εἴ πού τινος μῶμον ἐξευρεῖν δυνηθείης,
κατὰ τὸν φαρισαῖον τὸν βαρὺν ἐκεῖνον
καὶ ἀλαζόνα, ὃς εἱστήκει ἑαυτὸν δικαιῶν,

4-6 Luc. 6, 41 (Matth. 7, 3)   **14-53,1** Luc. 18, 10-11; 13   **15** Luc. 16, 15

---

2 hoc est *om.* β z „*Additur in eadem editione*   hoc est, ad perscrutationem &c.“ (b)   **4** festiculam P
sui *om.* [P1P2] gm   **5-6** in oculis eorum β z, in oculo suo ω*, oculo *om.* R Σ   „*Ibidem* oculo suo“
(b)   **6** ergo] vero Z P   **8** si] in δ   formam β z „*Rursus ibi* normam“ (b)   sec. dictum mand. δ   man.
dei *add.* α B   **9** si vero *add.* K, sicut vers. B   **11** et] ac α   **13** aliquid *post* tuo *transp.* CΛ   in
om. P   tuo *om.* ω** gm   **14** fariseum NZ, pharisaeum M *edd. praeter* v, farisaeum P

---

2 ἐπίστρεφε C50 Ly(5) 6 8 (-C²E⁵) Ma²P489(12)   **2-3** *tr.* σου *post* ψυχῆς 2 (-P² Ri Va) 3 O²V427(11);
post ὄμμα 7 P481(13); *om.* σου B82(1) P²(2) C50 Ly P763(5) 6 (-Ha)   **6** βλέπουσιν Ti Ra(4) Ly M57
P500(5) 6 7 (-M¹D¹⁰Pr4) M134(10) O³(14); ἐπιβλέπουσιν N³(14); κατανοοῦσιν E1(1) F¹³C50(5)

„gib acht auf dich selbst", das heisst: richte die Augen deiner Seele auf die Durchforschung von dir, weil viele gemäss dem Herrenwort „den Splitter im Auge ihres Bruders sehen, den Balken jedoch, der in ihrem eigenen Auge ist, nicht betrachten" (Luk. 6, 4). Du sollst also nie versäumen, gerade dich selbst zu durchforschen, wenn sich dein Leben nach der Norm der Gebote richtet, – wenn dein Wandel von jeder Schuld frei ist. „Achte" also „auf dich selbst" und schau dich um; du sollst nicht Schuld und Sünde von denen, die sich ausserhalb von dir befinden, zählen und sorgsam ausforschen, ob du bei deinem Nächsten irgend einen Schandfleck ausfindig machen kannst – entsprechend jenem stolzen und überheblichen „Pharisäer, welcher stand" (Luk. 18, 11), „sich selbst rechtfertigte" (16, 15) und den „Zöllner" (18, 10) tadelnd missachtete; aber du sollst nicht versäumen, dir

---

zu 1-2: Man beachte das Voranstellen von σαυτῷ bzw. die Zufügung von *ipsi.*

zu 2 u. 7: Für ἔρευνα wählt R. *perscrutatio,* während EVSTATH. dafür *inquisitio* oder *scrutatio* verwendet; aber bei διερευνᾶν (>R. *perscrutari,* vgl. Clement. 8, 60, 1 S. 255, 10) setzt auch E. einmal *perscr.* (1, 1, 3; neben *indagando* – 9, 4, 12). – Belege des Thes.: *-scrutor* 10x (z.T.mit passiver Bedeutung); *-scrutatio* 2x (hier und Orig.princ. 3, 1, 14 S. 220, 19 = 512G-K; VESTERGAARD, Thes. *s.v.* Sp. 1674, 74: „legitur semel apud SEN. philos., postea inde a Rufino"); *-scrutator* 1x. Ferner: epist.Clement. 12, 1 S. 381, 23.

zu 4-6: Im Zitat entspricht *vero* einem *autem* von VET.LAT. und VVLG.; *in tuo (→suo) oculo* wäre dem Wortlaut der Handschriften *df* von JÜLICHER-MATZKOW-ALAND am nächsten; hätte R. hier einfach B., der aus dem Kopf zitiert, übersetzt, dann hätte er wohl *suo proprio* eingesetzt. – Hier eine Übersicht:

Matth. 7, 3, griechisches NT: τί δὲ βλέπεις τὸ κάρφος τὸ ἐν τῷ ὀφθαλμῷ τοῦ ἀδελφοῦ σου, τὴν δὲ ἐν τῷ σῷ ὀφθαλμῷ δοκὸν οὐ κατανοεῖς;

VET.LAT.(ITALA): *quid autem vides festucam in oculo fratris tui, e t trabem (trabem autem c) (quae [a] aur) in oculo tuo ([est] a) non vides (c o n s i d e r a s a).*

VVLG.: = ITALA, dann: *e t trabem in oculo tuo non v i d e s ?*

Luc. 6, 41, griechisches NT: τί δὲ βλέπεις τὸ κάρφος τὸ ἐν τῷ ὀφθαλμῷ τοῦ ἀδελφοῦ σου, τὴν δὲ δοκὸν τὴν ἐν τῷ ἰ δ ί ῳ ὀφθ. οὐ κατανοεῖς;

VET.LAT.(ITALA): *quid autem vides festucam in oculo fratris tui, trabem autem, quae in oculo tuo (in tuo oc. df) est (est in oc.tuo c), non c o n s i d e r a s (vides c, inspicis d) ?*

VVLG.: = VET.LAT. Hauptzeile.

Vgl. TERT. apol. 39, 15, 64 CCL 1, 152: *sed stipulam quis in alieno oculo facilius perspicit et quam in suo trabem.* – R.selbständig (apol.adv.Hier. 1, 28, 43 S. 63): *qui festucam videt in oculo fratris sui et in suo trabem non v i d e t.*

zu 9: Zu *conversatio* (auch o. 27, 4) vgl. STOTZ, HLSMA 2 V § 12, 5 S. 32. Das Wort ist in der Spätantike, auch in der Bibel und bei Christen, beliebt; R. hat es häufig (Sc, St, Ze), gerade auch, wie hier, an selbständig gestalteten Stellen: hist. 4, 7, 14; S. 313,32; Greg.Naz.orat. 4, 8 S. 151, 13 (neben *vita*); Si.

zu 10: *circumspicere* mit persönlichem Objekt (→St) ist klassisch (CIC. Sull. 70; SEN. dial. 12, 4, 2), aber für reflexiven Gebrauch gibt der Thes.*s.v.* keine Belege; vgl. im Original: μὴ τὰ ἔξω περισκόπει.

zu 12: <u>dinumeres</u>... <u>disquiras</u> (s.u. zu 61, 8-9). – *dinum.* mehrmals in VET.LAT., dann durch andere Wendungen ersetzt in VVLG.; DON. Ter.Ad. 915: ‚*dinumeret' dixit quasi multum numeret;* bei R. noch Basil.reg. 3, 20 S. 29; Clement. 3, 11, 3 S. 106, 7; hist. 1, 7, 5 S. 57, 7. – *sicubi... aliquid:* →Am-Ju 2, 127.

zu 14-15: R. Greg.Naz.orat. 3, 17 S. 131, 9 erhält der Pharisäer das Epitheton *iactantissimus.* – S.u. zu 67, 2-3.

ac despiciens *publicanum*; sed te
ipsum discutere et diiudicare non cesses,
ne quid in cogitatione deliqueris, ne quid
sis prolapsus in lingua, dum incauta loquaci-
5 tate praevenit et praecurrit sermo consilium,
ne quid etiam in actibus tuis et manuum
opere commiseris, quod vel avaritiae vel
irae vel libidini ministratum sit. si haec intra
temet ipsum discutias semper et inquiras,
10 multa invenies, quae intra te debeas
emendare et pro quibus debeas paenitudinem gerere. et tamquam homo si quid tale
reppereris, dic sicut publicanus ille dicebat:
deus, propitius esto mihi peccatori.
15 *attende* ergo *tibi ipsi.*
hic tibi sermo, etiamsi in rebus prosperis
degas et omnis tibi vita secunda felicitate

καὶ τὸν *τελώνην* ἐξευτελίζων· ἀλλὰ σεαυτὸν ἀνακρίνων μὴ διαλείπῃς, μή τι κατὰ τὰς
ἐνθυμήσεις ἥμαρτες, μή (32) τι ἡ γλῶσσα
παρώλισθε τῆς διανοίας προεκδραμοῦσα,

μὴ ἐν τοῖς ἔργοις τῶν χειρῶν πέπρακταί τι
τῶν ἀβουλήτων.

κἂν εὕρῃς ἐν τῷ βίῳ σεαυτοῦ
πολλὰ τὰ ἁμαρτήματα
(εὑρήσεις δὲ πάντως
ἄνθρωπος ὤν),
λέγε τὰ τοῦ τελώνου·
ὁ θεός, ἱλάσθητί μοι τῷ ἁμαρτωλῷ.
πρόσεχε σεαυτῷ.
τοῦτό σοι τὸ ῥῆμα, καὶ λαμπρῶς εὐημεροῦντί
ποτε, καὶ παντὸς τοῦ βίου κατὰ ῥοῦν

---

14 Luc. 18, 13 (VET.LAT.AFRA = VVLG.; *Domine [b c ff²; x r¹ cet.] Deus, propitiare [c ff²; propitius esto [a] aur f i q r¹ vg] mihi peccatori* VET.LAT.ITALA)

---

1 despicit β*(-B) (X *n.l.*) temet T Σ **2** et] ac A gm et diiud. *om.* β z „*In eadem edit. Basilii additur:* & iudicare non cesses" (b) iudicare Γ ω**[+Ω] gm **3** ne¹] num HJ quid² *om.* α **3-4** quid sit l, quis sit b **5** et praecurrit *om.* CΛ **6** suis R¹ manum P **8** libidi P sit] fuerit CΛ **9** semp. disc. *inv.* ω(-β P) gm rt **10** invenias β* deb.intra te *transp.* CΛ debes GJ¹Γ **11** et *om.* ω** gm debeas *om.* α, tamquam homo CΛ (*transp.ex l.* 12) **12** et *om.* ω*(-C) homo *om.* δ tamq.h.] *cf.lin.* 11 **13** repperis ΔT, repereris No dicebat *om.* α

---

1 κατευτελίζων 1532 *1* ac 2 3 5(-C5o M57) E¹(8) O²V413, 427(11) P⁴V1148(12) P481(13) N²O¹⁰ V581(14) **2** διαλίπῃς 1532 *1* (-A² ¹³ ¹⁸ ²³ Ev) 8 (-M⁸) 12 (-D⁸ P⁴) 13 (+ *16 mss quos enumerare inutile*) **15** *add.* οὖν *post* πρόσεχε 1532 *1 2 3 4 5* (-M57 P763) M⁵(6) E¹La(8) D²(9) *10* O²V427(11) P⁴(12) N¹²³ Si O¹⁰(14)

selbst nachzuspüren und zu beurteilen, ob du dich nicht in Gedanken vergangen hast, ob du nicht im Reden – während das Wort in unvorsichtiger Geschwätzigkeit die Planung übereilt und überholt – Fehler gemacht hast, ob du auch in deinen Taten und dem Werk (deiner) Hände nichts begangen hast, was dem Geiz, dem Zorn oder der Leidenschaft diente. Wenn du solchem in dir drin nachspürst und danach suchst, wirst du vieles finden, was du in dir verbessern musst und wofür du Reue zeigen musst. Wenn du, da du ein Mensch bist, etwas derartiges gefunden hast, dann sprich wie jener Zöllner sagte: „Gott, sei mir Sünder gnädig". „Gib" also „acht auf dich selbst". Auch wenn du dich in günstigen Verhältnissen befindest und dir dein ganzes Leben in grossem Glück gelingt, wird sich diese Rede für dich immer als nützlich und notwendig erweisen, indem sie wie ein guter und treuer Ratgeber Ermahnungen zu einem besseren Leben verschafft.

---

zu 2: *discutere* (→ Cr-Si, Si, St; auch reflexive Beispiele bei En und Ze) *et diiudicare*; vgl. zu Z. 5. – Das Paar *disc.et diiud.* auch R. Orig.in Rom. 9, 38, 15 S. 767; vgl. Orig.in psalm. 36 hom. 1, 6, 25-27 S. 68; *disc.et discernere*: hist. 7, 24, 4 S. 687, 20. Ähnliches bei AVG.: s. Bruna PIERI, Aurelii Augustini *Sermo CCCII,* Testo, traduzione e commento, Bologna 1998, 200. – Die Lesart von Ω (*iudicare*, auch P1 und P2) teilt CCBBV 2, 1, 212 (h 727a) mit.

zu 2-6: μή τι ... μή τι ... μή ... τι mit Indikativ (→ KÜHNER-GERTH, Griechische Grammatik, 2, 395, § 553b, 6; BORNEMANN-RISCH, Griechische Grammatik, 284 § 271 A. 2) >*ne quid ... ne quid ... ne quid* mit Konjunktiv Perfekt.

zu 4: Vgl. CIC. Font. 28 *prolapsum verbum*; R. Clement. 10, 25, 3 S. 344, 11 *errore prolapsos.*

zu 5: D r e i faches Wortspiel mit Präverb *prae-* findet sich R. Orig.in iud. 8, 5, 52-53 S. 515, 14 (SC 389, 202): *praebent... praeparant... praevaleo.* 4x *pro-*: o. 7, 6-11.

zu 7-8: Der kurze (drei-stufige) Laster-‚Katalog' ist ein lateinischer Zusatz, vielleicht beeinflusst von Luc. 18, 11 (VVLG.: *raptores, iniusti, adulteri*).

zu 9: AB *et* A, wie oft: hier ein Argument für β P; die Umstellung muss sehr alt sein (nach LC ist sie gar richtig). – *disc. et requirere* R. Orig.in psalm. 36 hom. 2, 5, 11-12 S. 92, *...et exqu.* Orig.in psalm. 38 hom. 2, 1, 30-31 S. 366. Neben *inqu.*, in einem gewissen Abstand: Basil.reg. 2, 3-4 S. 10; 7, 11; 13 S. 40.

zu 11-12: *paenitudo* wird erst gegen Ende des 4. Jh.s gebräuchlich (s. Thes. *s.v.*; Irene MANNHEIMER, Sprachliche Beziehungen zwischen Alt- und Spätlatein, Zürich 1975, 66; 105; 150); R. liebt *paenitudinem gerere* (gemäss Thes. erstmals zu belegen bei FILASTR., †397): 3x in Clement.(→ St); apol.adv.Hier. 2, 33, 23 S. 108; hist.mon. 6, 6, 21 S. 285; hist. 1, 11, 6 S. 79, 15; 3, 7, 8 S. 215, 13; 4, 15, 18 S. 345, 1; 6, 41, 20 S. 609, 10; Orig.in lev. 8, 11, 101 (SC 287, 60); 15, 2, 60 (SC 287, 256).

zu 12: R. wählt eine merkwürdige Satzstellung: Einige *recentiores* hatten, ohne Kenntnis des griechischen Originals, Schwierigkeiten, den Gedankengang richtig zu verknüpfen.

zu 15 *ergo*: S. den Apparat RUDBERG.

zu 17: φέρεσθαι κατὰ ῥοῦν ist ein ‚Platonismus': → R. 6, 492c. R. übersetzt korrekt, aber blass.

succedat, utilis semper et necessarius appa-
rebit tamquam bonus et fidelis consiliarius
commonitionem vitae suggerens melioris. si
vero etiam adversis et tristibus urgearis et haec
5 tibi in tempore necessitatis commonitio sugge-
(37LC) ratur, maximum ilico remediorum solacium da-
bit, ut neque in prosperis arrogantius extollaris
neque in adversis mollius et remissius resolvaris.
divitiis flores et polles et illustrium proavorum
10 consulatibus intumescis? patriae parentumque
nobilitate te iactas? pulchritudine corporis erigeris et decore? honoribus extolleris et asseclarum fulciris obsequiis? tum maxime *attende*
tibi ipsi et memento, quia mortalis es et quia
15 *terra es et in terram ibis* et quia potest et ad te
dici: *stulte, hac nocte auferent abs te animam*
tuam, et quae praeparasti, cuius erunt?
intuere eos, qui ante te similis potentiae

φερομέ**νου χρησ**ίμως παραστήσεται, ὥσπερ
τις ἀγαθὸς σύμβουλος ὑπόμνησ**ιν φέρων**
τῶν ἀνθρωπίνων.
καὶ μέντοι καὶ ὑπὸ περιστά**σεων πιεζομέ-**
νῳ, ἐν καιρῷ ἂν γένοιτο τῇ καρδίᾳ κατεπ-
ᾳδόμενον, **ὡς μήτε τύφῳ πρὸς** ἀλαζω-
νείαν ὑπέρογκον ἐπαρθῆναι μήτε ἀπο**γνώ-**
σει πρὸς ἀγεννῆ δυσθυμίαν καταπεσεῖν.
πλούτῳ κο**μᾷς; καὶ** ἐπὶ **προγόνοις μέ**γα
φρονεῖς; καὶ ἐπαγάλλῃ πατρίδι
καὶ κάλλει **σώματος**
καὶ ταῖς παρὰ πάντων τιμαῖς;
πρόσεχε σεαυτῷ,
ὅτι θνητὸς εἶ, ὅτι
γῆ εἶ, καὶ εἰς γῆν ἀπελεύσῃ.

περίβλεψαι τοὺς **πρὸ σοῦ ἐν ταῖς ὁμο**ίαις

---

15 gen. 3, 19 (VET.LAT.) **16-17 (lat.)**: Luc. 12, 20

1 et] ac CΛ **2** et fid. *om.* CΛ **3** -monitionis β*(O¹;-Z) T, -motionis Z, -monitiones ω* ω**(-T) z, -motionem P meliores ε(M¹) **4** etiam] et O lb, *om.* A B δ(-S) M[P1] gm hac P **5** -minitio B, -motio Y **6** remedium et β** lb dabitur R Σ dab.rem.*transp.* CΛ **9** flores et *om.* α et² *om.* α provinciarum δ(-S) **10** consolationibus S, consultat No¹ -que *om.* S gm **11** nobilitates B, -tatem No²⁽ʔ⁾ te *om.* B L No iactus P, iactitas Σ et pu. *add.* HJ **12** decoris C(?), decorere(?) N et² *om.* G T ads(a)ecularium KNOX S(asec.)T(aetas saec.) Θ P R¹, adsclarum Q, asclarum No¹, ad seculalum Z, assecularum L M¹, secularibus v **13** fulciri X, fulciriis K¹, ⁱⁿfulari¹¹ˢ Θ officia X *in marg.* officiis ω *praeter* M[P1] Σ (*et* gm) „*Ibidem* obsequiis" (b) tunc α No **14** ipsi *om.* α No **15** et² *om.* Γ [P2] No et³ *om.* γ(G¹) Σ² **16** dicit P auferetur... anima tua BX δ No abs] a αΣ **17** et *om.* P No parasti B No(?) R **18** intueri P te *om.* CΛ HΓ m similes β*X v

---

4 περιστάσεως A¹⁷ ¹⁸ ²⁸(1) O¹(3) A674(4) P500(5) C49(6) A857(8) 9 (-D²F692) *10* D⁹ ¹¹(11) *14* (-O¹⁰), *etiam* O.Col. (->S. 57) **9** ἐπὶ *om.* O.Col.

Wenn du aber gar von widrigen, traurigen Verhältnissen bedrängt wirst und dir diese Ermahnung in einer Notzeit verschafft wird, wird sie dir auf der Stelle besten Trost wirksamer Heilmittel liefern, so dass du dich weder unter günstigen Bedingungen zu frech erhebst noch dich in widrigen zu weich und schlaff fallen lässest. Du stehst infolge von Reichtum in voller Kraft und Blüte und bist stolz auf Konsulatsränge illustrer Vorfahren? Du rühmst dich des Adels von Heimat und Eltern? Du bist übermütig wegen Schönheit und Zierde deines Körpers? Du überhebst dich wegen Ehrungen und stützest dich auf Huldigungen von Gefolgschaften? Dann „gib" am meisten „acht auf dich selbst" und denke daran, dass du sterblich bist, dass „du Erde bist und zur Erde zurück musst" (1. Mose 3,19) und dass auch zu dir gesagt werden kann: „Du Tor, in dieser Nacht wird man deine Seele von dir fordern; was du aber bereitgelegt hast, wem wird es zufallen?" (Luk. 12, 20). Schau nach denen, die vor dir im Glanze ähnlicher Macht erstrahlten. Wo sind sie? Was tun sie? Wo sind die Symbole ihrer

---

zu 1 - 57, 13: Zum Ostrakon (6.Jh., Ägypten) s. Raffaella CRIBIORE und u. S. 57.

zu 3: *suggerere* (auch Z. 5) ist bei R. sehr häufig, z.B. 12x in Clement.(→St), 21x in Orig.princ. (→Cr-Si). – Ein Hexameter-Schluss als Klausel, wie o. 49, 19.

zu 7-10: In Gedanken und Wortwahl besteht eine gewisse Ähnlichkeit mit B. *Hex.* 6, 10, 7. – S. 107, 12-13 (μέγα φρονεῖν – ἐπαγάλλεσθαι – ἐπαίρεσθαι, auch εὐημερία, wie o. 53, 16); vgl. EVSTATH. Basil.hex. 6,10,7. – Ab Z. 9 (*divitiis*...) bis zum Ende dieses Abschnitts steht eine weitere lateinische Übersetzung zur Verfügung: PROSP. sent. 392 (Text: s.u. S. 59).

zu 9-13: Eine ähnliche Liste falscher Lebensgüter wie o. 47, 1-3; die Liste hier entspricht derjenigen von B. *Ad adolesc.* 2 S. 42, 4-6BOUL.: προγόνων περιφανείαν, ἰσχὺν σώματος, κάλλος, μέγεθος, τὰς παρὰ πάντων ἀνθρώπων (παρὰ πάντων B) τιμάς, βασιλείαν αὐτήν. F. BOULENGER, Introduction S. 29, verweist auf Zenon (bzw. Hekaton: vgl. Diog.Laert. 7, 102) und (S. 42 A.1) auf Pl. *R.* 491c. Näher steht Max.Tyr. 39, 4a S. 466KONIARIS (S. 317 Z. 121-24TRAPP). Vgl. auch R. Basil.hom. 8, 5 1794B. – Hier und im Folgenden ist die römische Färbung der Bearbeitung auffällig: *proavorum consulatibus, nobilitate, asseclarum ... obsequiis, fasces* (S. 57, 2), *infulae* (57, 3), *largitio muneralis* (57, 7); R. verrät uns, was seinen Lesern (zuerst einmal den Adelskreisen, um 400) wichtig gewesen ist – immer noch. Dies ein ertragreiches Zeugnis für Beat NÄF, Senatorisches Standesbewusstsein in spätrömischer Zeit (Paradosis, 40), Freiburg Schweiz 1995, 128; die ‚Romanisierung' durch R. wird im Gallien der folgenden Jahrhundert-Mitte von PROSP. wieder ausgemerzt (s.u.). Vgl. Verf., Beobachtungen 168. – Zur Situation der armen Klienten im damaligen Turin (MAX.TAVR. 98, 2 CCL 23, 390, 29: *obsequium* gleich neben *officium*) vgl. Andreas MERKT, Maximus I. von Turin (VChr.Suppl., 40), Leiden 1997, 125 (mit Literatur). – Zum Stil: Manchmal hat man das Gefühl, R. wolle seine ‚*copia verborum*' demonstrieren, – hier durch eine Häufung beinahe synonymer Verben, die er den kurzen Fragen von B. entgegenstellt. Ähnliches zeigt MEMOLI 469 für R. Greg.Naz.orat. 6.

zu 12-13: Vgl. R. Clement. 2, 19, 4 S. 63, 7 *multis fultus adseclis.* – *obsequia*: →hom. 3, 3 1747C (S. 52, 22LC), eine merkwürdige Stelle, und 3, 5 1750A (S. 58, 17LC).

zu 15-17: Dieses gen.-Zitat ist bei R. sonst noch 5mal belegt (→FISCHER z.St.). – Das Lukas-Zitat ist eine Zugabe R.s: ...*repetent* (oder: *repetunt*, auch VVLG.) *a te, quae autem parasti (praepar. l), cui (cuius r¹ cet.,* auch VVLG.) *erunt?* Vgl. R. Orig.in Rom. 2, 4, 31 S. 105: ...*repetent ... et quae parasti cui erunt?* Die Fassung mit Passivum (*auferetur anima tua*, hier BX δ No) bietet R. Basil. hom. 3, 6 1751A (S. 58, 17LC). – Ergänzung von Schriftzitaten durch den Übersetzer ist öfter zu beobachten: →MEMOLI 470; 478-480; SALVINI 1998, 883-888; WAGNER 79; 96.

zu 18 - 57, 1: *qui... effulserunt* < ἐξετασθέντας!

dignitatibus effulserunt. ubi sunt? quid
agunt? ubi fasces eorum? ubi magistratus?
ubi diversarum infulae dignitatum? ubi
denique eloquentissimi rhetores et vehe-
5 mentissimi oratores? ubi hi qui crebros
conventus orationum suarum favoribus
celebrant? ubi popularis aura? ubi largitio
muneralis? ubi exquisita equorum et praeparata certamina? ubi denique satrapae?
10 ubi reges? ubi tyranni? nonne omnia
pulvis et cinis est? nonne omnia antiquae
fabulae superfluaque narratio est? nonne
in perexiguis ossibus angustae vasculo
urnae conclusis omnis eorum memoria
15 continetur? denique intuere et inspice
eorum sepulchra, si potueris discernere,
quis ibi servus quisve sit dominus, quis

περιφανείαις ἐξετασθέντας. **ποῦ οἱ τὰς
πολιτικὰς** δυναστείας περιβεβλημένοι;

ποῦ οἱ δυσμαχώτατοι ῥήτορες;
ποῦ οἱ τὰς πανηγύρεις **διατιθέντες,**

οἱ λαμπροὶ ἱπποτρόφοι,
οἱ στρατηγοί, **οἱ σατράπ**αι,
οἱ τύραννοι;
οὐ πάντα κόνις; οὐ πάν**τα μῦθος**;

οὐκ ἐν ὀλίγοις ὀστέοις τὰ **μνημόσυνα τῆς**
ζωῆς αὐ(212A)τῶν;
ἔγκυψον τοῖς τάφοις,
εἰ δυνήσῃ διακρῖναι,
τίς ὁ οἰκέτης καὶ τίς ὁ δεσπότης,

---

11 gen. 18, 27 (VVLG.; LXX: γῆ καὶ σποδός)

---

1 quid] qui Q R¹   2 faces A, facies γ (!)   4 rethores ω*(-C) KNQWX² δ Θ² No Σ, rehtores Z, rectores
X¹Θ¹   5 hi *om.* N¹ [P1] gm, sunt A¹   quiqui P   7 celebrabant ω* β**(-X) Δ No Σ lb, celebabrant
T, concelebrabant [P2]gm „concelebrant *ibidem*" (b)   7-8 ubi lar.mun. *om.* ω** R Σ gm   mun.lar.*inv.*
G   8 numeralis KO   exquisitorum α (*recte?*), exquisite δ(-S) r   et *om.* ω praeter No P   10 reg. et
principes *add.* δ   ubi tyr. (u.t.*om.* S) sunt dignitatum *add.* δ   omnes R, omnis Σ   11 est *om.* α(C?)H,
sunt R²   -ne *om.* R   12 est *om.* α V   13 et(?) nuper exig. Θ, exiguis V   14 mem.eor.*inv.* ε gm
16 sepulcra B HJ Δ¹TS Θ, sepulturas No   17 tibi Σ, ibi sit *add.* B

---

13 τὸ μνημόσυνον *1* bc *2 3 5* (-M57 P500, 763) D²(9) O²V427(11) O¹⁰(14)

Mit **Fettdruck** sind die im Ostrakon der Columbia University (O.Col.inv. 64.11.106) lesbaren Reste
hervorgehoben: s. Raffaella CRIBIORE.

Macht? Wo ihre Ämter? Wo die Abzeichen verschiedener Würden? Wo schliesslich die beredten Rhetoren und die donnernden Redner? Wo diejenigen, welche oft Feste feiern zur Verherrlichung ihrer Reden? Wo die erhabene Volksgunst? Wo die Spende für Spiele? Wo die aussergewöhnlichen, gut vorbereiteten Pferderennen? Wo schliesslich die Satrapen? Wo die Könige? Wo die Tyrannen? Ist nicht alles „Staub und Asche" (1. Mose 18, 27)? Ist nicht alles ‚alte Geschichten' und überflüssiges Gerede? Ist nicht in winzig kleinen Knochen, die von einem Urnen-Väschen eingeschlossen sind, die ganze Erinnerung an sie enthalten? Beschaue und betrachte schliesslich ihre Gräber, wenn du

zu 1-10: Den 3 ποῦ entsprechen 12 *ubi* (vgl. Basil.hom. 3, 3 1748B S. 54, 3-7LC: 5 oder 4 *ubi*, < ..ποῦ). Das Grundschema etwa LXX Bar. 3, 16-19: ποῦ εἰσιν οἱ ἄρχοντες τῶν ἐθνῶν... καὶ τὸ ἀργύριον θησαυρίζοντες καὶ τὸ χρυσίον... ἠφανίσθησαν καὶ εἰς ἄδου κατέβησαν; später: ISID. synon. 2, 91 PL 83, 865C *dic ubi sunt reges? ubi principes? ubi imperatores? ubi locupletes rerum? ubi potentes saeculi? ubi divites mundi? quasi umbra transierunt...* Via geistliche Gesänge (ein Busslied von 1267) gelangen Form und Thema bis zum Studentenlied *Gaudeamus: ubi sunt qui ante nos in mundo fuere?* s. August Heinrich Hoffmann von Fallersleben, Gaudeamus igitur, Eine Studie, Halle 1872 (Hinweis von Heinz Haffter). – Bei R. zeigt sich eine gewisse römische Einfärbung (*fasces*), bes. auch Orig.in psalm.36 hom. 3, 10, 108-112 S. 152.

zu 5 διατιθέναι: →Pl. *Lg.* 2, 658d ῥαψῳδὸν... καλῶς Ἰλιάδα καὶ Ὀδύσσειαν ἤ τι τῶν Ἡσιοδείων διατιθέντα.

zu 6-7: Vgl. R. Clement. 1, 57, 4 S. 41, 4 *cum totius populi favore peroravit.* – *concelebrare* wurde von R. oben 49, 16 verwendet, direkt neben *convivia*; hier hat *conventus* von Z. 6 P2 (danach gm) zu einem zusätzlichen *con-* verführt. Vgl. hist. 5 pr. 3 S. 401, 13; 5, 28, 5 S. 501, 19; Orig.in cant. 2 S. 141, 20.

zu 7-8: *largitio muneralis*, von R. zugefügt, sicher echt, wird von vielen Hss.(R ω**), weggelassen: im MA kaum mehr verstanden; R Σ gehen zusammen (→*p.* X). – Vgl. Verf., Beobachtungen 168. – R. stellt von Personen auf Sachen um: ἱππο-τρόφοι (verbales Rektionskompositum!) ist lat. schwer zu übersetzen; anders PROSP.

zu 8-10: Für die soziale Einstellung von B. bezeichnend (Karayannopoulos, Toronto 1, 387; Bernardi 68).

zu 10-15: Das dreifache *nonne* entspricht der Reihe οὐ ... οὐ ... οὐκ, wobei bei R. die Verbindung des Plurals (*omnia*) mit dem Singular *est* auffällt; möglicherweise erklärt dies den Singular von Z. 15. Vgl. AMBR. hex. 6, 8, 51 S. 396: *nonne haec omnia... nonne... nonne... nonne... nonne tu ipse es cinis?*

zu 11: Für R. nennt Fischer z.St. 2 Belege: Basil.hom. 6,1 1781D10 *terram... et cinerem* und Orig. princ. 3, 6, 5 S. 287, 18 (658G-K) *cinis ac terra* (mit „?"), ebenfalls gleich neben gen. 3, 19.

zu 12: *fabulae* <μῦθος, vgl. R. Greg.Naz.orat. 5, 10 S. 178, 9: *fabulae ferunt*, für eine alte „Geschichte", aus HOR. (carm. 4, 4, 57-60: die Veränderung von horazischem *tonsa* zu – unrichtigem! – *excisa* erschwert das Verständnis); gleich anschliessend (178, 12): *haec fabulae, quibus licent omnia.* Im griechischen Original, *Orat.* 26, PG 35, 1240CD-41A: dieselbe Geschichte (in der Anm. z.St. verweist die PG ebenfalls auf den römischen Dichter). – *cinis... et fabula (fies)*: PERS. 5, 152. – Negative Konnotation von μῦθος ist häufig, z.B. B. *Hex.*: Wortregister *s.v.*, GCS NF 2, 207; R. hist. 3, 23, 6 S. 239, 13; 4, 7, 4 S. 311, 6 (<μυθοποιία); 4, 30, 3 S. 393, 21 (do.); 6, 19, 7 S. 561, 9. →Lampe *s.v.* μυθοποιέω. *veterum fabulae* R. Orig.in exod. 2, 3, 47 S. 159, 11-12 (SC 321, 80). Für *antiquae fabulae* vgl. Ps.Qvint. decl. 9, 22; zur Kombination mit *narratio* s. APVL. met. 4, 27: *te narrationibus lepidis anilibusque fabulis protinus avocabo.* B. *Hex.* 6, 11 S. 109, 11: μῦθοί τινες καταγέλαστοι ὑπὸ γραϊδίων... (herzuleiten aus Pl. *Grg.* 527a; R. 350e; I Tim. 4, 7).

zu 13-14: Auch PROSP. belegt den Singular (s. App. von Rudberg); doch s.o. zu 10-15. – Der Topos ist weit verbreitet, z.B.: IVV. 10, 147; OV. met. 12, 615-616; Ps.SEN. Herc.Oet. 1760-1764 (vgl. Hans Jakob Urech, Hoher und niederer Stil in den Satiren Juvenals, Diss. Zürich, Bern 1999, 246). – *perexiguus* auch R. hist. 3, 6, 6 S. 201, 25; 11, 23 S. 1027, 16; 11, 26 S. 1033, 8.

zu 15-17: Homoiarchon in der Doppelung (s.u. zu 61, 8-9). – Das Betrachten von Gräbern ist ein Topos: bereits Origenes (R. Orig.in psalm.36 hom. 1, 2, 23-25 S. 44); bes. AMBR. hex. 6, 8, 51 S. 396: *respice in sepulchra hominum... dic mihi quis ibi dives et pauper sit* (jedoch scheint eine entsprechende Stelle bei B. *Hex.* zu fehlen!).

pauper quisve sit dives. discerne ibi,
si potes, plebeium a rege, virum fortem ab
imbecilli, decorum ab informi. si ergo horum
omnium memor fueris, nulla tibi orietur
elationis occasio, sed semper memor eris tui,
si praecepti memor *attenderis tibi*. (1741A)

τίς ὁ πτωχὸς καὶ τίς ὁ πλούσιος. διάκρινον,
εἴ τίς σοι δύναμις, τὸν δέσμιον ἀπὸ τοῦ βασι-
λέως, τὸν ἰσχυρὸν ἀπὸ τοῦ ἀσθενοῦς, τὸν
εὐπρεπῆ ἀπὸ τοῦ δυσειδοῦς. μεμνημένος οὖν
τῆς φύσεως οὐκ ἐπαρθήσῃ ποτέ. μεμνήσῃ δὲ
σαυτοῦ, ἐὰν προσέχῃς σεαυτῷ.

---

1 sit om. ω** gm (quisvesse P)   ibi] tibi N P, *om.* No   2 potest NQ¹Z   plebeum No² P   a rege]
agere P   fortem] potentem R Σ   3 imbelli ΑΛ β(-O²W) γ(-G) R Σ   decorem N   informe Θ, infirmi
P   3-4 omn.ho. *inv.* Λ Z (*etiam* C, *sed* eorum ?)   4 oritur P, *om.* P1   5 sed] si G Σ   semper
om. R Σ

---

6 σαυτοῦ] σεαυτοῦ P³(2) 6 7 8; αὐτοῦ A²⁴(1); ἑαυτοῦ [1532, 1618] 5 (-M57 P500); σεαυτῷ G⁵(2);   *om.*
Ma²P489(12); σεαυτῷ] σαυτῷ 7 (-M²³⁴) 8 (-H⁴L¹M⁸) V427(11) D⁸OᵉV1148(12) C⁵(13) 14 (-N³O¹⁰);
ἑαυτῷ P³(2) D⁴(10) D⁷(11); σαυτόν M²(7) H⁴(8); αὐτῷ M³⁴(7)

Text der Sentenz 392 von PROSPER (CCL 68A, 364-65GASTALDO):

Divitiis flores, et maiorum nobilitate te iactas, et exsultas de patria et pulchritudine corporis
et honoribus, qui tibi ab hominibus deferuntur. respice te ipsum, quia mortalis es, et quia
‚terra es, et in terram ibis‘. circumspice eos, qui ante te similibus splendoribus fulsere. ubi
sunt, quos ambiebant civium potentatus? ubi insuperabiles oratores? ubi qui conventus
disponebant et festa? ubi equorum splendidi invectores, exercituum duces, satrapae,
tyranni? non omnia pulvis? non omnia favillae? non in paucis ossibus eorum vitae memoria
est? respice sepulcra, et vide, quis servus, quis dominus, quis pauper, quis dives. discerne,
si potes, vinctum a rege, fortem a debili, pulchrum a deformi. memor itaque naturae,
non extollaris aliquando. memor autem eris, si te ipsum respexeris.

Vgl. die Anmerkung S. 60.

unterscheiden kannst, wer dort Diener oder wer Herr ist, wer arm oder wer reich ist. Unterscheide dort, wenn du kannst, den Untertanen von einem König, den starken Mann von einem schwachen, den schönen von einem hässlichen. Wenn du an all dies denkst, wird sich für dich keine Gelegenheit zu Überheblichkeit ergeben; sondern du wirst immer an deine Lage denken, wenn du an die Vorschrift denkst und „achtgibst auf dich".

---

zu 1: Die Weglassung von *sit* (ω** gm) könnte richtig sein, aber der Parallelismus tritt mit *sit* stärker hervor.

zu 2: *plebeius* ist (gegenüber δέσμιος / *vinctus* PROSP.) wiederum eine starke ‚Romanisierung'; es handelt sich allgemein um den „Mann aus dem gemeinen Volk", den „Niedrigen", den „Untergebenen", auch bei AVG. serm. Dol. 25, 24 Z. 496 (aus: REAug 37, 1991, 75): *ad salutem non tantum pauperum, sed et divitum, non tantum plebeiorum, sed et regum.* – *plebeius* als Gegensatz zu *sacerdos*: R. Orig. in num. 22, 1, 63 S. 205, 16 (SC 461, 84).

zu 3 *imbecilli*: Zur Verwechslung mit *imbellis* (ω* β) vgl. HAFFTER, Thes. *s.v.* ‚*imbecillus*' Sp. 416, 73.

zu 3-4: *horum omnium* ist eine recht unphilosophische Wiedergabe des griechischen Ausdrucks φύσις.

zu 6 *praecepti*: *praecipere* erscheint in dieser Predigt 5x, das Substantiv 14x, davon 8x als Zusatz R.s. Das Wort von deut. 15, 9 gilt als Lehre, Gebot und Vorschrift zugleich.

Zur Parallel-Übersetzung des PROSPER:

Es handelt sich um die letzte Sentenz von Prospers Sammlung, die sonst gänzlich auf AVG. beruht – also eine merkwürdige Appendix. Wie kommt diese Übersetzungsübung in die Sammlung von lauter Zitaten in originalem Wortlaut? – Datierung auf ca. 450.

Der Editor bemerkt im Apparat z.St.: *„ab ipso Prospero translata? differt enim a versione Rufiniana".* – Offensichtlich hat P. viel wörtlicher übersetzt als R. und auf schmückende Zusätze völlig verzichtet (keine Doppelungen). Den 133 Wörtern des B. (ohne Artikel: 109) entsprechen 116 bei P. (und 202 bei R.). Der kurze Text scheint eines der ersten Dokumente des frühmittelalterlichen Litteralismus zu sein!

Merkwürdig ist indessen die Wiedergabe von μῦθος (57, 11) mit *favillae* (Z. 6): dies könnte aus dem *cinis* der Genesis-Stelle herausgewachsen sein – was eine Kühnheit beim sonst eifrig nachbuchstabierenden Prosper darstellen würde! *favillae* dürfte direkt aus *fabula* entstanden sein: der P.-Text ist wohl durch Konjektur zu ändern.

(1741A)

(38LC)

6. Quod si ignobilis es et obscuro loco natus, pauper ex pauperibus procreatus, non domo gaudens, non patria, invalidus viribus, cotidiano quoque indigens sumptu, vivens sub po-
5 tentium colafis, *cum timore* omnibus *ac tremore* subiectus cunctisque humilitate paupertatis expositus, sicut ait: *pauper non suffert minas*, non ergo in his temet ipsum despicias et desperes, neque quia nihil tibi in praesenti vita
10 magnificum praesto est, omnem tibi abscidas et amputes spem bonorum; sed revoca animos tuos ad ea, quae iam tibi bona indulgentia divina concessit, et ad ea nihilominus erige mentem tuam, quae futura in posterum repro-
15 misit. considera ergo primo omnium, quod

Πάλιν δυσγενής τις εἶ καὶ ἄδοξος,
πτωχὸς ἐκ πτωχῶν, ἀνέστιος,
ἄπολις, ἀσθενής, τῶν ἐφ᾽ἡμέραν
ἐνδεής, τρέμων τὰς δυναστείας,
πάντας (33) ὑποπτήσσων διὰ ταπεινότητα
βίου;
πτωχὸς γάρ, φησίν, οὐχ ὑφίσταται
ἀπειλήν. μὴ τοίνυν ἀπογνῷς σεαυτοῦ,
μηδ᾽, ὅτι οὐδὲν ζηλωτὸν ἐν τῷ παρόντι
σοι πρόσεστι, πᾶσαν ἀγαθὴν ἀπορρίψῃς
ἐλπίδα· ἀλλ᾽ἀνάγαγε σεαυτοῦ τὴν ψυχὴν
πρός τε τὰ ἤδη ὑπηργμένα σοι παρὰ θεοῦ
ἀγαθὰ καὶ πρὸς τὰ δι᾽ἐπαγγελίας
εἰς ὕστερον ἀποκείμενα.

5(lat.) Phil. 2, 12 (VET.LAT. D; I: *cum timore et tremore*; VVLG.: *cum metu et tr.*)   **7** prov. 13, 8

ω* = α(ΑCΛ) + γ(ΓGHJ[Li])   ω** = δ(ΔLST[P2]) + ε(ΘM[P1])   β = β*(BKNOQZ) + β**(VWXY) No
P R Σ

---

1 quid B, qui z es *om.* α(-A), et *om.* β z   **2** Audiant haec pauperes... R *in marg.*   **3** gaudes P patriae (-ie) β*(-K)   **4** vivens... tremore (*l.6*) *om.* K   **5** potentum V(?)WY M gm „*Sic Mss.& edit.*Ven.(v) *ac Basiliana. In Ver.*(h) *autem graece* Κολάσει" (b) colaphis ω* VQZ ω** No Σ *edd. praeter* v, colaphys R timore] tremore ω(-R No Σ)[-P1] z „*Paulo post addidimus* omnibus *ex Mss. Rem.*(R²) *Pomp.*(X) *duobus Zenonianis* (Y²Z²) *ac edit.*Ven.(v) *& Basilii.*" (b)   **5-6** tremore] timore ω(-R No Σ)[-P1] lb r   **7** ait scriptura *add.* ω*, ait ille *add.* β P z, ille ait *add.* No, ait quidam *add.* Σ (*spatium 5 litterarum* L) sufferens α, sufferet β(-VW) Θ P   **8** ergo *om.* α β No P z   **9** qui P tibi nih. *inv.* W δ praesentia P   **10** abscindas β** lb gm   **11-12** amicos t. H, animum tuum α, animam tuam No tibi iam *inv.* γ bona *om.* α   **13-14** erige... futura *om.* CΛ   **14** proximum P   **15** ergo *om.* HJ in primo *add.* CΛ, primum δ(-S)

---

4 τοὺς ἐν δυναστείᾳ 1532 *1 2 3 4 5* (-C50 M57) *6* (-M⁵) D²(9) D⁵O²V427(11) P⁴(12) P481(13) O¹⁰(14) s. Rudberg 114.   **14** *om.* εἰς 1532 *1* (-A² ¹⁸ Ev) *2 3* P763(5) Ha(6) BC D²(9) O²V427(11) P481(13) N³(14)

Wenn du aber nicht vornehm, sondern von bescheidener Herkunft bist, arm und von Armen abstammend, nicht gesegnet mit einem Haus, mit einem Heimatland, schwächlich, Mangel leidend sogar am täglichen Lebensunterhalt, unter Schlägen von Mächtigen lebend, allen mit „Angst und Schrecken" (Phil. 2, 12) untergeben und allen aus Niedrigkeit und Armut ausgeliefert – so wie es heisst: „Der Arme hört keine Drohungen" (Sprüche 13, 8) – schau deshalb in dieser Lage nicht auf dich selbst herab und verzweifle nicht, noch sollst du dir, weil dir im diesseitigen Leben nichts Grossartiges zur Verfügung steht, jede Hoffnung auf Güter wegschneiden und entfernen, sondern rufe deinen Sinn zurück auf d a s, was dir Gottes Gnade schon gewährt hat, und richte deine Aufmerksamkeit mehr auf d a s, was Gott für die Zukunft versprochen hat. Zieh deshalb vor allem in Betracht,

---

zu 1ff: § 6 hat das Ziel, Hörer bzw. Leser(innen) direkt anzusprechen: 24x steht das griech. Verbum in der 2. Person Singular (und 27x die lateinische Entsprechung); und die Pronomina der 2.Sing. erscheinen 10-11x – im Lateinischen gesteigert auf 25 Fälle. R.hat also den Appell-Charakter dieses Passus erfasst – und verstärkt.

zu 1-11: „un vasto periodo ipotetico", so SALVINI 1998, 881.

zu 4-5: Vgl. R. Orig.in lev. 14, 4, 68 S. 486, 7 (SC 287, 246): (cur... abiecti humiles contempti et) sub colaphis potentium vivant. – Die Schreibweise mit -f- belegt zum Beispiel der cod. Claromontanus von VET.LAT. Matth. 26, 67 (saec. V): →Verf., Beobachtungen 171.

zu 5: cum timore... ac tremore (nicht umgekehrt: z r), nach Phil. 2, 12 (μετὰ φόβου καὶ τρόμου); Klimax, wie auch Basil.hom. 6, 3 1784D3. Der cod. Reginensis hat als einziger die richtige Lesart bewahrt (abhängig: No, Σ, P1, danach gm). – Unser „mit Zittern und Zagen" ist LUTHERS Übersetzung von act. 9,6.

zu 7: Vgl. B. HPs. 14b, 3 PG 29, 272C (Tirade gegen faeneratores): οὐδεμίαν αἰσχύνην τὸ πένεσθαι προξενεῖ. – Nach ait haben die Kopisten in drei Arten ein Subjekt ergänzt. Entweder handelt es sich um eine ‚lacuna' oder um elliptische Ausdrucksweise, wie bei B.: vgl. ähnlich Basil.hom. 1, 3 1722B (11,1LC) – oder HIER. epist. 112, 7, 2 CSEL 55, 373, 23 (= AVG. epist. 75, 3, 7 CSEL 34, 2, 291, 2 dicens...).

zu 8-10: Doppelungen mit Homoioarchon sind bei R. sehr beliebt, z.B. o. 37, 1; 49, 5; 51, 12; 53, 2; 5; 57, 15. – praesto (Z. 10): →zu 65, 1.

zu 10: abscidere spem ist gut belegt, z.B. bei LIV. (vgl. Thes. s.v. Sp. 149, 81 - 150, 2; abscindere spem jedoch bei HIL. in psalm. 129, 11). Vgl. PLIN. epist. 1, 20, 19 amputata oratio et abscisa. abscid. bei R.: apol.adv.Hier. 1, 23, 1 S. 57, mit Variante abscind.; Basil.reg. 76, 2 S. 110; 4x in Clement.(→St; neben amputatio: 7, 37, 4-5 S. 215, 11-12).

zu 11-12: R. scheint animus eher selten zu verwenden (→Index); zur Terminologie vgl. O'DALY 8. – bona gehört zu quae, nicht zu indulgentia.

zu 12-14: Gedanklich ähnlich (bis S. 63, 12) ist Plot. 5, 3[49], 7, 3-6 ὅσα ἔχει παρ' ἐκείνου γνώσεται, καὶ ἃ ἔδωκε, καὶ ἃ δύναται ἐκεῖνος. ταῦτα δὲ μαθὼν καὶ γνοὺς καὶ ταύτῃ ἑαυτὸν γνώσεται· καὶ γὰρ ἕν τι τῶν δοθέντων αὐτός. Plotins konzentrierte Gedankenführung beschränkt sich fast vollständig auf Verbalformen, während der Prediger weit ausholt.

zu 14: „repromittere = promittere" (Si s.v., mit Verweis auf patr. 2, 13, 29 S. 211). Auch im Spätlatein werden Doppelkomposita immer häufiger, z.B. adimplere, superimponere: →o. zu 7, 14; Sc 419; mit re-: recogitare, recognoscere, recondere, reconiungere. Vgl. LHSz 2, 284-285.

homo es, id est solum in terris animal ipsis
dei manibus *formatum.* nonne sufficeret hoc
solum recte et integre sapienti ad magnum
summumque solacium, quod ipsius dei
5 manibus, qui omnia reliqua praecepti solius
fecit auctoritate subsistere, homo fictus es
et formatus? tum deinde quod, cum *ad ima-*
ginem et similitudinem creatoris sis, potes
etiam ad angelorum dignitatem culmenque
10 remeare? animam namque accepisti intellectualem et rationabilem, per quam deum possis
agnoscere et naturam rerum conspicabili
rationis intellegentia contemplari; sapientiae

πρῶτον μὲν οὖν, ἄνθρωπος εἶ, μόνον τῶν
ζῴων θεόπλαστον. ἆρ᾽οὐκ ἐξαρκεῖ τοῦτο
σωφρόνως λογιζομένῳ πρὸς εὐθυμίαν τὴν
ἀνωτάτω, τὸ ὑπ᾽αὐτῶν τῶν χειρῶν τοῦ
θεοῦ τοῦ τὰ πάντα συστησαμένου διαπλα-
σθῆναι;
ἔπειθ᾽ ὅτι κατ᾽εἰκόνα γεγενημένος τοῦ
κτίσαντος δύνασαι πρὸς τὴν τῶν
ἀγγέλων ὁμοτιμίαν δι᾽ἀγαθῆς πολιτείας
ἀναδραμεῖν; ψυχὴν ἔλαβες νοεράν, δι᾽ἧς
θεὸν περινοεῖς, τῶν ὄντων τὴν φύσιν
λογισμῷ καθορᾷς,
σοφίας

---

2 gen. 2, 7   7 gen. 1, 26/27

---

1 id est *om.* β vl, et HJ   solum *om.* K²β** vl   animal *om.* β vl „*Editi cum aliquot Mss.* homo es in
terris, & ipsis Dei manibus formatus. *Duo codices addunt* solum *ante voces* in terris. *Editionis Basilianae
lectionem secuti sumus.*" (b)   et ips. *add.* Oβ** vl   q(uo)d cu(m) reliqu(a) animalia solo d(e)i p(rae)cepto
extiterunt homo manibus d(e)i ad ipsius imagine(m) factus est   R *in marg.*   2 divinis b gm   formatus
K²β**(-X) vl   non P   -ficere BNQXZ   3 et *om.* β v, ac(?) V   integrae R   4 -que *om.* KNOQ¹ ipsis
C β z   5 reliqua *om.* ω*   6 facit P   substinere Y   factus ω*(C?) [Li] KNOβ**(-V) Σ z, finctus LT
M¹ No P   est γ[Li] δ(-S) P   7 reformatus No, formatur P   8 creat.*transp.post* im. M gm   creat.]
dei (J²) creatus HJ   factus sis *add.* Σ   sis *om.* ε, pes P (!)   potest KNQ¹Z, possis ε   9 sponte et.
add. ε gm   etiam *om.* β z „*Edit.Basilii* potes sponte etiam ad Angelorum dignitatem *&c. ex qua paullo
post* conspicabili *pro* conspicabilis *scripsimus.*" (b)   Audi homo nec parvi pendas   R *in marg.*   ad
culmen ang. dign.que *transp.* CΛ   10-11 intelligentem K¹O², -legentiam K²NO¹   11 rationalem
ω*(C?) S   deum *om.* B, dominum γ   12 -bilis β vl   13 et sap. *add.* KNOQ²WY z

---

1 πρῶτον μὲν οὖν] πρῶτον μὲν [1532] *1* (-A² ¹⁸ Ev) *2* D²(9) P481(13); πρῶτον μὲν γάρ 6; πρῶτον μὲν
ὅτι P763(5)   7 *add.* καὶ *ante* κατ᾽εἰκόνα 1532 *1* (-A² ⁹ E1) *2* P763(5) D²(9) P481(13) s. RUDBERG
114 γενόμενος τοῦ κτίσαντός σε 1532 *1* ac *2 3 4* (-O⁷⁸) Ly P500, 763(5) M⁵(6) D²(9) O²V427(11)
P4811(13)

dass du ein Mensch bist, das heisst: das einzige Lebewesen auf Erden, das durch Gottes eigene Hände „gestaltet" worden ist (1. Mose 2, 7). Würde dies denn einem vernünftig und richtig Denkenden nicht schon allein zum vollen Trost genügen, dass du durch die Hände Gottes selbst, der alles übrige allein durch das Gewicht seiner Vorschrift hat entstehen lassen, als Mensch erschaffen und gestaltet worden bist? Sodann auch, dass du, weil du „nach dem Ebenbild Gottes" (1. Mose 1, 26) bist, sogar zur Würde und zum hohen Stand der Engel hingelangen kannst? Denn du hast eine geist- und vernunftbegabte Seele erhalten, so dass du durch sie Gott erkennen und das Wesen der Dinge mit dem hellsichtigen Verständnis deiner Vernunft betrachten kannst.

---

zu 2: Auch hier (vgl. 45, 6; 47, 16) ist *manus* ein römischer Zusatz.

zu 5: Mit seinen Zusätzen (*reliqua praecepti solius auctoritate*) arbeitet R. die Idee der Einzigartigkeit einer ‚persönlichen' Erschaffung und Gestaltung des Menschen schärfer heraus. Vgl. TERT. res. 5, 6 CCL 2, 927.

zu 6-7 *fictus* (*factus*; *finctus*)/*formatus*: Die Varianten sind o. S. 21 verzeichnet; *finxit* bietet TERT. res. 5, 6, 31 (vgl. vorher 5, 4, 19 *figulatio*!), *formatus* je 1x AMBR. und AVG. – Vgl. auch AVG. civ. 13, 24, 1-34 CCL 48, 408.

zu 7-8: *sis* allein (ohne *factus, creatus*) scheint auffällig; war der Archetyp hier schadhaft? ε liest: *possis* (ohne *sis*) *sponte etiam...*– Diese gen.-Anspielung findet sich auch o. 21, 6-7 (εἰκών >*imago*; *facti*, wie hier in Σ) und u. 81, 11-12 (ὁμοίωσις, bei B. allein, >*imago ac similitudo*). Der Begriff *sim.* ist dynamischer als *im.*: Orig.princ. 3, 6, 1 S. 280, 6-17 (642G-K, mit Anm. 5); HCreat. 1 GNO Suppl. S. 27, 10 - 33, 3 (dem Hinweisen von HÖRNER). Die Differenzierung ist vor-eusebianisch; wie sich ergibt aus Clem.Al. *Strom.* 2, 22, 131, 6 GCS 15, 185, 25 (= SC 38, 133); vgl. Iren. *Adv.Haer.* 5, 6, 1, 26-41 SC 153, 76. Vgl. A. MEREDITH, The Concept of Mind in Gregory of Nyssa and the Neoplatonists, in: Studia Patristica 22, Leuven 1989, 38-39 (auch zu B. und Orig.); konzentrierter Überblick: Mario NALDINI, „Immagine" e libertà, Note di antropologia cristiana, in: Cristianesimo Latino e cultura Greca (→Einleitung *p.* VI *n.* 13) S. 19-35, bes. 22; 27-31.

zu 9 ἀγγέλων ὁμοτιμίαν: Vgl. – ausser Matth. 22, 30; Marc. 12, 25 ὡς ἄγγ., hellenisiert bei Luc. 20, 36 ἰσάγγελοι – psalm. 8, 6LXX und B. *Hex.* 9, 6 S. 159, 20-21 πρὸς τὴν τῶν ἀγγέλων ἀξίαν ἀνάγεται. →Otto BETZ, Isangelie, RAC 18, 1998, 945-976, auch Otto MERK – Martin MEISER, JSHRZ II 5, 1998, 796. – Die Lesart *sponte* (ε gm) ist theologisch nicht gleichgültig: angesichts von δι' ἀγαθῆς πολιτείας könnte sie alt, ja richtig sein! – Vgl. HCreat. 1 GNO Suppl. S. 30, 4-6: δύναμιν δὲ δοὺς πρὸς τὸ ὁμοιοῦσθαι θεῷ ἀφῆκεν ἡμᾶς ἐργάτας εἶναι τῆς πρὸς θεὸν ὁμοιώσεως, ἵνα ἰσάγγελος ᾖ τῆς ἐργασίας μισθός (mit Anm.von HÖRNER).

zu 10: *intellectualis* (<νοητός) bei R. Adamant. 3, 4 S. 52, 19; 21Bu; mehrfach in Orig.princ., z.B. 1, 1, 2 S. 18, 8 (102G-K); 1, 1, 5 S. 20, 20 (108G-K); 1, 1, 9 S. 27, 10 (120G-K); 2, 9, 1 S. 164, 11 (400G-K) neben *rationabilis*, wie auch Clement. 8, 16, 5 S. 226, 25. Vgl.(betreffend AVG.) O'DALY 7 und Delphine VYNS, La Sentence XV du *Liber XXI sententiarum* (CPL 373) de Saint Augustin, Augustiniana 48, 1998, 231-252, bes. 246-247. – ἀνατρέχειν ist ein Leitwort der Neuplatoniker: s.u. zu 81, 12.

zu 10 - 69, 6: Hiezu vergleicht GRONAU 284-285 CIC. Tusc. 1, 65; 68-9; nat.deor. 2, 147; u.a.

zu 11: *rationalis* (αγ) lässt sich bei R. fast nicht nachweisen (Orig.in exod. 3, 3, 34 S. 166, 12 SC 321, 100 ist ein spezieller Fall; Orig.in cant.prol. S. 77, 3 bietet -*nalem locum*); *rationabilis* ist jedoch häufig (20x bei St, 9x bei Si) – mit *anima*: symb. 37, 48 S. 173, mit *v.l.* ‚*rationalis*'; ebenso Basil.reg. 2, 44 S. 15. Mehrfach an der typischen Origenes-Stelle R. Orig.in exod. 2, 2 S. 156 (SC 321, 74): ... *celsiora docet et rationabilibus doctrinae pennis in altum volare provocat animos.* – Zur Differenzierung der Termini s. AVG. ord. 2, 11, 31 CCL 29, 124-125. – S. auch u. zu 75, 4-5.

zu 11-12: Möglicherweise denkt B. hier auch an Rom. 1, 20 (νοεῖν, καθορᾶν). Die lateinische Formulierung ist wohl nicht unabhängig von CIC. Tusc. 1, 70 *deum agnoscis (ex operibus eius).* – *conspicabilis*: Gemäss Thes. *s.v.* mehrfach bei HIL.; für R. noch Orig.princ. 4, 3, 15 S. 347, 11 (778G-K) *mente sola c.*

dulcissimis fructibus tibi perfrui praesto est.
omne tibi cedit animantum genus, quae per
convexa montium vel praerupta rupium aut opaca silvarum <...>, omne, quod vel aquis tegitur
5 vel *praepetibus pennis* in aera suspenditur,
(39LC) omne, inquam, quod huius mundi est, servitio
et subiectioni tuae liberalitas munifici conditoris indulsit. nonne tu sensu tibi rationabili
suggerente diversitates artium repperisti?
10 nonne tu urbes condere omnemque earum
reliquum usum pernecessarium viventibus
invenisti? nonne tibi per rationem, quae in te
est, mare pervium fit, terra, flumina fontesque
tuis vel usibus vel voluptatibus famulantur?
15 nonne aer hic et caelum ipsum atque omnes
stellarum chori vitae mortalium ministerio

δρέπῃ καρπὸν τὸν ἥδιστον.
πάντα μέν σοι τὰ χερσαῖα ζῷα, ἥμερά τε καὶ
ἄγρια,
πάντα δὲ τὰ ἐν ὕδασι διαιτώμενα καὶ
ὅσα τὸν ἀέρα διαπέταται τοῦτον,
δοῦλά ἐστι καὶ ὑποχείρια.

οὐ σὺ μέντοι τέχνας ἐξεῦρες καὶ
πόλεις συνεστήσω καὶ
ὅσα ἀναγκαῖα καὶ
ὅσα πρὸς τρυφὴν ἐπενόησας;
οὐ βάσιμά σοι τὰ πελάγη διὰ τὸν λόγον;
οὐ γῆ τε καὶ θάλαττα ὑπηρετεῖ
τῷ βίῳ τῷ σῷ;
οὐκ ἀὴρ καὶ οὐρανὸς καὶ ἀστέρων
χορεῖαι σοὶ τὴν ἑαυτῶν ἐπιδείκνυνται

2-3(lat.) VERG. Aen. 1, 607-608 (*montibus... convexa*) **5** CIC. carm.frg. 20, 9Mo-Bue-Bl (= Marius frg. 3, 9Sou); VERG. Aen. 6, 15

---

1 tibi *om.* ω* ω**(- S) gm perfr. *om.* Λ, perfruenti S praesto *om.* δ est *om.* ω** tibi omne *inv.* M[P1] gm, *om.* S omne *om.* δ **2** animantium ω*(-G) β Δ M[P1] gm z, -matum No¹ R Σ, -arum H?J? quod Oβ**(-V) P R² z vagantur per *add.* Σ **3** -vexas P **4** currunt silv. *add.* α *lacuna*] fertur *suppl.* b, feruntur *suppl.* (P2) gm „*Addidimus* fertur, *ne suspensa stat praesens sententia, omnino necessarium: cui additioni favet edit.Basilii, in qua legitur* quae *pro* quod, *&* feruntur *pro* fertur, *ac post pauca* liberalis munificentia conditoris.“ (b) vel quod *inv.* ω*β(-V) δ vl **5** perpetuis K¹, perpetibus N v sustollitur CΛ q(uo)d om(ni)a quae mundi s(unt) d(eu)s homini subdid(it) R *in marg.* **6** inquam *om.* CΛ modi C(?)Λ K¹NO **7** liberalitatis A¹, libertas HJ, liberalis ε gm munificentia ε gm **8** tibi se. *inv.* β z **9** suscepisti HJ **11** usum *om.* C, us.rel.*inv.* Λ utentibus CΛ **12** tibi *om.* δ **13** fit] est δ **15** datque P **16** mort.] tuae δ (*ex graeco* ?)

---

12 ἐν πελάγει 2 (-P³ Ri Va) 3 5 (-C50 M57 P763) 7 O²V427(11) 14 (-O¹⁰) **13** *om.* τε 1532 1 2 3 4 5 (-C50 M57) M⁸(8) M255(9) O²V413, 427(11) P⁴P489(12) **16** *add.* δι᾽ *ante* ἑαυτῶν A¹⁴(1) 2 3 (-O¹¹ V468) 4 (-O⁷⁸) Ly(5) O²V427(11)

Es ist dir gegeben, höchst angenehme Früchte der Weisheit zu geniessen. Jede Gattung von Lebewesen steht dir nach, die „durch Bergeshöhen", Felsenklüfte oder Waldesschatten (streifen), jede, die entweder von Wasser zugedeckt wird oder sich „mit schwingenden Federn" in die Lüfte erhebt (nach Vergil). Jede Gattung – ich wiederhole –, die zu dieser Welt hier gehört, hat des gebefreudigen Schöpfers Grossmut der gehorsamen Dienstpflicht gegenüber dir zugeteilt. Hast du nicht auf Anregung deines vernunftbegabten Sinnes verschiedene Künste entdeckt? Hast du nicht herausgefunden, Städte zu gründen – und überhaupt ihren ganzen Gebrauch, der für die Lebenden unabdingbar ist? Wird dir nicht dank der Vernunft, die in dir ist, das Meer zugänglich, dienen nicht Land, Flüsse und Quellen entweder deinem Nutzen oder Vergnügen? Bewahren nicht diese Luft hier, der Himmel selbst und alle Reigen der Sterne zum Dienst am Menschenleben die Ordnung ihres Laufs?

---

zu 1: Doppeltes *tibi* ist in § 6 häufig: 61, 9-10; 67, 5-6; 69, 13-14. – *praesto est* mit Dativ: oben 61, 9; R. Basil.hom. 1, 5 1731A (17, 18LC); ohne Dat. ebenda 1731C (18, 13LC), auch hom. 3, 6 1751B (59, 15LC).

zu 2-6: Vgl. wiederum (s.o. zu 63, 9) LXX psalm. 8, 7-9 (πρόβατα... βόας... κτήνη... πετεινά... ἰχϑύας). → Verf., Beobachtungen 166-167 und Carla Lo Cicero, Monti, rupi e selve: Rufino tra Gerolamo e Ambrogio, RFIC 134, 2006, 333-339.

zu 2-3: *tibi omne* (M [P1]gm) ist kaum richtig: vgl. den griechischen Text und die Anaphern in Z. 4 und 6.– Die dichterische Färbung ist evident: → Carla Lo Cicero, RPL 21(= NS 1), 1998, 183 A.12, R.G. Austin zu Verg. Aen. 2, 332 und W.B. Anderson zu Liv. 9, 3, 1. Ähnlich R. Basil.hom. 1, 4 1730A (r: 15, 16LC): *opaca nemorum et amoena virentium*. – *praeruptus*: Verg. Aen. 1, 105. – *opaca locorum*: Aen. 2, 725; *o.viarum*: 6, 633. – Hier. folgt diesem Muster in epist. 22, 7, 4: *concava vallium, aspera montium, rupium praerupta* (vgl. Peter Stotz, HLSMA 4, X § 12,7 S. 450). – Orig.in num. 17, 4, 4, 259 S. 161, 2 (SC 442, 290) *incedentes per op. nemorum*.

zu 4: Nach *silvarum* ist eher eine Lücke als stilistische Ellipse anzunehmen: die von LC(r) im App.z.St. erwähnten Grammatiken kennen nichts wirklich Vergleichbares. *vagantur, currunt, feruntur* und *est et* (so V9 im App. von LC) sind hoffnungslose Versuche, das ausgefallene Verbum zu ergänzen.

zu 6: Mit *omne inquam quod* ergibt sich eine weitere Steigerung des rhetorischen Effekts gegenüber dem Original. – Der Zusatz von *hic mundus* ist nicht direkt als Paulus-Zitat (Col. 2, 8) zu werten, aber wohl doch als Anspielung auf diese im Westen verwendete Terminologie (dazu → Therese Fuhrer, ZAC 1, 1997, 291-301).

zu 8ff: Rhetorische Fragen beherrschen diese Partie, schon ab 63, 2; hier 4x *nonne*, <4x οὐ (jedoch mit anderer Aufteilung der Glieder; auch die Pronomina sind wirkungsvoll gesetzt: *tu... tibi / tu / tibi*. – Zum Begriff *sensus*, hier von R. ergänzt, vgl. Umberto Rapallo 1992, 259.

zu 10-11: *earum* bezieht sich – eher ungeschickt – auf *artium*. – *pernecessarius* auch R. apol.adv.Hier. 1, 11, 3 S. 44; Basil.reg. 9, 16; 22 S. 49.

zu 12 - 67, 1: → u. Appendix 3.

zu 13-14: *flumina fontesque* ergänzt R. – mit leicht dichterischer Färbung. Er holt hier den Gedanken der τρυφή nach (B. Z. 11 – logisch verknüpft mit den τέχναι von Z. 8): Denkt der Römer an Bäderluxus?

zu 15: Die Attribute (*hic – ipsum – omnes*) sind vom Übersetzer ergänzt. – Klimax. – ἀστέρων εὐτάκτους τινὰς χορείας nennt Aristoteles in Περὶ φιλοσοφίας *Frg.* 12b Ross als Zeugen für das Wirken eines Gottes; lateinische Parallelen zu unserer Stelle verzeichnet der Thes.s.v. ‚chorus' Sp. 1023, 53-69.

cursus suos atque ordines servant? quid ergo
deficis animo et deesse tibi aliquid putas, si
non tibi *equus* producitur *faleris* exornatus
et *spumanti* ore *frena mandens* argentea?

5 sed sol tibi producitur veloci rapidoque cursu
ardentes tibi faces caloris simul ac luminis portans. non habes aureos et argenteos discos:
sed habes lunae discum purissimo et blandissimo splendore radiantem. non ascendis
10 currum nec rotarum lapsibus veheris: sed
habes pedum tuorum vehiculum tecum
natum. quid ergo beatos censes eos, qui
aurum quidem possident, alienis autem pedibus indigent ad necessarios commeatus?
15 non *recubas eburneis lectis*: sed adiacent
tibi fecundi *caespites viridantes* et herbidi

τάξιν; τί οὖν μικροψυχεῖς,
ὅτι ἵππος σοι οὐκ ἔστιν
ἀργυροχάλινος;

ἀλλ' ἥλιον ἔχεις ὀξυτάτῳ δρόμῳ διὰ πάσης
ἡμέρας δᾳδουχοῦντά σοι τὴν λαμπάδα.
οὐκ ἔχεις ἀργύρου καὶ χρυσοῦ λαμπηδόνας,
ἀλλὰ σελήνην ἔχεις μυρίῳ σε τῷ παρ' ἑαυτῆς
φωτὶ περιλάμπουσαν. οὐκ ἐπιβέβηκας
ἁρμάτων χρυσοκολλήτων, ἀλλὰ
πόδας ἔχεις οἰκεῖον ὄχημα καὶ (34) συμφυές
σαυτῷ. τί οὖν μακαρίζεις τοὺς τὸ ἁδρὸν
βαλάντιον κεκτημένους καὶ ἀλλοτρίων
ποδῶν εἰς τὴν μετάβασιν δεομένους;
οὐ *καθεύδεις ἐπὶ κλίνης ἐλεφαντίνης*,
ἀλλ' ἔχεις τὴν γῆν πολλῶν ἐλεφάντων

3(lat.) VERG. Aen. 5, 310 (*equum phaleris insignem*)   **4** VERG. Aen. 4, 135 (*sonipes... frena...
spumantia mandit*); GERM. 212 (*spumanti mandit ore*)   **15** Amos 6, 4 (οἱ καθεύδοντες ἐπὶ κλινῶν
ἐλεφαντίνων καὶ κατασπαταλῶντες ἐπὶ ταῖς στρωμναῖς αὐτῶν; VET.LAT. ap.Tert. adv.Marc. 4, 15, 12
CCL 1, 580: *qui dormiunt in lectis eburnaceis et deliciis fluunt in toris suis*; VVLG.: *qui dormitis in
lectis eburneis et lascivitis in stratis vestris*)   **16-69,1(lat.)** VERG. Aen. 3, 304 (*viridi...caespite*); 5,
388 (*viridante toro... herbae*)

---

2 si *om.* ω*   **3** falleris Β Γ, phal. *edd.praeter* v   ornatus ω*   **4** spumantiore HJ¹   orem (*i.e.*
spumantiorem?) P   fr. mandit arg. BQV γ δ No(-det) P R Σ r, mandit arg.fr. KNO vl „*Editi* mandit
argentea frena: *quatuor Mss.* frena mandit argentea. *Placuit editionis Basilianae lectio cum plerisque
Mss.*" (b)   **7** habeo K, habens Σ   **8** te et *add.* ω* β ε No v rt   „*Edit.Ver.*(h) *cum plerisque Mss.*
purissimo te & blandissimo & *Codex Zenon.* irradiantem *pro* radiantem." (b)   **8-9** et blan. *om.* δ
9 ascendes R¹   **15** thoris (toris T R¹ r) ω *praeter* β No P lb   **16** tibi *om.* gm   fecund(a)e ΚΟβ**(-V)
vl   caespitis β No P R Σ vl rt (*fortasse recte*)   **16-69,1** herbithori B

---

2 οὐκ ἔστιν] οὐχ ἔπεται 1b O⁷⁸(4) C50 M57(5) 6 8 D⁷ ¹¹ P1162 V413(11) *12* (-P⁴) C⁵(13)*14* (-E7 Si
O¹⁰) **3** *add.* ἢ χρυσοχάλινος *post* ἀργυροχάλινος O⁷⁸(4) M57 P500(5) 6 (-A³) BC F692(9) *10* D⁵⁷⁹(11);
add. χρυσοχάλινος ἢ *ante* ἀργυροχάλινος F¹³(5)   **16** ἐλεφαντίνων [1532, 1618] *1 2* (-A413) *3* O⁷⁸(4)
F³(5) A857(8) P⁴(12) O¹⁰(14)

Warum lässest du also den Kopf hängen und glaubst, es fehle dir etwas, wenn dir nicht ein Pferd präsentiert wird, das „mit kostbarem Zaumzeug" herausgeputzt ist und mit „schäumendem" Maul auf silberne „Zügel beisst" (nach Vergil)? Aber die Sonne wird dir präsentiert, die dir in schnellstem Lauf brennende Fackeln von Wärme und zugleich von Licht bringt. Du hast nicht goldene und silberne Teller: aber du hast den Teller des Mondes, der mit klarstem und angenehmstem Glanz erstrahlt. Du besteigst keinen Wagen und fährst nicht, auf Rädern gleitend: aber du hast das Gefährt deiner Füsse, das dir angeboren ist. Warum hältst du also die für glückselig, die zwar Geld besitzen, aber fremde Füsse brauchen für ihre notwendigen Bewegungen? „Du ruhst nicht auf Elfenbeinbetten" (Amos 6, 4): aber neben dir liegen „üppige grüne Rasenflächen" und blühende Lagerstätten, die mit

---

zu 2-3: Das durch griech.ὅτι gesicherte *si* fehlt in αγ: dort also ein früherer Beginn einer ‚Tirade' mit 5x *non-sed* (Z. 7 – S. 69, 4-5) <5x οὐ(κ)-ἀλλά. – ἀργυροχάλινος: Philostr. *VS* 1, 25, 2. – Zur Schreibweise *f-* statt *ph-* s. BAMMEL, JThS IV (VII), 364-366; 370; oben 51, 14 (*ph/fariseum*); 61, 5 (*colafis*). *faleris* bietet auch Vergils Codex Palatinus (*saec.IV / V*). Zur Variante *falleris* vgl. AMBR. in Luc. 2, 53: *phalerare* (wohl *fal-*) neben *fallere*.

zu 4: *mandens* (so α ε) ist (*pace* LC) gewiss richtig; der Parallelismus *producitur... mandens / producitur... portans* ist beabsichtigt. – Als zeitgenössische Parallele wäre noch SEDVL. zu nennen, carm.pasc. 4, 295-96: ... *terga equi, faleris* (I. HUEMER im App.: „plerique")*qui pictus .../ ora cruentatum mandentia concutit aurum.*

zu 5-9: Vgl. Max.Tyr. 13, 6d S. 163KONIARIS (= S. 114 Z. 132-136TRAPP): ἄνθρωποι δὲ εἰς τὸν οὐρανὸν ἀφορῶντες... ὁρῶσιν τὸν τοῦ Διὸς περιλαμπῆ οἶκον, οὐ χρυσοῖς (καθ᾽ Ὅμηρον) κόσμοις καὶ κόροις δᾷδας μετὰ χεῖρας φέρουσιν λαμπόμενα, ἀλλὰ ἡλίῳ καὶ σελήνῃ... καταφεγγόμενον (die Anspielung auf Hom. *Od.* 7, 100-102 ist bei B.nicht mehr fassbar).

zu 5 - 69, 6: Es besteht wiederum eine auffallende Ähnlichkeit mit AMBR. hex. 6, 8, 52 S. 396-98Ba: *aurata laquearia* (vergilisch!) gegenüber *caeli facies stellis insignita fulgentibus – auratorum lychnorum lumen* gegenüber *inlustrior luna – solis calorem – qui alienos pedes requirunt – eburneis lectis* (!) *accumbere – toros graminum – dulcis requies, suavis somnus.* (Vgl. COURCELLE 121-122; B. *Hex.* bietet keine Entsprechung!).

zu 7: *discus* erklärt der Thes.*s.v.* Sp. 1370, 62 als „*genus escarii i.q. lanx* „; hier vielleicht eine Fehlübersetzung von λαμπηδών „Leuchte"? Das Wortspiel λαμπάς / λαμπηδών geht verloren – zugunsten des „Mondtellers" (Z. 7 / 8). – *habes*, nur noch Z. 8 /11 – die Anaphorik von ἔχεις reicht weiter: Z. 5; 7; 8; 11; 16; S. 69, 5.

zu 8-9: Auch hier findet sich vergilische Färbung: *radiantis imagine lunae* (Aen. 8, 23). – Transitives *radiare* (LC) ist problematisch, obschon *radiati (divina luce)* vorkommt: R. Greg.Naz.orat. 3, 10, 3 S. 120, 15 (<σε... περιλάμπουσαν). – Betr. Vergil-Anspielungen s.o.zu 65, 2-3 und u. zu 69, 4-5.

zu 10: Vgl. E.*Ph.* 2 χρυσοκολλήτοισι ἐμβεβὼς δίφροις (Helios im Sonnenwagen) und Jul.*Or.* 2 50d.

zu 12-13: Der „dicke Beutel" des Originals wird in der Übersetzung wenig plastisch mit „Gold" wiedergegeben.

zu 13-14: Vgl. PLIN. nat. 29, 19 *alienis pedibus ambulamus* (Hugo BEIKIRCHER, MH 56, 1999, 118: „eine geradezu klassische Formulierung, die auf unsere moderne Zivilisation in noch weit höherem Masse zutrifft").

zu 15: R. hat dieses Amos-Zitat auch: Greg.Naz.orat. 8, 19, 5 S. 259, 9 *qui resolvuntur in eburneis lectis.*

zu 16: *viridare* hat R. auch Greg.Naz.orat. 7, 9 S. 219, 15. – Hier (bis S. 69, 4) steckt wohl ein kynischer Topos; man vergleiche etwa Ps.SEN. Herc.Oet. 644-647: *caespes Tyrio mollior ostro / solet impavidos ducere somnos; aurea rumpunt tecta* (*texta* AXELSON; ZWIERLEIN – zu Recht verteidigt Margarethe BILLERBECK die Überlieferung: Historia Testis, FS T. Zawadzki, Fribourg 1989, 117-118, mit Hinweisen auf SENECA-Parallelen zum ψόγος gegen Luxus) *quietem / vigilesque trahit purpura noctes.*

tori florum varietate melius quam fucatis coloribus *Tyrii muricis picti,* in quibus dulces et salubres somni nullis (1742A) *curarum morsibus*
effugantur. non te contegu*nt *aurata laquearia:*
5 sed caelum te contegit ineffabili stellarum
fulgore depictum. haec quidem, quantum ad
communem humanitatis pertinet vitam; accipe
(40LC) vero maiora: propter te deus in hominibus,
spiritus sancti distributio, mortis ablatio, re-
10 surrectionis spes; propter te divina praecepta
hominibus delata, quae te *perfectam* doceant
vitam et iter tuum ad deum per mandatorum
tramitem dirigant; tibi panduntur *regna* caelorum, tibi *coronae iustitiae* praeparantur, si
15 tamen labores et aerumnas pro iustitia ferre
non refugis.

τιμιωτέραν καὶ
γλυκεῖαν ἐπ᾿(213A) αὐτῆς τὴν ἀνάπαυσιν,
ταχὺν τὸν ὕπνον καὶ μερίμνης ἀπηλλαγμένον.
οὐ κατάκεισαι ὑπὸ χρυσοῦν ὄροφον,
ἀλλ᾿οὐρανὸν ἔχεις τοῖς ἀρρήτοις τῶν ἀστέρων
κάλλεσι περιστίλβοντα.
ταῦτα μὲν δὴ τὰ ἀνθρώπινα·
τὰ δὲ ἔτι μείζω. διὰ σὲ θεὸς ἐν ἀνθρώποις,
πνεύματος ἁγίου διανομή, θανάτου
κατάλυσις, ἀναστάσεως ἐλπίς, θεῖα προσ-
τάγματα τελειοῦντά σου τὴν ζωήν,
πορεία πρὸς θεὸν διὰ τῶν ἐντολῶν,
βασιλεία τῶν οὐρανῶν εὐτρεπής,
στέφανοι δικαιοσύνης ἕτοιμοι
τοὺς ὑπὲρ τῆς ἀρετῆς πόνους
μὴ ἀποδράντι.

1(lat.) VERG. Aen. 1, 708 (*Tyrii... convenere; toris iussi discumbere pictis*); 4, 206-207 (*pictis... toris*)
2 VERG. Aen. 4, 262 (*Tyrio... murice*)   **3** OV. Pont. 1, 1, 73   **4** VERG. Aen. 1, 726 (*laquearibus aureis*);* PERS. 3, 40 (*auratis... laquearibus*)   **9** Hebr. 2, 4; I Cor. 15, 26 (*destruetur mors*)   **11** Matth. 19, 21 (*perfectus esse*)   **13** Matth. 25, 34 (*paratum vobis regnum*)   **14** II Tim. 4, 8

1 thori ω *et edd. praeter* T No¹ P R¹ b rt   mel.fugati (fucati R² Σ) quam col. R   fucati G   **2** murificis P   dulcis P   **3** somnii β*(-B) L   **4** aurea Λ, aureata YZ   **5** -teget No, -tingit P   -fabilis BNQX, -fabile P   **5-6** fulg.st. *inv.* (P1)gm   **6** pictum NO v, depinctum Y   hoc KO, et haec *add.* α(Λ?)
7 -munis utilitatis pertin. β z „*Edit. Basilii:* ad communem humanitatis attinet vitam." (b)   pertinent GH No, attinet M gm   Non bona qua... (*10 fere litterae*) X *in marg.*   **9** distributiones No   conditio (*add.*) mortis ablata R, -dicio m. albata Σ (!)   ablactio Q, abla W, oblationem No¹, oblationes No², oblatio gm   **11** homini R Σ   data KNO¹, dilata P   te *om.* δ   **12** iterum ω* (C?) [Li] KNO S P, iturum T   **13** ad...(?) X *in marg.*   **14** corona(-ne v) iust. -paratur α v   Admonitio perseverantiae R *in marg.*

---

8 δὲ ἔτι] δ᾿ἔτι s. RUDBERG 115   **13** *om.* τῶν (*ante* οὐρανῶν) *1* bc *2 3 4* (-O⁷⁸) *5* (-F¹³ M57) *6* (-Ha) E⁵(8) *13* εὐπρεπής A¹³ ²⁴ ²⁵ K³ B² E1 H18 M133(1) G²P³(2) *3* (-O¹¹) O⁸(4) P500, 763(5) *7* (-D¹⁰Pr4) H⁵La(8) M255(9) *10* (-D³) D⁵ ¹¹ O² V427(11) O^{EP}4 V1148(12) P481(13) *14* (-E²⁶ KL O³)

einer Vielfalt von Blumen besser „durchwirkt" sind als mit trügerischen Farben des „tyrischen Purpur" (nach Vergil) und auf denen ein süsser und gesunder Schlaf von keinerlei „beissenden Sorgen" (Ovid) vertrieben wird. Dich überdecken nicht „vergoldete Dächer" (Vergil, Persius): aber ein Himmel überdeckt dich, mit unaussprechlichem Blitzen der Gestirne verziert. Dies ist zwar, was sich auf das allgemeine Leben der Menschheit bezieht; vernimm aber noch Gewaltigeres: Deinetwegen ist Gott unter den Menschen, gibt es „Ausgiessung des heiligen Geistes" (Hebr. 2, 4), Vernichtung „des Todes" (1. Kor. 15, 26), Hoffnung auf Auferstehung; deinetwegen sind die Vorschriften Gottes den Menschen überbracht worden, dass sie dich ein vollendetes Leben lehren und (dir) deinen Weg zu Gott weisen auf der Fährte der Gebote; dir eröffnen sich „die Reiche" der Himmel (nach Matth. 25, 34), dir werden „Kronen der Gerechtigkeit" (2. Tim. 4, 8) in Aussicht gestellt, wenn anderseits du dich nicht scheust, für die Gerechtigkeit Mühen und Anstrengungen zu ertragen.

---

zu 1: *thori* (s. auch o. 67, 15 App.z.St.) ist wohl ein Pseudo-Gräzismus. St ediert 4x *t[h]orus*.

zu 2-3: Vgl. A.S. PEASE zu Aen. 4, 134 und 4, 262. – *libidinum morsus* hat R. Orig.in exod. 4, 8, 10 SC 321,140.

zu 4: Die GLOSS. erläutern *laqu.* als *caelum in domo.* STAT. silv. 4, 2, 31 spricht von *aurati... -aria caeli.* Die im Apparat erwähnten Dichterstellen (auch VERG. Aen. 8, 25 *laqu. tecti:* →o. zu 67, 8-9) finden ein reiches Echo bei AMBR., AVG. (z.B. in psalm. 127, 16: *tecta laqueata* gegenüber *caelum stellatum*), CYPR.GALL. und MAX. TAVR. (→Thes. *s.v.*). R. kannte CYPR. ad Donat. 15 CSEL 3, 1, 15: *auro distincta laquearia... pingamus... fucata...* – Zu den Vergil-Reminiszenzen ab S. 67, 3 s. auch Carla LO CICERO (→zu 65, 2-3) 182-185.

zu 5: Philip ROUSSEAU 163 spricht hier von „optimism in life". – Dem Endpunkt der grossen Anapher von B. (→zu 67, 7) entspricht eine kleine Anapher von R. (*contegunt...contegit*, mit Chiasmus).

zu 6: *depingere* findet sich auch R. apol.adv.Hier. 2, 28, 3 S. 104; diese Stelle hier im Thes.*s.v.* neben MANIL. 1, 445 *caelum depingitur astris.* – PPP < PPA.

zu 6-7: *quantum ad... pertinet:* →Umberto RAPALLO 1991, 113. – *accipe:* Diesen Sprachgebrauch, „souvenir peut-être de l'École et de ses disputes", erläutert Antoon A.R. BASTIAENSEN, Problèmes de texte et d'interprétation dans les traités *De sacramentis* et *De mysteriis* d'Ambroise de Milan, in: Nec timeo mori (Atti del congresso... Milano 1997), hgg. von L.F. PIZZOLATO – M. RIZZI (Studia Patristica Mediolanensia, 21), M. 1998, 545.

zu 8ff: Zunächst (bei B. wie bei R.) ein dreigliedriger Parallelismus; aber die lange asyndetische Aufreihung des Griechen übernimmt der Römer nur zum Teil; durch Ergänzung von *propter te* (in Anapher)... *tuum... tibi... tibi* (in Spitzenstellung statt Enklise) wird der (fiktive!) Hörer intensiver einbezogen (s.o. zu 61, 1ff). – Zur Interpretation des B. vgl. Mario NALDINI 207 A. 37.

zu 9: *ablatio* kennt R. Orig.in lev. 7, 3, 10 S. 380, 21(SC 286, 324), in einem Zitat (die Variante *obl.* ist natürlich häufig). – *abl.mortis:* AVG. c.Iul.op.imp. 2, 93.

zu 14: Zur Belohnung der Gerechten mit „Kränzen der Gerechtigkeit" s. auch Richard REITZENSTEIN, Die hellenistischen Mysterienreligionen, 3. Aufl. 1927 (Nachdr. Darmstadt 1956), 258. – Die „Siegeskränze" bilden den ‚krönenden' Abschluss dieses Paragraphen (s.u. zu 16).

zu 16: Nach *refugis* lässt LC die Satzperiode – über die Paragraphengrenze hinweg – weiterlaufen; dem widerspricht, dass B. nach der langen asyndetischen Reihe (→o. zu 8ff) nun wieder zu vollständigen Verbalsätzen übergeht. Die traditionelle Abschnittbildung (auch RUDBERG) hat ihren guten Sinn.

7. Et, si *attendas tibi*, horum plura invenies
et maiora nec deficies animo ad aerumnarum
praesentium tolerantiam, dum ad futura praecepti huius eruditione sustolleris. sed ne
5   illa quidem parte te incommonitum praeteribo.
si quando te, id est mentem tuam, iracundia
exasperat et stimulis immorantis aegritudinis
intumescis, cum rabidus *dentium stridor*, genarum pallor, tremor labiorum <...>, cum totus
10   denique ferinos agis motus, si *attendas tibi*,
id est, si recorderis praecepti, iracundiam
quidem velut equum indomitum et ferocem
divini sermonis ictu <velut> verberibus continuo coercebis, linguam vero protinus ab in-
15   solentia refrenabis et manus nequaquam ad

Ἐὰν *προσέχῃς σεαυτῷ*, ταῦτα καὶ ἔτι πλείονα εὑρήσεις περὶ σεαυτόν· καὶ ἀπολαύσεις
μὲν τῶν παρόντων, οὐ μικροψυχήσεις δὲ πρὸς
τὸ ἐνδέον. πανταχοῦ σοι παριστάμενον τὸ
παράγγελμα μεγάλην παρέξεται τὴν βοήθειαν. οἷον, ὀργή σου τῶν λογισμῶν κατεκρά-
τησε, καὶ ἐκφέρῃ ὑπὸ θυμοῦ πρός τε ῥήματα
ἀπρεπῆ καὶ πράξεις χαλεπὰς καὶ θηριώδεις;

ἐὰν *προσέχῃς σεαυτῷ*,
καταστελεῖς μὲν τὸν θυμὸν
ὥσπερ τινὰ πῶλον ἀπειθῆ καὶ δυσήνιον,
τῇ πληγῇ τοῦ λόγου οἱονεὶ μάστιγι
καθαπτόμενος. κρατήσεις δὲ καὶ γλώσσης,
τὰς δὲ χεῖρας οὐκ ἐπαφήσεις τῷ παροξύναντι.

8(lat.) Matth. 25, 30; Luc. 13, 28

ω* = α(ACΛ) + γ(ΓGHJ[Li])   ω** = δ(ΔLST[P2]) + ε(ΘM[P1])   β = β*(BKNOQZ) + β**(VWXY) No
P R Σ

---

1 attendis β(-VY) δ[P2] M[P1]P R Σ z rt, -tenderis V, -tendisti Θ   **2** deficis δ(-S)   **3** dum] et S,
om. δ   **4** sustuleris KX¹   **4-5** ne (*om.* B) in illa β γ No R Σ z r(*de* P *dubitatur:* ne ill.*vel* in ill.), nec
i.i. α   **5** -munitum AΛ S   **6** Preceptum salubre ad repellenda(m) iram   R *in marg.*   **7** habitus
iracundi K *in marg.*   immorantibus Γ, ignorantis R Σ   **8** intumescit P Σ   **10** mot.ag.*inv.* [P1]gm
11 si *om.* β*VY z   **12** quidem *om.* CΛ   **13** divinis BVW   ictum α β(-N²) γ(-Γ) S ε[P1] z, *om.* R
Σ   <velut>] ac No, <tamquam> *add.* Sc.Mariotti rt   verberibusque Δ²   **14** coerceris B, coibebis R

---

2 *add.* τούτων *post* πλείω(-ονα) E1(1) 4 (-O⁷⁸) 5 (-F¹ M57 P500) M⁵(6) 7 14   **14** *om.* καί A¹⁴ B82
E1(1) 2 3 (-O¹ ¹¹ V468) O⁷⁸(4) Ly M57(5) M⁵(6) D¹⁰ Pr4(7) L³ M⁸(8) V1148(12) P481(13)   **15** *add.*
σου *post* χεῖρας 5 (-C50 P763) 9 (-BC) 10 11 (-D⁵O² V427) P⁴(12)   παροξύναντι] παροξύνοντι 1
bc 2 (-A413) 3 (-O⁶⁹ V468) 4 (-Ti Ra) 5 (-Ly P763) 6 (-Ha) K²(8) 9 (-Pa F692) D⁴⁶(10) D⁹ ¹¹ V413
P1162(11); πλήξαντι A²(1)

Wenn „du achtgibst auf dich", wirst du auch noch mehr und Gewaltigeres finden als dies und den Kopf nicht hängen lassen vor dem Ertragen der gegenwärtigen Mühen, indem du dich aufgrund der Lehre dieser Vorschrift zum Künftigen erhebst. Aber nicht einmal in jenem Bereich werde ich dich unvorbereitet im Stiche lassen. Falls dich, das heisst: deinen Sinn, einmal Jähzorn packt und du aufbrausest durch die Stachel eines in dir sitzenden Unmuts, wenn rasendes Zähneknirschen, Erbleichen der Wangen, Zittern der Lippen <dich erfassen>, wenn du schliesslich gänzlich bestialische Regungen zeigst – falls „du achtgibst auf dich", das heisst: falls du an die Vorschrift denkst, dann wirst du den Jähzorn wie ein ungezähmtes, wildes Füllen mit einem Schlag der Gottesrede wie mit Geisselhieben sofort in die Schranken weisen, die Zunge aber sogleich von Frechheit zurückhalten und die

---

zu 1: *horum* entspricht der B.-Variante τούτων.

zu 1 / 10: ἐὰν προσέχῃς σεαυτῷ ist markant anaphorisch (vgl. 73, 4; 75, 17); R. hat gewiss n i c h t variiert: also ist auch in Z. 1 der Konjunktiv zu bevorzugen (mit ω*).

zu 2: ἀπολαύειν hier und ἀπόλαυσις o. 13, 9 bleiben unübersetzt; der Gesichtspunkt ‚Genuss' ist z.B. wichtig bei Greg.Nyss. *Hom.opif.* 2 PG 44, 133.

zu 4: *sustollere* „emportragen" ist VVLG. Is. 58, 14 belegt; vgl. etwa SEN. epist. 71, 25 *qui omnia rerum adversarum onera rigida cervice sustollat* oder MAX.TAVR. 70, 2 Z. 30 (CCL 23, 294) *qui* (= *boni mores*) *nos elevatos a terrae humilibus in caeli altiora sustollunt.*

zu 6-10: Mit ὀργή (und ἐπιθυμίαι, 73, 1) und den psycho-somatischen Zusammenhängen der Affekte (insbesondere in den rufinischen Zusätzen *pallor / tremor!*) sind wir nahe bei Poseidonios: →*Frg.* 154, 13E-K = 436TH., dazu Peter STEINMETZ, Die Stoa (→o. zu 45, 10) 691; vgl. Plot. 3, 6 [26], 3, 9 (ὠχριάσει); 20 (ἐπιθυμία); BEUTLER-THEILER verweisen ebenfalls auf Pos. Die rufinische Formulierung ist mit Sicherheit von SEN. dial. 3-5 (*de ira*) beeinflusst, bes. 3, 1, 3-4 (*labra, dentes, intumescere*); 4, 35, 5 (*stridor*); 5, 4, 1-2 (*pallere, trementia labra*): s. Carla LO CICERO, FAM 14, 1998, 177-182; Verf., Beobachtungen 167.

zu 7 / 14 ῥήματα / γλῶσσα: Aufbrausendes Reden soll vor allem von Mönchen gemieden werden: *Apophth. Patr.* 4, 24; 57; 65 (Rauch statt böse Worte!); R. Basil.reg. 8, 25 S. 44; 136 S. 165 (mit Bibel-Belegen).

zu 9: *genarum pallor*, neben *tremor*, klingt senecanisch: →SEN. Ag. 710-711 und 762 (R.J. TARRANT z.St.); vgl. VAL.FL. 2, 205 *genis pallentibus irae*. – *genae* bei R.: Orig.in cant. 2 S. 132B und 132C. – Dem *cum* -Satz, der in Z. 8 beginnt, fehlt ein Prädikat (*te occupant, rapiunt*, o.ä.) – wohl wiederum eine ‚lacuna'.

zu 11-12: R. stützt sich mit seinem Zusatz auf 73, 4. – πῶλον/*equum*: vgl. Max.Tyr. 1, 8e S. 15KONIARIS (= S. 11 Z. 254-56TRAPP): οἰκονομεῖ δὲ πῶλου μὲν θυμὸν χαλινός... ψυχὴν δὲ ἀνδρὸς λόγος.

zu 13: Das gewiss richtige *ictu* (<πληγῇ) ist relativ schlecht überliefert; der Fehler *-tum* ist allerdings nach *(indomi)tum* leicht verständlich. Vgl. u. 85, 11 (*ictu* als falsche δ-Variante). – Ein weiteres *velut* ist paläographisch überzeugender (*ve- ve-*), nahe Wortwiederholungen bei R. möglich: vgl. Basil.hom. 5, 4 1765B; 5, 7 1769AB; 5, 15 1779A; Greg.Naz.orat. 1, 12, 1 S. 15, 23/25; hist. 9, 10, 12 S. 845, 21 / 847, 2; apol.Orig. 150, 3 SC 464, 236 *in ordine criminationum iste fuerat ordo digestus* (dazu: Am-Ju 2, 142). Zudem liebt R. die *ve*-Allitteration: *vero velut* Basil.hom. 5, 6 1767C; *verborum versutias et velut* 5, 7 1769B.

zu 15: Man denkt an die Weisung Jesu, die andere Backe hinzuhalten: Matth. 5, 39; Luc. 6, 29. – Das Aorist-Partizip von B. scheint bei R. zu einem PP(räsens)A geworden zu sein (vgl. o. 3, 16; 27, 10-11); doch vgl. die Variante bei RUDBERG.

ultionem irritantis extendes. si quando vero
obscenae concupiscentiae illecebrosis animam
suggestionibus vexant et praecipitem eam in
luxum libidinis rapiunt, si *attendas tibi* et recor-
5 deris huius praecepti, invenies, quia praesens
ista dulcedo libidinis ad finem amarissimum
vergit, et iste, qui nunc carni nostrae incubat
luxus, generabit ex se pervigilem suppliciorum
vermem perpetuae ultionis poena conscientiam
10 fodientem. sed et calor iste desiderii carnalis
fervorque libidinis temporalis *aeternos gehen-*
(41LC) *nae ignes* et ultricium flammarum perpetua pro-
mulgabit incendia. his cogitationibus mente
conceptis libido quidem penitus effugata dis-
15 cedet, admiranda vero quaedam quies et tranquillitas animae reparabitur, velut si inverecundarum protervarumque tumultus ac strepitus

πάλιν ἐπιθυμίαι πονηραὶ
ἐξοιστρῶσαι τὴν ψυχὴν
εἰς ὁρμὰς ἀκρατεῖς καὶ ἀκολάστους
ἐκβάλλουσιν. ἐὰν *προσέχῃς σεαυτῷ* καὶ μνη-
σθῇς, ὅτι τοῦτο μέν σοι τὸ παρὸν ἡδὺ εἰς πικρὸν
καταντήσει *πέρας,* καὶ ὁ νῦν ἐκ τῆς ἡδονῆς
ἐγγινόμενος (35) τῷ σώματι ἡμῶν γαργαλισμός, οὗτος γεννήσει τὸν ἰοβόλον *σκώληκα*
ἀθάνατα κολάζοντα ἡμᾶς ἐν *τῇ γεέννῃ,* καὶ
ἡ πύρωσις τῆς σαρκὸς μήτηρ γενήσεται *τοῦ*
αἰωνίου πυρός .

εὐθὺς οἰχήσονται φυγαδευθεῖσαι αἱ ἡδοναί,
καὶ θαυμαστή τις ἔνδον γαλήνη περὶ τὴν
ψυχὴν καὶ ἡσυχία γενήσεται, οἷον θερα-
παινίδων ἀκολάστων θορύβου

9(gr.: **8**); **11-12** Is. 66, 24; Sirach 7, 19(17LXX); Iudith 16, 21(17); Marc. 9, 42-47; Matth. 25, 41

---

1 irritantes P   -tendas B? Δ, -tendis Θ R Σ   **2** Preceptu(m) salubre ad repellendam libidinem R *in marg.*   **4** luxu S ε[P1], luxo(u)riam R Σ   **6** lib.dulc. *inv.* P   **7** mergit R Σ et si *add.* P no.car. *inv.* Λ, *om.* C   **8** generavit P   sese M R Σ   supervig. δ[-P2]   **9** -tua ultione [P1P2] M R² b gm „*Ita in eadem (scil.Basilii) editione: in nostris autem* (vl) perpetuae ultionis conscientiam." (b)   poena *om.omnes praeter* α, morsu Σ   -scientia δ(-S)   **11** aeternae R Σ v, -nus β*, -num β** lb   **12** ignis β* Γ Σ v, ignem β** lb   ultricum R Σ²   **14** absced. R Σ   **15** -cedat P, -dit β(-W) S v   miranda P **16** animi α R Σ

---

2 *add.* σου *ante* τὴν ψυχήν 1532 *1* (-A¹ ² ⁵ ²³ H18) *2 3* O⁷⁸(4) C50(5) E¹L¹ La(8) *10* D¹¹(11) O^EP⁴(12) N³O¹⁰(14)   **4** *add.* οὖν *post* ἐάν 1532 *1* (-B² B82 Ev) *2 3 4* (-O⁸) *5* (-M57 P500) *7* (-M³ C⁶) *10* D⁸P⁴ V1148(12) P481(13) *14*

Hände keinesfalls ausstrecken zur Rache an einem, der dich reizt. Falls aber einmal schändliche Begierden die Seele mit verlockenden Einflüsterungen plagen und sie jählings zu einem Schwelgen der Lust hinreissen, wirst du, wenn „du achtgibst auf dich" und dich an diese Vorschrift erinnerst, herausfinden, dass sich diese momentane Süssigkeit der Lust einem sehr bitteren Ende zuwendet, und dieses Schwelgen da, das sich jetzt unseres Fleisches bemächtigt, wird aus sich heraus einen äusserst wachsamen Straf-Wurm (Jesaia 66, 24; u.a.) erzeugen, der mit der Pein ewiger Rache am Gewissen nagt; und diese Wärme da des fleischlichen Begehrens, diese Hitze der zeitlichen Lust wird „ewige Höllenfeuer" (Mark. 9, 43; u.a.) und dauernde Brände rächender Flammen hervorbringen. Wenn diese Gedanken im Geist Fuss gefasst haben, wird die Lust, gänzlich in die Flucht gejagt, zwar weichen, aber eine gewisse wunderbare Seelenruhe wird sich wieder einstellen, wie wenn ein

---

zu 2: Zu ἐξοιστρεῖν verweist Lampe (u.a.) auf B. *HEbr.* [14], 4 PG 31, 452A (τῶν ἡδονῶν ἐξοιστρουσῶν) und Nem. *Nat.hom.* 30 S. 96, 4Mo (τὸ κάλλος τῆς πόρνης ἐξοίστρησεν… καὶ ὁ παροξύνας ἐκίνησε τὸν θυμόν), zu ἐξοιστρᾶν nur auf Synes. *Provid.* 15 PG 66, 1245C. Vgl. Calasanctius 128.

zu 7-13: Ähnlich (*supplicia; perpetuos ignes; gehennae poenas*), aber kaum direkt abhängig ist ISID. syn. 2,11 PL 83, 848A.

zu 8: Der ewig strafende σκώληξ aus Is. 66 findet sich zum Beispiel auch in der *Oratio catechetica* des Gregor von Nyssa: 40 GNO 3, 4, 106, 7 (PG 45, 105A) – die einzige Parallele bei Lampe *s.v.*; vgl. Friedrich Lang, ThWbNT 7, 1964, 452-457.

zu 9: *poena* (α) scheint unentbehrlich, verdeckt aber wohl nur eine alte Lücke; passed wäre *metu; morsu* (Σ) wäre ebenfalls denkbar (blosse Konjektur von Σ); auch M bzw. ε(- Θ) versuchte, dem Satz auf die Beine zu helfen (statt Genetiv Ablativ: *perpetua ultione*). – Vgl. AVG. c.Cresc. 4, 66 (→ Thes.*s.v.* ‚fod.‘ Sp. 994, 35) *cum eorum conscientia ipso flagitio foderetur.*

zu 10: *sed* hat jeden adversativen Gehalt verloren, auch u. 87, 6 und (z.B.) Clement. 8, 29, 2 S. 234, 22.

zu 10-13: R. steigert rhetorisch (*calor – fervor – ignis – incendia*); B. drückt sich kürzer, aber metaphorisch aus (μήτηρ). – *promulgare* ist hier sehr eigenartig verwendet (Burch, Thes.*s.v.* Sp. 1906, 32).

zu 14-15: *quidem… vero* ergibt sich hier (wie *qu.* … *autem* 67, 13) nicht aus einem μέν – δέ – Paar.

zu 15: Zur „neuplatonischen" ἡσυχία s. B. *EGNaz.*[2], 2 (1,6-8Court. = 1,34-36Hausch.): dazu Paul Henry, Études Plotiniennes I, Les états du texte de Plotin, Paris-Bruges 2. Aufl. 1961, 171, Dehnhard 47-49 und die Anmerkungen von W.-D. Hauschild S. 162-163; Rist (Toronto 1,205) spricht von „commonplaces", W. Theiler, ByzZ 41, 1941, 172 denkt an Porph.(→ *Sent.* 32 S. 34, 18La: ἡσυχίαν ἦγε παρόντος τοῦ δεσπότου; s.u.). Im Zusammenhang mit Selbsterkenntnis sagt Plot. 5, 3[49], 7, 13-15: νῷ ἡσυχία οὐ νοῦ ἐστιν ἔκστασις, ἀλλ᾽ ἔστιν ἡσυχία τοῦ νοῦ σχολὴν ἄγουσα ἀπὸ τῶν ἄλλων ἐνέργεια. – Das Wortpaar γαλήνη / ἡσυχία auch Gr.Nyss. *Hom.opif.* 1 PG 44, 132B. – Die Wirkung der ἐπιθυμίαι / ἡδοναί / ἀλγηδόνες auf die Seele begleitet Plot. 6, 4 [22], 15 mit einem politischen Bild: eine Volksversammlung mit ruhigen Greisen und unruhigem δῆμος (dazu die Herausgeber: „*idem fons ac* Verg. Aen. I 148-153"); vgl. auch Pl. *Lg.* 3, 689b. B. ersetzt dieses traditionelle Bild durch ein familiäres. – θόρυβος in der Seele: Pl. *R.* 7, 518a; *Smp.* 215e. – Der Pleonasmus *quies et tranquillitas* geht hier auf die griechische Vorlage zurück; vgl. R. Orig.in Rom. 9, 29, 5 S. 753.

famularum per adventum et praesentiam gravis
ac severae dominae comprimatur. *attende* igitur
tibi et intellege, quod animae tuae pars quidem
melior rationabilis est, pars vero irrationabilis et
5 passibilis. et illi quidem parti meliori naturaliter
praesto est imperare, huic vero inest famulari
et oboedire rationi. *attende* ergo *tibi*, ne forte
patiaris vinctam et dediticiam tradi irrationabilibus passionibus rationabilem mentem, neque in-
10 dulgeas adversum virtutem rationis vitia inso-
lescere et summam regni in sua iura dicionem-
que convertere.
si ergo horum singula quaeque diligenti examinatione consideres, satis superque sufficient
15 itineris vitae tuae rectum tibi tramitem demonstrare, qui te absque errore ullo usque ad ipsa
caeli regna perducat. denique, si *attendas*

κατασιγασθέντος δεσποίνης τινὸς
σώφρονος παρουσίᾳ. πρόσεχε τοίνυν
σεαυτῷ καὶ γνῶθι, ὅτι τὸ μὲν λογικόν ἐστι
καὶ νοερὸν τῆς ψυχῆς, τὸ δὲ παθητικόν τε καὶ
ἄλογον. καὶ τῷ μὲν φύσει τὸ κρατεῖν ὑπάρχει,
τοῖς δὲ τὸ ὑπακούειν τῷ λόγῳ καὶ καταπείθεσθαι. μή ποτε οὖν ἐάσῃς ἐξανδραποδισθέντα
τὸν νοῦν δοῦλον γενέσθαι τῶν παθημάτων·
μηδ᾽αὖ πάλιν ἐπιτρέψῃς τοῖς πάθεσι κατεξ-
αναστῆναι τοῦ λόγου καὶ εἰς ἑαυτὰ τὸ κράτος
τῆς ψυχῆς περιστῆσαι.

ὅλως δέ σοι ἡ ἀκριβὴς σεαυτοῦ κατανόησις
αὐτάρκη παρέξει χειραγωγίαν
καὶ πρὸς τὴν ἔννοιαν τοῦ θεοῦ.

ἐὰν γὰρ *προσέχῃς σεαυτῷ*, οὐδὲν δεήσῃ ἐκ

2 ac] et HJ   severae] verecundae (*cf. supra* 73, 15) ω (*praeter* β NoP) gm rt „*Eadem edit. Basilii habet*
verecundae dominae comprimatur." (b)   -primantur N¹Q¹   **4** rationalis α(-C) γ M²   est... et] deterior
est Σ, *om.* R   irrationalis A²Λ? γ M²   „*In editis et Mss.nostris alia interpunctione, et exigua mutatione:*
pars vero irrationabilis & passibilis illi quidem parti meliori naturaliter praesto est. Imperari huic, illi vero
inest famulari *&c. ubi edit.* Veneta (v), & illi quidem. *Secuti sumus editionem Basilii, cuius lectionem
probabiliorem judicavimus.*" (b)   **5** et *om.* β*(-V) P l   **6** est] et P   illi huic v. *add.* O², huic illi
v. *add.* β**(-V) vl   **7** forte te *add.* KNO¹   **8** victam Λ K ΔL P lb, vindictam ε[P1](Θ¹) „*Paullo
post* vinctam *pro* victam *in tribus Mss. cum eadem Basilii editione.*" (b)   dediti...iam   *rasura in* R,
r *in marg.* (*cf.infra ad p.* 79, 1)   **9** rationalem A γ(-G)   **10** adversus ω*(-Γ[-Li]) K   inolescere ω*
14 consideris P   sufficiet P   **17** de ho(mi)nis opificio vide p(e)r totu(m)   K *in marg.*

8 παθημάτων] παθῶν 1532 *1* (-H18) *2 3* O⁷⁸(4) P⁴(12) O³ ¹⁰(14)

Ergänzung zu S. 76:
zu 1 δέσποινα: Vgl. o. Porph. *Sent.* 32 S. 34, 18La (zitiert zu 73, 15); Calasanctius 168-69.

lärmender Tumult ungezogener, frecher Mägde durch das Eintreffen ihrer würdigen und gestrengen Herrin unterdrückt wird. „Gib also acht auf dich" und erkenne, dass der bessere Teil deiner Seele vernünftig ist, ein (anderer) Teil aber unvernünftig und den Leidenschaften ausgesetzt. Und jenem besseren Teil zwar ist von Natur aus gegeben zu herrschen, diesem aber ist es eigen zu dienen und der Vernunft zu gehorchen. „Gib deshalb acht auf dich", damit du nicht etwa erlaubst, dass der vernünftige Geist, gefesselt und völlig besiegt, unvernünftigen Leidenschaften überlassen wird, und du solltest nicht dulden, dass wider die Tugend der Vernunft Laster zur Gewohnheit werden und die Oberherrschaft usurpieren. Wenn du also davon alles im einzelnen mit genauer Prüfung erwägst, wird es, genug und übergenug, ausreichen, dir den richtigen Verlauf deines Lebenswegs aufzuzeigen, damit er dich, frei von jedem Irrtum, gerade bis zum Himmelreich führt. Schliesslich, wenn „du auf dich achtgibst", wirst du nicht

---

zu 3-6: *an. rationalis / irrat.* bei AVG.(u.a.) civ. 5, 11, 17; 7, 5, 14 CCL 47, 142; 190, teilweise nach VARRO. Zu den Begriffen bei AVG. und ihrer Herkunft → O'DALY 7-8; 12-13 (Varianten mit *-bi-* finden sich auch in Augustin-Handschriften). – Vgl. ferner AMBR. Abr. 1, 2, 4 und dazu (mit Parallelen und Lit.) Isabella GUALANDRI, Il lessico di Ambrogio: problemi e perspettive di ricerca, in: Nec Timeo Mori (→zu S. 69, 7), 280, und R. Orig.princ. 3, 4, 1 S. 264, 9 (604G-K, samt Anmerkungen!): *pars eius rationabilis... pars vero irrationabilis et ea quidem... in duos rursum dividatur affectus cupiditatis et iracundiae*; s.auch R. apol.Orig. 180 SC 464, 268 und dazu Am-Ju 2, 260.– Die Bewertung des vernünftigen Seelenteils als „besser" (Z. 4-5) ist eine Zutat R.s; eine weitere moralische Wertung, beim andern Teil, ist unwahrscheinlich (*deterior* nach *vero* in Z. 4: LC nach Σ, „*ex coniectura nimirum ortum*").

zu 5: *passibilis* für die Seele schon TERT. anim. 12, 3 CCL 2, 798 (wo auch *consortium* vorkommt); παθητικός > *p.* AMBR. hex. 2, 1, 2 CSEL 32, 1, 41, 18 und EVSTATH. Basil.hex. 2, 3, 2 S. 21, 15 (vgl. MAR.VICTORIN. adv. Arium 1, 22, 49); Christus ist *p.*: R. symb. 5, 39 S. 141(vgl. 5, 42); *homines*: Clement. 5, 2, 3 S. 166, 18; *corpus*: Orig.in num. 9, 7, 381 S. 64, 1 (SC 415, 381); *concupiscentia*: Basil.reg. 8, 18 S. 43; *amor*: Orig.in cant.prol. S. 62,2; *sensus*: ibid. 3 S. 195, 27. Das Adverb: hist. mon. 13, 3 S. 333: *affectus animae passibiliter moveri.* – κρατεῖν bei Nem. *Nat.hom.* 3, 135 wird von Heinrich DÖRRIE 80 auf Porph. zurückgeführt.

zu 6-8: Wie die Pluralform τοῖς zeigt, kennt B. drei Seelenteile; bei R. sind es lediglich zwei. Der Begriff *pars* erscheint nur im Lateinischen: B. verwendet (Z. 3-5) Fachausdrücke wie τὸ λογικόν... (zum Problem, ob von μέρη oder von δυνάμεις zu sprechen sei, s. PEROLI 243-246). – Schon Pl. spricht vom „Gehorchen" des irrationalen Seelenteils: *Tim.* 70a5; auch *Alc.* 130ab; dann CIC. rep. 3, 37; Orig. princ. 3, 4, 2 S. 267, 2 (610G-K); Nem. *Nat.hom.* 1, 61 S. 13, 20Mo; AVG. c.acad. 1, 2, 5; retract. 1, 1, 5. Vgl.(zu AVG.) auch O'DALY 56-57 und Therese FUHRER, Augustinus-Lexikon, 2, Basel 1999, 596. – Die δουλεία παθημάτων ist ein weit verbreiteter Topos: Belege bei LAMPE *s.v.* δουλεία 1 und δουλεύω 7; auch Gr.Nyss. *C.Eun.* 2 GNO 1, 258, 21. Anreger ist Pl.: R. 577cd.

zu 13-17: Wie Selbsterkenntnis zu Gotterkenntnis führt, erörtert Plot., u.a. 5, 3 [49], 7 (dort auch ἡσυχία). →Jean PÉPIN 100, mit Literatur; Werner BEIERWALTES 172-204; Basil STUDER (→o.zu 31, 1ff) 284-285.

zu 13: κατανόησις (auch u. 79, 2) ist ein platonischer Begriff (*Tim.* 82c, u.a.), den auch Plot. (5, 3 [49], 1; 4, 7[2], 10, 44) und Porph.(*Frg.* 274F 14 S. 310SMITH: ἐκ τῆς ἡμετέρας κ.) verwenden. Christliche Belege (nach LAMPE *s.v.*): Gr.Nyss. *V.Mos.* 46 GNO 7, 1, 22, 13 und (u.a.) B. *Spir.s.* 8, 18 FC 12, 124, 17.

zu 14: B.Hex. 1, 6 S. 11, 12 διὰ τῶν ὁρωμένων καὶ αἰσθητῶν χειραγωγίαν τῷ νῷ παρεχόμενος πρὸς τὴν θεωρίαν τῶν ἀοράτων; auch EVSTATH. muss umschreiben (1, 6, 3 S. 11, 5): *regens nos, ut ita dixerim, manu.* Zur Sache vgl. Basil STUDER (→o.zu 31, 1ff) 17.

zu 15: Die neuplatonische, mystische ἔννοια τοῦ θεοῦ von B., Ergebnis einer genauen Selbstprüfung, wird bei R. mit dem Bild des Lebenswegs konkretisiert; am Ende des Wegs steht bei ihm nicht Gott, sondern das Himmelreich. Dadurch vollzieht er eine wichtige Umwertung: von der Metaphysik zur Moral.

tibi, non re(1743A)quires, ut ex universae creaturae contemplatione conditorem eius agnoscas, sed in temet ipso velut quodam parvo ac
minori mundo deprehendes magnificam
5 creatoris tui sapientiam. incorporeum namque
et incomprehensibilem intelleges deum ex
ipsa anima, quae in te immortalis est, quoniam
quidem neque tua mens principaliter in loco
aliquo continetur, sed tantum ex consortio
10 corporis invenitur in loco. invisibilem esse
deum credes animae tuae substantia contem
(42LC) plata, quia ne ipsa quidem potest carnalibus
oculis intueri. neque enim color ei ullus aut
habitus est vel forma ei aliqua corporeae
15 descriptionis exprimitur, sed ex virtutibus

τῆς τῶν ὅλων κατασκευῆς τὸν δημιουργὸν
ἐξιχνεύειν, ἀλλ᾽ ἐν σεαυτῷ, (216A) οἱονεὶ
μικρῷ τινι διακόσμῳ, τὴν μεγάλην κατόψει
τοῦ κτίσαντός σε σοφίαν.
ἀσώματον ἐννόει τὸν θεὸν ἐκ τῆς ἐνυπαρχού
σης σοι ψυχῆς ἀσωμάτου, μὴ περιγραφόμενον
τόπῳ·
ἐπειδὴ οὐδὲ ὁ σὸς νοῦς προηγουμένην ἔχει τὴν
ἐν τόπῳ διατριβήν, ἀλλὰ διὰ τῆς πρὸς τὸ
σῶμα συναφείας ἐν τόπῳ γίνεται.
ἀόρατον τὸν θεὸν εἶναι πίστευε, τὴν σεαυτοῦ
ψυχὴν ἐννοήσας, ἐπεὶ καὶ αὐτὴ σωματικοῖς
ὀφθαλμοῖς ἄληπτός ἐστιν. οὔτε γὰρ
κέχρωσται οὔτε ἐσχημάτισται οὔτε τινὶ
χαρακτῆρι σωματικῷ περιείληπται, ἀλλ᾽ ἐκ

---

2 (gr.) Sirach 18, 4(LXX)   **3(gr.)** Porph. *Frg.* 274F 8 S. 310Smith (aus: Περὶ τοῦ Γνῶθι σαυτόν)

---

13 *post* color *deficit cod.* V (*i.e.*: β** = WXY)

---

1 requiris β*(-Q) ω** [P2 P1], -quire Q¹   ex *om.* HJ   ex ipsa *add.* CΛ   universa S No   **1-2** naturae
„*cod.Urbinas*" (b)   cont.creat.*inv.* CΛ   **2** creatorem δ[P2]   **3** sed ut *add.* R Σ   velut in *add. omnes*
(*praeter* β z)   **4** minore ω* R Σ rt, miro ε[P1]   -prehendis δ[P2], -prehendas ε[P1] R²   magnificam
om. ε gm   **5** tui *om.* CΛ   **6** q(uo)d d(eu)s incorporeus e(st) sicut anima et immortalis R *in
marg.*   intellegis β ω** P z   **7** in te *om.* R Σ quoniam... invenitur in loco (*l.* 10) *om.* ω*   quoniam]
quando Θ   **8** q(uo)d mens inlocalis e(st)   R *in marg.*   **9** continentur P   **10** esse] in te CΛ   q(uo)d
anima invisibilis est ut d(eu)s   R *in marg.*   **10-11** deum esse *inv.* [P2] R Σ   **11** credis β δ No P
R Σ vl   substantiae P   **12** quia ne] qui de P   nec β**(-V) Σ²   ipsam qu. potes β**(-X) lb   carn.pot.
inv. CΛ   **13** enim *om.* G Δ¹   ei col. *inv.* CΛ   ei] eius No P, *om.* Q² δ[P2]   ullus *om.* Δ¹ P   **14** ei]
et LT, ea Σ, *om.* Δ[P2]   al.ei *inv.* CΛ   **15** describtionis P   imprimitur α, exprobetur P

---

1 ὅλων] λόγων 2 (-P³ Ri Va) 3 C49(6) Ba¹²H²(8) D⁸V1148(12) P481(13)   **5** ἐννόει] νόει 1532 *1 2*
3 C50 Ly P763(5) 7 *12* (-Oᴱ) P481(13) *14* (-O¹⁰) s. Riedinger, Byzant.Archiv 12, 295.   **7** *add.* ἐν
ante τόπῳ [1532, 1618] *1* (-H18) 2 4 C50 Ly(5) P1162(11) P⁴(12) P481(13)   **11** *inv.* εἶναι τὸν θεόν
1532 *1 2 3 4 5* (-M57) 6 7 L²K¹²(8) *12* P481(13) *14*   **15** *inv.* σωμ.χαρ. 1532 *1 2 3 4 5* (-C50 M57)
6 K¹²(8) *12*; *om.* σωμ. *10*

danach fragen, aus der Betrachtung der ganzen Kreatur heraus ihren Schöpfer zu erkennen, sondern in dir selbst wirst du, wie in einem ganz kleinen Kosmos (nach Porphyrios, Fragm. 274F), die grossartige Weisheit deines Schöpfers erfassen. Denn du wirst den unkörperlichen und unergründbaren Gott erfahren gerade aus der Seele, die in dir unsterblich ist; denn dein Geist wird ja eigentlich nicht an irgend einem Ort umschlossen, sondern man findet ihn ‚an einem Ort‘ nur durch seinen Zusammenhalt mit dem Köper. Du wirst überzeugt sein, dass Gott unsichtbar ist, wenn du dir die Substanz deiner Seele anschaust, weil ja nicht einmal sie mit fleischlichen Augen betrachtet werden kann. Denn sie hat auch nicht irgend eine Farbe oder eine Gestalt, und es wird ihr nicht eine feste Form körperlicher Umgrenzung zugeschrieben, sondern sie wird nur kenntlich aus ihren guten

---

zu 1 κατασκευή: →o. zu 21, 10. – δημιουργός: Vgl. B. *EAmph.* [235], 1 (3,44Court. = 3, 68Hausch.) ἡ ἔννοια ἡ περὶ τοῦ ὅτι ἐστὶ θεός, ταύτην ἐκ τῶν δημιουργημάτων συνάγομεν.

zu 3-4: Im griech. Bereich sind verbreitet: μικρὸς κόσμος (Clem.Al. *Protr.* I 1, 5, 3; Greg.Naz. *Orat.* 28, 22 PG 36, 57A; 38, 11 S. 324A; Nem. *Nat. hom.* 1, 64; Gr.Nyss. *Anim.et resurr.* PG 46, 28B; *Inscr. psalm.* GNO 5, 30, 24-25; 32, 20-26; *Hom.opif.* 16 PG 44, 177D), βραχὺς κόσμος; seltener ist (trotz Democr. VS 68 B 5) μικρὸς δ ι ά κοσμος (aber ebenfalls in *HCreat.* 2 GNO Suppl. S. 65, 13, mit H. Hörner z.St.). Vgl. M. Gatzemeier, Makrokosmos / Mikrokosm., Histor. Wörterbuch der Philosophie, 5, 1980, 640-642. – *brevis mundus*: CHALC. comm. 202 S. 222,6WA (dazu Gronau 216 A.1); MACR. somn. 2, 12, 11; R. Greg.Naz.orat. 2, 11, 2 S. 97, 13; *minor m.*: SOL. 1, 93; ARNOB. nat. 2, 25; FIRM. math. 3 prooem. 3; MAR.VICTORIN. def. S. 44, 6; MAR.VICTOR aleth. 2, 182; R. Orig.in gen. 1, 11, 34 S. 13 (SC 7bis, 52); *parvus m.*: →Thes.s.v. ‚mundus‘ Sp. 1637, 28; 41. R. Clement. 8, 28, 2 S. 233, 26 *(homo... qui est) alius in parvo mundus*; und Orig.in lev. 5, 2, 66 S. 336, 23 (SC 286, 212) *intellige te alium mundum esse in parvo* (dazu M. Borret 361-362) sind anders formuliert („eine Welt im Kleinen"). – Die hier erfolgte Verknüpfung von Positiv + Komparativ ist kühn.

zu 5 - 79, 9: Quellenkritische Anmerkungen s.auch u. Appendix 3.

zu 5-6: ἀσώμ. wird nur 3x verwendet, davon 2x hier; zur philosophischen Bedeutung bei Porph. vgl. Heinrich Dörrie 183-187. Hingegen führt B. νοῦς / ψυχή oft paarweise an (21, 5; 29, 8; 75, 8/11): hiezu Dörrie ebda.

zu 6-9: Hier meidet R. (anders als o. 25, 7) das Wort *circumscriptio*; schon ARNOB. nat. 1, 31,2 formuliert: *<deum > nulla determinat c.*; oder 2, 39 *<animae> corporei tactus aut terrariae -scriptionis expertes.* – *et incomprehensibilem* (neben *incorporeum*) ist eine, eher stilistisch bedingte, Zugabe des Übersetzers; er kennt das häufige Adjektiv z.B. Orig.in num. 17, 4, 2, 227-228 S. 160, 8 (SC 442, 288), ferner →En, Si, St, auch das Adverb (Orig.princ. 4, 1, 7 S. 303, 18 = 690G-K). – Vgl. ἀπερίληπτος, bei Plot.(z.B. 6, 9 [9], 6, 10-11 – dazu Werner Beierwaltes 200); zur Sache etwa Porph. *Sent.* 28 S. 17, 3La. – *principaliter*: Bei R. mehrmals, besonders symb. 11, 2-4 S. 148: *substantia dei, quae per omnia incorporea est, inseri corporibus vel capi ab eis pr. non potest nisi spiritali aliqua mediante substantia* (= *anima*: 10). – *neque... in loco... continetur*: Ebenso von Christus in R. Orig.in Rom. 8, 2, 63 S. 647.

zu 8: *inlocalis* (der R-Marginalie) wird erst im 5. Jh. häufiger, z.B. bei CLAVD.MAMERT.: vgl. dazu François Dolbeau, RecAug 30, 1997, 165.

zu 9-10: *aliquo*: →Am-Ju 2, 126. – *consortium* schon früh für die ‚Zusammengehörigkeit‘ Leib / Seele verwendet: Ps.QVINT. decl. 8, 3; CHALC. comm. 193 S. 216, 9Wa. Bei R. allgemein: →St (8x); Ze (4x); hist. 5, 1, 41 S. 419, 12 <κοινωνία; Basil.hom. 1, 4 1728B *consortio et commixtione contrarii*; auch u. 79, 6.

zu 13-15: Der Infinitiv des Deponens hat Z. 13 eindeutig passive Bedeutung: →Si S. 343; Am-Ju 2, 129. – R. entnimmt den griechischen Verbalformen die entsprechenden Begriffe als Substantive, so auch *habitus* = σχῆμα; dazu eine aufschlussreiche Begriffsstudie bei Paul Van Lindt, Remarks on the Use of σχῆμα in the Coptic Manichaeica, in: Peter Bryder (Hrsg.)(→zu 33, 10) 135-145. – *descriptio* <χαρακτήρ schon CIC. top. 83. – Zur Schreibung *describtio* s. Bammel, JThS IV (VII), 378, und Appendix 1 (Incipit P; R), S. 89 (Explicit).

tantum atque operationibus innotescit. et ideo neque in deo requiras oculorum visum, sed sola mente ac fide ad eum conversus intellectualem de eo sensum atque intellegentiam concipe.

5 admirare quoque opificis sapientiam, quomodo animae tuae virtutem consortio corporis modulatus est ita, ut per omnes eius partes infusa duceretur et quam plurimum membra inter se distantia ad unam consonantiam concor

10 diamque constringeret. intuere ergo et attende, quae sit ista virtus animae, quae ab ea traditur corpori membrisque diffunditur, quive rursum sit, qui a carne ad animam redditur ac redundat affectus atque compassio; vel quomodo vitam

15 quidem suscipit corpus ab anima, recipit vero anima dolores maeroresque de corpore?

τῶν ἐνεργειῶν γνωρίζεται μόνον. ὥστε μήτε ἐπὶ θεοῦ ζητήσῃς τὴν δι᾿ ὀφθαλμῶν κατανόησιν, ἀλλὰ τῇ διανοίᾳ ἐπιτρέψας τὴν πίστιν, νοητὴν ἔχε περὶ αὐτοῦ τὴν κατάληψιν.

θαύμαζε τὸν τεχνίτην, πῶς τῆς ψυχῆς σου τὴν δύναμιν πρὸς τὸ σῶμα συνέδησεν, ὡς, μέχρι τῶν περάτων αὐτοῦ διικνουμένην, τὰ πλεῖστον διεστῶτα μέλη πρὸς μίαν σύμπνοιαν καὶ κοινωνίαν ἄγειν. σκόπει τίς ἡ ἀπὸ ψυχῆς ἐνδιδομένη τῇ σαρκὶ δύναμις· τίς ἡ ἀπὸ σαρκὸς πρὸς ψυχὴν ἐπανιοῦσα συμπάθεια·

πῶς δέχεται μὲν τὴν ζωὴν ἐκ τῆς ψυχῆς τὸ σῶμα, δέχεται δὲ(36) ἀλγηδόνας ἀπὸ τοῦ σώματος ἡ ψυχή.

---

1 atq. in *add.* G ω**(-S) gm rt   innot.atque in op. *transp.* m   adq.operantibus P   -notescet No   et *om.* No   **1-2** atque] op. ... ne[que *om.* R Σ   r R *in marg.*   **2** -quiris β* S ε R v, -quires No, -quirit Γ, -quire Λ γ(-Γ)[Li], meritis P   **3** ac] et P   ad] in HJ, ita P   eum] deum Y Γ Θ P   -lectuale P **4** de eo *om.* XY z, deo BNOQ P   intellegentia P   -spice ω**(-cis Θ) gm, -cipis No   De unitate v(e)l convenientia corporis et animae et de p(ro)prietatibus animae v(e)l corporis R *in marg.*   **6** co. co.] consolent pro his P   **7** mo(u X²)dolatus (*vel* modo l.) QXZ P R (mandatus X *in marg.*)   eius *om.* δ[P2]   partus P   **8** et *om.* R   **8-9** inter se mem.*inv.* β ω** No P R Σ z rt   inter se] in itineris   P   **9** ad un.cons.]   abundat continentiam P   **10** dist(r)ingeret δ(-gueret Δ), contraceret P, consistere Σ   **11** quae¹] quid δ(-S)[P2]   ista *om.* δ[P2], virt.ista *inv.* No   tradit[ur... litterarum]que (81, 2) P *n.l.*   **12** quidve β** z, quodve Γ *„Edit. Basilii,* quive rursum sit..." **13** qui a] quia β Γ No R¹ z   carnis β z „...(edit.Basilii...) quia carne ad animam..." (b)   redit z(-dd- v) gm [< P1 *an* P2, *non liquet*]   „...redit, ac redundat affectus, vel quomodo *&c. Tres codices* redditur *pro* redit." (b)   ac] vel R Σ   **14** atque comp. *om.* ω** No R Σ gm rt   ad vit. *add.* CΛ   vita T   **15** susc.*om.* ω*

---

4 *inv.* τὴν περὶ αὐτοῦ 1618 *1* (-A² ⁵ ¹⁸ E1) *2 3 4 5* (-C50) *6* C⁶(7) *8* (-K12) *9 10 11* C⁵(13) Si O¹⁰(14)

Eigenschaften und Tätigkeiten, und deshalb solltest du im Falle von Gott nicht nach einem (optischen) Erkennen mithilfe von Augen fragen, sondern wende dich ihm allein mit Geist und Glauben zu und gewinne inbezug auf ihn geistige Wahrnehmung und Einsicht. Bewundere auch die Weisheit des Gestalters: Wie hat er doch die Wirkkraft deiner Seele im Zusammenhalt mit dem Körper modelliert, so dass sie durch alle ihre Teile (wie) eingegossen hindurchgeführt wurde und die Glieder, unter sich in einem sehr weiten Abstand getrennt, zu einer einzigen Harmonie und Eintracht zusammenbrachte ?! Schaue also und gib acht, was die erwähnte Wirkkraft der Seele ist, die von ihr aus an den Körper weitergegeben wird und sich in die Glieder ausbreitet, oder welches hinwiederum das Gefühl und Mitempfinden ist, das vom Fleisch an die Seele zurückgegeben wird und (dorthin) zurückfliesst. Oder wie nimmt der Körper zwar von der Seele das Leben auf, während die Seele aber vom Körper Schmerzen und Trauer zurückerhält ?! Frage danach, welche Aufnahme-

---

zu 1 ἐνεργειῶν: Dazu s. Philip ROUSSEAU 112-113 und David G. ROBERTSON, Stoic and Aristotelian Notions of Substance in Basil of Caesarea, VChr 52, 1998, 400 (Vergleich mit B.*EAmph.* [234], 1 3, 42COURT. = 3, 67HAUSCH.). – Die Randnotiz r in R markiert (auch oben 9, 9 und 75, 8) Probleme des Kopisten mit der Lesung; dazu BAMMEL, Römerbrieftext 122 (r = *require* ?). Bekannt ist die Marginalie „R" im St.Galler Bibliothekskatalog *cod.728*, zur „S(uche)" nach verlorenen Büchern: s. Johannes DUFT, Die Abtei St.Gallen, Bd. 1, Beiträge zur Erforschung ihrer Manuskripte, Sigmaringen 1990, 53 (mit Abbildung 27).

zu 4 κατάληψις: CIC. ac. 2, 17; 31; 145 setzt dafür *cognitio, perceptio* oder *comprehensio* ein. R. verwendet *intellegentia* oft, und für verschiedene Graeca (→Thes.*s.v.*). Paarweise mit *sensus*: CIC. nat. deor. 2, 42.

zu 5 - 81, 12: Fünf unabhängige Fragesätze mit *quomodo* (B.: 4x πῶς, 1x διὰ τί) – eher Ausrufe als Fragen – schildern den ‚Agon' von Leib und Seele, der im Triumph der ὁμοίωσις bzw. *similitudo* enden soll.

zu 5 θαύμαζε τὸν τεχνίτην: Ähnlich B. *Hex.* 1, 7 S. 12, 16-18: ὁ κόσμος τεχνικόν ἐστι κατασκεύασμα, προκείμενον πᾶσιν εἰς θεωρίαν, ὥστε δι᾽ αὐτοῦ τὴν τοῦ ποιήσαντος αὐτὸν σοφίαν ἐπιγινώσκεσθαι.

zu 8: διικνουμένη: Porph.*Symm.Zetemata* (S. 135DÖRRIE) formuliert: διὰ παντὸς σώματος χωροῦντα καὶ διαφοιτῶντα καὶ διεξιόντα (vgl. auch Jean PÉPIN, REA 66, 1964, 87; AVG. immort. 16, 25).

zu 9-10: *consonantiam concordiamque constringeret*. – *consonantia* im eigentlichen Sinn (*vocis*) hat R. Basil. hom. 1, 2; im weiteren Sinn: →Bae; Koe; En; St; Ze; hist. 1, 7, 1 S. 55, 2 <συμφωνία; 2, 10, 2 S. 127, 14(do.); 5, 24, 13 S. 495, 25 <ὁμόνοια; Orig.in cant. 3 S. 159A; Basil.hom. 5, 1 1762A2. Besonders in den Predigten werden lautliche Effekte herausgearbeitet: *cons. – coniunctio – connexio*; Basil. hom. 1, 2 1725AB *coniunctionem – consonantiam – concordiam – consona – consocians*.

zu 10-15: Zu dieser für das Verhältnis ψυχή / σάρξ zentralen Stelle s. Franz DODEL, Das Sitzen der Wüstenväter (Paradosis, 42), Freiburg/Schweiz 1997, 87.

zu 14: *compassio* (bei R.: Orig.in num. 22, 2, 89 S. 206, 8 = SC 461, 86; Basil.reg. 46, 4 S. 90) ist nach PRISC. gramm. II 550, 5 geläufiges Übersetzungswort für συμπάθεια. – *atque compassio* fehlt in einigen Handschriften, dürfte aber kaum erst später in die Überlieferung aufgenommen worden sein (den Ausgaben z gebührt hier also gegen alle andern der Vorzug; aber ob β von P bestätigt wird, bleibt unklar).

zu 14-15: B. drückt sich aus wie Porph. *Frg.* 248F 14-15 S. 266SMITH: ἡ ψυχὴ..., δι᾽ ἣν καὶ πνοῆς τινος ζωτικῆς μετέσχε τὸ σῶμα. Vgl. auch Heinrich DÖRRIE 60-61 und 137, bes. A.6 (mit den einschlägigen Stellen seit Pl. *Phd.* 105cd). – δέχεται (hier wiederholt) gibt R. auf zwei Arten wider: *suscipit – recipit*. – Zur heiklen Frage eines συναλγεῖν τῷ σώματι der Seele vgl. Nem.*Nat.hom.* 2, 80 und dazu DÖRRIE 135; s.auch Plot. 4, 4 [28], 18-19 (poseidonisch beeinflusst: →R. BEUTLER – W. THEILER z.St.).

require, quae sint eius receptacula memoriae, ποίας ἀποθήκας τῶν μαθημάτων ἔχει·
qui eruditionum litterarumque thesauri; quo-
modo non oblitterantur ea, quae prima didi- διὰ τί οὐκ ἐπισκοτεῖ τῇ γνώσει τῶν προ-
cimus, additamentis novorum augmentisque re- λαβόντων ἡ τῶν ἐπιγινομένων προσθήκη,
5 centium, sed manet uniuscuiusque disciplinae ἀλλ᾿ἀσύγχυτοι καὶ εὐκρινεῖς αἱ μνῆμαι,
inconfusa distinctio velut aereis quibusdam οἷον χαλκῇ τινι στήλῃ τῷ ἡγεμονικῷ τῆς
tabulis cordis et libris mentis incisa; quo- ψυχῆς ἐγκεχαραγμέναι, διαφυλάττονται·
modo anima, cum ad carnis vitia declinat et πῶς μὲν πρὸς τὰ τῆς σαρκὸς ὑπολισθαίνουσα
labitur, propriae virtutis perdit decorem et πάθη τὸ οἰκεῖον ἀπόλλυσι κάλλος·
10 quomodo rursum dedecore abiecto nequitiae πῶς δὲ πάλιν, τὸ ἀπὸ κακίας αἶσχος
et virtutis institutionibus expurgata *ad creatoris* καθηραμένη, δι᾿ἀρετῆς πρὸς τὴν *ὁμοίωσιν*
imaginem ac similitudinem reformatur. ἀνατρέχει *τοῦ κτίσαντος* .

7(lat.) prov. 3, 3; 7, 3; II Cor. 3, 3   **11-12** gen. 1, 26; Col. 3, 10.

1 sunt Σ v   ista eius *add.* C   de vi memoriae K *in marg.*   **2** eruditionis gm „*Post pauca* eruditionis *pro* eruditionum *in editione Basilii.*" (b)   quae ten(?)sauri P, thensauri R¹ *cf.* En *p.* LI-LII; LVII („*Rufinus scripsit* thesauros *vel potius* thensauros"); LXVI   **3** nobilitantur β*, obliterentur WY z   **4** argumentis G „*Sic* (augm.)*tres codices, duo Zenoniani monasterii, & Pompejanus* (X) *cum editione Basilii, dum antea legebatur* argumentisque" (b)   **6** aeris β(-W; X *n.l.*) P v, aerijs Σ, aeneis l (+ n !)   **8** dilabitur et decl. [P1]gm   **12** ac] et Λ δ[P2], ad Σ

---

10 καθηραμένη] ἀποκαθηραμένη 1532 *1* (-A² ¹⁸ Ev) *2 3 4 5* (-C50) *8* (-E¹K¹²) O² V427(11) V1148(12) C⁵(13) O¹⁰(14) s. Rudberg 107.

gefässe der Erinnerung zu ihr gehören, welche Schatzkammern von Bildung und Wissenschaft. Wie wird das, was wir zuerst gelernt haben, nicht zugedeckt von Zusätzen an Neuem und der Vergrösserung durch Aktuelles ?! Sondern es bleibt die unvermischt klare Unterscheidung einer jeden einzelnen Disziplin, wie eingeschnitten auf sozusagen ehernen „Tafeln des Herzens" (Sprüche 3, 3; 7, 3; 2. Kor. 3, 3) und auf Buchrollen des Geistes. Wie verliert die Seele, wenn sie zu den Lastern des Fleisches neigt und abgleitet, den Glanz ihrer eigenen Wesensart, und wie wird sie, wenn sie den Schmutz der Schlechtigkeit abgeworfen und sich durch Unterweisungen zur Tugend gereinigt hat, erneut „nach dem Ebenbild des Schöpfers umgestaltet" (1. Moses 1, 26; Kol. 3, 10) ?!

---

zu 1-6: →u. Appendix 5.

zu 2 *the(n)sauri*: →Apparat; zum Plural: En *p.* LVII „*(praefert scriptor pluralem")*. – Die Schreibung des Langvokals vor *-s-* mit *-n-* ist weit verbreitet: s. LH(Sz) 1, 146; LEEMAN-PINKSTER zu CIC. de orat. 1, 18; Markus STEIN, Manichaei epistula fundamenti (Manichaica latina, 2), Paderborn u.a. 2002, 82 A.1.

zu 5-6: ἀσύγχυτος entstammt dem theologischen Diskurs der Zeit: s. LAMPE; Friedhelm MANN (u.a.), Lexicon Gregorianum, 1, Leiden 1999. – *inconfusus*: auch R. Clement. 8, 22, 3 S. 230, 10.

zu 8: DEHNHARD 73 vergleicht diese Stelle mit S. 23, 12 - 25, 1 und *Spir.s.* 18. S. auch Nem. *Nat. hom.* 1, 44.

zu 10-11: Die κάθαρσις spielt eine wichtige Rolle bei Plot. 4, 7 [2], 10, bes. Z. 32, 40 (gleich nach dem Zitat aus Empedokles' Καθαρμοί) und 46; vgl. bei Porph. *Marc.* 9 S. 16, 1-3PÖTSCHER und 11 S. 18, 8.

zu 11-12: δι'ἀρετῆς >*virtutis institutionibus*; *inst.* ist bei R. beliebt, besonders auch in originalen Partien: 8 Belege im Thes.*s.v.*, dazu 6 bei Sc, 2 Si, 3 St und 8 Ze. – In ἀνα-(τρέχειν) bzw. *re-(formare)* kommt zum Ausdruck, dass der Mensch nach dem Fall den Weg zurück suchen muss. – Ähnliche Klimax in *Spir.s.* 9, 23 FC 12, 142 – zur πρὸς θεὸν ὁμοίωσις verweist dort H.J. SIEBEN auf Pl. *Tht.* 176b, R. 613b und Plot. 1, 2 [19], 3, 21, noch übersteigert durch das „plotinische" θεὸν γενέσθαι. Bei R. Greg.Naz.orat. 2, 11,3 S. 97, 25 findet sich: *animal quod imitatione dei efficiatur deus*. Vgl. R. Orig. princ. 1, 3, 8 S. 62, 5 (182G-K, mit wichtiger Anm.), PEROLI 274-281 zu Gr.Nyss. (mit Parallelen und Diskussion der Sekundärliteratur), ROUSSEAU 268, Martin GEORGE, Vergöttlichung des Menschen, Von der platonischen Philosophie zur Soteriologie der griechischen Kirchenväter, in: Die Weltlichkeit des Glaubens in der Alten Kirche (FS U. Wickert), Beihefte ZNTW, 85, Berlin 1997, 115-155 (bes. zur ethischen Perspektive) und Manuel MIRA, La noción de asimilación del hombre a Dios en el tratadística basiliana, Studia Patristica 43, 2006, 389-395 (bes. 391 A. 12); früher: Hubert MERKI, Ὁμοίωσις Θεῷ, Von der platonischen Angleichung an Gott zur Gottähnlichkeit bei Gregor von Nyssa (Paradosis, 7), Freiburg / Schweiz 1952. – ἀνατρέχειν: ist bei B. beliebt (→HENKE 335). Im psychologischen Sinn auch o. 63, 10; ähnlich: Plut. Περὶ ψυχῆς 7, 22 BERNARDAKIS (= Stob. *Flor.* 120, 28, Bd. 3, S. 1088HENSE; vgl. Heinrich DÖRRIE 223); Plot. 5, 2 [11], 16-17; Nem. *Nat.hom.* 9 S. 33, 13. ἀναδρομή ist geradezu ein *t.t.* von Proklos und Porph.: →LSJ *s.v.* 1. – R. Orig. princ. 2, 11, 3 S. 186, 11-13 (444G-K) formuliert: *(quibus sapientiae escis...)sicut ex initio factus est homo ad imaginem dei ac similitudinem, reparetur*; Orig.in Rom. 5, 1, 215 S. 369: *homo qui iam reformatur et reparatur ad...*

8. Attende, si videtur, post hanc animae considerationem, quid etiam ratio in se naturae corporeae gerat, et admirare, quam dignum rationabili animae admirandus opifex construxit hospitium. rectum inter omnes animantes finxit solum corpus humanum, ut ex ipso habitu videas et cognoscas, quia supernorum tibi est caelestiumque cognatio. omnia namque quadrupedia *prona et ventri oboedientia ficta* sunt, homini vero erectus ad caelum intuitus datus est, ut non ventrem spectet neque infra ventrem positis vitiis vacet, sed omnem habeat impetum vel conatum ad superioris viae cursum. nam idcirco etiam caput in summo culmine totius humanae fabricae situm est et in ipso, quod praeclarius est in homine, sensus isti

(43LC)

5

10

15

Πρόσχες, εἰ δοκεῖ, μετὰ τὴν τῆς ψυχῆς θεωρίαν, καὶ τῇ τοῦ σώματος κατασκευῇ, καὶ θαύμασον, ὅπως πρέπον αὐτὸ καταγώγιον τῇ λογικῇ ψυχῇ ὁ ἀριστοτέχνης ἐδημιούργησεν. ὄρθιον ἔπλασε μόνον τῶν ζῴων τὸν ἄνθρωπον, ἵνα ἐξ αὐτοῦ τοῦ σχήματος εἰδῇς, ὅτι ἐκ τῆς ἄνωθεν συγγενείας ἐστὶν ἡ ζωή σου. τὰ μὲν γὰρ τετράποδα πάντα πρὸς τὴν γαστέρα νένευκεν· ἀνθρώπῳ δὲ ἑτοίμη πρὸς οὐρανὸν ἡ ἀνάβλεψις, ὥστε μὴ σχολάζειν γαστρὶ μηδὲ τοῖς ὑπὸ γαστέρα πάθεσιν, ἀλλ᾽ ὅλην ἔχειν τὴν ὁρμὴν πρὸς τὴν ἄνω πορείαν. ἔπειτα τὴν κεφαλὴν ἐπὶ τῶν ὑψηλοτάτων θείς, ἐν αὐτῇ τὰς πλείστου ἀξίας τῶν αἰσθήσεων καθιδρύσατο.

9(lat.) SALL. Catil. 1, 1 (... *veluti pecora quae natura prona atque ventri oboedientia finxit*)

ω* = α(A[*ad* 83,10]CΛ) + γ(ΓGHJ[Li])   ω** = δ(ΔLST[P2]) + ε(ΘM[P1]) β = β*(BKNOQZ) + β**(WXY) No P R Σ

---

1 post] potes β*(-Q), potens Q, p W, per XY vl „*Editum erat* per: *duo codices* potes, *pro quo melius in editione Basilii* post; *& sane sensus ita fert, ut post animae considerationem ad considerationem corporis transitus praecipiatur.*" (b)   2 De ratione R *in marg.*   3 egerat B, generat S ε gm   4 rationali ω* constrinxit Γ P   7 agnosc. α   8 civium cael. *add.* α cognitio KO¹ δ(-T²)[P2] No   9 et *om.* R facta Γ, fincta LT No P¹   10 in hom. *add.* P, ho]mini...*deficit A*   11 intra δ   13 vitae Γ M (vel viae *add.* M²)[P1]   15 et *om.* β*(-B)   16 est *om.* T

---

1 πρόσεχε 1532 H19(1) G⁷(2) 3 C50(5) 8 O²V427(11) Ma²P489(12) C⁵(13) KL N¹² Si(14); πρόσσχες A¹ ⁴ ⁵ ⁶ ⁹ ¹⁰ ¹¹ ¹² ¹⁶ ²⁴ ²⁸ H18 Ma¹(1) Va(2) D⁸Oᴱ (12) P481(13) *add.* σοι *post* δοκεῖ 1532 1 2 O⁷⁸(4) 5 (-M57) La(8) 9 10 D⁵⁹(11) P⁴V1148(12) P481(13) O¹⁰(14)   5-6 ὄρθιον ... τὸν ἄνθρωπον] ὄρθιόν σε [1532] 1ac 2 4 Ly500, 763(5) O¹⁰(14); ὄρθιόν σε τὸν ἄνθρωπον [1618] A¹ ⁷ ²³ Ma¹(1) A³(6) P⁴(12); ὄρθιον A² ¹⁸ Εν(1) D¹⁰ Pr4(7); ὄρθιόν σε... ᾧ ἄνθρωπε A²⁵(1)   12 *add.* πρὸς γῆν βλέπει καί *ante* πρὸς τὴν γαστέρα 1 (-A⁴ H19 E1) 2 (-G¹²⁴⁵⁶) 3 4 (-Ti Ra) 5 (-C50 M57 P500) La(8) D¹¹O² V427(11) P⁴(12) O¹⁰(14); *add.* πρὸς τὴν γ. βλ. κ. 1532 H19 E1(1) G¹²⁴⁵⁶(2) P500(5)

Beachte (nun), wenn es dir richtig scheint, nach dieser Betrachtung über die Seele, was auch der Körperbau in sich enthält, und bewundere, welch würdige Unterkunft der wunderbare Baumeister für die vernünftige Seele erstellt hat. Aufrecht hat er – unter allen Lebewesen – den menschlichen Körper geformt, damit du gerade aufgrund seiner Haltung siehst und erkennst, dass es eine Verwandtschaft gibt zwischen dir und den hohen, himmlischen Wesen. Denn alle vierfüssigen (Tiere) sind so geformt, dass „sie vornüber geneigt sind und dem Bauche gehorchen" (Sallust), aber dem Menschen wurde ein aufwärts zum Himmel gerichteter Blick gegeben, so dass er nicht auf den Bauch schaut noch sich den unterhalb des Bauches befindlichen Lastern widmet, sondern dass er sein ganzes Sinnen und Streben auf eine Reise nach oben ausrichtet. Deshalb ist ja auch der Kopf auf dem höchsten Punkt des ganzen Körperbaus angesiedelt, und in ihm sind – was am Menschen besonders hervorragend ist – diese körperlichen Sinne eingebaut, nämlich: Gesicht, Gehör,

---

zu § 8 Quellenfrage: →u. Appendix 3

zu 2 κατασκευή: →o. zu 21, 10.

zu 3-5: καταγώγιον (u.a. Pl. *Phdr.* 259a) ist ein „Unterschlupf" für Reisende, Mönche, für den Heiligen Geist (die Jungfrau), für die Sterbenden (der Tod), für den Mam(m)on (Basil.hom. 3, 6 1751A = 59, 3LC: *domicilia*); *hospitium* hat einen erhabeneren Klang, da man an *hospes* denkt: eine „Herberge" für Diplomaten, Militärs, der menschliche Körper für den *animus* (Thes.*s.v.* IIA2γ; neben unserer Stelle auch PRVD. apoth. 890; ham. 941; PAVL.NOL. carm. 33, 71; „*de corde ut sede mentis*": DIONYS. EXIG. Greg.Nyss.creat. 12 PG 67, 363D). Der Körper als *hospitium*, nicht als *domus*: CIC. Cato 84 (viele Parallelen: J.G.F. POWELL z.St.).

zu 4: ἀριστοτέχνης (-νας) ist erstmals belegt bei Pind. *Frg.* 57Sn (einziger Beleg bei LSJ); LAMPE kennt unsere Stelle hier, nicht jedoch diejenige des jüngeren Bruders: Gr.Nyss. *Hom.opif.* 4 PG 44, 136B. S. auch HENKE 368 A. 5. Jean PÉPIN 189 verweist auf Belege in dorischer Form (-νας) bei Meth. *Resurr.* 1, 35, 4 und Clem.Al. *Protr.* 10, 98, 3. – *opifex* für „Schöpfer" ist weit verbreitet, seit CIC. nat.deor. 2, 142 (vgl. A.S. PEASE z.St.); OV. met. 1, 79; auch R. Clement. 8,15,5 S. 226, 8; Greg.Naz.orat. 2,11,1 S. 97, 9

zu 8-9: Betr. Text des B. vgl. Rudolf RIEDINGER, Byzant.Archiv 12, 295 (→zu 85, 5-11).

zu 9: Zur Stelle im 1.Kapitel der „Catilinarischen Verschwörung" →Karl VRETSKA z.St., bes. auch stilistisch. – Vgl. Wolfgang WENK, Zur Sammlung der 38 Homilien des Chrysostomus Latinus (WS, Beiheft 10), Wien 1988, 145; 157-158 (zu „*De militia Christiana*" = Ps.CHRYSOST. hom. 32).

zu 10: Bei *ho]mini* endet der Text von A; s.o. *p.* XXI. – *intuitus* ist bei R. sehr beliebt: Thes.*s.v.* 12x, ferner → Bae, En, Sc, St. Auch CIC. nat.deor. 2, 140: *caelum intuentes*.

zu 11-12: Ebenso R. Greg.Naz.orat. 9, 3, 4 S. 268, 10-11; sent.Sext. 428 S. 60-61 (γαστρὸς καὶ τῶν ὑπὸ γ. μὴ κρατῶν οὐδεὶς πιστός >*ventrem et ea quae sub alvo sunt, qui non continet, non est fidelis*). Vgl. Clem.Al. *Strom.* 1, 5 GCS 15, 19, 18 (SC 30, 67): (ἐγκράτεια... γλώσσης τε) καὶ γαστρὸς καὶ τῶν ὑπὸ γ.; Eus. *Hist.* 7, 25, 3 S. 690, 23. Um 400: HIER. epist. 84, 5, 3 CSEL 55, 127, 12 und R. apol. adv.Hier. 1, 8, 6 S. 42.

zu 12-13: Zu ὁρμή: →o. zu 5, 14-16; 13, 3; 73, 3. – πορεία: →o. 69, 12 π. πρὸς θεόν.

zu 16: *quod* ist auf *caput* zu beziehen. – Der griechische Superlativ erscheint bei R. als Komparativ, wie u. 85, 6. – Die vier würdigsten Sinne, sonst dem Tastsinn gegenübergestellt (vgl. was A.S. PEASE zu CIC. nat.deor. 2, 141 S. 918 zu „*tactus... toto corpore*" zitiert), sind hier allein behandelt.

corporei instituti sunt, id est visus, auditus, gustus et odora(1744A)tus,qui omnes vicini et paene sibi mutuo cohaerentes, brevibus tamen dirempti spatiis in nullo suis usibus invicem offici-
5　isque praepediunt vel obsistunt. oculi quidem
excelsioris speculae sortiti sunt locum, ut parva
superciliorum prominentia superaddita in directum tenderetur obtutus et universorum consideratio facilior eis et moderatior fieret. aures
10　vero inaequalibus quibusdam anfractibus adapertae icti aeris sonum distincta modulatione
suscipiunt. opus etiam hoc mirae et inaestimabilis sapientiae dei, ut vocem quidem extrinsecus nullo vetante suscipiant, quin immo et,
15　dum per inflexos anfractus ducitur, magis sonora reddatur, nihil tamen aliud extrinsecus

ἐκεῖ ὄψις καὶ ἀκοὴ καὶ γεῦσις καὶ ὄσφρησις,
πᾶσαι ἐγγὺς ἀλλήλων κατῳκισμέναι. καὶ
οὕτω περὶ βραχὺ χωρίον στενοχωρούμεναι,
οὐδὲν ἑκάστῃ παρεμποδίζει τῇ ἐνεργείᾳ τῆς
γείτονος. ὀφθαλμοὶ μέν γε τὴν ὑψηλοτάτην
σκοπιὰν κατειλήφασιν, ὥστε μηδὲν αὐτοῖς
τῶν τοῦ σώματος μορίων ἐπιπροσθεῖν, ἀλλὰ
(217A) μικρᾷ (37) προβολῇ τῶν ὀφρύων
ὑποκαθήμενοι, ἐκ τῆς ἄνωθεν ἐξοχῆς πρὸς τὸ
εὐθὲς ἀποτείνονται. πάλιν ἡ ἀκοὴ οὐκ ἐπ᾽
εὐθείας ἤνοικται, ἀλλ᾽ἑλικοειδεῖ τῷ πόρῳ
τῶν ἐν τῷ ἀέρι ψόφων ἀντιλάμβανεται.
σοφίας καὶ τοῦτο τῆς ἀνωτάτω, ὥστε τὴν μὲν
φωνὴν ἀκωλύτως διεξιέναι, ἢ καὶ μᾶλλον
ἐνηχεῖν, περικλωμένην ταῖς σκολιότησι,
μηδὲν δὲ τῶν ἔξωθεν παρεμπίπτον κώλυμα
εἶναι δύνασθαι τῇ αἰσθήσει.

1 corpore P　　**2** et *om.* α　　**3** mut.sibi *inv.* α　mutuo *om.* ω** No gm　　**3-4** direptis KNO, directis
(?) B, direpti QZ No R² Σ, diremptis WY vl, direptusi P¹, direptus P², divisi P³ (*litteris minusculis*)
„*Editi & Mss.* diremtis: *restituimus ex Basilii editione,...*" (b)　　**4** usibus *et* -que *om.* R Σ　　**5** De
oculis R *in marg.*　　**6** -celsiores C ω** P¹(-ris P³) b gm, -celsiori No „..., *cum qua (i.e.: Basilii edit.)*
mox excelsiores *pro* excelsioris." (b)　　**6-7** ut per *et* -ciliorum spacia prom. et *add.* P³　　**7** rectum
ε gm　　**8** tendatur P　　**9** De auribus R *in marg.*　　**10** qu.in.*inv.* [P1]gm　amfract. P¹(anfract. P³)
10-11 adaperti β*, adaptae H, apertae Θ　　**11** ictis Y, ictu δ　solum β*(O¹;-N)　　**12** mirae et] mirare
ω*(-Γ), admirare Γ　inextim. γ(-G), aestim. S　　**14** -cipiunt ε(-M²)　　**15** amfract. P

8 *add.* τινι *post* μικρᾷ 1532 *1* (-A² ¹⁸ Ev) *2* Ly P500, 763(5) La(8) P⁴(12) P481(13); *add.* τῇ *eodem*
loco F¹³(5) προσβολῇ A² ⁴ ¹¹(1) *3* (-O¹) Ly(5) M⁵(6) E¹L¹²(8) *10* (-D³M134) D¹¹O²(11) P⁴(12) P481(13)
E²N¹(14); προβολήν N¹³(14); περιβολῇ A320(1)　　**15-16** παρεμπιπτόντων 1532 *1 2 3 4* Ly M57(5)
D¹⁰Pr4(7) BC(9) *10* O² P1162 V427(11) P⁴V1148(12) P481(13) E⁶ Si N³O¹⁰ (14)

Geschmack und Geruch, die alle, obschon benachbart und unter sich fast zusammenhängend, dennoch durch kurze Zwischenräume getrennt ihren Gebrauch und ihre Funktionen gegenseitig in nichts hemmen oder behindern. Die Augen haben zwar die Stelle der höchsten Warte erhalten, damit sich der Blick, während eine geringe Erhöhung der Brauen darüber beigefügt ist, in gerader Richtung erstrecke und die Betrachtung von allem für die Augen leichter und bequemer werde. Die Ohren aber sind in gewissen ungleichen Windungen geöffnet und vernehmen den Ton einer Stimme in klar unterscheidbarer Modulation. Auch das ist das Werk der wunderbaren, unschätzbaren Weisheit Gottes, dass Ohren zwar eine Stimme von aussen ohne Behinderung vernehmen, ja dass diese sogar noch klangvoller wird, indem sie durch gekrümmte Windungen hindurch geführt wird,

---

zu 2 *odoratus*: Vgl. R. Greg.Naz.orat. 2, 5, 1 S. 90, 11 <ὄσφρησις; Orig.in cant. 1 S. 103, 19; 3 S. 216, 19; und öfter; Clement. 1, 44, 5 S. 34, 6, neben *auditus* und *gustus*.

zu 5-11: B. ist hier Vorlage für Ps.Kaisarios von Nazianz (1.H. 6.Jh.; →Christoph HARTMANN, LACL *s.v.* ‚Caes.von Nazianz‘, S. 116-117), *Erotapokriseis* (oder Dialoge) 3, 140 PG 38, 1057 – von REHM als Parallele zu R. Clement. 8, 29, 3 S. 234, 25-27 zitiert; auch die Partie über die Zähne (u. 87, 5-10) wurde von demselben Autor wörtlich ausgeschrieben (vgl. Clement. 8, 29, 4 S. 235, 6-15). Quellenanalytisch hat Werner HEINTZE, Der Klemensroman und seine griechischen Quellen (TU 40, 2), Leipzig 1914, 83 eine Brücke zu Poseidonios Περὶ ϑεῶν geschlagen; vgl. die GCS-Ausgabe von 1989 und die begleitenden Arbeiten von Rudolf RIEDINGER: Pseudo-Kaisarios, Überlieferungsgeschichte und Verfasserfrage, Byzant.Archiv 12, München 1969, 289-290; 295-298 und („neue Parallelen...“), ByzZ 62, 1969, 243-259.

zu 6: *excelsioris* < ὑψηλοτάτην: →o. zu 7, 11-13 (Am-Ju 2, 124).

zu 8: Das recht beliebte Wort *obtutus* kommt auch bei R. mehrmals vor: hist. 4, 6, 3 S. 309, 6; Orig. in cant. 4 S. 231, 21; Orig.princ. 4, 4, 9 S. 363, 1 (816G-K); Clement. 3, 11, 7 S. 106, 17.

zu 9: Die (in der LXX belegte) Nebenform εὐϑές verwenden auch Gr.Nyss. *Eun.* 1, 619 GNO 1, 204 und Chrys.

zu 10 *quibusdam*: Vgl. o. zu 9, 3.

zu 10 - 87, 5: Nach Rudolf RIEDINGER, Byzant.Archiv 12, 295 A. 5 hat der Mönch Meletios diese Stelle ausgeschrieben: PG 64, 1191D-84A und 1189D-92A.

zu 11: Vgl. o. zu 71, 13. – Die Definition von *vox* als *aer ictus* (ἀὴρ πεπληγμένος) ist bei Stoikern üblich: →Index SVF 4 *s.v.* φωνή und Thes. *s.v.* ‚ico‘ Sp. 160, 39-43, etwa CHALC. comm. 255 (S. 264,5Wa). B. *Hex.* 2, 7 S. 33, 2 verwendet ebenfalls den Fachausdruck (ἀέρα διὰ γλώσσης τυπούμενον; >EVSTATH. Basil.hex. 2, 7, 8 *aerem lingua verberatum*), nicht jedoch hier: aber R. setzt (gegen B.) den Terminus technicus wieder ein – aufgrund seiner guten Allgemeinbildung; vgl. auch R. Orig.in gen. 3, 2 S. 41, 6 (SC 7bis, 118). →GRONAU 69. – *distincta modulatione* ist ein Zusatz R.s – gewiss inspiriert von CIC. nat.deor. 2, 146 *distinctio* und 149 *sonos vocis distinctos*.

zu 12 ἀντιλαμβάνεσϑαι: Typisch stoisch, →SVF 2, 850 S. 230, 32 (αἴσϑησις = ἀντίληψις δι᾿αἰσϑητηρίου). Ariston von Chios sprach von einer ἀντιληπτικὴ δύναμις der Seele (SVF 1, 377 S. 86, 33) – was uns Porph. *Frg.* 251F S. 268SMITH eingehend referiert; vgl. ferner *Sent.* 41 S. 52, 18La; 44 S. 57, 3. Häufig auch bei Plotin (darüber: A.C. LLOYD, Nosce teipsum and Conscientia, AGPh 46, 1964, 192). Bei B. erscheint ἀντίληψις *Hex.* 8, 1 S. 127, 17 (neben αἴσϑησις).

incidere inflexionum ipsa obiectacula patiantur,
quod impedire possit auditum. iam vero si
linguae intuearis naturam, quomodo quidem
(44LC)   mollis est et motu perfacilis, ita ut ad omnem
5   verbi usum quamlibet variis et diversis motibus
absque ullius rigoris difficultate deserviat; sed
et *dentium murus* simul et vocis organo ministerium praebens, dum linguae ipsi validissima
exhibet circumvallationis obstacula, simul et
10   cibis ministret molendo per alios, per alios incidendo. et ita per haec omnia cogitationem
tuam trahens competenter ac pie considera
illud quoque, quod aeris spiritum pulmone re-
vocamus, calorem corde servamus; digestio-
15   num membra perpende et sanguinis per venas
meatus.

κατάμαθε τῆς γλώττης τὴν φύσιν, ὅπως
ἀπαλή τέ ἐστι καὶ εὔστροφος καὶ πρὸς πᾶσαν
χρείαν λόγου τῷ ποικίλῳ τῆς κινήσεως ἐξαρ-
κοῦσα.

ὀδόντες, ὁμοῦ μὲν φωνῆς ὄργανα, ἰσχυρὰν τῇ
γλώττῃ τὴν ἀντέρεισιν παρεχόμενοι, ὁμοῦ δὲ
καὶ τροφῆς ὑπηρέται, οἱ μὲν τέμνοντες αὐτήν,
οἱ δὲ λεαίνοντες.
καὶ οὕτω πάντα λογισμῷ ἐπιπορευόμενος τῷ
προσήκοντι καὶ καταμανθάνων ὁλκὴν ἀέρος
διὰ τοῦ πνεύμονος, τοῦ θερμοῦ φυλακὴν ἐπὶ
τῆς καρδίας, ὄργανα πέψεως, ὀχετοὺς
αἵματος, ἐκ πάντων τούτων

---

7 Hom. *Il.* 4, 350 (u.a.)

---

1 -cedere γ[Li] No P R²² inflectionum W P obiecta N (*cf.* QW: obiecta/cula *!*)   **3** De lingua R
in marg. intueris ε gm   **4** motus β (X?) z   **5** moribus δ(-L?)   **7** De dentibus R *in marg.*
8 prae...n(?)s P¹, p(rae)bens P³ valed. P¹ (valid. P ³)   **9** -hibetur P¹, -hibentur P³, -ibent No cumvall-
P¹, convall- P³   **10** ministrat Δ [P2] monendo Q, moliendo L¹ l, mollendo L² per al. *om.* C N¹ δ(-T)
No P   **12** tuam *om.* HJ S pie] piae R ac pie *om.* β** lb, accipe β* S v, aspice et ω* -siderans β
z „*Basilii editio* competenter ac pie considera. Illud quoque, quod *&c....* perpende, sanguinis per venas
meatus. Ex his &c. *Codices Tol.*(T²)*& Vaticanus* (Z) *cum editione Veneta* (v) *accipe pro ac pie Basiliano*,
in ceteris autem cum edito a nobis textu..." (b)   **14** calore NQZ et dig.*add.* z   **14-15** digestionem
L, -ionis gm   **15** -pendens β** lb, -pendere Θ¹ et *om.* ω** l gm „*...ubi (i.e. in edito a nobis textu)*
ex tribus codicibus & *restituimus ante vocem* sanguinis" (b)

dass aber gerade die Widerstände der Krümmungen nichts anderes von aussen eindringen lassen, was das Gehör behindern könnte. Wenn du nun aber das Wesen der Zunge betrachtest – wie ist sie weich und sehr leicht zu bewegen, so dass sie jedem Wortgebrauch dienlich ist mit ganz verschiedenartigen Bewegungen und ohne jegliche schwierige Starrheit! Aber auch das „Gehege der Zähne" (Homer) gewährt einerseits dem Stimmorgan Hilfe, indem es gerade der Zunge den sehr starken Halt einer Umzäunung bietet, und dient anderseits auch der Verarbeitung der Speisen, bald mit Mahlen, bald mit Schneiden. Und indem du so dein Denken durch all dies hindurchziehen lässest, beachte geziemend und ehrfurchtsvoll auch jenen Umstand, dass wir den Luftzug mit der Lunge hereinholen und die Wärme im Herzen bewahren; überlege dir auch die Organe der Verdauung und die Wege des Bluts durch die Adern.

---

zu 1: Die P-Variante *inflectionum* ist, neben *inflexos* (85, 15), sicherlich falsch; diese Variante erscheint auch sonst (→Thes. VII 1, 1460, 21; 1462, 51). – *obiectacula* ist, gemäss Thes., ein Hapax legomenon.

zu 4: Vgl. LVCR. 4, 551 *mobilis articulat verborum daedala lingua*. – 4 weitere Belege für *perfacilis* bei R.: Thes.*s.v.*

zu 6: *absque* ist bei R. häufig (→Si „frequentissime", En „passim"), aber kaum häufiger als bei HIER. und in der VVLG.: vgl. Thes.*s.v.*; LHSz 2, 258; Franz KAULEN, Sprachliches Handbuch zur biblischen Vulgata, Freiburg i.B. 1904 (= Hildesheim 1973), 237. Hier: 4x (*sine* 5x); Bas.reg. 9x (*sine* 31x).

zu 7-11: Die Satzkonstruktion des Übersetzers ist unklar, da sich B. hier sehr elliptisch, nur noch in Stichworten, ausgedrückt hat. – Bei ἀντέρεισις fühlte sich R. an die im lat. Bereich wohl bekannte homerische Wendung erinnert: vgl. GELL. 1, 15, 3 (die Zähne als „Damm" gegen Geschwätzigkeit; mit Homer-Zitat); APVL. apol. 7 *ut ait poeta praecipuus, dentium muro*; Flor. 15; Plat. 1, 14; LACT. opif. 10, 17 *dentium saeptis quasi muro circumvallavit*; AMBR. hex. 6, 9, 66 S. 410Ba (*vallum*: mit Doppelfunktion des Essens und des Sprechens). – CIC. nat.deor. 2, 149 kennt nur die „Begrenzung" (*finita est*) der *lingua* durch die *dentes*. – Zum Nachklang bei Caes.Naz. →o. zu 85, 5-11.

zu 9: Die Vorlage von P (die eventuell dem Archetyp entspricht!) bot wohl ein schlecht lesbares *cir-*, das als *ur-* missdeutet wurde. – Mit *circumvallatio* wird der Bezug zu Homer (gegenüber B.) noch verdeutlicht: die Anregung bot wohl LACT. (s.o.). Das Verbum ist relativ häufig (auch o. 7, 12; hist. mon. 1, 6, 14 Z. 475).

zu 10-11: Beachte den Chiasmus, verstärkt durch mehrere Homoioteleuta. – Die griechischen Präsenspartizipien werden mit modalen Gerundia wiedergegeben, eventuell eine Folge des Subjektwechsels von Z. 7.

zu 12: ὁλκὴ ἀέρος auch bei B. *Hex.* 8, 7 S. 142, 5 und Gr.Nyss. *Hom.opif.* 30 PG 44, 245D (vgl. 248A). – Die unrichtige starke Interpunktion nach *considera* hat g (>m) den Hss. ε entnommen; schon in P steht dort ein Punkt (über diese „medial points" →LOWE, CLA 5 Nr.603 p.25). – *competenter* ist ein Lieblingswort R.s: der Thes. notiert *s.v.* 15 Belege, die Indices 25, oft in Kombination mit anderen Adverbien (*apte, digne, recte*: vorangestellt; *utiliter*). Die Junktur *comp.ac pie (considera)* ist nicht über alle Zweifel erhaben; wahrscheinlicher ist *acpie* > *accipe* (β*) > *aspice et* (ω*), doch ist ein Verlauf *aspice* > *ac pie* ... ebenfalls denkbar (*asp.* neben *cons.*: VVLG. Ier. 5, 1; Dan. 7, 8-9). – Beachte: 4x *co-*.

zu 14-16: ὀχετοὺς τῆς ἀρτηρίας erwähnt Pl. *Tim.* 70d, ὀχ. αἵματος Poll. 2, 217. – Für *meatus* in der Anatomie liefert CHALC. mehrere Belege, etwa comm. 214 S. 229, 12Wa; →Thes.*s.v.* Sp. 514, 45-62, z.B. *e regione cordis venarum m. oriuntur per pulmonem...* APVL. Plat. 1, 16; R. Orig.in Ios. 20, 2 S. 419, 16 (SC 71, 414).

ex his omnibus *ininvestigabilem* dei sapientiam
cernens tu quoque cum propheta stupens et
admirans exclama: *admirabilis facta est scientia*
tua ex me. attende ergo *tibi,* ut possis atten-
5 dere deo.

τὴν *ἀνεξιχνίαστον* σοφίαν τοῦ ποιήσαντός σε
κατόψει, ὡς ἂν καὶ αὐτόν σε εἰπεῖν μετὰ
τοῦ προφήτου· *ἐθαυμαστώθη ἡ γνῶσίς σου*
ἐξ ἐμοῦ. πρόσεχε οὖν *σεαυτῷ,* ἵνα προσέχῃς θεῷ· ᾧ ἡ δόξα καὶ τὸ κράτος εἰς τοὺς
αἰῶνας. ἀμήν.

---

1 Rom. 11, 33 (ἀνεξιχνίαστοι αἱ ὁδοὶ αὐτοῦ; VET.LAT. *in* R. Orig.in Rom. 8, 12, 9 S. 704: *ininvestigabi-les viae eius*; VVLG.: *investigabiles v. e.*)   **3-4** psalm. 138, 6 (VVLG. = *iuxta* LXX.: *mirabilis...*; vgl. MERLO-GRIBOMONT 200)

---

1 et ex *add.* γ   investig. ω (*et edd.*) *praeter* No P (*et* l[in inv.] rt)   cernis β* v   **2** profeta P
3 admirabirabilis G, ammirabilis Δ ε, amir. m, mirabilis P (*recte ?*)

Keine Explicits in den Editionen und den Handschriften α β γ (aber nach *deo* in Γ noch 3 Buchstaben, evtl. *inc<ipit>*: *iif* oder *icf*) S No R Σ

Finit omelia secunda, incipit... L Δ, FINIT T
EXPLIC(IT) OM(E)L(IA) II INCIP(IT)... M, Explicit omelia secunda Incipit... Θ
EXP(licit) BASILI EPISCOPI DE EO QVOD SCRIBTUM EST ATTENDE TIBI NE FORTE FIAT IN CORDE TVO SERMO OCCVLTVS INIQVITAS P

---

5 *om. doxologiam* F¹³ P763(5)

Wenn du aus all diesem die „unergründliche" (Röm. 11, 33) Weisheit Gottes erkennst, so rufe auch du, staunend und bewundernd, mit dem Propheten aus (Psalm 139, 6): „Deine Weisheit ist mir zum Wunder geworden".

„Gib also acht auf dich", damit du auf Gott achtgeben kannst (– dem Ruhm und Macht gebühren in alle Ewigkeit. Amen.)

---

zu 1: *ininvestigabilis* (P) findet sich auch in *einer* Hs. von Greg.Naz.orat. 7, 22, 2 S. 232, 17(neben *invisibilis, incomprehensibilis*; En ediert *invest.*, im Sinne von „unergründlich") und sechsmal (in 1-2 Hss.) in Orig.in Rom. 8, 10, 75 S. 695; 12, 9 S. 704; 12, 71 S. 707; 12, 84; 87; 88 S. 708 (Bammel ediert *ininv.*: s. dazu Römerbrieftext 417). – Zum Problem dieses Wortes s. André Labhardt, Latomus 23, 1956, 199-205 und Anton Szantyr, Thes. *s.v.* ,*ininvest.'*, Sp. 1636, 15-27. – *invest.* auch R. Greg. Naz.orat. 6, 4, 1 S. 197, 17 (ebenfalls < ἀνεξιχνίαστος) und apol.Orig. 82, 8 SC 464, 136. – Da der Schreiber von P kaum einen griechischen Text vor Augen hatte, holte er sich das ,Wortungetüm' *ininvest.* wohl aus der Vorlage! – Das Leitwort ἀνεξ. steht in ähnlichem Zusammenhang auch bei Nem. *Nat. hom.* 43 S. 360 (S. 133,4Mo), ebenfalls mit Zitat von Römer 11, 33. – Bei B. *Hex.* 9, 5 S. 157, 1 wird ἀνεξ. in anderem Kontext verwendet, und Evstath. Basil.hex. 9, 5, 15 zieht sich mit *inaestimabilis* aus der Affäre.

zu 3-4: Dasselbe Psalm-Zitat begegnet auch in *HCreat.* 1 GNO Suppl. S. 5, 4, was H. Hörners These, diese Predigt sei ein Brouillon für die Hexameron-Arbeiten, bestätigen könnte. Die Formulierung der LXX ist schwer verständlich (heutige deutsche Übersetzung: „Zu wunderbar ist es für mich und unbegreiflich"). Was sich der Verfasser von *HCreat.* dabei gedacht hat, ergibt sich aus seinem Kontext: τὴν γνῶσιν τὴν περὶ σοῦ θαυμαστῶς ἐξεῦρον. πόθεν; ἐξ ἐμοί... καὶ τὴν τέχνην τὴν ἐν ἐμοί, ὅσῃ σοφίᾳ κατεσκευάσθη μου τὸ σῶμα, κατανοήσας ἐκ τοῦ μικροῦ τούτου κατασκευάσματος τὸν μέγαν δημιουργὸν ἐνενόησα. – Ebenso B. *Hex.* 9, 6 S. 158, 8 (2 Seiten vor Ende) = AMBR. hex. 6, 8, 50 S. 394Ba (Ende: 9, 76): *mirabilis facta est cognitio tua ex me* – eine Partie, die viele Parallelen zu unserer Predigt enthält. – Die ähnlich eingesetzten Zitate (s.o. zu 1) beweisen, dass die vier christlichen Werke (*HCreat.*, B. und AMBR. hex., Nem.) in einem engen Zusammenhang stehen. – Die Übersetzung von Evstath. (Basil.hex. 9, 6, 8) bietet das Zitat in anderem Wortlaut: *mirificata est notio tua ex me.* – *(ad)mirabilis*: Für *adm.* gibt es keine Belege bei R., für *m.* jedoch: Adamant. 5, 11 S. 195, 6 (82,15Bu); hist. 1, 13, 12 (<θαυμάσια); → Sc (4x), St (3x). Da *mirari* kein Passiv zulässt, verfallen die Übersetzer auf *m. fieri*; vgl. ANIAN. Chrysost.hom. 3, 6*in.* PG 57, 38: *(fuit)...m.* <ἐθαυμάζετο.

zu 4-5: προσέχειν kann im späteren Griechisch auch bedeuten: „schauen auf..." (→Lampe *s.v.* 6), z.B. *Apophth.Patr.* 4, 8, 3 SC 387, 188 (Guy übersetzt: „... le regarda").

APPENDICES

Appendix 1
Titel, Incipits, jüngere Einzelfehler, Explicits

Titel und Incipits

Γ, **J**, **X** haben k e i n e n Ingress.

A   Incipit sermo eiusdem (= sancti Basilii episcopi) de eo quod scriptum est: attende tibi, ne forte fiat in corde tuo sermo occultus iniquitas (Vgl. **C**, **Λ**).

B   De adtende tibi (= **N**, **Q**).

C   Sermo (?) Basili epi(scopi) De eo quod... = **A**, **Λ** .

[Ç   Sermo sancti Basilii episcopi de eo quod scriptum est: Attende tibi ne forte... Sermonis usum Deus nobis... (Katalog-Eintrag; zugehörig zu ω* ?)]

Δ   Incipit (omelia) secunda: de eo quod scriptum est: Attende tibi, ne forte fiat in corde tuo sermo occultus.

G   Incipit ......(tractatus ?) s(an)ct(i) basilii epi(scopi) capadocis: de eo quod scriptum est attende tibi ne forte fiat in corde tuo sermo occultus iniquitas:

H   Incipit eiusdem basilii Omelia s(ecund)a de verbis Moysi, Attende tibi.

Θ   Incipit omelia s(e)c(un)da de eo quod scriptum est ne forte in corde tuo fiat occultus sermo iniquitatis.

K   DE ATTENDE TIBI (*In marg.:* De Attende tibi).

L   de eo quod scriptum est attende tibi ne fiat in corde tuo sermo occultus iniquitatis

Λ   (Incipit ?) Sermo eiusdem de eo quod... = **A**, **C**.

M   Incip(it) om(e)l(ia) II. De eo quod scriptum ÷ attende tibi ne forte fiat in corde tuo sermo occultus iniquitas (es folgt eine Zeile in kleinerer Schrift, ca. 32 Buchstaben, zuletzt: ... nobis d(eus) i(n)dulsit).

N   = **B**, **Q**.

O   DE ATTENDE TIBI.

P   INC(ipit) DE EO QVOD SCRIBTVM EST ATTENDE TIBI NE FIAT IN CORDE TVO SERMO OCCVLTVS INIQVITAS (Vgl. BAMMEL, JThS IV(VII), 378).

Q   = **B**, **N**.

R   DE EO QVOD SCRIBTVM EST: adtende tibi ne forte fiat in corde tuo sermo occultus iniquitas (*scribtum*: s.o. zu P).

S   Incipit omelia secunda De eo quod scriptum est adtende tibi ne forte fiat in corde tuo sermo occultus iniquitas.

Σ   Sermo de eo quod scriptum est, Attende tibi, ne forte fiat in corde tuo sermo occultus iniquitatis.

T	INCIPIT OMELIA DE EO QUOD SCRIPTUM EST ATTENDE TIBI NE FORTE FIAT IN CORDE TUO SERMO OCCULTUS.
V	Sermo (...) Zenonis episcopi Veronensis de praecepto *Adtende tibi*
W	De praecepto attende tibi et ce(tera) XXXIX (Vgl. **Y**).
Y	De praecepto Attende tibi et cet(era) XXXIX (Vgl. **W**).
Z	TRACTATVS DE ATTENDE TIBI XL.
[Ω	Idem Basiliius de eo quod scriptum est. attende tibi ne forte fiat in te sermo absconsus in corde tuo iniquitas (Kontamination mit Text von 5, 10-11; vgl. CCBBV 2, 1, 212 h 727a).]

b	S. BASILII EJUSDEM TRACTATUS II. *De Adtende tibi* (Mit Anmerkung).
g = m	HOMILIA II. *De eo quod scriptum est:* Attende tibi, ne forte fiat in corde tuo sermo occultus iniquitas.
l	De praecepto, Attende tibi (Am Rand: *Est sancti Basilij vide inter eius opera*).
v	De attende tibi. Ser. IIII (Nach ZENO II 18 [II 77] CCL 22, 192).

Jüngere Einzelfehler

1,5 occulta ut *transp.* B   6 verbi] cordis K   8 suo *om.* Γ   13 atque intentionibus *om.* K   14 quoniam] quando (wie 15,5; 25,2; 27,7; 49,12; 77,7; auch hom. 1,3 1726C S. 9, 11LC, u.s.w.: eine falsch aufgelöste Abkürzung)   15 opperitur X

3,1 hic motus *inv.* K   mentis hic *inv.* G¹   2 quodam vehiculo *inv.* K   quoddam S   3 in aeris *add.* Σ   audiendum Σ   4 transferentur C   5 -que vitam *add.* K   7 auditoris C   reconditus Z   fructus Σ   8 vasa O¹   auditoris C (→7)   10 spatio *transp. post* transfretans A¹   13 utilitas Σ   conferre Γ   14 est intentus *inv.* Δ   16 firmata No   17 brevis veloxque *transp.* K   transversu v

5,1 emendatior No   3 quae *om.* H   4 vero No   6 sermo *om.* A   7-8 vos... forte *om.* Q   7 divini verbi *inv.* Θ   10 ser. aut. *inv.* No   ne forte *iterat* C   11 iniquitas tuo *inv.* K   iniquitatis No   14 nostra] eorum Γ   *post* sciens] corda nostra *iterat* K   sciensque S   16 prosito No¹

7,2-3 proclivius] pro divinis Y   3 vobis] nobis Y   7-8 praecurrentiae l   8 procurationis cuiusdam *inv.* O¹   13 hiatus K   14 ministerium B   15 et labore et adiutoriis *om.* Λ¹   16 -que] et H   huiusmodi L   18 et sine *add.* Γ   19 atque omne *add.* Γ   habet M

9,2 honoris No   4 medio A   8 quoque *om.* V   9 inhoneste finxit No   11 imaginem M   deformaᵗ S   12 quidem] quod K   13 peccatum *om.* Σ   14 sine dubitatione *add.* B (*ante* sine dubio)   16 cordia W

11,1 ergo] igitur Γ   2 conspexerit V   iniquitatis No   eam No   4 est *om.* W   in suo corde *inv.* B   5 quidem corporis *inv.* Y   actus quidem *inv.* Δ   6 obstaculis *om.* G   10 providetur sceleris   13 occultum et iniquitas *add.* Y   iniquitatis No   14 intuitum S

13,1 quoque K   2 animalia Σ   5 et *om.* No   6 nullo *om.* Γ   7 qui perniciem
iterat C   11 est istud *add.* Q   13 additur S   14 multis Γ   perficitur Γ   hic
m   18 quidem] quid est N   ex ˢponte G   19 cibus b

15,1 sectantes No   ill(a)e No   3 adtente b   6 oculos Σ¹   7-8 aliud... incorporea
iterat H   8 et *om.* v   loquo L   9 quid v   quidem si *inv.* No   10
verbis L   sent.verb.*inv.* No   arguitur B   11 absurdi Γ   12 enim] ergo
B   14 primo quia *inv.* V   14-15 considerare potest et intueri *inv.* V   17
aciem] etiam Σ   ac.su.dir. *transp.* No   ut No¹

17,3 *post* dicere] impium videbitur *iterat* Z   11 contenduntur Θ   doli] diaboli
L¹   12 undique Z   diffus(a)e No   circumspicite Y   14 effugies Γ

19,2 laqueos X   5 volueris A   fugere Σ   dolos effugere *inv.* C

21,3 ipsi et *add.* Q   4 nostra] natura K   6 eius] dei Σ   9 subsistentia Γ   10
ergo J   12 nec Y   13 ne secteris *add.* S

23,1 sanitate K   6 ad] in H   praesens No   7 mysterium Σ   et magnum
add. O   8 in *om.* No   9 vitae tuae *add.* K   tuae *om.* A   12 -que *om.*
K   14 oppressit Z   ablues Z

25,2 quoniam] quando Θ   4 est quaedam *inv.* X   est *om.* Γ   6 cum] in K¹   9
quae perpetuis *add.* Q   11 tamquam caduca *om.* G   13 dispice N   14
enim] eam Γ   studium et diligentiam *inv.* A   studio Γ   15 attende tibi
add. L

27,1 tibi ipsi cum omni cautela *inv.* Σ   1-2 unicuique distribuere *inv.* G   4 virtutis pietatis *add.* V   7 quoniam] quando Θ   8 adv.spiritus v   9 autem *om.* Σ   haec
om. V   13 potentias Y   14 deterioris Q   15 sublatam Z¹

29,1 in *om.* S   unum b   levioris L¹   2 facies alteram *inv.* A   corporis et animae
inv. Γ   3 invicem K   4 manifesta alterius *transp.* No   5 corporis W   6
carnalibusque Z   descenditur H   7 mentis effici(?) C   8 animas L   9-10
et meditatione... erigatur *om.* H   10 facit fatiscentem *add.* S   fatescente Θ
11 statu Θ   12 iudicans Σ   dicit Σ   13 noster homo *inv.* C   noster
om. K

31,1 ergo *om.* B   idem *om.* A   3 aegris *om.* A   7 animae nostrae *add.* H   9
magnifico Σ   brevissimi magnifice *inv.* Z   15 grandis Z¹   sine studio m
17 pernocatisque S   intenti pernoctatique Λ   19 paenitentia] commissi K

33,1 tantum K   3 non *om.* X   4 se pati *inv.* Γ   5 quidem *om.* A   8 quod]
quam B   10 disciplinatum Γ   13 praecepta] scripta No

35,1 diversa vasa *inv.* S   2 et¹ *om.* Γ   ignea m   2-3 sed... diversa *om.* Γ
5 vel] et Θ   6-7 pastores agricolas *inv.* W   8 brevissimi *om.* Z   9 operi
Δ   10 proposita S   augmentis A   11 atque] ac H   venator enim *add.*
L   12 et *om.* Σ   14 super No   15 ne ubi Θ   15-37,1 te *transp. ante*
effugiat A

37,1 dei A   te effugiat →o. 35,15   2 veritatis] dei No   et *om.* Σ   3 deo
Σ   qui in *add.* Σ   4 ac] atque H   5 peragrantur X¹   6 es talis] talis esto
S   7 ad *om.* Σ   8 mea *om.* B   9 erras N   11 ut tibi *inv.* Σ   15 vel]
et Λ   paleam G   16 et¹] vel Σ   et² *iterat* H

39,1 te] tibi Q   3 pertinet N   5 contritum S   10 tibi *om.* K   14 spiritum B

41,2 huius *om.* Θ   sectatores X   3 vitia] indicia Γ   carnis K summe v   8 legiptime W   Paulum apostolum *add.* L   9 et *om.* A   13 et ut *add.* B   oculum *om.* A   considerandas *om.* Σ   14 ocl'm *add.* A² *ante* gere

43,2 ad *om.* Λ   4 vult te esse *transp.* G¹   7 et] ac A   9 strenuum *om.* Θ

45,4 te *om.* B   4-5 praetereat in consiliis *transp.* Γ   5 consiliis te *add.* K   6-7 quae... dispensare *om.* B   11 si quidem Γ   12 corporis Σ quietem decepti fuerint fals. *add.* Σ   13 mentis No   conceptus v   semet m   15 praeclare Σ

47,2 in *om.* No   5 subitis et *om.* B   mentes T   9 vaga N   10 recondunt vanitatis *inv.* A¹   12 et ipsa *inv.* W   14 movent *om.* B

49,1 tamquam praesentibus *om.* Z   posse arbitrentur *add.* Γ   3 videres omnia B   8 quae *om.* H   9 et *om.* K   10 autem *om.* Θ   11 solens Σ   12 quoniam] quando Θ   14 procurare] pro W   hoc *om.* Δ   15 discurrere K   16 tua *om.* B   16-18 concelebrare... miscere et *om.* Σ   18 ac] et No   19 vitae *om.* A

51,2 et ad *add.* B   3 convertere Θ   tuae *om.* W   vero] autem B   9 conversio Σ   10 ergo... te sunt (11) *iterat* K *ante* Attende   ergo *post* ipsum *transp.* B   11 que K   15-53,1 exprobans No

53,1 ac despiciens *om.* A   6 in manibus Z   8 hac N   9 atque requiras Σ   14 deus tu *add.* K   15 provide No   peccatori custos *add.* K   ipsi *om.* V   16 tibi *om.* No   rebus *om.* No   17 omnis *om.* V   tibi *iterat* K *post* secunda   novitate No

55,3 suggerens vitae *inv.* Δ   4 adversiis H¹   6 maximo Q   illico No   9 diucius S illustribus No   10 intumesces S   12 extollaris K   14 quia²] de B   15 in *om.* K   16 auferant Σ   18 potentias X

57,3 adversarium Σ   ubi²] nisi(?) H   4 et] ubi H   5-6 conventus crebros *inv.* Λ   10 tiranni No   12 -ne *om.* T   14 orne No   memoria *om.* G¹⁽?⁾   15 respice L¹, inresp. L²   16 distinguere C   17 quisve] quis S

59,1 discernat K   2 ab] ad No   3 dequorum No   5 eris memor *inv.* H

61,3 non invalidus (!) *add.* Σ   11 amputas N   speciem *corr.* Σ   13 eam Z

63,5 praecepta C   5-6 fecit solius praecepti *transp.* A   6 substinere Y   9 dignitatem] imaginemque No   10 commeare No

65,3 per rupta N   5 in area No¹   8 inclusit K v(?)   rationali J   14 tuis *om.* G   vel *om.* No   15 acer B   istud Γ   16 chori] ordines K²

67,1 serviant No   4 fera H   5-6 adtendentes Q   6 portantes Λ   7 aures aureos *add.* Γ   argentos N   10 neque Z   13 autem] quidem X   16 et] ut Y

69,3 curantur Γ   5 te caelum *inv.* Z   8 vero] ergo Γ   propterea S   in *om.* B   10 spem paravit No   15 pro] oro l

71,1 si non *add.* Q¹   2 nec] ne Y   3 tollerantiam No   futuram requiem S   5 te *om.* S   8 cum *om.* B   stridor dentium *inv.* B   14 linguam vero protinus ab insolentia coercebis *transp.* V

73,3 iam Y　　4 et *om.* C　　7 carnis B　　incumbat Θ　　10 sed *om.* No　　11 temporalis] carnalis C¹　　12-13 promulgavit Z　　13 meditationibus No

75,1 et *om.* v　　6 impetrare Θ　　8 inracionibus Σ　　11-12 dominationemque Γ　　13 singula horum *inv.* B　　diligenti quaeque *inv.* A　　15 viae B　　16 usque *om.* K

77,7 est immortalis *inv.* Λ　　13 oculis *om.* B　　ullus *om.* Δ¹　　aut *om.* K　　14 est habitus *inv.* K

79,1 tantum *om.* Σ²　　2 in deo neque *inv.* Γ　　7 eius omnes *inv.* Γ　　partes eius *inv.* Λ　　8 ducerentur v　　11 truditur K　　14 ad affectus *add.* M¹　　effectus Q　　16 maeroresque] merosque de No¹(de *bis*), meros No²

81,1 eius *om.* l　　2 que Y　　-que *om.* Λ　　3-4 discimus cum S　　5 disciplina S　　7 cordis *om.* No　　8 corporis Γ　　cum declinat *add.* Γ　　declinavit l　　9 decorem perdit *inv.* Δ　　10 rursus Λ　　colore K¹　　11 et *om.* No　　virtutum No

83,2 in se ratio *inv.* Y　　2-3 corporeae naturae *inv.* Γ　　3 corporea B　　5 inter] iter ad K　　omnes]homines Y　　7 est tibi *inv.* W　　soli est *add.* No　　9 prona *om.* Γ　　13 ad *om.* l　　14 somno calumni(a)e v　　16 in homine est *inv.* B　　ibi sensus *add.* v

85,1 sunt instituti *inv.* Σ　　4 spatio Γ　　6 speculi K¹　　7 in directum *om.* K　　9 facilioris N　　10 ambfractibus Γ　　11 moderatione B　　13 ut] et Γ　　15 ambfractus Γ, anfractos v

87,1 incidere *om.* S　　4 et mollis *add.* B　　est *om.* K　　ita *om.* Z　　5 qualibet Γ　　7 muro No　　simul] fit Γ　　9 praebet S　　13 pulmonem No　　15 quoque membra *add.* S　　sanguinisque S

Explicits → S. 89

Appendix 2
Träumereien Jugendlicher

zu S. 45, 12-15:

Vgl. die autobiographisch formulierte Stelle *EAmph.* [150] 1 (2, 72COURT. = 2, 70HAUSCH.): ἀφυλάκτως δὲ (ἔχομεν) πρὸς τὰς ἐν τῇ διανοίᾳ συνισταμένας ἐκ τοῦ Πονηροῦ φαντασίας, ἡττήμεθα δὲ καὶ τιμῆς... –

Begriffs- und geistesgeschichtliche Analysen zu „Phantasia in Classical Thought", auch bei Neuplatonikern und AVG., finden sich im gleichnamigen Buch von Gerard WAT-SON, Galway 1988 (für Neuplatoniker ist typisch, dass sie die *negativen* Aspekte der Fantasie betonen: S. 119; 131; u.ö.). Zur Funktion der φαντασία bei den Stoikern s. auch Danielle LORIES, *Phantasia:* Aperçu sur le stoïcisme ancien, in: D. Lories – Laura Rizzerio (Hrsgg.), De la *Phantasia* à l'imagination (Collection d'Études Classiques, 17), Louvain 2003, 47-77. Erst AVG. macht den Terminus *imaginatio* im abendländischen Schrifttum heimisch. – R. scheint *imaginatio* (trotz den Hss. HJ) nicht zu kennen oder als philosophisch zu meiden. *fantasia gloriae et splendoris* als Waffe des Teufels (*magna quaedam et ingentia repromittens*) erwähnt Petrus in R. Clement. 2, 17, 5 S. 61, 24-26; in der älteren Übersetzung Orig.princ. behandelt R. *fantasia* nicht als gebräuchliches lateinisches Wort: *fantasia id est voluntas quaedam vel incitamentum* (3, 1, 2 S. 196, 30 = 464G-K; *fantasia id est voluntas vel sensus,* ebenda S. 197, 16 = 464G-K; *fantasia id est voluntate quadam vel studio,* S. 197, 18 = 466G-K, und danach die Umschreibungen in 3, 1, 3); weitere Stellen: princ. 1 praef. 4 S. 10, 12 = 90G-K (theologisch: *in veritate et non per phantasiam*; Pamphilus: *per imaginem*); 2, 3, 6 S. 122, 4 (318G-K). *nocturnae phant.*: Basil.reg. 35 CSEL 86, 81 (...*ex diurnis animae motibus et actibus*). Unübersetzt bleibt φαντ. in Orig.princ. 4, 1, 7 S. 303, 11 / 27 (690G-K). – CIC.hatte für φαντ. die Übersetzung *visum* festgelegt: ac. 1, 40 und 2, 18; danach auch GELL. 11, 5, 6; 19, 1, 15; 18 (mit Zusatz *animi*); AMM. 14, 11, 18 und 15, 3, 6 (*visa nocturna*); QVINT. inst. 6, 2, 29 hat *visio* (s.u.), 10, 7, 15 *imagines* und 12, 10, 6 wieder *visio* (s. R.G. AUSTIN z.St.). – φαντ. bei B. noch *Spir.s.* 3, 5 (FC 12, 86) in einem mittelplatonischen (?) Referat über das ὑπόδειγμα des τεχνίτης: προσαναζωγραφήσας τῇ διανοίᾳ τὸ κατασκεύασμα... εἰς ἔργον τὴν φαντ. ἤγαγεν (hiezu GRONAU 47 und Gerard WATSON, Discovering the Imagination, in: J. Dillon – A.A. Long [Hrsgg.], The Question of Eclecticism, Berkeley 1988, 228). Für AVG. vgl. in evang.Ioh. 20, 11 CCL 36, 209 (*errans animus; cum imaginibus loqui*) und dazu Suzanne POQUE 210-11. – Aufschlussreich ist QVINT. 6, 2, 29-30: *quas* φαντασίας *Graeci vocant, nos sane ‚visiones' appellemus... quidam dicunt* (!) εὐφαντασίωτον, *qui sibi res voces actus... optime finget...* der Redner zieht aus der Begabung des Tagträumers Nutzen (eine gemeinsame Quelle lässt sich nicht ausmachen, trotz S. 47, 13 [s.u.]). Vgl. (Longin.) *De sublim.* 15, 1-2: die φαντ. ῥητορική dient der ἐνάργεια. –

B. kannte eine Theorie unbekannter Herkunft (→HAUSCH. 1, 172 A. 102), wonach „Hoffnungen Träume Wachender" sind: *EGNaz* [14] 1 (1, 43COURT. = 1, 60HAUSCH.) ἐπαινῶ... τὸν εἰπόντα τὰς ἐλπίδας εἶναι γρηγορούντων ἐνύπνια. –

In *HEbr.*[14] 3 (PG 31, 449B) äussert sich B. über die Trunksüchtigen ähnlich wie hier in *HAtt*:: ἐνύπνιον γὰρ αὐτοῖς ἐστιν ὁ βίος, οἵ γε, ἱμάτιον οὐκ ἔχοντες... βασιλεύουσι καὶ στρατοπέδων ἄρχουσιν ἐν τῇ μέθῃ, καὶ πόλεις οἰκοδομοῦσι (καὶ χρήματα διανέμουσι). –

εὐκολία als Eigenschaft der Jugendlichen auch B. *Hex.* 9, 5 S. 157, 13. – In der modernen Entwicklungspsychologie sind Tagträume Jugendlicher ein gängiges Thema: s. z.B. Emil Erich KOBI, Das Tagträumen bei Kindern und Jugendlichen, Bern-Stuttgart 1963; Rolf OERTER, Die Entwicklung von Wertehaltungen während der Reifezeit, München 1966; Jerome L. SINGER, Daydreaming and Fantasy, London 1976 (Tagträume als „rehearsals for future actions", 118). Vgl. auch Carl Gustav JUNG, Symbole der Wandlung II 39; GW 5, 50-54.

zu S. 49, 2-3:

Negative Wertung von Träumen auch im AT: Ier. 29, 8 (*ne adtendatis ad somnia vestra quae vos somniatis*; vgl. 23, 25-28, wo LXX mehrfach ἐνύπνια verwendet), Is. 29, 8 (der Hungernde und der Dürstende, die im Traum nicht satt werden; griechisch: ἐνύπνιον), Zach. 10,1-2 (worauf sich B. *ENeoc.pm.* [210], 6, 15 2, 196COURT. = 2, 150HAUSCH. stützt: οὐ γὰρ πᾶν ἐν. εὐθὺς προφητεία), eccles. 5, 2; 6 („wo viele Träume... sind, ist auch viel Nichtiges") und Sirach 34, 5-7 („Träume sind nichtig, und was du hoffst, bildet das Herz sich ein"). Knapp und präzis zu „La funzione del sogno in S. Basilio": T. SPIDLÍK, Augustinianum 29, 1989, 375-78. – Im griechischen Bereich werden oft ἐνύπνια und ὀνείρατα (die ὄν sagen, εἴρειν !) unterschieden: vgl. Artemidor, *Onirocrit.* 1,1 und 4 praef. Der lateinische Begriff *somnium* verwischt diese Grenze, aber R. kann in besonderen Fällen von *visio* oder *revelatio* sprechen. Vgl. auch J.H. WASZINK, Mnemosyne III 9, 1941, 65-85, bes. 72-73, mit Verweis u.a. auf Ph. *Somn.* 2, 138; 162; *Ios.* 126. –

Zu den bedeutungsvollen Träumen der Spätantike →Patricia Cox MILLER, Dreams in Late Antiquity, Studies in the Imagination of a Culture, Princeton 1994 (wenig jedoch zur Traum-Kritik dieser Epoche), zum historisch-politischen Aspekt →Gregor WEBER, Kaiser, Träume und Visionen in Prinzipat und Spätantike (Historia Einzelschriften, 143), Stuttgart 2000. – Aufschlussreich ist die Diskussion um den *Ciceronianus*-Traum von HIER.epist. 22, 30 (CSEL 54, 189-91): Was HIER. zuerst als ‚Vision' bezeichnet (epist. 22, 30, 3 S. 190, 8: *subito raptus in spiritu*; § 6 S. 191, 10: *nec vero sopor ille fuerat aut vana somnia, quibus saepe deludimur*), stellt R. apol.adv.Hier. 2, 6, 10 S. 87 als *revelatio* dar (umso schlimmer der Meineid!), während HIER. die Angelegenheit nun (401) herabmindert: adv.Rufin. 1, 30, 22 CCL 79, 29 *periurio somnii*; 31, 6-7 S. 31 *qui somnium criminatur* (also R.), *audiat prophetarum voces, somniis non esse credendum*; 31, 12-13 *vanis imaginibus mens saepe delusa est. quanti in somnis divites, apertis oculis repente mendici sunt! sitientes flumina bibunt, et experrecti siccis faucibus aestuant* (→ Is. 29, 8). *tu a me somnii exigis sponsionem* (→MILLER a.O. 206 und Pierre LARDET zu adv. Rufin. 1, 30, 14-18, bes. treffend S. 125: „J(érôme) fait mine de réduire la grandiose composition de l'*ep.* 22 à une simple imagerie, le songe à un rêve banal").

Auffallend ist eine ähnliche Stelle im Klemens-Roman (R. Clement. 2, 62, 2 – 66, 3 S. 89,1 – 91,14 – offenbar ohne Parallele in den Homilien des Ps.-Klem.): Petrus erzählt Simon Magus von eigenen Tagträumereien in der Frühzeit, als er noch Fischer war; Simon scheint zunächst zuzustimmen (*recte dicis:* 62, 5 S. 89, 16); Andreas weist seinen Bruder zurecht (*hoc accidit ex languore quodam animae:* 64, 2 S. 90, 3). Die prinzipielle Bedeutung solcher Diskussionen zeigt sich 65, 4 S. 90, 19-20: *neque enim quis potest novum aliquid, et cuius forma nulla umquam extiterit, cogitare.* Steht dieses Interesse für die Unmöglichkeit, etwas absolut Neues zu denken, in Zusammenhang mit der Ablehnung der markionitischen These eines vollständig ‚neuen' Gottes ?

Appendix 3
Zu den Quellen des Basileios

zu S. 13, 1-9   Das Problem des tierischen Instinkts:

COURCELLE 102 A.19 vergleicht B. 1-9 mit Chrysipp bei Diog.Laert. 7, 85 (= SVF 3, 178 S. 43; vgl. SVF 3, 182 S. 44 = CIC. fin. 3, 16): „(B.) dépend presque textuellement". GRILLI 35-40 schlägt für B. 1-15, 2 eine ‚Brücke' zu Panaitios vor, besonders mit Blick auf den *t.t.* ἀφορμή (Z. 3); skeptisch beurteilt von J.M. RIST, Stoic Philosophy, Cambridge 1969, 23-39. Nahe stehen auch CIC. nat.deor. 2, 122 (→ A.S. PEASE z.St.) oder Nem. *Nat. hom.* 1 S. 43. – Vgl. auch Charles H. KAHN, Discovering the Will, in: J.M. Dillon – A.A. Long (Hrsgg.), The Question of „Eclecticism", Berkeley 1988, 246-47 (mit Literatur). – Parallelen: Ph. *De animalibus* 80Ende (armenisch: Abraham TERIAN, Studies in Hellenistic Iudaism, 1, 1982, 255): *haec omnia possident, ut salva se servent et ut vindicent se ab invasoribus* (instinktiv, nicht λόγῳ); Greg.Nyss. *Hom.opif.* 7 PG 44, 141A: ἀρκοῦσαν... πρὸς σωτηρίαν τὴν ἐκ φύσεως δύναμιν; B. *Hex.* 9,4 S. 150, 17-18. Betr. Antiochos von Askalon wäre etwa CIC. fin. 5, 24 zu vergleichen, aber das Motiv ist in „fast allen hellenistischen Schulen anerkannt" (Woldemar GÖRLER, in: Die Philosophie der Antike [Ueberweg], 4/2, Basel 1994, 958). Zum natürlichen Instinkt der *muta* (Z. 8: *naturali quodam impulsu* <φυσικῇ τινι... ὁλκῇ) vgl. etwa auch SEN. dial. 8, 3, 6; CHALC. comm. 256 S. 233, 14-17Wa; B. *Hex.* 7, 5 S. 121, 5, bes. 9, 3 S. 150, 10-11 ἀδίδακτος καὶ φυσικὴ τῆς ἑαυτῶν (*sc.* τῶν ἀλόγων) ζωῆς ἐπιμέλεια (fehlt bei AMBR. hex.); 9, 4 S. 152, 15-17 αὐτόματον ἔχομεν τὴν πρὸς τὰ λυποῦντα διαβολήν (!), οὕτω καὶ τῇ ψυχῇ ἐστι τις ἀδίδακτος ἔκκλισις τοῦ κακοῦ; AMBR. hex. 6, 4, 2 S. 360-63Ba ; EVSTATH. Basil. hex. 9, 3, 7 S. 116, 26-27 *mutis animalibus diligentia conservandae propriae salutis sine cuiusquam traditione (est)*, sowie 9, 3, 20 S. 118,16-18. → GRONAU 288. – *imp. fluctuum*: R. Greg.Naz.orat. 5, 9, 4 S. 177, 15; *imp.* Orig.princ. 3, 4, 4 S. 269, 17 (618G-K: mit Druckfehler). Wie dies aus heutiger Sicht aussieht, schildert Walter BURKERT, Kulte des Altertums, Biologische Grundlagen der Religion, München 1998, 48.

zu 65, 12 – 67, 1   *ratio* im Kosmos:

Ähnliche Argumentation bei Nem. *Nat.hom.* 1, 64 S. 15, 12Mo: πελάγη διαβαίνει, οὐρανὸν ἐμβατεύει τῇ θεωρίᾳ, ἀστέρων κινήσεις καὶ διαστήματα καὶ μέτρα κατανοεῖ, γῆν καρποῦται... Vgl. schon CIC. nat.deor. 2, 152: man dachte an Poseidonios (→ Werner W. JAEGER, Nemesios von Emesa, Berlin 1914, 133-34). – Wie der Mensch λογισμῷ das Schiff erfunden hat, beschreibt Max.Tyr. 6, 2de S. 66KONIARIS = 47TRAPP recht detailliert (zum Thema ‚λόγος ἀνθρώπου ἴδιον': 4a S. 68Ko = 48Tr).

zu 77, 5-7 περιγράφεσθαι

Diese Stelle illustriert LAMPE *s.v.* περιγράφω mit Parallelen aus der alexandrinischen und kappadokischen Theologie. Vgl. auch B. *Spir.s.* 9,22 (FC 12, 136-40); Nem. *Nat.hom.* 3, 134-36 S. 41Mo; von Heinrich DÖRRIE 74-79; 95-97 aus Porph. *Symmikta Zetemata* hergeleitet; Greg.Nyss. *Hom.opif.* 12 PG 44, 157D; *C.Eun.* 1, 168 GNO 1, 77, 7-10;

1, 367 GNO 1, 135, 15-19. Früher schon bei Clem.Al.und Orig. (*Comm.Ioh*. 1, 39, 291-2; princ. 2, 9, 1 S. 165, 1 = 400G-K), als Problem der Trinitätstheologie (vgl. Jean DANIÉLOU, Message évangélique et culture hellénistique aux IIe et IIIe siècles, Paris 1961, 348-49). – Kurz und bündig: B. *HVerb* [16] 4 PG 31, 480B: οὐ γὰρ περιέχεται τόπῳ τὰ ἀπερίγραπτα.

Seele und Körper:

Die mittelplatonische Position von Max.Tyr. ist sowohl bezüglich Ähnlichkeiten wie auch Differenzen recht aufschlussreich (6, 4 S. 69KONIARIS = S. 49-50 Z. 98-104TRAPP): ἡ τοῦ ἀνθρώπου ψυχὴ... κεκραμένη ἐκ θνητῆς καὶ ἀθανάτου φύσεως, κατὰ μὲν τὸ θνητὸν αὐτῆς ξυνάπτεται (-τάττεται Tr) τῇ θηριώδει φύσει, καὶ γὰρ τρέφει (-φεται Tr) καὶ αὔξει καὶ κινεῖ (κινεῖται Tr) καὶ αἰσθάνεται· κατὰ δὲ τὸ ἀθάνατον τῷ θείῳ {καὶ} ξυνάπτει, καὶ γὰρ νοεῖ καὶ λογίζεται καὶ μανθάνει καὶ ἐπίσταται.

zu 77, 8-10 (νοῦς ἐν τόπῳ?): Vgl. Porph. *Sent*. 1 und 3 S. 2-3La (dazu PEROLI 201) und Plot. 5, 2 [11], 2, 19 ὁ δὲ νοῦς... οὐκ ἐν τόπῳ; ferner Jean PÉPIN, REA 66, 1964 (→zu 15, 7-8), 84-86.

zu 77, 10: Das schwierige Verhältnis von unsterblicher Seele und sterblichem Körper wird auch von Greg.Nyss. *Hom.opif*. 15 PG 44, 177B mit συνάφεια bezeichnet: zu diesem Problem ausführlich: PEROLI, bes. S. 202.

zu 77, 12-13: Zur Unsichtbarkeit der Seele vgl. schon Pl. *Phd*. 79b; *Tim*. 36e; 46d. S. auch Max. Tyr. 2, 10a S. 28KONIARIS = S. 21 Z. 1-2TRAPP: (ὁ... θεός, ὁ τῶν ὄντων πατὴρ καὶ δημιουργός) καὶ ἄρρητος φωνῇ καὶ ἀόρατος τοῖς ὀφθαλμοῖς; auch 11, 9d 137Ko (= 96, 204Tr). Für τὸ ἀσώματον = ἀπερίληπτον vgl. B. *Spir.s*. 9, 22 (FC 12, 136-37, mit Anm.). – *HCreat*. 1 GNO Suppl. S. 9, 7-8: μὴ περιλάβῃς τὸν θεὸν σωματικαῖς ἐννοίαις, μὴ περιγράψῃς τῷ σῷ νῷ. ἀπερίληπτός ἐστι τῷ μεγέθει (dazu die Anm.von H. HÖRNER); Greg.Nyss. *Mort*. GNO 9, 40, 20 – 42, 3, bes. S. 41, 25; oder *Hom.opif*. 15 PG 44, 177B οὐ γὰρ περιλαμβάνει τι τὰ ἀσώματα.

zu 77, 14: Genau wie Plot. 4, 7[2], 10, 3 καὶ μὴν οὐδὲ σχῆμα ἔχει οὐδὲ χρῶμα ἀναφής τε (<Pl. *Phdr*. 247c); 5, 3 [49], 8, 3; vgl. Porph. *Marc*. 8 S. 14,18PÖTSCHER, dazu Heinrich DÖRRIE 97. – Bereits „mittelplatonisch" (so S. LILLA, Augustinianum 30, 1990, 10): bei Max.Tyr. 11, 11e S. 141 Z. 231-32KONIARIS = 99, 267-68TRAPP μήτε μέγεθος μήτε χρῶμα μήτε σχῆμα μήτε ἄλλο τι (!) ὕλης πάθος; Orig.princ. 1, 1, 6 S. 21, 15 (110G-K, mit Anm.!); 4, 1, 15 S. 347, 10 (778G-K); etwas anders die Akzente in Greg.Nyss. *Hom. opif*. 5 PG 44, 137A.- Vgl. auch POQUE 211 A. 102.

zu 77, 15: GRONAU 286 vergleicht Ps.Arist.*Mu*. 6 399b22 ἀθεώρητος ἀπ᾽ αὐτῶν τῶν ἔργων θεωρεῖται (u.a.); Eduard NORDEN, Agnostos Theos 26: „Poseidonios ist... als Ge-währsmann unbedingt gesichert". Neuere sind skeptischer, etwa Hans STROHM, Studien zur Schrift von der Welt, MH 9, 1952, 162-63. Der Topos ist alt (z.B. X. *Mem*. 4, 3, 13-14) und weit verbreitet; die philosophische Begriffssprache entwickelt sich jedoch merklich.

zu 79, 7-9: συνδεῖν (→Pl. *Tim*. 32b *bis*) ist in solchem Kontext vor allem bei Nemesios beliebt: MORANI gibt in seinem Index 9 Belege (neben 5 σύνδεσμος); vgl. Plot. 2, 9[33],

7, 12; Porph. *Sent.* 32 S. 32, 5La (neben τὸ γνῶναι ἑαυτὸν ψυχὴν ὄντα und συναφής).
Pl. *Phd.* 66b5 prägte das Bild des ‚Zusammenknetens' (συμπεφυρμένη), was Plot. 1, 2
[19], 3, 12 kommentiert: ὁμοπαθὴς γινομένη (τῷ σώματι). Aufschlussreiche Kombination
mit συμπάθεια bei B. *Hex.* 2, 2 S. 25, 5-6. – σύμπνοια ist ein „kappadokischer" Begriff
(→LAMPE *s.v.*) stoischer Herkunft (→SVF 2, 543 S. 172), auch bei Plot.(als Zitat) belegt: 2, 3[52], 7, 13. Interessant ist die Korrespondenz *HCreat.* 1 GNO Suppl. S. 4, 5
(mit Anm. von H. HÖRNER) und 2 S. 66, 2 (τῶν μελῶν πρὸς ἄλληλα συμμετρία). – Zur
Vorstellung: vgl. Posid. *Frg.* 24E-K (Eindringen von νοῦς und ψυχὴ εἰς ἅπαν μέρος).

zu 79, 14: S.o. zur Stelle.

ὄρθιον ἔπλασε / νένευκεν *(rectum finxit / prona ficta sunt):*
Literatur: Antonie WLOSOK, Laktanz und die philosophische Gnosis, Untersuchungen
zu Geschichte und Terminologie der gnostischen Erlösungsvorstellung (Abh.Heidelb.
Akad.d.Wiss. 1960, 2), bes. S. 8-47 (Rectus status und contemplatio caeli in der philosophischen Anthropologie).

zu 83, 5 ὄρθιον: *HCreat.* 2 S. 66, 8 ἔπλασεν ὁ θεὸς ὀρθόν (dazu H. HÖRNER, betr. B.
HAtt.: „*ubi scripturam neglegens artissimum secutus est fontem Stoicum*"); B. *Hex.*
9, 2 S. 148, 24 – 149, 5 πρὸς οὐρανὸν διανέστηκεν...(>EVSTATH. Basil.hex. 9, 2, 9 *ad
caelum erigitur*); Greg.Nyss. *Hom.opif.* 8 PG 44, 144B ὄρθιον τὸ σχῆμα... πρὸς τὸν οὐρανὸν
ἀποτείνεται; CIC. leg. 1, 26; nat.deor. 2, 140 *eos humo excitatos celsos et erectos constituit*
(reiche Sammlung von Parallelen und Literatur bei A.S. PEASE z.St.); OV. met. 1, 85 *os
homini sublime dedit*; MIN.FEL. 17, 11 *vultus erectus*; AMBR. hex. 6, 9, 54 S. 400Ba
status erectus; HIER. epist. 100, 2, 3 CSEL 55, 215, 7 (Übersetzung aus Theophilos von
Alexandreia!) *iuxta humani corporis statum in sublime erectumque suspicere.*

zu 83, 7-8: Für *HCreat.* 2 S. 67, 1-2 τὴν ἄνω συγγένειαν verweist H. HÖRNER (GNO
Suppl. z.St.) zu Recht auf Pl. *Tim.* 90a τὴν ἐν οὐρανῷ συγγένειαν. Vgl. CIC. leg. 1, 26
und OV. met. 1, 81. – Die pleonastische Formulierung des Übersetzers *(supernorum...
caelestiumque)* bezeugt wohl seine Cicero-Kenntnis: *superarum rerum atque caelestium,*
nat.deor. 2, 140. Mit *cognoscas – cognatio* erzielt R. einen lautmalerischen Effekt (εἰδῆς
/ ἴδης !). – CIC. div. 1, 64 bezeugt für Posid. (= *Frg.* 108E-K) eine *deorum cognatio* des
animus (dazu: Jean PÉPIN 146-48).

zu 83, 8 τετράποδα / *quadrupedia*: Pl. *Tim.* 92a und das mehrfache Vorkommen im NT
garantieren den ‚Erfolg' dieser komplizierten Vokabel: →B. *Hex.* 9, 2 S. 148, 25, wo
EVSTATH. Basil.hex. (9, 2, 8) jedoch *pecora* wählt. HIER.(a.O.: →zu 83, 5): *instar
pecudum.* *HCreat.* 2 GNO Suppl. S. 66, 11-12 spricht von βοσκήματα und πρόβατον.

zu 83, 9 πρὸς τὴν γαστέρα νένευκεν: *HCreat.* 2 S. 66, 13 συννεύουσαν τῇ γαστρί (s.u.);
B. *Hex.* 9, 2 S. 149, 1-2 ἐπὶ γαστέρα βλέπει (>EVSTATH. Basil.hex. 9, 2, 9 *uterum pro-
spectat*); Greg.Nyss. *Hom.opif.* 8 PG 44, 144B πρὸς τὸ κάτω νενευκέναι; Nem. *Nat.hom.*
1, 60 πρὸς γῆν κάτω κεκυφότα; OV. met. 1,84 *pronaque cum spectent animalia cetera
terram...*; SALL. Catil. 1, 1 *prona atque ventri oboedientia finxit*, aufgenommen bei R.
ieiun. II 2 S. 22, 22 – 24, 1Ma.

zu 83, 10 *datus est*: OV. met. 1, 85 *dedit* (→zu 83, 5).

zu 83, 11-12: Die Übersteigerung von γαστήρ *(venter)* durch τοῖς ὑπὸ γαστέρα *(infra
ventrem)* ist charakteristisch: →B. *Hex.* 9, 2 S. 149, 4-5 γαστρὶ δουλεύων καὶ τοῖς ὑπὸ

γαστέρα (>EVSTATH. Basil.hex. 9, 2, 10 *oboediendo luxui ventris et inferioribus eius partibus)*. Weitere Stellen o. zu 83, 11. Vgl. Max. Tyr. 33, 8d S. 395KONIARIS = 271, 164-66TRAPP.

zu 83, 13 πρὸς τὴν ἄνω πορείαν: Das klingt gleichzeitig neuplatonisch wie christlich. →Plot. 1, 3[20], 2, 13 ; 3, 7[45], 7, 9. Sehr ähnlich ist B. *HPs. 1* PG 29, 213C τὴν τὰ ἄνω πορ., >R. Basil.hom. 1, 2 1726A (S. 8, 16LC) *ad superiora iter.* Kurz vorher (Z. 12LC) steht: *quae sursum sunt et superiora requirere* (<τὰ ἄνω ζητεῖν), also ein Bezug auf Col. 3, 1 (VVLG.: *quae sursum sunt quaerite*). Diese Brief-Stelle zitiert B. explizit an der Parallele *Hex. 9*, 2 S. 149, 6 – nach οἱ ὀφθαλμοί σου τὰ ἄνω βλέπουσιν (Z. 3); EVSTATH. Basil.hex. 9, 2, 9-11 *superna respiciunt – quaerendi sublimia*. Ähnlich *HCreat. 2* S. 67, 1. – Eine Seelenreise ἐκ γῆς ἐπ'οὐρανόν bereits bei Max.Tyr. 16, 6d S. 207KONIARIS = 143, 201TRAPP.

zu 83, 14 τὴν κεφαλὴν ἐπὶ τῶν ὑψηλοτάτων: *HCreat. 2* S. 67, 1 κεφαλὴ αὐτῷ ὑψηλή. Seit Pl.*Tim*.70a (ἐκ τῆς ἀκροπόλεως) und 90a (ἐπ'ἄκρῳ τῷ σώματι) folgt oft das Bild einer ‚Burg‘: CIC. nat.deor. 2, 140 *sensus... in capite tamquam in arce* – und die vielen Stellen, die A.S. PEASE z.St. notiert (mit Hinweis auf Werner W. JAEGER, Nemesios 22 A.1: Poseidonios; ausserdem noch Max.Tyr. 16, 4e S. 202KONIARIS = 140TRAPP). Auch Greg. Nyss. *Hom.opif.* 12 PG 44, 156D (PEROLI 271 A. 265 verweist auf Albin. *Did.* 23). – Es sind besonders die A u g e n, welche eine „erhöhte Warte" *(specula)* einnehmen (S. 85, 5-6) – wie bei MIN.FEL. 17, 11 *(oculi in summo quasi in specula constituti)*; AMBR. hex. 6, 9, 59 S. 404Ba *(in summo locati... specula)* und R. Clement. 8, 29, 3 S. 234, 25 (Ps.Kaisarios, ebenda: ὀφθαλμοὶ τὴν ὑψηλοτάτην σκοπιὰν ἔλαχον).

Klare Trennung der menschlichen Organe:

zu 85, 3-5 οὐδὲν... παρεμποδίζει τῇ ἐνεργείᾳ τῆς γείτονος: Gr.Nyss. *Hom.opif.*10 PG 44, 152B παραμένει τῇ ἐνεργείᾳ, ἐφ'ᾗ ἐτάχθη... οὐχ ἐνοχλοῦσα τῇ γείτονι.

Ohr:

zu 85, 9 – 87, 2 ἡ ἀκοή... ἤνοικται / *aures... adapertae*: CIC. nat.deor. 2, 144 *auditus* (also das Abstraktum!) *semper patet.* – ἑλικοειδεῖ τῷ πόρῳ / *anfractibus*: A.S. PEASE nennt (zu *flexuosum iter,* a.O.) die wichtigsten Stellen, bes. Gal. *UP* 11, 12 τῷ πόρῳ... πολυέλικτον (CIC.: *multis cum flexibus*); B.*Hex.* 3, 2 S. 41, 1 πόρος σκολιός. 3x erscheint *anfractus* im Ohr-Kapitel AMBR. hex. 6, 9, 62 S. 408Ba: Die Windungen der Gehörgänge haben eine gewisse Schutz-Funktion (vgl. hier 87, 1-2), und das Echo mildert *(vox dulcior, responsa suavia).* – μᾶλλον ἐνηχεῖν / *magis sonora*: →A.S. PEASE zu „*inclusis"* (CIC.: *ex tortuosis locis et inclusis referuntur ampliores).* – S. auch R. Clement. 8, 29, 3 S. 235, 3 *(aures... sonitum altius reddant*; Ps.Caesarius: ἑλικοειδῶς).

Zunge und Zähne:

zu 87, 2-11: Die Zunge wird hier nur in ihrer Funktion als Organ der Stimme behandelt, während AMBR. hex. 6, 9, 67 S. 410Ba auch auf ihre wichtige Rolle *in edendo* hinweist; ebenso AVG. in psalm. 120, 11; Greg.Nyss.*Hom.opif.* 8 PG 44, 148D schildert den Beitrag der Tier-Zunge zum Fressen. – τέμνοντες / λεαίνοντες (R. stellt um: *molendo/ incidendo)*: Sache und Terminologie sind (seit X. *Mem.* 1, 4, 6 und Arist.) topisch, wie A.S. PEASE zu CIC. nat.deor. 2, 134 „*adversi, acuti"* am besten zeigt; B. könnte Ph.*Spec.*

3, 198 gelesen haben (vgl. jedoch GRONAU 302 A.1). – Bei R.: Clement. 8, 29, 4 S. 235, 6 – 14; Ps.Caesarius bietet ebenfalls (gemäss Rudolf RIEDINGER, ByzZ 62, 1969, 249 und GCS 147, 4 S. 135) τέμνοντες / λεαίνοντες.

Lunge:
zu 87, 13-14: Lunge und Herz bilden ein Paar, wie bei CIC. nat.deor. 2, 136 (→A.S. PEASE zu „cor „) und CHALC. comm. 213 S. 229, 7; ausführlicher als unsere Stelle hier ist Greg.Nyss. *Hom.opif.* 30 PG 44, 245C. Vgl. Nem. *Nat.hom.* 28, 257 S. 91, 10-11Mo; B. *Hex.* 7, 1 S. 113, 18-22. Der Zusammenhang mit dem Wärme-Haushalt des Körpers wird seit Pl. *Tim.* 70cd und Arist. *PA* 3, 6 669a3-6 diskutiert: eine gute Übersicht bietet Hellmut FLASHAR, Aristoteles Werke in deutscher Übersetzung, 19 (Problemata Physica), Darmstadt 1962, 750-51. Originell ist hier die Funktion der φυλακὴ τοῦ θερμοῦ. – In den Pseudo-Klementinen: R. Clement. 8, 30, 1 S. 235, 17-18 = Ps.Caesarius, ebenda S. 236.

Verdauung und Blutkreislauf:
zu 87, 14-16: Hier finden wir (im Unterschied zu Clement. und Ps.Caesarius) nur noch Stichworte. Auch bei CIC. nat.deor. 2, 136 stehen *alvus, pulmones* und *cor* in einer Reihe, unmittelbar gefolgt von einem Hinweis auf diese Wunder der Natur: *multa sunt mirabiliter effecta* (bei B. wird dieser Hinweis mit zwei Bibel-Zitaten gegeben). – Schon CIC. nat.deor. 2, 138 (bzw. seine Quelle) übt Zurückhaltung (*praetereundum est*), wenn von Verdauung die Rede ist. Ähnliche Eile zeigt AMBR. hex. 6, 9, 72-73, also kurz vor dem Ende seiner Predigt. – *digestio* (<πέψις) auch R. Clement. 8, 30, 3 S. 236, 13, und Orig.in gen. 2, 1, 54 S. 25, 1 (SC 7bis, 80), wo jedoch das Problem der ‚Toiletten‘ in der Arche Noah sehr genau erörtert wird.

Für die Quellenanalyse ist noch auf folgende Anmerkungen zu verweisen:
71, 6-10; 73, 15; 77, 3-4; 6; 79, 9; 14-15; 85, 5-11; 89, 1; 3-4.

Appendix 4
Mo(y)ses – sei

zu S. 5, 5

Zur g r i e c h i s c h e n Schreibweise gibt Joachim Jeremias, ThWbNT 4, 1942, 852 einen guten Überblick; siehe besonders: Eberhard Nestle, Moses – Moyses, ZATW 27, 1907, 111-13 mit zwei wichtigen Hinweisen: 1) Θώϑ (statt Θωύϑ) ist alexandrinische Schreibweise; 2) die *Oracula Sibyllina* (3, 253) bestätigen, metrisch, dass in Alexandrien Μώσην üblich war (vgl. IVV. 14, 102: *M.* im 6. Versfuss !); Friedrich Blass – Albert De-brunner – Friedrich Rehkopf, Grammatik des neutestamentlichen Griechisch, 16. Aufl., Göttingen 1984, § 38, 3 S. 31: -ωυ- ist „Aufnahme der ägyptischen Aussprache", „richtiger als ωϋ" (zur Deklination: → § 55, 1d S. 44). – Clemens Alexandrinus (*Strom.* 1, 23 S. 95, 5 PG 8, 897B) teilt eine Etymologie für die erste Silbe mit: Μωυσῆς... διὰ τὸ ἐξ ὕδατος ἀνελέσϑαι αὐτό (τὸ γὰρ ὕδωρ μῶυ ὀνομάζουσιν Αἰγύπτιοι); vgl. koptisch *moou* „Wasser". Ähnlich: Ph. *Mos.* 1, 17; J. *AJ* 2, 228; *Ap.* 1, 286; (Ps.-)Eust. *hex.* PG 18, 780D. Dies dürfte die Beliebtheit des seltsamen Diphthongs erklären. – Vgl. auch Rainer Henke 314 und Tomasz Derda, Did the Jews Use the Name of Moses in Antiquity?, ZPE 115, 1997, 257-60, insbesondere die reichen Literaturangaben von Anm. 1 (Hinweis von Peter Frei).

Einen Überblick über das l a t e i n i s c h e Formenmaterial gewinnt man aus Fried-rich Neue – C. Wagener, Formenlehre der lateinischen Sprache, 1, Leipzig 1902 (bes. die Genetiv-Formen: S. 511). – *Mos-* gilt seit der Clementina als Vulgata-Lesart; aber die meisten Handschriften bieten *Moys-*. *Mosi* steht in der Afra-Zeile von VET.LAT. 2.Tim. 3, 8 (dazu AMBROSIAST. mit 4 Hss. und PELAG.). – Interessant ist, dass das Französische die Form „Moïse" bewahrt hat.

Bei R u f i n: *Moysei* schreibt auch Mommsen (u.a. hist. 1, 6, 4 S. 51, 4: *v.ll. mosei, mose*; 1, 7, 17 S. 63, 7: *v.ll. moysi, mosei*); *Moysi* bei En (Greg.Naz.orat. 3, 9, 1 S. 118, 6 neben *mosi; moisi*; 4, 2, 1 S. 142, 12 (+ *mosei; moysei*); *Mosis* bei Si (Orig.in num. praef. S. 285, 3; ohne Varianten); *Mosei* bei Bammel (Orig.in Rom. 10, 3, 21 S. 791; *v.ll.: moisei; Moysei; Moysi*); dazu dieselbe, Römerbrieftext 113 (zur Lyoner Hs. V, 5.Jh.).

Appendix 5
Wissensschätze

zu S. 81, 1-7

Der Topos ‚Schätze' der Erinnerung, des Wissens, der Weisheit... ist in der Antike weit verbreitet, sowohl bei den Griechen (Pl. *Phb.* 15e: θησαυρὸς σοφίας) wie auch im AT (Sirach 1, 25: ἐν θησαυροῖς σοφίας παραβολαὶ ἐπιστήμης > VVLG. 1, 26 *in thesauris sapientiae intellectus et scientia religiositas*). Danach im NT: Col. 2, 3 θησαυροὶ τῆς σοφίας καὶ γνώσεως ἀπόκρυφοι > VVLG. *thesauri sapientiae et scientiae absconditi.* Vgl. RVFIN. Clement.prol. 5 S. 4, 5 *occultos sapientiae thesauros.* In der Rhetorik steht das Gedächtnis im Vordergrund, etwa RHET.Her. 3, 16, 28: *ad thesaurum... memoriam transeamus*; CIC. de orat. 1, 18: *quid dicam de thesauro rerum omnium, memoria?* ; QVINT. inst. 11, 2, 1: *neque inmerito thesaurus hic eloquentiae dicitur* (sc. *memoria.*). Das ‚Wissen' als Schatz: Clem.Al. *Strom.* 5, 4, 23, 23 GCS 15, 340, 23; *Paed.* 3, 12, 87, 3 S. 284, 13; ‚königliche μνῆμαι' als θησ.: Eus. *Laud.Const.* 18 PG 20, 1440A.

Bei B. sind die μνῆμαι im ἡγεμονικόν der Seele wie auf einer Erztafel eingraviert. R. liebt dieses Bild; vgl. hist. 9, 7, 1 S. 815, 23; 9, 8, 14 S. 827, 13; 9, 10, 12 S. 845, 20. Vgl. auch CALASANCTIUS 151. Der philosophisch klingende Terminus ἡγεμονικόν (→ o. 5, 16) wird auch an dieser Stelle hier von den biblischen, paulinischen *tabulae cordis* verdrängt (prov. 3, 3; 7, 3; II Cor. 3, 3). Vgl. Jocelyn Penny SMALL, Wax Tablets of the Mind, London/New York 1997, 135-36; 289 (zu „learn by heart"; „apprendre par coeur"). – Zur römischen Vorstellung von Erztafeln vgl. etwa PLIN. nat. 34, 99 *tabulis aereis, in quibus publicae constitutiones inciduntur* ; VVLG. I Macc. 8, 22; 14, 18; 48 (Beipiele: → Thes. *s.v.* ‚aereus' Sp. 1060, 66-76).

Der Passus von B. liegt, erweitert, auch bei Ps.-Kaisarios (Caes.Naz.) vor: 139, 161-67 GCS S. 125; zur Nachwirkung s. Rudolf RIEDINGER, Byzant.Archiv 12, 296-70 (→ zu 85, 5-11).

Das Problem, dass neue ‚Eindrücke' die alten überdecken, haben die Stoiker diskutiert: Chrysipp bei Sextus Empiricus, *Adv.math.* 7, 373 (Frg. I 64ARNIM; Frg. 260HÜLSER) μνήμη θησαυρισμὸς οὖσα φαντασιῶν. B. stellt sich die Seele jedoch nicht als Wachs-, sondern als Erztafel vor.

Zeitgenössisch sind etwa noch: Plot. 4, 7 [2], 10, 42: αἱ ἐπιστῆμαι ἔνδον (in der Seele) οὖσαι ἀναφαίνονται; Greg.Nyss. *Hom. opif.* 10 PG 44, 152C: δοχεῖα νοημάτων... σύγχυσις τῶν ἐγκειμένων οὐ γίνεται (→ GRONAU 287); AVG. conf. 10, 8, 12 bringt *requirere, memoria, receptacula* und *thesauri* in e i n e m Abschnitt zusammen; in 13 dann: *omnia distincte... servata.*

Appendix 6
etymologia

zu S. 19, 2-4

Exegeten und Übersetzer dieser Epoche bemühen sich oft, ihren Lesern wichtige Begriffe mit Etymologien zu erklären – meist in alter Tradition. Die seit Plato (*Crat.* 396BC) behauptete Wortverwandtschaft von οὐρανός und ὁρᾶσθαι wird noch nach Jahrhunderten, obwohl wissenschaftlich unhaltbar, weiter kolportiert: B. *Hex.* 3, 8 S. 52, 1 und 8, 7 S. 139, 20. Von da gelangt sie zu AMBR. hex. 2, 4, 15 S. 100Ba: οὐρανός *autem* ἀπὸ τοῦ ὁρᾶσθαι *dicitur, quod videtur*; ferner 5, 22, 73 S. 324: *...a videndo.* Der lateinische Übersetzer EVSTATHIVS (hex. 3, 8, 1 S. 41, 31) geht noch einen Schritt weiter und operiert mit dem Verbum *cernere*, das wenigstens mit einem *c-* beginnt: *caelum autem a cernendo vocari* (sc. *scimus*), *quod ex Graecorum melius* ἐτυμολογία (mit Varianten: ετοιμολογια; εθιμολογια; *ethimologia* ; *etoiaioaoria*) *colligimus, quod* οὐρανόν *appellant* ἀπὸ τοῦ ὁρᾶσθαι (etwas kürzer: 8, 7, 2 S. 109, 3).

Der wenig geläufige Fach-Terminus ἐτυμολογία (nach LAMPE ist ἐτυμολογεῖν bei Klemens von Alexandrien und Gregor von Nazianz belegt) bzw. *etymologia* (→Thes.: VARRO; QVINT.; MART.CAP.; MACR.; DON.; HIER.; *grammatici*) erscheint auch in Rufins Übersetzung: (*dammula*) *visum dicitur acutissimum gerere... unde et nominis sui etym. servatur in Graecis.*

Zur Kombination δορκάς / δέρκεσθαι vgl. Physiologus 41 und Origenes zu cant. 2, 9; HIER. hom.Orig.in cant. 2, 11 GCS 33, 56, 20 fasst klar zusammen: *caprea, id est dorcas, acutissime videt... dicimus quia dorcas... secundum eorum physiologiam, qui de naturis omnium animalium disputant, ex insita sibi vi nomen acceperit; ab eo enim, quod acutius videat, id est* παρὰ τὸ ὀξυδερκέστερον, *dorcas appellata est.* Vgl. R. Orig. in cant. 3 S. 214, 29-31: *capreae* (Wortwahl auch der VVLG.) *vel damulae... hoc animal, quantum ad Graeca vocabula, nomen a videndo atque acrius prospiciendo sortitus est.* Lesern, die nur Lateinisch können, sind solche Bemerkungen kaum verständlich. – Die Sehschärfe der δορκ. erwähnt (neben πήδημα) auch Gr.Nyss. *Hom.opif.* 7 PG 44, 141A (anschliessend, wie hier: τοῖς πετεινοῖς τὸ πτερόν). – Eine merkwürdige Erklärung für die besondere Sehschärfe gewisser Tiere gibt AVG. quant.anim. 28, 54. – Eine andere lateinische Etymologie zu *dam.* bezeugt ISID. orig. 12, 1, 22 (im Anschluss an prov. 6, 5): *quod d e   m a n u effugiat* !

R. Basil.hom. 5, 2 1762A <B. *HProv.* [12], 2 PG 31, 388BC stellt ebenfalls einen misslungenen Versuch dar, ein griechisches Wort (παροιμία; →LAMPE *s.v.*) für ,lateinische' Ohren verständlich zu machen.

R.s etymologisches Interesse verrät sich auch hist. 4, 7, 9; denn zu Γνωστικῶν bei Eusebios (S. 310, 26) setzt er hinzu: (*qui ,gnostici' appellantur*) *vocabulo ab ,scientia' conficto* (311, 25-26). Oder hist. 7, 31, 1 S. 717, 1 *Manes... secundum nomen suum insaniens* (<Eus. μανείς, S. 716, 1). →Verf., Predigten 107 A. 11.

Auch andere Übersetzer verfahren in ähnlicher Weise unkonsequent, so Hieronymus in einem von ihm selbst übertragenen Brief des Epiphanios, EPIPHAN. Hier. epist. 51, 4, 3-4: (*asserit*) *animas iuxta Graecam* ἐτυμολογίαν (Varianten: ἐτομ. / ΕΤΙΜΟΛ./ *etimol.*)

idcirco vocatas, quia de caelestibus ad inferiora venientes calorem pristinum amiserint. Nach Platons *Crat.* 399e gehört ψυχή zu ψυχρός oder ψῦχος – auch für einen Epiphanios ohne weiteres evident.

REGISTER

Wortregister

Lateinisch

a(b)   3,4(ἐκ) · 19(→K);   13,2(παρά + *gen.*);   15,4(ἀπό);   17,11(π. + *gen.*);   19,9;
   35,12();   37,9;   59,2(2x; ἀ.) · 3();   71,14;   79,11() · 13() · 15(ἐκ)
ablatio   69,9(mortis; κατάλυσις)
abluere   23,14(-luas et expurges; <ἀποκαθαίρειν)
abs   55,16
abscidere   61,10(-das et amputes; <ἀπορρίψῃς)
absconsus   5,11
absque   7,17(ἀ-);   13,14();   75,16;   87,6(K)
absurdus   15,11(sententia)
abundare   5,3(-ans; περιττός)
ac   1,19;   3,6(καί);   7,2 · 6;   9,14;   13,3 · 13;   25,9;   35,10;   37,4;   39,2;   49,18;
   53,1;   61,5;   67,6;   73,17;   75,2;   77,3;   79,3 · 13;   81,12;   87,12
accidere   49,14(ne -dat; πάσχειν)
accipere   13,4(acceperunt; <ἔχει);   63,10(animam; λαμβάνειν);   69,7(-pe maiora)
accommodare   27,11(manus -dans; <προσθέμενος)
acerbitas   31,8(ex peccatorum -tate)
acies   15,17(dirigere -em)
actus   7,13(πράξεις);   11,5();   43,9(in consiliis, in -tibus);   49,16(aliorum);   53,6(in
   -tibus)
acutus   19,2(visus -tissimus; ὀξύτης)
ad   1,14 · 15(πρός + *acc.*);   3,3();   5,12();   7,3 · 11();   9,7();   11,3 · 13(ἐπί + *acc.*);
   13,2(πρός);   17,8();   19,7;   21,6;   29,9();   31,5(εἰς);   35,12;   37,3 · 7;   39,2 ·
   9(πρός);   41,13;   43,2;   51,2(ἐπί);   55,15;   61,12(πρ.) · 13();   63,3() · 7 · 9();
   67,14(εἰς);   69,12(πρ.);   71,2();   3 · 15;   73,6(εἰς);   75,16(πρ.);   79,3 · 9() · 13();
   81,8() · 11();   83,10() · 13();   87,4()
adaperire   85,10(-pertae; <ἤνοικται)
addere   13,13(-datur; <προσγένηται);   47,11(προστιθέναι)

additamentum 81,4(-tis augmentisque; προσθήκη)
adesse 13,12
adhaerere 11,9(συναπαρτίζειν)
adhibere 25,14(-be diligentiam et studium; <ἐπιμελοῦ); 31,6(-ri; ἥκειν); 39,8
adiacere 67,15(caespites)
adimplere 7,14
adiutorium 7,15(συνεργός; K); 31,10(βοήθημα); 49,11(→mandati)
admirabilis 89,*3*
admirari 73,15(-anda; θαυμαστή); 79,5(-are; θαύμαζε); 83,3(-are; θαύμασον) 4(-andus; ἀριστο-); 89,3(stupens et -ans)
admittere 5,15(πληροῦν)
adventus 9,14(per -um; < ἕως ἂν ἔλθῃ); 75,1(per -tum et →praesentiam)
adversari 27,*10*
adversarius 41,*14*; 43,4
adversum 13,6(πρός + *acc.*); 39,*14*; 41,*1* · 3 · 5 · 6; 43,3; 75,10
adversus + *acc.* 27,8 · 9 · 13(K); 39,*14*
adversus 55,4(-sa et→tristia) · 8(in -sis; ἀπογνώσει)
aedificare 37,*14*
aeger 31,3(κάμνων); 33,8(νοσοῦντες); 39,6
aegritudo 33,4(-dines pati; νοσοῦν); 71,7(stimulis -dinis; <ὑπὸ θυμοῦ)
aegrotare 33,6(-ant; <νοσοῦσιν)
aer 3,3(ἀήρ) · 10(in -ris spatio; <ἐν ... τῷ ἀέρι); 19,6(-ris itinera); 41,*10*; 65,5(in -ra; ἀήρ) · 15(); 85,11(icti -ris; ἀ.); 87,13(-ris spiritum; ἀ.)
aereus 81,6(-eis tabulis; χαλκοῦς)
aerumna 69,15(labores et -nas); 71,2(ad -narum praesentium tolerantiam; <πρὸς τὸ ἐνδέον)
aestimare 23,7(-mes; νομίζειν)
aeternus 25,10(→perpetuis et -nis incubare) · 11(ἀίδιος); 73,*11*
affectio 1,7(naturae)
affectus 79,14(atque →compassio)
afferre 3,13
ager 47,7(-ros uberes)
agere 57,2(quid -unt); 71,10(agis motus)
agnoscere 33,1(→intelligas -casque); 63,12(deum; περινοεῖν); 77,2(conditorem)
agricola 35,6(γεωργός); 39,6()
ait 61,7(φησίν)
alienus 49,13(ἀλλότριος) · 15(τοῦ δεῖνος) · 17(-na probra); 51,1(-nis languoribus; ἀλλότ.); 67,13()
aliqui 15,17(-quo pacto); 33,12(τὶς); 77,9 · 14()
aliquid 3,12(τι); 15,18(K); 51,13()(K); 67,2(K)
aliquis 31,14(-cui)
alius 15,5(-iud quidem; τὸ μέν) · 7(-iud vero; τὸ δέ); 21,3-4(aliud 3x; ἄλλο 3x); 25,6(alia vero); 41,*11*; 49,16(-iorum actus); 85,16(nihil -iud); 87,10(2x; μέν... δέ...)
alter 29,2(ἀντικείμενος) · 4(ἕτερος); 49,19
alteruter 1,7(affectio in -trum) · 14(ad; ἀλλήλοις)
altus 19,6(-tiora itinera; ὑψηλότερον)
amarus 31,16(-ris lacrimis; πικρός); 73,6(-rissimus)()

ambitio   23,4(-ionis →gloria)
ambitiosus   9,1(σοβαρός)
amputare   61,11(→abscidas et -tes)
anfractus   85,10(→inaequalibus -tibus) · 15(per →inflexos -tus)
angelus   63,9(-lorum dignitas; ἄγγελος)
angustus   57,13(urna)
anima   1,12(ψυχή) · 15(-mae vigor)(9);   7,10(-marum medicus)();   15,7(intellectualis)
     ();   17,9(oculos -mae)();   21,5(a.et mens)();   23,11();   25,3(immortalis)() · 6(-mae
     cognata)() · 14();   27,3();   29,2() · 8();   31,7(medicus -marum)() · 7(-mae languenti)
     ();   33,2(sanitas -mae, languor)();   49,3(otiosae et desidis -mae)();   51,3(-mae)();
     55,16;   63,10();   73,2() · 16();   75,3(-mae tuae pars)();   77,7() · 11(-mae substantia)
     ();   79,6(-mae virtus) · 11() · 13() · 15() · 16;   81,8;   83,1() · 4()
animal   13,1(ζῷον) · 14(in mutis -libus; ἀλόγοις; K) · 18(muta -lia <ἄλογα);   19,7();
     63,1(ζ.)
animans   65,2(-ant(i)um genus; ζῷον);   83,5()
animus   61,11(ψυχή);   67,2(-mo deficere; μικροψυχεῖν);   71,2()
ante   7,1;   43,2;   55,18(πρό)
antequam   7,7
antevenire   7,9(ἀσφαλίζεσθαι)
antiquus   57,11(fabula)
apostolus   29,12
apparere   55,1(παρίστασθαι)
appetere   23,8(→magnum et -endum)
aptare   35,8(-bitur; ἐφαρμόζειν)
aqua   65,4(-is tegitur; ὕδωρ)
arbitrari   49,1(δοκεῖν) · 10(οἴεσθαι)
archanus   1,9
architecton   35,6(-nas; ἀρχιτέκτων)
architectus   37,11(ἀρχιτέκτων)
ardere   67,6(-entes faces)
argenteus   35,2;   67,4(frena -ea; ἀργυροχάλινος) · 7(aureos et -eos →discos;
     <ἀργύρου)
argentum   37,15
arguere   9,14(-etur ac revelabitur);   15,10(-etur; ἀπελέγξομεν)
arma   41,4
armentum   47,11(→grex)
arroganter   55,7(-ntius; τύφῳ)
ars   21,9(vivendi artes; τέχναι);   65,9(τ.)
artificium   35,3(-cia <τέχναι)
ascendere   67,9(currum; ἐπιβαίνειν)
asper   37,5(-ra peccatorum et devia)
aspicere   11,2
assecla   55,12(-larum obsequia)
assumere   41,3
astutiae   41,14
athleta   35,7(ἀθλητής);   41,5()
athleticus   41,7(ἀθλητικός)

atque 1,11; 13; 16; 13,10; 17,5; 23,2; 25,12; 35,11; 65,15(καί); 67,1; 79,1 · 4 · 14
attendere 5,10; 13,1; 15,3 · 5(προσέχειν) · 13(vel comprehendere; καταλαμβάνειν); 17,6; 21,1 · 3(προσ.) · 11; 23,11; 25,8 · 15; 31,4() · 10; 33,1 · 3(non a.; ἀπροσεξία); 35,15; 37,8 · 11; 39,1 · 6 · 10; 41,6; 43,9; 45,4; 49,7; 51,1(σχολὴν διδόναι)1 · 10; 55,13; 59,6; 71,1 · 10; 73,4; 75,2 · 7 · 17; 79,10; 83,1(πρ.); 89,4 · 4()
attentus 5,7(-tior cura)
atterere 39,5
auctoritas 49,6(-tate praecepti); 63,6()
audientia 3,5(K)
audire 3,3(-ientem <ἀκούοντα)
auditor 3,6(in auribus -orum <ἀκοαῖς τῶν μανθανόντων) · 8(-orum tumultus; ἀκούων) · 14(-oris ignavia)
auditus 5,9(transfugit; ἀκοή); 85,1(); 87,2(αἴσθησις)
auferre 55,16
augmentum 81,4(additamentis -tisque)
aura 57,7(popularis)
auratus 69,4(χρυσοῦς)
aureus 35,1; 67,7(-eos →discos; <χρυσοῦ)
auris 3,6(in -ibus <ἀκοαῖς) 85,9(ἀκοή)
aurum 37,16; 67,13
auscultare 39,4(-ta)
aut 15,17; 25,7; 65,3; 77,13
autem 5,10(δέ); 11,7(); 21,8(); 27,9; 33,10(γάρ); 39,3(δέ); 49,10(); 67,13(καί)
auxilium 13,5(ferre); 19,4(-io usa pennarum); 27,12(-ia subministrare)
avaritia 53,7(-iae ministrare)
avis 17,14; 19,4(ὄρνεον)

beatus 29,12(apostolus); 67,12(-tos censere; μακαρίζειν)
bellum 27,10(-li congressio); 47,13(gerunt -la; στρατηγίαι)
bene 7,6(b.→providus)
blandus 67,8(-dissimo splendore)
bonus 21,12(carnis -na; ἀγαθόν); 23,15(meliorum); 27,14(meliorem partem); 29,9(meliorum; K); 39,13; 55,2(et fidelis; ἀ.) · 3(vitae melioris); 61,11(spem -norum; ἀ.) · 12(); 69,1(melius); 75,4(melior) · 5(-iori)
brevis 3,17(velox -isque; βραχύς); 31,9(-vissimus; μικρός); 35,8(-vissimum; βραχύς); 85,3()
brevitas 3,19(συντομία); 5,8(βραχύτης)

caducus 23,5(-cae fragilitatis); 25,9(→mortalibus ac -cis) · 11(-ca et →transeuntia; παρερχόμενα)
caelestis 83,8(→supernorum -iumque)
caelum 65,15(οὐρανός); 69,5() · 13(); 75,17(-li regna)
caespes 67,16
callidus 13,8(-dius)

tumore); 49,4(inflammatio -onum; λογισμός); 53,3(in -one; κατὰ τὰς ἐνθυμήσεις); 73,13(-onibus mente conceptis); 87,11(per -onem; λογισμός)

cognatio 83,8(συγγένεια)

cognatus 25,7(animae; συγγενής)

cognoscere 83,7(ut →videas et -cas)

cohaerere 85,3(sensus; <κατῳκισμέναι)

colafus 61,5(sub -is)

collaborare 39,12

colligare 39,5

colloquium 9,8(τινα ὁμιλίαν; K)

colluctari 43,3(si -ris <ἐν τῇ πάλῃ)

color 69,1(fucatis -ribus); 77,13(ei est; <κέχρωσται)

commeatus 67,14(ad necessarios -tus; μετάβασις)

committere 9,13(peccatum; ἐργάζεσθαι); 31,14(pecc. -missum est) · 19(-missum); 53,7(ne -miseris; πράττειν)

commodus 29,11(-da infirmitate); 31,2(-dum <ἁρμοδιώτατον); 35,8(-de); 45,7(-de)

commonitio 55,3(vitae melioris; ὑπόμνησις); 5

commovere 1,18(cogitationibus vel sensibus); 35,11(→tribuere et c.)

communire 7,4

communis 1,7(affectio; τὸ κοινωνικόν; K); 7,9(κοινός)

compaginare 3,16(οἰκονομεῖν)

comparere 47,17(nusquam)

compassio 79,14(affectus ac c.; συμπάθεια)

compellere 13,10(ferri atque -lli; ἐπείγεσθαι)

competenter 87,12(c.ac pie; προσήκων)

complere 7,18(-entur; <συνίστανται)

comprehendere 15,13(→attendere vel c.); 41,9; 43,1

comprimere 75,2(strepitus -atur; κατασιγάζειν)

conatus 83,13(→impetus vel c.; ὁρμή)

concedere 61,13(quae -cessit; <ὑπηργμένα)

concelebrare 49,16(convivia)

concipere 5,16(-cepti); 9,8(ὁρᾶν); 45,13(mente; ἀναπλάττειν); 73,14(mente); 79,4(-pe; <ἔχε)

concitus 3,17(transcursu -to)

concludere 57,14(ossibus -usis)

concordia 79,9(κοινωνία)

concupiscentia 73,2(obscenae -iae; ἐπιθυμίαι)

concupiscere 11,3; 27,8

condere 65,10(συνίστασθαι)

conditor 13,2(συστησάμενος); 65,7(liberalitas -oris); 77,2(creaturae -orem agnoscas; δημιουργός)

confessio 31,15(-one indiget paenitentiae; ἐξομολόγησις)

congressio 27,11(in belli -one; K)

coniugium 45,15(praeclara -ia; γάμος)

conquirere 13,15(ἐπιτελεῖν)

conscientia 73,9(-am fodere)

creber 57,5(conventus)

credere 77,11(-des; <πίστευε)

culmen 29,9(ad c.); 63,9(ad →dignitatem c.que); 83,14(in summo -mine; ὑψηλότατος)

culpa 7,11(ad -pam; ἁμαρτία); 51,9(omni -pa vacare) · 11(-pas et peccata dinumerare)

cultus 23,1(→decorem -tumque vultus)

cum 3,1(ἐπειδάν); 13,4; 19,5(ὅταν; K); 29,3 · 5(< partic.); 47,2; 63,7(); 71,8 ·
  9; 81,8()

cum + abl. 25,6; 27,1(μετά); 37,13; 61,5; 89,2()

cunctus 43,7(-ta circumspectantem; K); 61,6(πᾶς)

cura 5,7(attentior); 11,11(c.remedii; <φυλακή); 23,12(omnibus -ris omnibusque
  studiis; K); 31,13(c.remedii; βοήθεια); 33,8(c.suggeritur; <ἰᾶται); 47,15(per
  →regni curas); 69,3

curiosus 49,13(-sius perquirere; πολυπραγμονεῖν)

currere 41,9 · 14(si curris <ἐν τοῖς δρόμοις) · 14

currus 67,10(ἅρμα)

cursitare 27,7(σπουδάζειν; K)

cursus 67,1(c.suos atque ordines) · 5(-su; <δρόμῳ); 83,13(πορεία)

custodia 17,8(φυλακή)

dammula 17,14; 19,1(δορκάς)

dare 55,6(solacium); 83,10(homini intuitus datus est)

de 15,9; 29,14; 45,1; 49,16; 79,4(περί) · 16(ἀπό)

debere 45, 9(perfrui); 53,10(emendare) · 11

decipere 37,4(erroribus -cepti; <ἀγριωθέντες)

declinare 13,8(callidius); 37,9; 81,8(-at et labitur; ὑπολισθαίνειν)

decor 23,1(-rem cultumque vultus; κάλλος); 55,12(→pulchritudine et -re); 81,9(virtutis
  -rem; κ.)

decorus 59,3(εὐπρεπής)

dedecus 81,10(αἶσχος)

dediticius 75,8(→vinctam et -iam)

deesse 67,2

defendere 47,8

defensio 13,2(d. ac tutela; φυλακή)

deferre 69,11(hominibus -lata)

deficere 25,6(παρέρχεσθαι); 45,1; 67,2(animo; μικροψυχεῖν); 71,2()

defodere 17,12(pedicae -fossae; <καταπεπήγασιν)

deformare 9,11(-vit imaginem)

degere 53,17(in rebus prosperis; εὐημερεῖν)

deinde 41,2(tum d.; K); 63,7()

deliciae 23,2(→voluptatem carnis atque -ias)

delictum 5,12(ἁμαρτία) · 14(); 11,9(); 31,12(magnitudo -ti) · 18(levius;
  παράπτωμα)

delinquere 11,7(ἁμαρτάνειν); 31,11(si -liqueris; πλημμέλημα); 53,3(ἁμ.)

deminutio 29,5(v.l.; ἐλάττωσις; K)

demonstrare 33,9(integritas -atur); 75,15(tramitem)

denique 57,4 · 9; 71,10; 75,17

dens 71,8; 87,7(dentium murus; ὀδόντες)

depingere 69,6(fulgore -pictum; περιστίλβειν)

deprehendere 77,4(-des; <κατόψει)

deprimere 29,1(καταβαρύνειν)

depromere 1,10(προφέρειν)

describere 9,12(gestus -psit); 45,14(sibi; ὑποτιθέναι)

descriptio 77,15(forma -onis exprimitur; χαρακτήρ)

deservire 27,6(→pinguedini); 87,6(ἐξαρκεῖν)

deses 49,2(-sidis animae; ῥᾴθυμος)

desiderium 9,7(maligna -ia; σπουδαζόμενα); 35,10(propositi ac mentis -ia atque incitamenta; σπουδή); 73,10(-ii carnalis)

designare 3,18(δηλοῦν)

desinere 49,15(-ine; <παῦσαι) · 15 · 17(K)

desperare 61,9(non despicies et -res)

despicere 25,13(→contemne et -ce); 53,1(exprobrans ac -ciens; ἐξευτελίζων); 61,8(-cias et desperes)

destinare 35,12(-tus; <ἀπεσταλμένος)

deterior 19,7(χείρων); 27,14()

deus 1,4(θεός); 7,10; 13,2(θεός) · 12(); 31,7(→sermo dei); 33,11(verbum dei); 35,4(2x); 39,11; 53,14; 63,2(dei manibus; θεο-) · 4(θεός); 69,8() · 12(iter ad deum; ϑ.); 77,6() · 11(); 79,2(); 89,1(τοῦ ποιήσαντός σε) · 5(ϑ.)

devius 37,5(aspera et -ia)

dexter 37,9

diabolus 19,9(διάβολος); 41,5

dibacchari 47,16(ἐπέρχεσθαι)

dicere 5,2(σημαίνειν); 11,12(-cens); 15,9(dictum esse); 17,3(λέγειν); 19,2(-citur); 29,12(-ebat); 31,10(-cens); 33,14(-co); 35,13(qui dixit; <εἰπών); 49,7(φησί); 53,13(λέγ.) · 13; 55,16

dicio 75,11(in sua iura -onemque)

dies 29,14(2x)

difficultas 87,6(rigoris)

diffundere 79,12(membris)

digestio 87,14(-onis membra; πέψις)

dignitas 45,14(excelsas -tates; <περιφανείας); 57,1(potentiae -tatibus; περ.) · 3(infulae -tatum); 63,9(ad angelorum -tatem culmenque; ὁμοτιμία)

dignus 83,3(-um hospitium; πρέπον)

diiudicare 53,2(→discutere et d.)

dilabi 3,15

diligens 75,13(-nti examinatione; ἀκριβής)

diligenter 13,5(ἐπιμελῶς); 35,15(); 39,7; 49,9(πρὸς τὸ συμφέρον)

diligentia 7,4(ἐπιμέλεια) · 8; 13,15(προσοχή); 25,14(→adhibe -iam et studium); 35,9(ἀκρίβεια); 37,13(cum omni d.et cautela<ἀσφαλῶς); 39,2(→studium ac d.)

dimicare 39,14

diminutio 29,5(ἐλάττωσις; →K)

dinumerare 51,12(culpas et peccata)

dirigere 15,17(aciem); 37,7; 51,8; 69,13(iter); 85,7(in -rectum; πρὸς τὸ εὐθές; K)

dirimere   85,3(-rempti spatiis; <στενοχωρούμεναι)
discedere   73,14(libido -det; <οἰχήσονται)
discernere   15,4(διακρίνειν);   57,16();   59,1()
disciplina   81,5(-ae distinctio)
discipulatus   33,10(in -tum se mancipare; μαθητεύεσθαι; K)
discus   67,7(λαμπηδών; K) · 8(lunae)
discutere   49,15(περιεργάζεσθαι);   53,2(et diiudicare; ἀνακρίνειν) · 9(-tias semper et inquiras)
dispensare   45,7(commode; K)
disquirere   51,12(sollicite)
dissolutio   49,3(mentis; χαυνότης)
distare   79,9(membra -antia; διεστῶτα)
distendere   29,6(carnibus -di; βαρύνειν)
distinctio   81,6(manet disciplinae d.; εὐκρινής)
distinguere   85,11(-cta modulatione)
distribuere   27,1(διανέμειν)
distributio   69,9
diversitas   65,9(-tates artium)
diversus   35,1(vasa -sa; παντοδαπός) · 3(quam plurima et -sa; <παντοῖαι);   57,3; 87,5(→variis et -sis)
dives   59,1(πλούσιος)
divinitus   13,17(παρὰ θεοῦ)
divinus   5,7(verbi -ni);   49,5(sermo);   61,13(indulgentia -na; θεός);   69,10(praecepta; θεῖος);   71,13(s.)
divitiae   55,9(-tiis flores; πλοῦτος)
docere   3,9(-ntibus; K);   13,6(nullo -nte; ἀδίδακτον);   69,11(vitam)
doctrina   27,3(δόγματα)
dolor   79,16(-res maeroresque; ἀλγηδών)
dolus   17,11(-li);   19,5(-los retis; ἐπιβουλή)
domesticus   49,14(propria et -ica; οἰκεῖος)
domicilium   1,9
domina   75,2(δέσποινα)
dominus   35,12(κύριος);   37,1(venatio -ni) · 3 · 7;   51,4(verbum -ni; κύρ.); 57,17(δεσπότης)
domus   33,*14*;   35,*4*;   47,4(οἶκος);   61,2(non -mo gaudens; <ἀνέστιος)
dubitare   29,5(quis -tat? <ἀνάγκη)
dubius   9,14(sine -io);   29,2()(<πάντως);   31,15(sine -io)
ducere   47,14(-cunt triumphos);   79,8(→infusa -citur);   85,15(per anfractus -citur; <περικλωμένη)
dulcedo   73,6(τὸ ἡδύ)
dulcis   65,1(-issimis fructibus; ἥδιστος);   69,2(-ces et salubres somni)
dum   3,14(<*part.*);   23,8();   33,3(<*subst.*);   53,4(*part.*);   71,3;   85,15();   87,8()
duplex   25,4(vita; διπλοῦς)
dupliciter   15,5(d.est; διπλοῦν)

eburneus   67,15
ecce   35,13

8 · 11(); 77,6; 79,1 · 8 · 10; 81,8 · 9 · 11; 83,3() · 7 · 9 · 15; 85,2() · 2 · 8 · 9 · 12 · 14(); 87,4() · 5 · 7(2x) · 11() · 15; 89,2

etiam 5,5(καί); 11,10; 13,10(); 31,12(); 41,3; 47,12; 49,10; 53,6; 55,4(→vero e.); 63,9; 83,2(κ.) · 14; 85,12()

etsi 29,*13*

etymologia 19,3(e. nominis servatur; <ἐπώνυμος)

evadere 37,1(→effugere et ev.)

evagari 11,8(K)

evanescere 5,4

evangelium 33,13(in -iis <κατὰ τὸ εὐ.); 39,*13*; 45,2(ε.)

evehi *v.l.* 3,3(iter; διαπερᾶν)

eventus 39,9(ad fructuosum -um)

evolare 9,7(→percurrit et -avit)

ex 1,8(ἐκ) · 12(ἀπό); 5,5(ἐκ) · 15(κατά); 17,1 *14*; 19,*1*; 31,8(ὑπό); 61,2(ἐκ); 73,8; 77,1() · 6() · 9(διά) · 15(ἐκ); 83,6(); 89,*4*

examinatio 75,13(diligenti -one; κατανόησις)

exasperare 71,7(iracundia -at; κατακρατεῖν)

excelsus 45,14(-sas dignitates); 85,6(-sioris speculae locum; ὑψηλότατος)

exclamare 89,3(-ma; <ὡς ἂν...σε εἰπεῖν)

excolere 23,11(-le <κατακόσμει); 25,1(-las; <φαιδρύνειν)

exercitium 27,5(virtutis; ἄσκησις); 29,8(florentioribus virtutis -iis)

exhibere 87,9(obstacula; παρέχεσθαι)

existere 19,8(deterior); 29,4(propensior)

exornare 23,15(-nes; <κατακοσμεῖν); 67,3(-atus)

expedire 13,9(quae -diunt < ὠφελεῖν); 49,9(diligenter; διατιθέναι)

exponere 61,7(-positus; <ὑποπτήσσων)

exprimere 77,15(forma aliqua -mitur; <περιείληπται)

exprobrare 51,15(-ans ac despiciens; ἐξευτελίζειν)

expurgare 23,14(→abluas et -ges); 81,11(καθαίρειν)

exquisitus 57,8(certamina; λαμπρός)

exspectare 45,8

exstruere 37,16(K); 47,5 · 10

extendere 43,3; 73,1(manus; ἐπαφιέναι)

exterior 9,4(habitus; ἔξωθεν)

extollere 55,7(-aris; ἐπαίρειν)

extra 51,11(te; ἔξω)

extrinsecus 85,13 · 16(ἔξωθεν)

fabrica 83,15(humana)

fabula 57,12(antiquae -lae; μῦθος; K)

facere 5,4(+ *inf.*); 27,14(); 29,2(ποιεῖν); 39,9; 63,6(fecit →subsistere)

facies 1,16(in publicam -em)

facile 3,15(ῥαδίως)

facilis 5,12(εὔκολος); 11,8; 49,12(ῥᾴδιος); 85,9(-ior consideratio)

facultas 47,6(-atibus replent; κειμήλιον)

faenum 37,*15*

falerae 67,3(*v.l.*: phalerae)

falsus   45,12(-sis imaginibus; ἀνυπόστατος)
familiaris   25,5(vita; <οἰκεῖος)
famula   75,1(strepitus -arum; θεραπαινίς)
famulari   65,14(ὑπηρετεῖν);   75,6(parti inest; καταπείθεσθαι)
famulatus   47,2(clientum)
fascis   57,2
fastigium   47,13(regni et imperii -gia summa; ἡγεμονίαι ἐθνῶν; K)
fatiscere   29,10(-cens status)
favor   57,6(-ribus celebrare)
fax   67,6(-ces portans; δᾳδουχεῖν)
fecundus   15,1(-dos et utiles pastus);   67,16(caespes)
felicitas   45,15(-tatem →liberorum);   53,17(secunda -tate; <κατὰ ῥοῦν; K)
ferculum   49,18(-la tua; K)
ferinus   71,10(-nos motus; θηριώδης)
ferox   71,12(equus; δυσήνιος)
ferre   13,5(auxilium) · 9(-ri atque compelli; ἐπείγεσθαι);   69,15(labores et aerumnas)
ferus   37,4(-ri ac palabundi)
fervor   73,11(libidinis; πύρωσις)
festuca   51,4
fictilis   35,2
ficus   39,8
fidelis   55,2(→bonus et f.)
fideliter   45,7(exspectare)
fides   37,12(fundamentum -ei; πίστις);   41,3;   79,3(mente ac fide)()
fidus   3,6(in portu -issimo ac tutissimo; εὐδίοις καὶ ἀχειμάστοις)
fieri   5,*10*;   11,*1 · 12*;   19,9(fias <γένῃ);   21,7(< γεγενήμεθα);   65,13;   85,9;   89,3
fingere   5,*13*;   9,9(ἀνατυποῦν);   63,6(fictus es et formatus; <πλασθῆναι);   83,5(πλάττειν) · 9(ficta sunt)
finis   25,7(ullo -ne aut →circumscriptione);   73,6(ad finem amarissimum; πέρας)
flamma   73,12(-arum ultricium)
florere   29,8(-rentioribus exercitiis);   55,9(divitiis -res et polles; κομᾶν)
flos   69,1(-orum varietate)
fluctus   3,7(ζάλη)
fluitare   29,6(corpus luxuria -at; <εὐπαθεῖν)
flumen   65,13(-mina fontesque)
fodere   73,10(*vermem* fodientem)
fons   65,13(flumina fontesque)
foris   29,*13*
forma   77,14(corporeae descriptionis)
formare   3,16(natura -ata est);   63,2 · 7(→fictus et -atus)
fortassis   3,12(ἴσως)
forte   5,8(nisi f.) *10*;   11,*1 · 12*;   19,7(ne f.) · 8(ne f.; ποτέ);   23,14;   27,10();   31,11;   37,9;   41,*11*;   45,8(ne f.) · 11;   75,7(ne f.; ποτέ)
fortis   59,2(vir; ἰσχυρός)
fragilitas   23,5(→potentia caducae -atis)
frater   51,*5*
frena -orum   67,4

fructuosus   39,9(ad -sum eventum)
fructus   47,9(-tum recondunt; εὐπορία);   65,1(dulcissimis -tibus perfrui; καρπός)
fucare   69,1(-catis coloribus)
fugere   13,17(-ientes <φεύγοντες) · 19(φεύγειν)
fulcire   55,13(asseclarum -ris obsequiis)
fulgor   69,6(ineffabili -ore; κάλλος)
fundamentum   37,12
futurus   45,6(μέλλων);   61,14;   71,3

gaudere   61,3(non →domo -ens)
gehenna   73,11
gena   71,9(-arum pallor)
generare   73,8(ex se; γεννᾶν)
genus   65,2(animant(i)um)
gerere   17,8(gere; < ἔχε);   19,3(visum g.);   33,12(ministerium g.);   41,7(adversum
   leges) · 14;   47,13(-runt →bella);   53,12(paenitudinem);   83,3(quid gerat)
gestare   9,4(imaginem... habitu -antem; K)
gestus   9,11
gloria   23,4(ambitionis -iam <δόξα)
Graecus   19,4(in -cis)
grandis   31,13(-de peccatum; μέγας) · 15(-di confessione; πολύς)
gravis   27,4(→severam et -vem);   31,14(χαλεπός);   33,4(aegritudines);   75,1(g. et
   →severae dominae)
gressus   37,7
grex   47,11(βόσκημα)
gustus   85,1(γεῦσις)

habere   7,14(opus h.; δεῖσθαι) · 19(ἔχειν);   35,3() · 5 · 6;   67,7(non -es; <οὐκ ἔχεις) ·
   8(-es; <ἔχεις) · 11();   83,12()
habitus   9,4(-tu exteriore; K);   77,14(ἐσχημάτισται);   83,6(σχῆμα)
herbidus   67,16(tori)
hic   3,1;   5,1 · 5 · 10;   7,3(οὗτος) · 10 · 13;   9,6 · 12;   13,14(τοῦτο);   15,8;   21,2(<artic.);
   23,8(ταῦτα) · 11(οὗτ.) · 12();   25,5(<art.);   27,9 · 10;   29,2 · 12;   31,1(τοῦτ.) ·
   9();   33,5() · 7(<art.) · 14(οὗτος);   35,8();   41,2;   43,4;   45,3(<art.);   49,6(τοῦτ.) ·
   11 · 14();   51,2(τοῦτ.);   53,8 · 16();   55,4 16;   59,3;   61,8;   63,2();   65,6 ·
   15;   69,6();   71,1() · 4;   73,5 · 13;   75,6(ὁ δέ) · 13;   83,1(<art.);   85,12(τοῦτ.);
   87,11;   89,1
homo   5,12(nos -mines; ἄνθρωποι);   29,13;   47,3();   53,12();   63,1 · 6;   69,8() ·
   11;   83,10() · 16
honestas   9,2(supercilio -atis; σεμνότης)
honor   55,12(-ribus extolli; τιμή)
horreum   47,10(-eis vanitatis; ἀποθήκη)
hospitium   83,5(καταγώγιον)
huiuscemodi   7,16
humanitas   69,7(communis -atis vita; τὰ ἀνθρώπινα)
humanus   83,6(corpus; ἄνθρωπος) · 15(-na fabrica)
humilitas   61,6(-ate paupertatis; ταπεινότης)

iacere   37,13(καταβάλλειν)
iactans   51,14(ἀλαζών)
iactanter   45,8(i.et inaniter perfrui)
iactare   55,11(te -tas; ἐπαγάλλεσθαι)
iaculum   41,5
iam   11,4 · 14;   61,12(ἤδη);   87,2
ibi   11,10;   59,1
icere   85,11(icti aeris sonum)
ictus   71,13(-tu; πληγῇ)
idcirco   83,14
idem   31,1(τὸ αὐτό)
ideo   11,11(γάρ);   79,1(ὥστε)
ieiunium   31,18(iugibus continuatisque -iis; νηστεία)
Iesus   37,12
igitur   3,1(οὖν);   17,13();   21,10();   25,15;   75,2(τοίνυν)
ignavia   3,14;   43,6
ignavus   29,6(ἀδρανής)
ignis   73,12
ignitus   41,5
ignobilis   61,1(δυσγενής)
ignotus   9,12(-um omnibus peccatum; ἀμάρτυρος)
ille   13,12(ἐκεῖνος);   15,1();   19,*10*;   23,9;   37,6;   39,*13*;   49,10();   51,14();   53,13;
    71,5;   75,5(ὁ μέν);   87,13
illecebrosus   73,2(-sis suggestionibus)
illustris   55,9(proavi)
ilico   55,6
imago   9,2(-ginem quandam continentiae; πλάσμα; K) · 11(libidinis);   21,6;   45,12(falsis
    -ginibus; φαντασία);   63,7;   81,*12*
imbecillis   59,3(ἀσθενής)
imbuere   29,8(exercitiis -ui)
imitari   41,8(-are; μιμεῖσθαι)
imminere   7,7;   15,16(vicina et -nentia)
immo   85,14(quin i.)
immorari   71,7(-antis aegritudinis)
immortalis   25,4(ἀθάνατος) · 15();   77,7
impedire   11,7(-iri; διακόπτειν);   87,2(auditum; κώλυμα)
impensus   21,13(studio -siore; <ἐκ παντὸς τρόπου)
imperare;   75,6(parti naturaliter praesto est; τὸ κρατεῖν)
imperium   13,14(absque -io; <ἀνεπιστάτως);   47,12(-ii → fastigia)
impetus   83,12(vel conatus; ὁρμή; K)
impius   17,3(-um; ἀσεβές)
implicare   39,*11*
impossibilis   17,3(-ia mandata; ἀδύνατος)
impulsus   13,9(-su; ὁλκῇ; K)
in + *abl.*   1,17(ἐν);   3,5 · 6 · 9() · 18();   5,*11*(2x) · 15;   7,2(<*dat.*) · 11(<*gen.*);   9,4(ἐν) ·
    10();   11,*1* · 4 · 12;   13,13(<*dat.*);   15,8;   17,*10*;   19,4;   23,10 · 13;   27,10;
    29,2(ἐπί);   31,3(ἐν);   33,13 · *14* · 14;   37,7;   39,*13*;   43,2 · 8(2x);   45,4 · 6;

47,2 · 16; 51,4 · 5 · 13; 53,3(κατά) · 4 · 6(ἐν) · 16; 55,5() · 7 · 8; 57,13();
61,8 · 9; 63,1; 65,12; 69,2(ἐπί) · 8(ἐν); 77,3() · 7(ἐν-) · 8(ἐν) · 10(); 79,2(ἐπί);
83,2 · 14() · 15() · 16; 85,4
in + *acc.* 1,7 · 16; 15,17; 19,1; 23,8; 29,1 · 3 *14*; 33,10; 37,9; 45,2(εἰς);
61,14(); 65,5; 73,3(); 75,11; 85,7(πρός)
inaequalis 85,10(οὐκ ἐπ᾽εὐθείας)
inaestimabilis 85,12(mirae et i.)
inanis 47,15(-ni sollicitudine; διάκενος)
inaniter 45,9(→iactanter et i.)
incautus 53,4(-ta loquacitate)
incedere 37,11(via; πορεύεσθαι)
incendium 73,13(perpetua -ia)
incidere 81,7(libris mentis -cisa; ἐγκεχαραγμέναι); 87,10(-endo; <τέμνοντες)
incidere 87,10(nihil i.patiuntur)
incitamentum 35,11(→desideria atque -ta)
includere 47,9
incommonitus 71,5(te -tum praeteribo)
incomprehensibilis 77,6(incorporeus et i.)
inconfusus 81,6(ἀσύγχυτος)
incorporeus 15,8(-ea et spiritalia; ἀσώματος); 77,5()
incubare 25,10(ἐναπομένειν); 73,7(ἐγγίγνεσθαι)
incurrere 19,1(non -rit; <ἀνάλωτος; K)
indesinens 41,13(-ntem oculum; ἀτενής)
indicare 1,15(ad -anda atque... proferenda); 5,3; 29,12(-ans dicebat)
indigere 1,19(δεῖσθαι); 31,15(χρεία); 61,4(cotidiano -ens sumptu, <ἐνδεής);
67,14(pedibus; δ.)
indomitus 71,12(equus; ἀπειθής)
induere 41,4
indulgentia 61,12(divina)
indulgere 1,5(usum sermonis; διδόναι); 13,17(-lta <δεδομένων); 65,8(liberalitas
conditoris -lsit); 75,9(neque indulgeas; ἐπιτρέπειν)
ineffabilis 69,5(-li fulgore; ἄρρητος)
ineptiae 5,3(abundans -iis)
inesse 75,6(ὑπάρχει)
infirmitas 29,11(commoda); 31,3(ἀσθένεια; →K)
infirmus 7,5(-iora; ἀσθενής); 31,1(-ioribus <ἀσθενοῦσι)
inflammatio 49,4(cogitationum; φλεγμονή)
inflare 45,11(vana cogitatione -ati)
inflectere 85,15(per -exos anfractus; <σκολιότησι)
inflexio 87,1(-onum obiectacula)
informis 59,3(δυσειδής)
infra 83,11(ventrem; ὑπό)
infructuosus 39,7(ἄκαρπος)
infula 57,3(dignitatum)
infundere 79,7(-fusa ducitur; <διικνεῖσθαι)
ingens 9,2(-nti supercilio); 47,4(μέγας)
ingredi 17,10

invisibilis 43,3(-les adversarios; ἀόρατος); 77,10()

ipse 1,12; 3,16 · 18; 7,7; 11,13(αὐτός); 15,12(→semet) · 14(); 17,7(→te ipsum); 21,3(αὐτ.); 27,1; 33,5(); 41,12; 45,14(→sibimet); 47,12; 51,2 · 7(→temet)10 · 15; 53,2(→te ips.) · 9(temet) · 15; 55,14; 61,8(); 63,1 · 4(αὐτ.); 65,15; 75,16; 77,3(→temet) · 7 · 12(αὐτ.); 83,6() · 15(); 87,1 · 8

ira 53,8(irae ministrare)

iracundia 71,6(te exasperat; ὀργή) · 11(-am coercere; θυμός)

ire 55,15

irrationabilis 75,4(pars animae; τὸ ἄλογον) · 8(-ibus passionibus; <παθημάτων)

irretire 19,8(-itus <ἁλούς; K)

irritare 73,1(ad ultionem -antis; παροξύνειν)

is 1,5(→pro eo ut) · 17; 9,15; 11,3 · 4; 13,7 · 12(οὗτος) · 16; 17,7(id est; τουτέστι); 19,2 · 9; 21,1() · 6 · 12; 23,1(i. e.) · 11()(τουτέστι) · 13; 25,1 · 6; 27,12 · 13; 29,13; 31,10(i. e.); 35,14; 37,3; 39,2 · 12; 43,1 · 2; 47,5 · 10; 49,7(i. e.) · 7; 51,11; 55,18; 57,2 · 14(αὐτῶν) · 16; 61,12; 63,1(i.e.); 65,10; 67,12; 71,6() · 11(); 73,3; 77,2 · 13 · 14; 79,3 · 4(αὐτ.) · 7() · 11; 81,3; 85,1(i.e.) · 9

iste 13,11(οὗτος); 39,3(); 49,2(); 73,6() · 7 · 10; 79,11; 83,16

ita 7,9(οὕτως); 17,2; 23,13; 29,2(); 47,16; 79,7; 87,4(i. ut <καί) · 11(οὕτως)

iter 3,3(aeris itinere); 19,6(altiora itinera); 69,12(tuum; πορεία); 75,15(itineris vitae tramitem)

iugis 31,17(-ibus continuatisque <ἀδιάλειπτος; K)

iugum 29,3(animae et corporis)

ius 47,8(possessionum -ra); 75,11(in sua i. dicionemq.)

iustificare 51,15

iustitia 15,1(δικαιοσύνη); 69,14 · 15(ἀρετή)

iuvenis 45,10(→leves et instabiles -nes; νέοι)

labi 81,9(→declinat et -bitur)

labium 71,9(tremor -iorum)

labor 7,15(κάματος) · 18(sine -re <ἀπραγματεύτως); 69,15(-res et aerumnas; πόνους)

lacerare 49,19(vitae innocentiam)

lacrima 31,16(amaris -mis; δάκρυα)

laetitia 27,7(carnis; ὄχλος / ὄγκος K)

languere 31,8(animae -enti; κεκακωμένος)

languor 33,2(νόσος); 49,2(ἀρρώστημα); 51,1(→alienis -oribus)

lapis 37,16

lapsus 7,17(cogitationum); 67,10(rotarum -ibus vehi)

laquearia 69,4(ὄροφος)

laqueus 17,10 · 14; 19,2(βρόχος) · 8(-eis irretitus)

largitio 57,7(muneralis; K)

latere 17,1(-entia viscerum; ἐν τῷ βάθει)

lator 49,11(legis; νομοθέτης; K)

latus 47,10(exstructis -tius)

laudabilis 9,5(virorum -ium; μακαρίζοντες; K)

lectus 67,15(v.l.: torus)

legitime 41,8

levis   29,1(-ior; κοῦφος);   31,18();   45,10(-es et instabiles iuvenes; K)
lex   41,6(leges athleticae; νόμοι);   49,11(legis lator; νομοθέτης)
liber   81,7(-bris mentis incisa)
liberalitas   65,7(l.munifici conditoris indulsit)
liberi   45,15(-rorum felicitatem; εὐπαιδία)
libido   9,11(-inis imaginem; ἡδονή); 53,8(-ini ministrare); 73,4(in luxum -dinis rapere) ·
    6(dulcedo -dinis) · 11(fervor -dinis temporalis) · 14(discedet; ἡδοναί)
ligneus   35,2
lignum   37,14
lingua   53,4(in; γλῶσσα);   71,14(refrenare; γλ.);   87,3(-ae natura; γλῶττα) · 8()
litterae   81,2(→eruditiones)
loca   9,7(ad -a peccati; τόπος)
locus   15,8(in hoc -co);   61,1(obscuro -co natus; <ἄδοξος>);   77,8(in -co continetur; ἐν
    τόπῳ) · 10(in -co invenitur)();   85,6(sortiti sunt -cum)
longus   23,3(-ioris vitae vota <μακροβίωσις)
loquacitas   53,4
loqui   3,4(a -quente <ἐκ τοῦ φθεγγομένου)
lubricus   7,11(ὀλισθηρός)
luctari   41,9
lumen   67,6(faces caloris ac -minis; λαμπάς)
luna   67,8(-nae discum; σελήνη)
luxuria   29,6(l. fluitare; <εὐπαθεῖν; K)
luxus   73,4(in -um libidinis) · 8(γαργαλισμός)

macerare   41,10
machina   17,11(-nae)
macula   23,13(ῥύπος);   51,13(μῶμος)
maeror   79,16(→dolores -resque)
magis   85,15(μᾶλλον)
magistratus   47,12(ἀρχαὶ πολιτικαί);   57,2(πολιτικαὶ δυναστεῖαι)
magnificus   13,11(μέγας);   31,9(-ce);   61,10(-cum; ζηλωτόν);   77,4(-cam; μέγας)
magnitudo   29,10(μέγεθος);   31,12(secundum -dinem delicti; ἀναλογία)
magnus   7,4(maior <πλείων) · 10(maxime <μάλιστα); 13,16(maiore); 23,7(μέγας) · 9(vere
    magna); 33,6(μέγ.) · *14*; 55,6(maximum) · 13(-xime);   63,3(-num →summumq.);
    69,8(maiora; <μείζω);   71,2(plura et maiora)
malignus   9,7(-na desideria)
malum   49,15(-la aliena; κακά)
mancipare   33,11(in →discipulatum nos -avimus)
mandatum   13,11(magnificum; παράγγελμα);   17,4();   35,9(-ti vigor; ῥῆμα);   49,11(-ti
    adiutorium; παραίνεσις);   51,8(→norma -torum);   69,12(per -torum tramitem; <διὰ
    τῶν ἐντολῶν)
mandere   67,4(-ens)
manere   81,5(-et distinctio; <διαφυλάττεσθαι)
manifestare   9,16
manifestus   29,4(clara et -ta)
manus   27,11(-us →accommodare);   45,6(in -nibus; παρόν);   47,16(in -nibus tenere);
    53,6(in opere -uum; χείρ);   63,2 · 5();   71,15()

marcescere   29,11(καταμαραίνειν)
mare   65,13(pervium fit; τὰ πελάγη)
me   45,1;   89,4
meatus   87,16(sanguinis; ὀχετός)
medela   31,5(θεραπεία)
medicus   7,6(ἰατρός) · 10();   31,3() · 6
meditatio   29,9(-ione meliorum; μελέτη)
medius   3,9(μέσος);   9,4();   17,10
meminisse   5,7(μεμνῆσθαι);   55,14(memento quia)
membrum   7,6(infirmiora -ra);   79,8(-ra distantia; μέλη) · 12(-ris diffunditur);
   87,15(membra digest.; ὄργανα)
memor   59,4(horum omnium; μεμνῆσθαι) · 5(tui)() · 6
memoria   3,19(μνήμη);   57,14(μνημόσυνα);   81,1(receptacula -iae)
mens   1,12(-ntis →motus; νόημα);   3,1(-ntis→motus; ἔννοια);   5,16(ex proposito
   -ntis voluntatisq.);   7,16(-ntis motus; διάνοια);   9,6(cogitatio -ntis; δ.) · 8(-nte;
   φαντασία) · 10(-ntis officina; καρδία);   11,7(-nte; <κατὰ πρόθεσιν);   17,5(-ntis
   intuitus; νοῦς);   21,5();   29,7(-tis vigor; v.);   35,10(→propositi ac mentis desideria);
   45,11(cogitatio -ntis; γνώμη) · 13(-nte →concipere);   47,5(-nte sola) · 9(nutus vagae
   -ntis; λογισμός);   49,4(dissolutio -ntis; δ.);   61,14;   71,6(te id est mentem tuam;
   λ.);· 73,13(cogitationibus mente conceptis);   75,9(rationabilem mentem; v.);   77,8();
   79,3(sola -nte ac fide; δ.);   81,7(libri -ntis)
meus   37,7;   8
mihi   9,1;   53,14
miles   35,7(στρατιώτης);   39,10()
militare   39,10;   13
militia   39,13
minae   61,7
ministerium   1,6(-io verbi);   7,13(-io corporis; διά);   23,7(vitae; ὑπηρεσία);
   33,12(ὑπηρέτης);   65,16(mortalium -rio);   87,7(organo m.praebens; ὑ.)
ministrare   53,13(avaritiae, irae, libidini);   87,10(cibis; ὑ.)
minus   3,14(μή)
mirari   23,5(-reris <θαύμαζε)
mirus   85,12(-rae et inaestimabilis sapientiae dei)
miscere   49,18(probra)
mittere   35,13
moderatus   85,9(-tior consideratio)
modulari   79,7(-atus est animae virtutem)
modulatio   85,11(distincta -one)
moechari   11,4(K)
molere   87,10(-endo; λεαίνοντες)
moliri   13,7(perniciem m.; <βλάπτειν)
mollis   87,4(lingua; ἁπαλός)
molliter   55,8(-ius et remissius)
momentum   27,15(→staterae; K);   47,4(intra m.)
monile   25,2(virtutis pietatisque -libus; K)
mons   35,14
morbus   7,7

nequitia   23,14(-iae vitiis; <ἐκ πονηρίας);   37,4(-iae erroribus; κακία);   39,*14*;
   81,10(αἶσχος)
nescire   33,4(-iunt; <οὐδὲ... ἴσασιν)
neve   25,10(μήτε)
nihil   23,6(et n.; <μηδ᾽ ὅσα);   31,4(μηδέν);   43,5 · 5;   45,4;   47,2;   61,9(οὐδέν);
   85,16(μηδέν)
nihilominus   47,11;   61,13
nisi   5,8(n.forte <πλὴν εἰ);   41,7
nobilitas   55,11(-tate te iactas)
nobis (*dat.*)   1,4(ἡμῖν) · 6;   5,5(ἡ.);   7,1() · 3;   13,10() · 13() · 15(παρ᾽ ἡμῶν) ·
   17(ἡμῖν)
nobis (*abl.*)   7,11(in n. <ἡμῶν)
nocturnus   45,12(-na quies; νυκτερινός)
nolle   49,19(noli; μή)
nomen   1,18(-ibus ac vocabulis; ὄνομα; K);   19,3(→etymologia -minis)
non   3,13;   5,14;   17,1-2(2x);   19,1;   23,3(μηδέ) · 4(2x);   25,8(et n. <μήτε);   27,6(n. ...
   neque <μή... μηδέ);   33,3(ἀ-);   35,*1*;   37,8;   41,9;   51,6 · 10;   53,2(μή);   61,2(ἀ-) ·
   3() · 7 · 8(μή);   67,3(οὐ);   69,16(μή);   77,1(οὐδέν);   81,3(οὐ);   83,11(μή)
nonne   57,10-12(3x;οὐ);   63,2(ἆρ᾽οὐκ);   65,8-15(4x;οὐ)
nonnulli   11,6(-is; πολύς);   45,9
norma   51,8(secundum -am mandatorum; ἐντολή)
nos (*nom.*)   5,12;   21,3(ἡμεῖς) · 5()
nos (*acc.*)   1,4(ἡμᾶς);   21,4() · 6 · 8();   33,11
noscere   1,14(nosci; συγγίγνεσθαι)
noster   5,14(ἡμῶν);   21,4(-tra; <ἡμέτερα · 7(ἡμέτ.);   25,5(ἡμῶν);   29,*13*;   31,7();
   73,7()
nostrum (nos);   1,8;   33,10(ἡμῶν);   49,12()
novus   81,4(additamenta -vorum)
nox   55,16
noxa   11,9(delicti)
noxius   13,19(-ios et mortiferos cibos; δηλητήριος);   15,4(-ia; τὸ βλάπτον)
nudus   1,11(-da atque intecta anima; γυμνός)
nullus   13,6(-lo docente; <ἀ-...);   15,2(-lo cogente);   59,4(οὐ);   69,3;   85,4(in -lo;
   οὐδέν) · 14(-lo vetante; ἀκωλύτως)
numquam   51,6(μή)
nunc   5,5(ἀρτίως);   73,7(νῦν)
nusquam   47,17(n.comparens);   49,8(quae n.sunt; ἀνύπαρκτα)
nutus   47,9(vagae mentis)

obiectaculum   87,1(-la inflexionum; κώλυμα)
oblitterare   81,3(non -antur; ἐπισκοτεῖν)
oblivisci   43,*1*
obniti   13,7(vehementius)
oboedire   75,7(rationi; ὑπακούειν);   83,9(ventri)
obrepere   23,14(quae...-psit; <ἐπιγι(γ)νόμενον; K)
obscenus   73,2(-nae concupiscentiae; πονηρός)
obscuritas   5,2(-ate offuscet; ἀσάφεια)

obscurus   61,1(-ro →loco)

obsequium   47,1(-ia subiectorum; τιμή);   55,13(asseclarum -iis; *v.l.* officiis)

observare   11,*1*;   45,5(φύλαξ)

obsistere   85,5(→praepediunt vel -tunt)

obstaculum   11,6(-is; K);   87,9(circumvallationis -la; ἀντέρεισις)

obtu(n)sus   29,7(ἄτονος)

obtutus   85,8(K)

occasio   11,10(peccati; <παράπτωμα);   13,3(ἀφορμή; K);   59,5(elationis)

occultus   1,5(→cor);   9,10(in -ta officina; κρυφαῖος);   9,*15*;   11,2 · *13*;   17,2(-ta venarum) · 10(-tae; κεκρυμμένοι)

occupare   47,7(spatia; περιβάλλεσθαι)

oculus   15,6(corporeis -lis; ὀφθαλμός) · 9() · 13() · 14();   17,8(-los animae; ὄμμα); 41,13(indesinentem -um)();   51,3(-los animae; ὄμμα) · *4* · 6;   77,13(ὀφ.);   79,2(); 85,5()

odoratus   85,2(ὄσφρησις)

offerre   37,2(domino; προσάγειν)

officina   9,10(mentis; ἐργαστήριον)

officium   85,4(→usibus -iisque)

offuscare   5,2(obscuritate -cet; κρύπτειν)

omnino   17,1;   23,6;   31,5

omnis   7,1(ante -ia < πρώτην) · 9(-ium provisor) · 19(πᾶς);   9,12(-ibus →ignotum); 13,2(π.);   17,13();   23,12(2x; →curis) · 13(π.);   25,1();   27,1();   35,7() · *14*;   37, 13;   41,4;   47,3 · 17;   51,9;   53,17();   57,10() · 11() · 14;   59,4(K);   61,5 · 10(π.) · 15;   63,5(-nia reliqua)();   65,2() · 4() · 6 · 10 · 15;   79,7;   83,5 · 8() · 12(ὅλος);   85,2(π.) · 87,4() · 11;   89,1()

opacus   65,3(-ca silvarum; K)

ope   13,13(ἐκ τῆς... βοηθείας)

operatio   79,1(ἐνέργεια)

operire   1,15(καλύπτειν)

opifex   79,5(-icis sapientia; τεχνίτης);   83,4(admirandus o. <ἀριστοτέχνης)

op(p)ortunitas   7,15(K; -tate; εὐκαιρία)

op(p)ortunus   7,19(ἐπιτήδειος; K, auch zu 15)

opus   7,14(o.habent <δέονται);   33,12(πρᾶξις);   35,9(-peris diligentia; ἔργον);   45,2(in o.evangelii);   53,7(in -pere manuum; ἔργον);   85,12(sapientiae dei)

orare   37,6(ad dominum; εὔχεσθαι)

oratio   57,6(conventus -onum)

orator   57,5(→rhetores et -res)

ordo   67,1(cursus et -dines servant; τάξις)

organum   87,7(-no vocis; ὄργανα)

oriri   59,4(occasio -ietur)

os oris   67,4(spumanti ore)

os ossis   57,13(in perexiguis -sibus; ὀστέον)

otiosus   49,2(-sae animae; ἀργός)

pactum   15,18(aliquo -to)

paene   85,2(cohaerentes)

paenitentia   31,16(→confessio -iae; K) · 19(μετάνοια)

paenitudo 53,11(-dinem gerere; K)

palabundus 37,4(feri ac -di; *v.l.:* vagabundi)

palam 49,9(quae p. sunt)

palea 37,15

pallor 71,9(genarum; K)

pandere 1,6; 69,13(-duntur regna caelorum; εὐτρεπής)

par 31,19(p.sit et similis <ἐξισαζέσθω)

parens 55,10(patriae -ntumque nobilitate)

pars 7,4(hanc -rtem <τοῦτο); 27,2(K) · 14; 29,1(πλάστιγξ) · 3; 71,5; 75,3 · 4 ·
    5; 79,7(πέρας)

parum 5,14

parvus 77,3(mundus; μικρός; K) · 4(-vo ac minori); 85,6(-va prominentia; μ.)

passibilis 75,5(pars animae; τὸ παθητικόν)

passio 75,9(irrationabilibus -onibus; πάθημα)

pastor 35,7(ποιμήν); 39,1() · 2(-ris studium <ποιμαντική)

pastus 15,2(fecundos et utiles -tus; K)

pati 33,4(aegritudines p.; νοσοῦν); 75,8(ἐᾶν); 87,1(incidere -tiuntur)

patria 55,10(-iae parentumque; πατρίς); 61,3(non p. *scil.* gaudens; <ἄπολις)

pauci 3,18(ὀλίγοι)

paulum 5,8(-lo)

Paulus 41,8

pauper 59,1(πτωχός); 61,2(p.ex -eribus; πτ.) · 7()

paupertas 61,6(humilitate -tatis)

peccator 53,*14*

peccatum 7,3(vergere ad p.; ἐξαμαρτάνειν); 9,7(loca -ti; ἁμαρτία) · 13(); 11,10(occasio
    -ti; παράπτωμα); 13,18(ἁμαρτία); 31,8(ex -orum acerbitate)() · 14(ἁμάρτημα); 37,5;
    51,11(culpas et -ata)

pedica 17,12(-ae; βρόχοι)

penitus 73,14(effugata)

penna 19,5(auxilium -arum; πτερόν); 65,5

pensare 31,13(-etur <καταδέχῃ)

per 3,11(διά + *gen.*) · 18(δ. + *acc.*); 9,14; 13,12(ἐκ) · 15(δ. + *gen.*); 33,7; 37,4;
    45,11 · 13; 47,15; 65,2 · 12(δ. + *acc.*); 69,12(δ. + *gen.*); 75,1(<*dat.*); 79,7(μέχρι);
    85,15(<*abl.*); 87,10(2x) · 11 · 15

percurrere 9,6(-rit et evolat; ἀποτρέχειν ; →K zu Z.7)

perdere 81,9(decorem; ἀπολλύναι)

perducere 75,17(ad caeli regna)

perexiguus 57,13(ὀλίγος)

perfacilis 87,4(→motu)

perfectio 33,8(-ionis integritas; τελειοῖ)

perficere 69,*11*(-fectam vitam; τελειοῦν)

perfrui 45,9(praesentibus); 49,1()(ἀπολαύειν); 65,1(fructibus; δρέπεσθαι)

peritus 7,6(-tior ac bene →providus)

pernecessarius 65,11(viventibus; ἀναγκαῖος; K)

pernicies 13,7(-iem →moliri)

pernix 11,9(K)

pernoctatus 31,17(-tis vigiliis)

perpendere 87,15(-de)

perpetuus 25,9(-uis et aeternis; ἀίδιος); 73,9(-uae ultionis; ἀθάνατα) · 12(incendia)

perquirere 39,4(si -ris); 49,13(→curiosius)

perscrutari 51,7(temet ipsum; διερευνᾶν; K)

perscrutatio 51,2(ἔρευνα)

perstrepere 49,16(tua)

pertinere 23,7(πληροῦν); 39,3(ἐπιβάλλειν); 69,7(ad vitam)

pertransire 25,13(παρέρχεσθαι)

pervagari 37,5(per aspera peccatorum)

pervigil 17,8(-iles oculos; ἀκοίμητος); 73,8(-lem suppliciorum *vermem* ; K)

pervius 65,13(-um mare; βάσιμος)

pes 67,11(-dum vehiculum; πούς)

phalerae (*v.l.*) 67,3

phariseus 51,14

pietas 25,1(virtutis -atisq. monilibus); 27,4(εὐσέβεια)

pingere 69,2(pictus)

pinguedo 27,6(-dini corporis deservire <ὑπερπιαίνειν τὸ σῶμα)

pius 87,12(competenter ac pie; προσήκων)

placere 39,12

plebeius 59,2(δέσμιος)

plurimi 13,6(-ma quaeque <πλεῖστα); 27,12(quam -ma); 35,3(quam -ma et diversa; παντοῖος); 79,8(quam -mum; πλεῖστον)

plures -a 71,1(πλείονα)

poculum 49,17(-lis tuis)

poena 73,9(ultionis; K)

pollere 55,9(divitiis →flores et -es)

ponere 83,12(positis vitiis)

popularis 57,7(aura)

portare 67,6(faces -ans; δᾳδουχεῖν)

portus 3,6(in -tu; <λιμέσιν)

posse 3,12(-terit; ἄν + *opt.*); 11,5(-sunt); 15,3(-sis; <δυνατὸς ᾖς) · 13(-terit; ἄν + *opt.*) · 15(-test); 31,6(-sit); 41,4; 55,15(-test); 57,16(δύνασθαι); 59,2(δύναμις); 63,8(δύνασθαι) · 11; 77,12; 87,2(); 89,4

possessio 47,8(-onum iura)

possidere 67,13(κεκτῆσθαι)

post 83,1(μετά)

posterus 61,14(in -um; εἰς ὕστερον)

potens 61,4(sub -ntium colafis; δυναστεία)

potentia 23,5(δυναστεία); 27,13(); 55,18(-iae dignitates)

potestas 41,1

potius 11,13(μᾶλλον); 25,12

praebere 3,11(ποιεῖν); 87,8(ministerium -ens)

praeceps 73,3(-cipitem eam →rapiunt)

praeceptum 13,15(-ti diligentia); 17,5(-ti vigor; πρόσταγμα); 31,1(παράγγελμα) · 9(-ti adiutorio); 33,7(παρ.); 43,5(-ti →sententia); 45,3(-ti virtute; πρόστ.); 49,6(saluberrimi -ti; παρ.); 59,6(-ti memor; K); 63,5(-ti solius auctoritate); 69,10(divina -ta; πρόστ.); 71,3(-ti huius eruditione) · 11(recordari -ti); 73,5()

praeclarus 45,15(λαμπρός); 83,16(-rius; <τὰς πλείστου ἀξίας)

praecipere 7,2(→iniungit ac -ipit); 13,11(-cepit <δέδωκεν); 21,11(-ipit; φησιν; K); 31,3(p.solent; <παρεγγυῶσι); 33,13(-cepta sunt; διατάσσειν)

praecuratio 7,8(v.l.; K)

praecurrere 7,7(K); 53,5(praevenit et -rit; προεκτρέχειν)

praedicare 41,11

praeparare 55,17; 57,8(-ata); 69,14(-antur; ἕτοιμοι)

praepedire 43,6(K); 85,5(vel obsistere; ἐμποδίζειν)

praepes 65,5(-petibus pennis)

praeruptus 65,3(-ta rupium; K)

praesens 23,6(vita; <πρόσκαιρος); 45,8(-tibus perfrui); 49,1(tamquam -tibus perfrui; παρών) · 8(-entia; παρόντα); 61,9(in -ti vita; ἐν τῷ παρόντι); 71, 3(aerumnarum -tium); 73,5(dulcedo; παρόν)

praesentia 75,1(per adventum et -tiam; <παρουσία)

praesto 61,10(tibi est; <σοὶ πρόσεστι); 65,1(est; K); 75,6(illi parti est; ὑπάρχει)

praesumere 47,13

praeterire 39,1(παρέρχεσθαι); 45,5(nihil te); 71,5(te -ibo)

praevenire 53,5(-it et →praecurrit)

pretiosus 37,16

primo 15,14(K); 61,15(πρῶτον)

primus 81,3(quae -ma didicimus)

principaliter 77,8(προηγούμενος)

principatus 41,1

pro 1,5(pro eo ut ,→En; ἵνα) · 7(διά + *acc.*); 5,8(); 19,2(pro eo quod; δ. + *acc.*); 53,11; 69,15(ὑπέρ)

proavus 55,9(illustrium -vorum; πρόγονος)

probare 39,12

probrum 49,18(aliena -bra)

proclivis 7,2(-vius <μάλιστα προχείρως)

procreatus 61,2(pauper ex pauperibus)

procurare 45,2(in opus -anda); 49,14(διασκέπτεσθαι)

procuratio 7,8(προφυλακτικός)

producere 67,3(tibi -citur; <σοὶ ἔστιν) · 5()(ἔχεις)

proferre 1,16(ad indicanda atque in publicam faciem -renda; πρὸς τὸ δημοσιεύειν); 49,11(χρῆσθαι)

profundus 1,17(in -do; βάθος)

prolabi 53,4(in lingua; παρολισθάνειν)

prolixus 47,1(-xam senectutem; βαθύς)

prominentia 85,7(superciliorum; προβολή)

promulgare 73,12(incendia; μήτηρ γίγνεσθαι)

pronus 83,9(omnia quadrupedia -na; K)

propensus 29,3(-sior; πλεονασμός)

propheta 89,2(προφήτης; *v.l.*: profeta)

propitius 53,14

propositum 5,16(mentis voluntatisque; πρόθεσις); 35,10(-ti ac mentis desideria; προαίρεσις)

proprius 13,3;   15,18;   17,1;   29,9(οἰκεῖος);   49,2(ἴδιος) · 13(-ia et →domestica);
    81,9(οἰκ.)
propter 5,13(p.quod <διόπερ);   11,5(p.quod <διότι);   33,6(p.quod; δέ);   69,8(p.te;
    διά) · 10
propterea 13,10(p. ergo <διό)
prosper 53,16(in rebus -ris;<λαμπρῶς);   55,7(in -ris)
prospicere 45,6(προνοητικός)
protervus 73,17(→inverecundarum -varumque)
protestari 11,11(-tatur dicens <διαμαρτύρεται)
protinus 71,14
providere 7,11(-ebat <εἶδε; K);   11,10(-etur <δέδοται)
providentia 13,16(ἐπίστασις)
providus 7,6(peritior ac bene p.; προμηθής)
provisor 7,9(κηδεμών)
proximus 1,8(-mo suo; τῷ πλησίον);   51,13(in -mo tuo)
prudens 43,8(in consiliis)
publicanus 53,1 · 13(τελώνης)
publicus 1,16(in -cam faciem)
pugnare 43,4(-na <ἀνταγωνίζου)
pulchritudo 55,11(corporis; κάλλος)
pulmo 87,13(-one revocare spiritum)
pulvis 57,11
punctum 11,8(-to cogitationis; τάχος; K)
puritas 7,1(-tatem et munditias; καθαρότης)
purus 67,8(-issimo splendore)
putare 45,9(ne -tes);   67,2

quadrupes 83,8(-pedia; τετράποδα; K)
qualis 37,6(→talis qu.)
qualus 39,8(K)
quam 27,12(q.plurima);   35,3();   49,13(ἤ);   69,1;   79,8(plurimum);   83,3(ὅπως)
quamlibet 87,5(variis)
quamobrem 3,11(τοίνυν)
quando 31,11(si qu.);   45,11(si qu.; ποτὲ);   71,6(si qu.);   73,1()
quantus 47,8(ὅσος)
quasi 41,10
-que 3,5 · 17(καί);   7,4() · 16();   9,12;   21,10();   23,2 · 12;   25,2;   27,5;   29,6;
    31,17 · 18;   47,5;   57,12;   61,6;   63,4 · 9;   65,10(κ.) · 13(τὲ καί);   67,5;   73,11 ·
    17;   75,12;   79,10(κ.) · 12 · 16;   81,2 · 4;   83,8;   85,5
qui 1,4(K) · 17;   5,2 · 3 · 5 · 7 · 13 · 13 · 15;   7,2(ὅς) · 10(ὅ) · 13;   9,15;   11,2 ·
    5;   13,4 · 7 · 12(ὅπερ) · 13() · 16;   21,2 · 4(artic.; 2x) · 6(ὅς) · 6 · 12(art.);   23,6 9
    10 13(part.);   25,10(art.);   27,2();   29,13 · 14;   31,5;   33,7 · 10();   35,7(οὗτος);
    35,12(part.);   37,3() · 6() · 12(ὅς);   39,2(art.) · 4 · 5(2x) · 12;   41,4 · 8(part.);
    43,1 · 2;   45,2 · 6(art.) · 7;   49,3(οὗτ.) · 8(art.);   51,11 · 15;   53,7 · 10 · 11;
    55,17 · 18(part.);   61,12() · 14();   63,5() · 11;   65,2 · 4() · 6 · 12;   67,12();   69,2
    11();   73,7();   75,16;   77,7();   79,11(2x) · 12 · 13;   81,1(ποῖος) · 2 · 3;   83,16;
    85,2(part.);   87,2

quia 15,14(γάρ); 41,7(); 51,3(); 55,14(2x; ὅτι) · 15; 61,9(); 73,5(); 77,12(ἐπεί);
    83,7(ὅτι)
quidam 1,9; 3,2(τὶς) · 8()(→K); 7,8; 9,3(→K); 13,3 · 9(τὶς); 25,4(); 73,15();
    77,3(); 81,6(); 85,10
quidem 3,4(μέν); 9,12; 11,5(); 13,18(); 15,6() · 9(); 25,2() · 5(); 27,2() · 7(γάρ);
    33,5(ne... qu.); 67,13; 69,6(μέν); 71,5(ne...qu.) · 12(μέν); 73,14; 75,3() · 5();
    77,8 · 12(ne...qu.); 79,15(μέν); 85,5() · 13(); 87,3
quies 45,12(nocturna; ἡσυχία; K); 73,15(et tranquillitas animae; γαλήνη καὶ ἡσ.)
quietus 3,5(tranquillam -amque)
quin 85,14(qu.immo et;< ἢ καί)
quis *interrog.* 21,10(τί); 29,5; 39,3(ποῖα); 55,17; 57,1 · 17(qu. ... quisve; τίς καὶ
    τίς) · 17-59,1(); 67,1(τί) · 12(); 83,2
quis *indef.* 15,12(τὶς); 41,6(ne quid); 53,3(2x)() · 6() · 12
quispiam 9,1(τὶς)
quisque 5,9(tardiores quosq.); 7,5(infirmiora quaeq.); 13,1(singula quaeq.) · 6(plurima
    quaeq.); 37,5(aspera quaeq.); 45,2(de singulis quibusq.); 75,13(s. quaeque)
    →Am-Jun 2,125
quisquis 39,9(quidquid, *v.l.* quicquid)
quod 5,14(ὅτι); 17,2(qu.si); 19,2(διά); 33,6(ὅτι); 61,1(qu.si) · 15; 63,4(τό) ·
    7(ὅτι); 75,3(); 87,13
quominus 37,1(ἵνα)
quomodo 15,12(πῶς); 37,14; 79,5() · 14(); 81,2(διὰ τί) · 8(π.) · 10();
    87,3(ὅπως)
quoniam 1,14(ἐπειδή); 15,5(); 25,2(ὅτι); 27,7(ἐπ.); 49,12(); 77,7()
quoque 9,4 · 8; 61,4; 87,13; 89,2(καί)

rabidus 71,8(dentium stridor)
radiare 67,9(περιλάμπειν)
rapere 73,4(praecipitem eam; ἐκβάλλειν)
rapidus 67,5(→veloci -doque cursu)
raptare 23,9(-aris)
ratio 13,13(verbi ac -ionis; λόγος); 63,13(-onis →intellegentia); 65,12(quae in te
    est; λόγος); 75,7(λ.) · 10(); 83,2(naturae corporeae; κατασκευή)
rationabilis 63,11(animam →intellectualem et -lem; K); 65,8(sensu -li); 75,4(λογικὸν
    καὶ νοερόν) · 9(mentem); 83,4(-li animae; λογικ.)
recens 81,4-5(novorum ...que recentium)
receptaculum 81,1(memoriae)
recipere 79,15(δέχεσθαι)
recitare 5,6(ἀναγιγνώσκειν)
recondere 3,7(sermo -ditur; ἐγκαθορμίζειν); 47,10(-dunt; ἐναποκλείειν)
recordari 71,11(praecepti); 73,4()
recte 63,3(et integre; σωφρόνως)
rector 41,2
rectus 37,10(via -ta); 75,15(-tum tramitem); 83,5(-tum corpus humanum; ὄρθιος)
recubare 67,15
recurrere 11,14(ἀνατρέχειν)
reddere 79,13(-ditur; ἐπανιέναι); 85,16(→sonora -ditur)

redundare   79,13(redditur ac -at)
reformare   81,12(ad similitudinem; ἀνατρέχειν)
refragari   3,9(ἀντιπνεῖν)
refrenare   71,15(-abis linguam; κρατεῖν)
refugere   69,16(ἀποδιδράσκειν)
regalis   37,*11*(via -li; βασιλικός; K)
regnum   47,12(-ni →fastigia) · 15(totius -ni curae; βασιλεία);   69,*13*;   75,11(summa
    -ni) · 17(caeli -na)
reliquus   63,5(omnia -qua);   65,11(omnem -quum)
remeare   63,10(ἀνατρέχειν)
remedium   11,11(cura -ii <φυλακή);   31,12(-ii et emendationis cura; θεραπεία);   55,6
    (-mediorum solacium)
remissus   43,5(nihil -um; ἀναπίπτειν);   55,8(mollius et -ius)
renovare   29,*14*
reparare   73,16(-bitur; γενήσεται)
reperire   51,13(ἐξευρίσκειν);   53,13;   65,9()
replere   47,6(facultatibus; πληροῦν)
reprobus   41,*12*
repromittere   61,14(quae -misit; <τὰ ἀποκείμενα)
requirere   77,1(non -res; ἐξιχνεύειν);   79,2(neque -ras; ζητεῖν);   81,1(-re)
res   5,3(πρᾶγμα);   47,2(in re);   53,16(in rebus →prosperis);   63,12(naturam rerum;
    τὰ ὄντα)
resecare   49,5(-ans et restringens; καταπιέζων) · 10(ἐξαιρεῖν)
reserare   9,*15*
reservare   3,19(παρακατέχειν)
residere   9,5(in mediis virorum -entem; καθεζόμενος)
resistere   41,*5*
resolvere   55,8(-varis; καταπίπτειν)
restringere   49,5(→resecans et -ens)
resurrectio   69,10(ἀνάστασις)
rete   19,*1* · 5(ἀγρεύειν)
retro   43,*1*
revelare   9,14(arguetur ac -abitur)
revocare   39,*5*;   61,11(-ca; ἀνάγειν)
rex   57,10;   59,2
rhetor   57,4(-res et oratores; ῥήτωρ)
rigor   87,6(-ris difficultas)
robustus   31,2(-tioribus <ἐρρωμένοις; K)
rota   67,10(-arum lapsibus vehi)
rupes   65,3(praerupta -pium)
rursum   13,8(πάλιν);   25,10;   79,12;   81,10()

saecularis   39,*11*
saeptum   7,12(φυλακή)
saluber   49,6(-errimi praecepti);   69,2(dulces et -bres somni)
salus   13,4;   19,8(cautela tuae -utis);   37,3(σῴζειν)
sanare   39,6

sanctus   17,4(spiritus -ti mandata);   69,9

sanguis   87,15(-inis meatus; αἷμα)

sanitas   23,1(-tatem corporis; ὑγίεια);   33,2(-tatem animae; εὐρωστία)

sanus   33,8(ἐρρωμένοις + ὑγιαίνοντας)

sapiens   9,5(laudabilium et -ntium);   63,3(λογιζόμενος)

sapientia   63,13(-iae fructibus; σοφία);   77,5();   79,5(opificis);   85,13(dei; σ.);
   89,1()

satis   35,8;   75,14(superque)

satrapa   57,9(σατράπης)

saxosus   3,8(-sa vada; K)

scientia   89,3

scire   5,14(-iens <εἰδώς);   27,1(ut -ias; <εἰδῇς)

scutum   41,3

se (*acc.*)   9,9;   33,4;   51,15

se (*abl.*)   73,8;   83,2

secare   19,6(itinera aeris; K)

secretum -i   1,10(consilii -ta)

sectari   15,1(iustitiam; διώκειν) · 3(μεταδιώκειν);   21,13(διώκειν)

secundum   19,10;   21,5(κατά);   31,11();   51,4() · 8() · 13()

secundus   53,17(-da →felicitate)

sed   9,13;   11,13(δέ);   15,5() · 16;   23,10(ἀλλά);   29,14;   35,2();   37,10 · 15();
   39,12;   41,10;   43,6;   47,9(πάλιν);   49,8(ἀλλά);   51,1();   53,1();   59,5(δέ);
   61,11(ἀ.);   67,5 – 69,5(5x)();   71,4;   73,10(K);   77,3() · 9() · 15();   79,2();
   81,5();   83,12();   87,6

semet   15,12(ipsum; ἑαυτόν) · 14()

semita   37,7

semper   53,9;   55,1;   59,5

senectus   47,1(γῆρας)

sensus   1,18(cogitationibus vel -sibus);   21,8(corporalis; αἴσθησις);   65,8(-su rationabili;
   K);   79,4(-sum atque intellegentiam; κατάληψις);   83,16(αἰσθήσεις)

sententia   15,10(verbi);   43,5(praecepti; λόγος)

sentire   13,17;   15,10;   33,5

sepulchrum   57,16(τάφος)

sermo   1,4(λόγος);   3,3() · 7() · 10 · 13(veritatis; λόγ.);   5,1(emendati -onis; λόγ.) ·
   6(recitatus est) · 9(λέξις) · 11;   21,11(λόγ.);   31,7(dei <λόγ.);   49,5(divinus; λόγ.);
   53,5 · 16(ῥῆμα);   71,13(div.; λόγ.)

servare   19,4(etymologia -atur);   67,1(cursus);   87,14(φυλακή)

servitium   47,12(οἰκετῶν πλῆθος);   65,6(-tio indulsit; δοῦλος)

servitus   41,11

servus   57,17(οἰκέτης)

severus   27,4(conversationem -ram et gravem; ἀστεῖος; K);   75,2(gravis ac -rae; *v.l.*
   verecundae; σώφρων)

si   1,11(εἰ);   3,4(et s. <κᾶν) · 7(s.vero <ἐάν) · 13;   5,6;   13,5(εἰ);   15,9(ἐάν);   17,2(quod
   si);   29,1(ἐάν) · 7(*partic.*);   31,11;   39,3;   41,14;   43,3;   45,11(si quando <ὅταν
   ποτέ);   51,8(εἰ) · 9;   53,8(κᾶν) · 12;   57,16(εἰ);   59,2() · 3(*part.*) · 6(ἐάν);   61,1(qu.
   si);   67,2(ὅτι);   69,14(*part.*);   71,1(ἐάν) · 6 · 10() · 11;   73,1 · 4() · 16(*part.*);
   75,13 17(ἐάν);   83,1(εἰ);   87,2

stella 65,16(-arum chori; ἀστήρ); 69,5(-arum fulgor)()
stercus 39,8
stimulus 71,7(-lis; θυμός)
strenuus 43,9(in actibus)
strepitus 73,17(→tumultus ac s.)
stridor 71,8
structor 35,6(οἰκοδόμος); 37,13()
studere 7,12
studium 7,7(-io et diligentia); 21,13(-io →impensiore); 23,12(-iis; →cura; K);
   25,14(diligentiam et s.); 39,2(→pastoris s. ac diligentia)
stultus 55,16
stupere 89,2(-ens et admirans)
sub + *abl.* 61,4
subicere 41,11
subiectio 65,7(-oni tuae; ὑποχείριος)
subiectus 27,15(facias esse -tam); 47,1(obsequia -torum); 61,6(s. + expositus)
subitus 9,6(-ta cogitatione; K); 47,5
subministrare 27,12(auxilia)
subsistere 63,6(qui fecit s.; <συστησάμενος)
substantia 21,9(mundana -tia; χρήματα); 77,11
succedere 55,1(secunda felicitate; <κατὰ ῥοῦν φέρεσθαι)
succurrere 31,9(ἐξιᾶσθαι); 49,7(dicens)
sufferre 61,7
sufficere 63,2(ἐξαρκεῖν); 75,14
suggerere 33,8(→cura -ritur); 55,3(commonitiones; φέρειν) · 5(-atur; γίγνεσθαι);
   65,9(sensu -ente)
suggestio 73,3(illecebrosis -ionibus)
sui 3,18(K); 5,8; 13,3
summus 47,13(→fastigia -ma); 63,4(magnum -umque, <τὴν ἀνωτάτω); 75,11(summa
   regni); 83,14(in -mo culmine; ὑψηλότατος)
sumptus 61,4(cotidianus)
super 75,14(satis s.que)
superaddere 85,7(prominentia -dita)
supercilium 9,2(καταφρυοῦσθαι; K); 15,16(conspicari); 85,7(-iorum prominentia;
   ὀφρῦς)
superesse 17,4(-est; < λείπεται)
superfluus 57,12(-ua narratio)
superior 83,13(-oris viae; ἄνω)
supernus 83,7(-norum caelestiumque; ἄνωθεν)
supplicium 73,8(pervigilem -iorum *vermem*)
supra 35,14; 47,3
suscipere 79,15(δέχεσθαι); 85,12(ἀντιλαμβάνεσθαι); 14
suspendere 65,5(in aera)
suspirare 23,3(-ires)
sustollere 71,4(eruditione -eris; K)
suus 1,8; 9,10; 11,4; 13,4 · 19; 15,17; 19,3(οἰκεῖος); 41,11; 51,5(2x); 57,6;
   67,1(ἑαυτῶν); 75,11

tabula   81,7(-lis aereis cordis; στήλη)
talis   3,15;   5,4(ὁποῖος);   37,6(t. qualis; ὅμοιος);   43,4(τοιοῦτος);   53,12
tam   11,9
tamen   3,13;   5,6(K);   69,15;   85,3 · 16(δέ)
tamquam   25,11(ὡς);   49,1();   53,12(part.);   55,2(ὥσπερ)
tantum   1,12;   33,1(μόνον);   77,9;   79,1()
tantus   47,8(-ta iura; K)
tantummodo   1,11;   35,1
tardus   5,9(tardiores)
te (acc.)   17,7(te ipsum; σεαυτόν);   21,2(σὲ);   35,15();   39,1 · 11 · 12;   43,2;   4 · 8;
    45,4 · 9;   51,10 · 11;   53,1(te ips.; σεαυτ.) · 10;   55,11 · 15 · 18(σοῦ);   69,4 · 5
    8(σὲ);   10 · 11;   71,5 · 6(i.e. mentem tuam; σοὺ);   75,16
te (abl.)   5,11(bis);   55,16;   65,12;   67,11(tecum; σεαυτῷ);   77,7(σοὶ)
tegere   65,4(aquis -gitur)
temet   51,7(ipsum; σεαυτόν);   53,9();   61,8(ipsum; σεαυτοῦ);   77,3(in t.ipso; ἐν
    σεαυτῷ)
temporalis   73,11(libidinis)
tempus   7,15(χρόνος) · 17(absque -pore <ἀχρόνως) · 19(omne; καιρός);   45,1 ·
    12(→silentium -poris);   55,5(in -pore; κα.)
tenaciter   3,19(-cius; K)
tendere   17,11(-duntur... defossae; <καταπεπήγασιν; K);   85,8(in directum -ditur;
    ἀποτείνειν)
tenebrae   9,15;   41,2
tenere   47,17(in manibus t.omnia)
tergum   15,18(-ga conspicere; νῶτα)
terra   47,7(-arum spatia; γῆ);   55,15(2x);   63,1(in -ris);   65,13(γῆ)
testis   9,13(sine ullo -te <ἄγνωστον πᾶσιν)
thesaurus   81,2(-ri →eruditionum; ἀποθήκη)
tibi   5,10;   13,1;   15,3;   17,7 · 11; · 21,1 · 2(σαυτῷ);   23,11;   25,8;   27,1;   31,10;
    33,1;   35,15;   37,9 · 11;   39,1 · 7 · 10;   41,6;   43,9;   45,4;   49,7;   51,2;
    53,15 · 15(σοι) · 17;   55,5 · 14;   59,4 · 6;   61,9() · 10 · 12();   65,1 · 2 · 8 · 12();
    67,2 · 3() · 5 · 6() · 16;   69,13 · 14;   71,1 · 10;   73,4;   75,3 · 7 · 15(σοὶ);   77,1;
    83,7(σοὺ);   89,4
timor   61,5(cum timore; K)
tolerantia   71,3(aerumnarum)
torus   69,1
totus   9,9(ὅλως);   15,12(ὅλον);   39,8;   47,15;   71,9;   83,14
trabs   51,5
tradere   75,8(vinctam tradi; <δοῦλον γενέσθαι);   79,11(ἐνδιδόναι)
trahere   87,11(cogitationem; ἐπιπορεύεσθαι)
trames   69,13(mandatorum);   75,15(rectum -mitem)
tranquillitas   3,11(γαλήνη);   73,15(→quies et t.)
tranquillus   3,5(-am quietamque)
transcursus   3,17(-su concito)
transferre   3,4(-rtur; <μεταβαίνει);   17,6(-ratur)
transfretare   3,10
transfugere   5,9(παρατρέχειν)

transire   25,11(caduca et -seuntia; παρερχόμενα)
tremor   61,5(-ore);   71,9(labiorum)
tribuere   35,10(et commovere; ἐμποιεῖν)
tristis   55,4(adversis et -ibus; περιστάσεις)
triumphus   47,15(ducunt -os)
tropeum   47,14(-ea statuunt; τρόπαια)
tu   19,6;   27,10;   41,13;   51,6;   89,2(σὲ)
tui   17,8(σεαυτοῦ);   27,14;   51,2(οἰκεῖος);   59,5
tum   41,2(t.deinde; K);   55,13;   63,7(t.de.; ἔπειτα)
tumidus   51,14(βαρύς)
tumor   47,3(vanae cogitationis tumore)
tumultus   3,8(auditorum; t. et murmur; θόρυβος);   73,17(ac strepitus; ϑ.)
tunc   3, 2
turpis   9,9(→inhonesta et -ia)
tutela   13,3(defensio ac t.; φυλακή)
tutus   3,6(in portu →fidissimo ac -issimo);   7,12(-ioribus; ἰσχυρός)
tuus   5,*11*;   11,*1 · 12*;   19,8;   21,1(tuis);   23,9 · 11;   25,3(σου);   13;   37,8;   49,16
   18;   51,3(σου) · 8(σοι) · 9 · 13;   53,6;   55,*17*;   61,12(σεαυτοῦ) · 14;   65,7 · 14(σός);
   67,11;   69,12;   71,6;   75,3 · 15;   77,5(σε) · 8(σός) · 11(σεαυτοῦ);   79,6(σου);
   87,12;   89,4
tyrannus   57,10(τύραννος)
Tyrius   69,2

uber   47,7(agros -res)
ubi   11,7(*part.coni.*) · 9(ὅπου);   57,1(ποῦ);   2-10(11x; <2x ποῦ)
ubique   17,12(πολλαχόθεν)
ullus   9,13(sine -lo teste <ἄγνωστος);   25,7;   75,16;   77,13;   87,6
ultio   73,1(ad -onem irritantis) · 9(perpetuae -onis; κολάζειν)
ultrix   73,12(-icium flammarum)
unde   19,3(ὅθεν)
undique   17,7(πανταχόθεν)
universus   9,10(-sam imaginem);   77,1(-sae creaturae; ὅλος);   85,8(-sorum
   consideratio)
unus   25,5(una quidem... alia vero; <ἡ μέν... ἡ δέ);   29,1(εἷς) · 3(-nam... alterius; <
   ἕτερος... ἕτ.);   33,11(εἷς);   79,9()
unusquisque   1,8(ἕκαστος);   27,2();   33,10();   35,9();   49,12();   81,5
urbs   65,10(-bes condere; πόλις)
urgere   55,4(πιέζειν)
urna   57,14(angusta)
usque   75,16(ad)
usus   1,4(χρῆσις);   65,11(reliquum -um) · 14(vel -ibus vel voluptatibus);   85,4(suis
   -ibus officiisque; <ἐνεργείᾳ);   87,5(verbi; χρεία)
ut   1,5(→pro eo ut);   3,17(talis... ut) · 18;   5,2(haec... ut);   13,12(ἵνα) · 15;   15,3(ἵ.);
   17,*13*;   23,8 · 13(ὥστε);   27,1(ἵ.);   31,4(*inf.*) · 11(ἵ.);   33,1();   35,9(*part.*);   37, 8;
   11;   39,7 *11 13*;   41,9 · *14*;   45,4(<*impt.*) · 4;   47,16;   49,8;   55,7(ὡς);   77,1;
   79,7();   83,6(ἵ.) · 11(ὥστε);   85,6() · 13();   87,4(→ita ut);   89,4(ἵ.)
uti (=ut)   39,10(uti ne; K)

via 37,9(a v.; ὁδός) · 10(recta) · *10*(regalis; ὁδ.); 83,13(superioris viae; ἄνω)

viator 35,5(ὁδοιπόρος); 37,6()

vicinus 15,15(-ina sibi et imminentia); 85,2(sensus; ἐγγύς)

victus 27,3

videre 17,1(-ebit ex vultu) · 3(-ebitur); 19,6(vide;<ὅρα); 21,13(-ntur; K); 27,10(vide;<ὅρα); 37,*14*; 49,3(somnia; βλέπειν); 51,*5*; 83,1(-etur; δοκεῖ); 83,7(ut -eas et cognoscas; ἵνα εἰδῆς)

vigilanter 43,7

vigilare 41,*12*; 45,4(ad omnia; νηφάλιος); 49,3(-ans; ἐγρηγορώς)

vigiliae 31,17(ἀγρυπνία)

vigor 1,15(animae); 17,5(praecepti v. atque intellegentia); 29,7(mentis; ἐνέργεια); 35,9(mandati)

vincire 75,8(-nctam et dediticiam; ἐξανδραποδισθείς)

vir 9,5(in mediis -rorum →laudabilium); 59,2(fortis)

virtus 15,7(-tutibus animae; <δυνάμει); 25,1(-tutis pietatisque →monilibus); 27,5(exercitium -tutis; ἀρετή); 29,8(-tutis exercitia); 45,3(-tute praeepti; δύναμις); 75,10(adversum -tutem rationis); 77,15(ex -tutibus innotescit); 79,6(animae; δύ.) · 11(); 81,9(-tutis decorem) · 11(-tutis institutionibus; ἀρ.; K)

vis 5,3(rerum); 61,3(invalidus -ribus;<ἀσθενής)

viscera 17,2(σπλάγχνα)

visus 19,2(acutissimus; ὅρασις); 85,1(ὄψις)

vita 23,3(→longioris -tae vota) · 6(ζωή) · 10(); 25,4(); 49,19(-tae innocentia); 51,8(tua; βίος); 53,17(β.); 55,3(melior); 61,9(in →praesenti v.); 65,16(mortalium); 69,7(→humanitatis); 75,15(itineris -tae tramitem); 79,14(-tam suscipere; ζωή)

vitium 23,14(→nequitiae -iis); 27,5(πάθη); 41,3(carnis); 49,10(πά.); 75,10(); 81,8(carnis; πά.); 83,12(infra ventrem positis -iis; πά.)

vivere 1,12(διαζῆν); 61,4(-vens); 65,11(-ventibus)

vivus 35,5

vocabulum 1,19(nominibus ac -lis)

volumen 5,6(βίβλος)

voluntas 5,16(ex proposito mentis -atisque); 19,*10*

voluptas 23,2(-atem carnis atque delicias;<ἡδονῶν ἀπολαύσεις); 65,14(-atibus famulantur)

vos 5,7

votum 23,3(→longioris vitae -ta)

vox 3,2(-cis significantia; φωνή); 85,13(); 87,7(-cis organo)()

vultus 17,1(videre ex -tu); 23,2(→decorem cultumque -tus)

Griechisch

ἀβούλητος 53,7

ἀγαθός 21,12(bonus); 29,9(melior); 41,10; 55,2(bon.et fidelis); 61,10(bon.) · 13(); 63,9

ἄγαν 33,3; 49,1

ἄγγελος 63,9(angelus)

ἄγειν 79,10(constringere)

ἀγεννής   55,8
ἅγιος   69,9
ἄγνωστος   9,12(ignotus)
ἀγρεύειν   19,5(rete)
ἄγριος   65,3
ἀγριοῦν   37,3(decipere)
ἀγρυπνία   31,16(vigiliae)
ἀγώγιμος   3,13
ἀδελφός   51,5
ἀδιάλειπτος   31,16(→iugis)
ἀδίδακτος   13,6(nullo docente)
ἄδοξος   61,1(obscuro loco natus)
ἀδρανής   29,7(ignavus)
ἀδρός   67,12
ἀδύνατος   15,11;   17,3(impossibilis)
ἀήρ   3,3(aer) · 10();   65,5() · 15();   85,12();   87,12()
ἀθάνατος   25,4(immortalis) · 15();   73,9(perpetuus)
ἀθλεῖν   41,8
ἀθλητής   35,7(athleta);   41,5()
ἀθλητικός   41,6(athleticus)
ἀίδιος   25,9(perpetuus et aeternus) · 10(aet.)
αἷμα   87,15(sanguis)
αἴσθησις   21,8(sensus);   83,16();   85,17(auditus)
αἶσχος   23,15;   81,10(dedecus)
αἰών   (89,6)
αἰώνιος   73,11
ἄκαρπος   39,7(infructuosus)
ἀκοή   3,7(auris);   5,8(auditus);   85,1() · 10(aures)
ἀκοίμητος   17,7(pervigil)
ἀκόλαστος   73,3 · 17(inverecundus protervusq.)
ἀκόπως   7,17
ἀκούειν   3,4(audire) · 9(-ων >auditor)
ἄκρατος   73,3
ἀκρίβεια   27,1(cautela);   35,9(diligentia)
ἀκριβής   75,13(diligens)
ἀκώλυτος   85,14
ἀλαζών   51,15(iactans)
ἀλαζωνεία   55,6
ἀλγηδών   79,15(dolores maeroresq.)
ἀλήθεια   3,14(veritas);   37,2()
ἀληθινός   7,9
ἄληπτος   77,13(non potest intueri)
ἀλίσκεσθαι   19,8(irretire)
ἀλλά   23,10(sed);   37,15();   43,7;   49,10();   51,1() · 11;   53,1();   61,11();
     67,5 – 69,5(5x; s.);   77,2() · 9() · 15();   79,3();   81,5();   83,12();   85,7 · 11
ἀλλήλοις   1,12(ad alterutrum);   27,9;   85,2(sibi mutuo)
ἄλλος   21,3-4(3x; aliud... al. ... al.)

ἀλλότριος 49,15(alienus) · 18; 67,13()
ἄλογον 13,6(→K) · 14 · 19(muta animalia); 19,7(); 75,5(irrationabilis)
ἁμαρτάνειν 11,7(delinquere); 53,3()
ἁμάρτημα 31,13(peccatum); 53,10
ἁμαρτία 5,12(delictum) · 15; 7,11(culpa); 9,5(peccatum) · 11(); 11,8(de.); 13,19(pec.);
  31,8()
ἁμάρτυρος 9,11(sine ullo teste)
ἁμαρτωλός 53,14
ἀμετεώριστος 41,10
ἀμήν (89,6)
ἄν 9,13; 13,5; 15,12; 47,8; 55,5; 89,2
ἀνάβλεψις 83,10(erectus intuitus)
ἀνάγειν 61,11(revocare)
ἀναγιγνώσκειν 5,5(recitare)
ἀναγκαῖος 29,4; 65,10(pernecessarius)
ἀνάγκη 29,7(quis dubitat?)
ἀνακρίνειν 53,2(discutere et diiudicare)
ἀνακρούειν 49,7
ἀναλαμβάνειν 39,12
ἀναλογία 31,10(magnitudo)
ἀνάλωτος 19,1(non incurrit)
ἀνάπαυσις 69,2
ἀναπίπτειν 43,6(remissus)
ἀναπλασμός 47,17(sollicitudo)
ἀναπλάττειν 45,14(concipere)
ἀνάστασις 69,10(resurrectio)
ἀνατρέχειν 11,14(recurrere); 63,10(remeare); 81,12(reformari; K)
ἀνατυποῦν 9,8(fingere)
ἀνεξιχνίαστος 89,1
ἀνεπιστάτως 13,14(absque imperio; K)
ἀνέστιος 61,2(non domo gaudens)
ἀνθρώπινος 55,3; 69,7(→humanitas)
ἄνθρωπος 5,13(homo); 47,5(); 63,1(); 69,8(); 83,6(corpus humanum) · 10(h.)
ἀνίατος 33,4(insanabilis)
ἄνοια 49,1
ἀνοίγειν 85,11(adaperire)
ἀνόμημα 5,11; 11,2 · 13
ἀνταγωνίζεσθαι 43,3(pugnare)
ἀντέρεισις 87,8(obstacula)
ἀντίκεισθαι 27,10; 29,2
ἀντιλαμβάνεσθαι 85,12(suscipere)
ἀντίπαλος 41,13
ἀντιπνεῖν 3,9(refragari)
ἀνύπαρκτος 49,10(quae nusquam sunt)
ἀνυπόστατος 45,14(falsus)
ἄνω 83,13(superior via)
ἄνωθεν 83,7(superni et caelestes); 85,9

ἀνωτάτω   63,4(magnum summumque);   85,13(dei)
ἄξιος   83,15(praeclarus)
ἀξιοῦν   7,4
ἀόρατος   43,3(invisibilis);   77,11()
ἀπαλλάττειν   69,3(effugare)
ἁπαλός   87,3(mollis)
ἅπας   45,5
ἀπειϑής   71,12(indomitus)
ἀπειλή   61,8
ἀπελέγχειν   15,12(arguere)
ἀπέρχεσϑαι   55,15
ἀπό   1,12(ex);   15,4(ab);   23,15;   59,2-4(3x a/ab);   79,10() · 11() · 15(de);
    81,10(gen.)
ἀπογιγνώσκειν   61,8
ἀπόγνωσις   55,7
ἀποδιδράσκειν   69,16(refugere)
ἀποϑήκη   47,11(horreum);   81,1(thesaurus)
ἀποικονομεῖν   23,14
ἀποκαϑαίρειν   23,15(→abluere)
ἀποκαλύπτειν   1,6(pandere);   9,15(reserare)
ἀποκείμενος   61,14
ἀπολαύειν   49,1(perfrui);   71,2
ἀπόλαυσις   13,9;   23,2(deliciae);   45,9(perfrui)
ἄπολις   61,3(non patria scil. gaudens)
ἀπολλύναι   81,9(perdere)
ἀπορρίπτειν   61,10(abscidere et amputare)
ἀποστέλλειν   35,11(destinare) 13
ἀποτείνειν   85,10(tendere)
ἀποτέμνειν   47,10
ἀποτρέχειν   9,5(percurrere)
ἀπραγματεύτως   7,18(sine labore)
ἀπρεπής   71,8
ἀπροσεξία   33,3(non attendere)
ἆρα   63,2(nonne)
ἀργός   49,3(otiosus)
ἀργύριον   37,16
ἄργυρον   67,7(argenteus)
ἀργυροῦς   35,2
ἀργυροχάλινος   67,3(frena mandens argentea)
ἀρέσκειν   41,1
ἀρετή   5,1(natura);   9,4;   23,16(→virtus);   27,5();   69,15(iustitia);   81,11(v.)
ἀριϑμός   47,13
ἀριστερός   37,10
ἀριστοτέχνης   83,4(admirandus opifex)
ἅρμα   67,10(currus)
ἁρμόδιος   31,2(commodus)
ἄρρητος   69,5(ineffabilis)

ἀρρώστημα   45,11;   49,3(languor)
ἀρτίως   5,4(nunc)
ἀρχή   11,14(initium);   47,13(magistratus)
ἀρχιτέκτων   35,6(architecton);   37,11(architectus)
ἀσάφεια   5,1(obscuritas)
ἀσεβής   17,2(impius)
ἀσθένεια   31,3(infirmitas)
ἀσθενεῖν   31,1(infirmus)
ἀσθενής   7,5(infirmus);   59,3(imbecillis);   61,3(invalidus viribus)
ἄσκησις   27,5(exercitium)
ἄστατος   49,8
ἀστεῖος   27,4(K)
ἀστήρ   65,15(stella);   69,5()
ἀσύγχυτος   81,5(inconfusus)
ἀσφαλίζεσθαι   7,7(antevenire)
ἀσφαλῶς   37,11(cum omni diligentia et cautela)
ἀσώματος   15,9(→incorporeus);   77,5() · 6
ἀτενής   41,13(indesinens)
ἄτονος   29,7(obtu(n)sus)
αὖ   75,9
αὐτάρκης   75,14
αὐτός   9,4;   11,4 · 13(ipse);   15,11 · 13;   19,10;   21,3();   23,14(is);   25,1();   31,1(τὸ
   α.; idem) · 4;   33,5 · 8();   35,14;   41,10;   47,8 · 15;   49,3;   57,14;   63,4(ip.);
   69,2(qui);   77,12(ip.);   79,4(is) · 7;   83,3 · 6(ip.) · 15();   85,6;   87,9;   89,2
ἀφανής   9,6
ἀφορμή   13,3(occasio; K) · 18
ἀχρόνως   7,17(absque tempore)

βάθος   1,17(in profundo);   17,1(latentia)
βαθύς   47,2(prolixus)
βαλάντιον   67,13
βαρύνειν   29,6(distendere)
βαρύς   51,14(tumidus)
βασιλεία   47,15(regnum);   69,13
βασιλεύς   59,2(rex)
βασιλικός   37,10(regalis)
βάσιμος   65,12(pervius)
βίβλος   5,5(volumen)
βίος   21,10;   39,14;   43,5;   47,1;   51,8(vita);   53,9 · 17();   61,6;   65,14
βλάπτειν   13,7(perniciem moliri);   15,5(noxia)
βλέμμα   41,11
βλέπειν   37,14;   49,4(videre)
βοήθεια   13,13(ope);   31,12(cura);   39,8;   71,5
βοήθημα   31,9(adiutorium)
βόσκημα   47,12(grex)
βούλεσθαι   43,5(velle)
βούλευμα   1,10

βουλευτικός   45,6(in consiliis)
βουλή   1,5;   9,16
βραχύς   3,17(brevis);   35,8(brevissimus);   85,3(br.)
βραχύτης   5,7(brevitas)
βρόχος   17,11(pedica) 13;   19,2(laqueus)
βρῶμα   15,1(cibus)

γαλήνη   73,15(quies)
γάμος   47,1(coniugium)
γάρ   1,11(enim);   3,12();   5,1(nam);   7,2(en.) · 5() · 13(n.);   11,2 · 11(et ideo);
    15,12(en.) · 13(quia);   19,1(n.);   21,3(en.);   25,13();   27, 7(quidem) · 15(en.);
    29,5();   33,3() · 10(autem) · 13(en.);   35,3(namque) · 9;   41,7(quia);   45,12;
    51,3();   61,7;   75,17;   77,13(en.);   83,8(namque)
γαργαλισμός   73,7(luxus)
γαστήρ   83,9(venter) · 11() · 12()
γὲ   5,6;   31,3(nam);   85,5
γέεννα   73,9
γείτων   85,5
γεννᾶν   73,8(generare)
γεῦσις   85,1(gustus)
γεωργός   35,6(agricola);   39,6()
γῆ   47,8(terrarum spatia);   55,15(2x);   65,13(ter.);   67,16
γῆρας   47,2(senectus)
γί(γ)νεσθαι   5,10;   11,1 · 12;   19,6 · 9(fieri);   21,7();   55,5(suggeri);   63,7;   73,10 ·
    16(reparari);   75,8;   77,10(inveniri)
γιγνώσκειν   75,3(intellegere)
γλυκύς   69,2
γνώμη   45,11(cogitatio mentis)
γνωρίζειν   33,1(intellegere et agnoscere);   79,1(innotescere)
γνῶσις   81,3(quae didicimus);   89,3
γλῶττα   53,3(lingua);   71,14();   87,2() · 8()
γυμνός   1,11(nudus)
γυνή   11,3

δαδουχεῖν   67,6(faces portans)
δάκρυον   31,15(lacrimae)
δέ   1,14(verum);   3,8(vero);   5,9(autem);   7,16(vero);   11,6(autem) · 13(sed);
    15,2(vero) · 5(sed) · 7(v.);   19,4();   21,7() · 8(a.);   23,15 ·16(v.);   25,6();   27,3() · 9;
    29,8();   33,6;   39,3(a.);   45,8;   49,12();   51,5;   53,11;   59,5;   65,4;   69,8(v.);
    71,3 · 14() · 15;   75,6();   13;   79,15();   81,10(et);   83,10(v.);   85,16(tamen);
    87,8(et) · 10(alii)
δεῖνος   49,17(τοῦ δ.; >alienus)
δεῖσθαι   1,16(indigere);   7,14(opus habere);   67,14(ind.);   75,17
δεξιός   37,10
δέσμιος   59,2(plebeius)
δέσποινα   75,1(domina)
δέχεσθαι   25,7(claudere);   79,14(suscipere) · 15(recip.)

δή 5,4(οὖν δ. >enimvero); 69,7(μὲν δ.>quidem)
δηλητήριος 15,1(noxius et mortifer)
δηλοῦν 3,18(designare)
δημιουργεῖν 83,4(construere)
δημιουργός 77,1(conditor)
δημοσιεύειν 1,17(→proferre)
διά + acc. 1,6; 3,18(per); 5,7(pro); 7,13(abl.); 19,2(pro eo quod); 61,5(abl.) ·
  13; 65,12(p.); 69,8(propter); 81,3
διά + gen. 3,11(per); 13,15(); 21,8; 23,14; 29,9(abl.); 31,8(); 43,5; 45,7;
  63,9 · 10(p.); 67,5; 69,12(); 77,9(ex); 79,2(gen.); 81,11; 87,13
διαβαίνειν 17,10
διάβημα 37,7
διαβολή 13,7(K)
διάβολος 19,9(diabolus)
διαζῆν 1,11(vivere)
διάθεσις 17,2
διαιτᾶν 65,4
διάκενος 47,16(inanis)
διακόπτειν 11,6(impedire)
διάκοσμος 77,3(K)
διακρίνειν 15,4(discernere); 57,16(); 59,1()
διαλείπειν 53,2(cessare)
διαλύειν 3,10
διαμαρτύρεσθαι 11,11(protestari)
διανέμειν 27,2(distribuere)
διάνοια 5,12(cogitatio); 7,16(mens); 9,5(cog.); 45,15(); 47,16; 49,5() · 8; 53,4;
  79,3(mens)
διανομή 69,9
διαπερᾶν 3,3(vehi)
διαπέτασθαι 65,5
διαπλάττειν 63,5(fingere et formare)
διασκέπτεσθαι 49,15(procurare)
διατάσσειν 7,1(→iniungere); 33,13(praecipere)
διατιθέναι 49,11(expedire); 57,5(K)
διατριβή 77,9
διατροφή 27,3
διαφεύγειν 35,15(effugere et evadere)
διαφυλάττειν 81,7(manere)
διδόναι 1,4(indulgere); 11,10(providere); 13,11(praecipere) · 18(indulgere);
  49,17
διεξιέναι 85,14
διερευνᾶν 51,7(perscrutari)
διεστηκέναι 79,8(distare)
διηγεῖσθαι 45,1
διικνεῖσθαι 79,8(infusa duci)
δικαιοσύνη 15,2(iustitia); 69,14
δικαιοῦν 51,15

διό   13,10(propterea)
διόπερ   5,13(propter quod)
διότι   11,5(propter quod)
διπλοῦς   15,5(dupliciter);   25,4(duplex)
διώκειν   15,1(sectari);   21,12()
δόγμα   27,4(doctrina)
δοκεῖν   49,1(arbitrari);   83,1(videri)
δοκός   51,6
δόξα   23,4(ambitionis gloria);   (89,5)
δορκάς   17,13;   19,1(dammula; K)
δοῦλος   65,6(servitium);   75,8(tradi)
δρέπεσθαι   65,1(perfrui)
δρόμος   41,14(si curris);   67,5(cursus)
δύναμις   15,8(virtus);   45,3();   59,2(posse);   79,6(v.) · 11()
δύνασθαι   3,14;   47,4;   51,13;   57,16(posse);   85,17()
δυναστεία   23,5(potentia);   27,11();   57,2(magistratus);   61,4(potentes)
δυνατός   15,4(posse)
δυσγενής   61,1(ignobilis)
δυσειδής   59,4(informis)
δυσήνιος   71,12(ferox)
δυσθήρατος   3,13
δυσθυμία   55,8
δύσμαχος   57,4(eloquens)

ἐάν   3,8(si);   15,9();   29,1();   41,7;   53,9();   59,6();   71,1() · 10();   73,4();
   75,17()
ἐᾶν   75,7(pati)
ἑαυτά   75,10
ἑαυτῆς   67,8
ἑαυτοῖς   31,5(sibi);   45,14(s.met ipsis)
ἑαυτόν   15,12(semet ipsum) · 14();   51,15
ἑαυτοῦ   49,15
ἑαυτῷ   9,10(sibimet)
ἑαυτῶν   65,16(suus)
ἐγγί(γ)νεσθαι   73,7(incubare)
ἐγγύς   85,2(vicinus)
ἐγκαθορμίζειν   3,7(recondere)
ἐγκύπτειν   57,15(intueri et inspicere)
ἐγρηγορικῶς   43,7
ἐγρηγορώς   49,4(vigilans)
ἐγχαράττειν   81,7(incidere)
ἐγώ   35,13
ἔθνος   47,14
εἰ   1,11(si);   5,6();   13,5();   51,7() · 13();   57,16();   59,2();   83,1
εἰδέναι   5,14(εἰδώς >sciens);   15,18(conspicere);   27,1(scire);   33,5(οὐδέ... nescire);
   83,7(videre et cognoscere)
εἰκών   21,6;   63,7

εἶναι 3,13 · 19; 5,3 · 12; 13,17; 15,4; 17,3; 19,1 · 3; 21,3 · 5; 25,4;
  29,7(effici) · 11; 33,11; 35,*1* · *4*; 11; 37,6 · *13*; 39,3; 41,13; 43,4; 45,5 ·
  8 · 9(2x); 53,12; *55*,*14* · *15*; 61,1; 63,1; 65,6; 67,2; 75,3; 77,11 · 13;
  83,7; 85,17

εἰς 19,*10*; 31,5(ad); 45,2(in); *55*,*15*; 61,14(in); 67,14(ad); 73,3(in) · 5(ad);
  75,10; (89,5)

εἷς 29,1(unus); 33,11(); 79,9()

εἶτα 47,3(et)

ἐκ 1,8(ex); 3,3(a); 5,5(ex); 13,12(per) · 12(*abl.*); 17,*13* · *14*; 21,12(*abl.*); 23,13
  16; 31,12(*gen.*); 33,6(); 73,6; 75,16(ex); 77,5() · 15(); 79,14(ab); 83,6(ex) ·
  7; 85,9; 87,15(); 89,*4*

ἕκαστος 1,7(unusquisque); 13,1(singula quaeque); 33,10(unusqu.); 35,9(); 49,14();
  85,4

ἑκάτερος 27,2(unusquisque)

ἐκβάλλειν 73,4(rapere)

ἐκεῖ; 85,1

ἐκεῖνος 13,12(ille); 15,2(); 19,*10*; 49,12(); 51,14()

ἐκκλησία 33,14(ecclesia); 35,*4*

ἐκκλίνειν 37,*10*

ἐκφέρειν 71,7(intumescere)

ἐκφεύγειν 3,15

ἐλάττωσις 29,5(diminutio)

ἐλεφάντινος 67,*15*

ἐλέφας 67,16

ἑλικοειδής 85,11

ἐλπίζειν 45,12; 49,1

ἐλπίς 47,4; 61,11(spes); 69,10()

ἐμβλέπειν 11,3; 51,6

ἐμοῦ 89,*4*

ἐμπλέκειν 39,*14*

ἐμποιεῖν 35,11(tribuere et commovere)

ἔμπροσθεν 43,*1*

ἐν 1,17(in); 3,9() · 17(); 5,*11*() · 15() · 16; 9,3(in) · 6; 11,*2* · *4* · *12*; 17,1 · *10*;
  27,15; 31,3(); 33,*13*; 43,1 · 3; 45,9; 47,5; 49,2; 51,*4* · *5* · 6(in); 53,9;
  55,*5* · *18*; 57,13(); 61,9(); 65,4; 73,9; 77,2() · 9 · 10(); 83,15(); 85,12

ἐναποκλείειν 47,11(recondere)

ἐναπομένειν 25,9(incubare; K)

ἐναργής 9,10

ἐνατενίζειν 15,7(intueri)

ἐνδεής 61,4(indigens)

ἐνδέον 71,4

ἐνδιδόναι 79,10(tradere)

ἔνδον 73,15

ἐνέργεια 15,10; 17,5(intuitus); 29,8(vigor); 79,1(operatio)

ἐνεργεῖν 7,17

ἐνηχεῖν 85,15(sonora redditur)

ἐνθύμησις 53,3(cogitatio)

ἐννοεῖν   77,5(intellegere) · 12(contemplari)
ἔννοια   3,2(motus mentis);   75,15
ἐντεῦθεν   47,10
ἐντολή   51,7(norma);   69,12(mandatum)
ἐνυπάρχειν   77,5(in te esse)
ἐνύπνιον   49,4(somnium)
ἐξαιρεῖν   49,12(resecare)
ἐξακούειν   17,6
ἐξαμαρτάνειν   7,2(vergere ad peccatum)
ἐξανδραποδίζειν   75,7(vinctus)
ἐξαρκεῖν   63,2(sufficere);   87,4(deservire)
ἐξετάζειν   49,18;   57,1
ἐξευτελίζειν   53,1(→exprobrare)
ἐξευρίσκειν   51,13(reperire);   65,8()
ἐξιᾶσθαι   31,9(succurrere)
ἕξις   29,11(status)
ἐξισάζειν   31,19(par esse)
ἐξιχνεύειν   77,2
ἐξοιστρᾶν   73,2(vexare)
ἐξομολόγησις   31,14(confessio paenitentiae)
ἐξοχή   85,9
ἔξω   51,11(extra)
ἔξωθεν   9,3(exteri);   85,16(extrinsecus)
ἐπαγάλλεσθαι   55,10(se iactare)
ἐπαγγελία   61,13(quae repromisit)
ἐπαίρειν   55,7(extollere);   59,5(elatio)
ἐπανιέναι   79,12(reddi)
ἐπανόρθωσις   27,5(emendatio)
ἐπάν   35,14
ἐπαφιέναι   71,15(extendere)
ἐπεί   77,12(quia)
ἐπείγεσθαι   13,9(ferri atque compelli)
ἐπειδάν   3,1(cum)
ἐπειδή   1,14(quoniam);   15,5();   27,7();   49,14();   77,8()
ἔπειτα   63,7(tum deinde);   83,14
ἐπεκτείνειν   43,1
ἐπέρχεσθαι   47,16(dibacchari)
ἕπεσθαι   29,11
ἐπί + acc.   11,13(ad);   15,14;   17,4;   45,16;   51,2(ad);   61,3
ἐπί + dat.   9,2 · 4;   55,9
ἐπί + gen.   15,9;   29,3(in);   67,15;   69,2();   79,2();   83,14();   85,10;   87,13(abl.)
ἐπιβαίνειν   67,9(ascendere)
ἐπιβάλλειν   15,8(→conspicari);   39,2(pertinere) · 8
ἐπιβουλή   19,5(dolus)
ἐπιγί(γ)νεσθαι   23,13(obrepere);   81,4(nova, recentia)
ἐπιδείκνυσθαι   65,16(servare)
ἐπιδεῖν   39,5

ἐπιθυμεῖν   11,3;   27,8
ἐπιθυμία   73,1(concupiscentia)
ἐπιλείπειν   45,1
ἐπιμέλεια   7,3(diligentia)
ἐπιμελεῖσθαι   23,12(consulere);   25,14(→ adhibere)
ἐπιμελῶς   13,5(diligenter);   35,15()
ἐπινοεῖν   65,11(invenire)
ἐπιπορεύεσθαι   87,11
ἐπιπροσθεῖν   85,7
ἐπισκοτεῖν   81,3(oblitterare)
ἐπίστασις   13,16(providentia)
ἐπιστρέφειν   39,4
ἐπιτελεῖν   13,15(conquirere)
ἐπιτήδειος   7,19(op(p)ortunus)
ἐπιτήδευμα   45,2
ἐπιτρέπειν   75,9;   79,3
ἐποχεῖσθαι   3,3
ἐπώνυμος   19,3(etymologia)
ἐργάζεσθαι   9,12(committere)
ἐργαστήριον   9,10(officina)
ἔργον   35,9(opus);   53,6()
ἔρευνα   51,2
ἐρρωμένος   31,2(robustus)
ἔρχεσθαι   9,13(adventus)
ἑστηκέναι   51,15
ἔσω   9,11
ἕτερος   29,3 + 5(una... alter)
ἔτι   69,8;   71,1
ἕτοιμος   69,14(praeparari);   83,10
εὐαγγέλιον   33,12(evangelia);   39,10;   45,2
εὐαρμόστως   45,4
εὐεκτεῖν   29,8
εὐημερεῖν   53,16(degere)
εὐθής   85,10(directus; K) · 11
εὐθυμία   63,3(solacium)
εὐθύς   1,12;   15,11(continuo)
εὐκαιρία   7,14(op(p)ortunitas)
εὐκολία   45,15
εὔκολος   3,18;   5,12(faciles)
εὐκρινής   81,5(distinctio)
εὐπαθεῖν   29,6(luxuria fluitare)
εὐπαιδία   47,2(liberorum felicitas)
εὐπορία   47,10(fructus)
εὐπρεπής   9,8(οὐκ -πῆ >inhonesta);   59,4(decorus)
εὑρίσκειν   3,5(invenire);   13,5();   53,9 · 11();   71,2()
εὐρωστία   33,2(sanitas)
εὐσέβεια   27,4(pietas)

εὔστροφος   87,3(motu perfacilis)
εὐτρεπής   69,13(pandi)
εὔχεσθαι   37,6(orare)
ἐφαρμόζειν   35,8(aptare)
ἐφικνεῖσθαι   15,15
ἐφίστασθαι   25,15(→intueri)
ἔχειν   3,13;   5,9(est);   7,19(habere);   11,8;   13,3(acceperunt) · 6;   17,8(gerere);
   35,3(h.);   41,11;   45,4 · 12;   67,5(produci) · 7(h.) · 8() · 11)() · 16;   69,5(te
   contegit);   79,4(concipere);   81,1(esse);   83,12(h.)
ἐχθρός;   17,11(inimicus)
ἕως   9,13

ζάλη   3,8(fluctus)
ζηλοῦν   61,9(-λωτόν; magnificum)
ζητεῖν   79,2(requirere)
ζυγόν   27,15(statera)
ζωγραφεῖν   9,11(imaginem deformare)
ζωγρεῖν   19,9
ζωή   23,6(vita) · 9();   25,5();   57,14;   69,11();   79,14();   83,8
ζῷον   13,1(animal; K);   63,2();   65,2(animans);   83,5()

ἤ   37,10;   45,10 · 13(et);   49,15(quam);   85,14
ἡγεμονία   47,14(imperii fastigia)
ἡγεμονικόν   5,16(K);   81,6
ἤδη   11,3;   45,7 · 12;   49,2;   61,12(iam)
ἡδονή   9,10(libido);   23,2(voluptas);   73,6 · 14(li.)
ἡδύς   65,1(dulcis);   73,5(dulcedo)
ἥκειν   31,6(adhibere)
ἥλιος   67,5(sol)
ἡμᾶς   13,10;   21,4(nos) · 8();   73,9
ἡμεῖς   21,3(nos)
ἡμέρα   45,1;   61,3;   67,6
ἥμερος   65,2
ἡμέτερος   21,4(noster) · 7()
ἡμῖν   1,4(nobis);   5,5();   7,1();   11,10;   13,10(nobis) · 12() · 18();   33,13
ἡμῶν   5,14(noster);   13,15(nobis);   25,4(noster);   31,7();   49,14;   73,7
ἠρεμία   45,13(silentium)
ἡσυχία   45,13(quies);   73,16(tranquillitas)

θάλαττα   65,13(mare)
θάνατος   69,9
θαυμάζειν   23,5(mirari);   79,5(admirari)
θαυμαστός   73,15(admirandus)
θαυμαστοῦν   89,3
θεῖος   69,10(divinus)
θέλημα   19,10
θεμέλιος   37,12

θεόπλαστος 63,2(dei manibus *formatum*)

θεός 1,4(deus); 13,2() · 10() · 18(divinitus); 35,*4* · *5*; 53,*14*; 61,12(div.); 63,5(de.) · 11(); 69,8() · 12(); 75,15; 77,5() · 11(); 79,2(); 89,5()

θεραπαινίς 73,16(famula)

θεραπεία 31,5(medela) · 12(remedium et emendatio)

θερμός 87,13(calor)

θεωρία 15,9(→conspicari); 83,1(consideratio)

θήραμα 19,9(venatio et captura); 37,1(v.)

θηρεύειν 35,*14*

θηρευτής 35,5(venator vel captor) · 11(v.) · *13*

θηριώδης 71,8(ferinus)

θνητός 25,3(mortalis) · 9(mortalis ac caducus); 55,14(mort.)

θόρυβος 3,9(tumultus); 73,17(t.ac strepitus)

ἰᾶσθαι 33,8(→cura suggeritur); 39,6

ἰατρός 7,6(medicus) · 10(); 31,3() · 6()

ἴδιος 49,3(proprius)

ἰδού 35,12

Ἰησοῦς 37,13

ἱλάσκεσθαι 53,14

ἵνα 13,11(ut); 15,4(); 17,*13*; 27,1(); 31,10(); 33,1(); 37,1(quominus); 41,*1*; 43,2; 49,16(ne); 83,6(ut); 89,4()

ἰοβόλος 73,8

ἵππος 67,2(equus)

ἱπποτρόφος 57,8(K)

ἱστάναι 47,3

ἰσχυρός 7,11(tutus); 59,3(fortis); 87,7(validissimus)

ἴσως 3,12(fortassis)

καθαίρειν 81,11(expurgare)

καθάπτειν 71,14

καθαρότης 7,1(puritas et munditiae)

καθεζόμενος 9,3(residens)

καθεύδειν 43,6; 67,15

καθιδρύειν 83,16(instituere)

καθορᾶν 63,12(contemplari); 77,3(deprehendere); 89,2(cernere)

καί 1,6(et) · 16; 3,5 · 6(ac) · 17 · 18(-que); 5,1() · 3 · 4(etiam); 7,3(et) · 9() · 14-15(5x; et...et...-que); 9,1 · 1(et) · 9() · 15(); 13,5() · 7() · 10(eti.) · 13(et) · 17; 15,2; 17,*13*; 19,3; 21,3 · 4 · 5() · 7() · 9(-que); 23,1 · 1() · 4(2x) · 12; 25,1; 27,*3*; 29,3 · 3(et) · 6(-que); 31,1-2(2x, et... et...) · 5(et) · 6() · 13() · 18 · 19(); 33,4() · 7-8(et ... et); 35,2(3x) · 3(et) · *13*; 39,8; 41,8 · 9(2x) · 10; 43,7; 45, 3; 47,6; 49,2 · 3(et) · 6() · 7 · 9 · 12(etiam); 51,15(et); 53,1() · 9 · 16(etiamsi); 55,4(2x) · 10 · 11 · 12 · *15*; 57,17; 59,1; 61,1(et) · 13(); 65,2 · 6() · 8 · 9(-que) · 10 · 13 · 15(2x; et...atque); 67,7(et) · 11 · 13(autem); 69,1 · 3; 71,1 · 2 · 7(et) · 8(2x) · 12() · 14; 73,3 4() · 6() · 9() · 15(vero) · 16(et); 75,3() · 4(2x) · 5() · 6() · 10() · 15; 77,12(ne...quidem); 79,9(-que); 81,5; 83,2(eti.) · 3(); 85,1(3x κ.>1x et) · 2 · 13(eti.) · 14(et); 87,3() · 3(ita ut) · 11(et) · 12; 89,2(quoque)

καίριος   41,12(K)
καιρός   7,19(tempus);   55,5()
κακία   23,15;   37,3(nequitia);   81,10()
κακόν   49,17(malum)
κακοῦν   31,8(languere)
καλάμη   37,15
κάλλος   23,1(decor cultusque) · 16(monile);   55,11(pulchritudo);   69,6(fulgor);
    81,9(decor)
καλός   39,*10*;   47,6
καλύπτειν   1,15(operire)
κάματος   7,15(labor)
κάμνειν   31,4(aeger)
καρδία   1,5(cor) · 9;   *5,11 · 14*;   9,6 · 9(mens) · *16*(cor);   11,2 · *4* · 13;   55,5;
    87,14(cor)
καρπογονία   39,8(K)
καρπός   65,1(fructus)
κάρφος   51,4
κατά + *acc.*   5,12(>*gen.*) · 16(ex);   17,5;   21,6(secundum) · 6;   31,10();   33,12(in);
    51,3(sec.) · 7() · 14;   53,2(in) · 17;   63,7
κατά + *gen.*   27,8 · 9;   39,*11* · 12
καταβάλλειν   37,12
καταβαρύνειν   29,1
καταγώγιον   83,3(hospitium)
καταδέχεσθαι   31,12(pensari)
κατακεῖσθαι   69,4(te contegunt)
κατακοσμεῖν   23,12(excolere) · 16(exc. et exornare)
κατακρατεῖν   71,6(exasperare)
καταλαμβάνειν;   15,13(attendere vel comprehendere);   43,2;   85,6(sortiri)
κατάληψις   79,4(sensus atque →intellegentia)
κατάλυσις   69,10(ablatio)
καταμανθάνειν   13,5(intendere);   87,2(intueri) · 12(considerare)
καταμαραίνειν   29,11(marcescere)
καταμελεῖν   23,10(neglegere);   31,5(contemnere)
καταμόνας   5,13(singillatim; K)
κατανοεῖν   51,5
κατανόησις   75,13(K);   79,2(visus)
καταντᾶν   73,6(vergere)
καταπείθεσθαι   75,6(famulari)
καταπηγνύναι   17,12(tenduntur... defossae)
καταπιέζειν   49,6(resecare et restringere)
καταπίπτειν   55,8(resolvi)
κατασιγάζειν   75,1(comprimere)
κατασκευή   21,10(instrumentum; K);   77,1(creatura);   83,2(ratio)
καταστέλλειν   71,11(coercere)
καταφρονεῖν   25,11(neglegere)
κατεξανίστασθαι   75,9
κατεπᾴδειν   55,5

κατευθύνειν 37,7
κατοικίζειν 85,2(cohaerere)
κατορθοῦσθαι 13,13(effici)
κατοφρυοῦσθαι 9,1(supercilium; K)
κείμενος 1,18; 49,2
κειμήλιον 47,7(facultas)
κεῖσθαι 15,10
κεκτῆσθαι 67,13(possidere)
κεφαλή 83,14(caput)
κηδεμών 7,9(provisor)
κίνημα 9,6
κίνησις 7,16(motus); 87,4()
κλίνη 67,15
κοινός 7,9(communis)
κοινωνία 79,9(concordia)
κοινωνικόν 1,6(communis; K)
κολάζειν 73,9(ultio)
κομᾶν 55,9(florere et pollere)
κόνις 57,11
κορυφή 15,15(vertex)
κοῦφος 19,4; 29,1(levis); 31,18()
κουφότης 45,11(vanus)
κρατεῖν 71,14(refrenare); 75,5(imperare)
κράτος 75,10; (89,5)
κρύπτειν 5,2(offuscare; K); 17,10(occultus)
κρυπτός 1,9; 5,11; 9,15; 11,2 · 12
κρυφαῖος 9,9(occultus)
κτᾶσθαι 47,6
κτίζειν 21,6(creare); 63,8(creator); 77,4(); 81,12()
κτίσις 47,9
κύριος 35,12(dominus); 51,4()
κώλυμα 85,16(quod impedire possit)

λαμβάνειν 3,1(nancisci); 45,13; 63,10(accipere)
λαμπάς 67,6(lumen)
λαμπηδών 67,7(discus; K)
λαμπρός 47,2(praeclarus); 53,16(prosper); 57,8(exquisitus)
λεαίνειν 87,10(molere)
λέγειν 15,10; 17,2(dicere); 35,12(); 53,13(dicere); 89,2(exclamare)
λείπειν 17,4(superesse)
λέξις 5,9(sermo)
λίθος 37,16
λογίζειν 63,3(sapiens)
λογικός 75,3(rationabilis); 83,4()
λογισμός 13,16; 47,9(nutus mentis); 49,6(cogitatio) · 18; 63,12(conspicabilis rationis intellegentia); 71,6(mens); 87,11(cog.)
λόγος 1,4(sermo); 3,2() · 7() · 14(); 5,1(); 11,14(verbum); 13,13(); 21,11(ser.);

31,7(ser.dei);   33,11(v. dei);   37,2(v.);   43,5(sententia);   51,3(v.);   65,12(ratio);
71,13(ser.);   75,6(r.) · 10();   87,4(v.)
λοιπός   7,15(ceteri);   21,9()

μάθημα   81,1(eruditiones litteraeque)
μαθητεύεσθαι   33,10(discipulatus)
μακαρίζειν   9,4(laudabilis);   67,12(beatos censere)
μακροβίωσις   23,3(longioris vitae vota)
μάλιστα   7,2 · 10(maxime)
μᾶλλον   11,13(potius);   85,14(magis)
μανθάνειν   3,7(auditor)
μάστιξ   71,13(verbera)
μάταιος   5,3
ματαιότης   47,8(vagus) · 11(vanitas)
μὲ   45,1
μέγας   13,10(magnificus);   23,7(magnus);   31,13(grandis);   33,4(gravis) · 6(magn.) ·
    14;   47,4 · 6(ingens);   49,8;   55,9;   69,8(maior);   71,5;   77,3(magnificus)
μελέτη   29,9(meditatio)
μέλλων   45,7(futurus)
μέλος   79,8(membrum)
μεμνῆσθαι   5,6(meminisse);   59,4(memor) · 5();   73,4(recordari)
μέν   1,11;   3,5(quidem);   7,13;   11,5();   13,19();   15,6() · 9();   21,5;   25,3();
    27,3();   29,5;   45,7;   51,4;   63,1;   65,2;   69,7();   71,3 · 11();   73,5;   75,3() ·
    5();   79,14();   81,8;   83,8;   85,5() · 13();   87,7(et) · 9(alii)
μέντοι   55,4(vero);   65,8
μέριμνα   69,3(cura)
μέσος   3,10(medius);   9,3();   17,10
μετά + acc.   83,1(post)
μετά + gen.   27,1(cum);   89,2()
μεταβαίνειν   3,4(transferri)
μετάβασις   67,14(commeatus)
μεταδιδόναι   1,7
μεταδιώκειν   15,3(sectari)
μετάνοια   31,19(paenitentia)
μέχρι   79,7(per)
μή   3,15(minus);   5,7(nisi) 10;   11,1 · 12;   19,6(ne) · 8();   21,11();   25,7(nec);
    27,5(non) · 10(ne);   35,15(necubi);   37,9(ne) · 10 · 14() · 14(et) · 15(ne);   39,1() · 14;
    41,6()7;   43,5;   45,7;   49,10() · 16() · 17(noli);   51,6(numquam) · 11;   53,2(non) ·
    2(ne) · 3();   61,8(non);   69,16();   75,7(ne);   77,6(neque);   83,11(non)
μηδαμοῦ   47,3
μηδέ   21,11(neque);   23,3(non) · 5;   27,6(neque);   43,6;   61,9();   75,9();   83,11()
μηδείς/έν   85,6 · 16(nihil)
μήτε   5,1 · 2(neque... neq.);   21,1 · 2();   23,8(et non);   45,8(2x);   55,6-7(neque...
    neq.);   79,1(neq.)
μήτηρ   73,10(promulgare)
μικρός   31,9(brevissimus);   77,3;   85,8(parvus)
μικροψυχεῖν   67,1(deficere animo);   71,3()

μιμεῖσθαι 41,8(imitari)
μνήμη 3,19(memoria); 81,5
μοὶ 53,*14*
μοιχεύειν 11,*4*
μόνον 33,1(tantum); 35,*1*; 79,1()
μόνος 21,2(solus); 63,1(); 83,5()
μόριον 85,7
μοὺ 37,7
μῦθος 57,11(antiquae fabulae)
μύριοι 67,8
μῶμος 51,13(macula)
Μωϋσῆς 5,5(Moyses; →Appendix 4)

νέος 45,11(iuvenis)
νεύειν 83,9
νηστεία 31,16(ieiunium)
νηφάλιος 45,5(vigilare)
νηφόντως 43,7
νοερός 15,8(intellectualis); 63,10(i.et rationabilis); 75,4(r.)
νόημα 1,12(mens; K); 11,7(cogitatio)
νοητός 79,4(intellectualis)
νομίζειν 23,8(aestimare); 45,12
νομίμως 41,8
νομοθέτης 49,13(legis lator)
νόμος 41,7(lex)
νοσεῖν 33,4(aegritudines pati) · 5(aegrotare) · 8(aeger); 39,6
νόσος 33,2(languor)
νοῦς 17,5(mens); 21,5(); 29,8(); 75,8(rationabilis mens); 77,8()
νυκτερινός 45,13(nocturnus)
νῦν 73,6(nunc)
νῶτον 15,17(tergum)

ξύλινος 35,*2*
ξύλον 37,*14*

ὄγκος *v.l.*; 27,6(→ὄχλος)
ὁδοιπόρος 35,5(viator); 37,6()
ὁδός 37,9(via) *10*()
ὀδούς 87,7(dens)
ὅθεν 19,2(unde)
οἴεσθαι 49,11(arbitrari)
οἰκεῖος 13,4; 19,3(suus); 25,5(familiaris); 29,8 · 10(proprius); 49,15(pr.et domesticus); 51,2(tui) · 5; 67,11; 81,9(pr.)
οἰκέτης 47,13(servitium); 57,17(servus)
οἰκία 33,*14*
οἰκοδομεῖν 37,*14*
οἰκοδόμος 35,6(structor); 37,13()

οἴκοθεν 13,3
οἶκος 35,4; 47,4(domus)
οἷον 3,8(velut); 49,7; 71,6(si quando); 73,16(v. si); 81,6(v.)
οἰονεί 71,13(<velut>; <tamquam> sec.S. Mariotti); 77,2(velut)
οἴχεσθαι 73,14
ὀλίγος 3,18(pauci); 57,13(perexiguus)
ὀλισθηρός 7,11(lubricus)
ὁλκή 13,8(impulsus; K)
ὅλος 15,12; 47,9; 77,1(universus); 83,12(omnis)
ὅλως 9,9(totus); 75,13
ὁμιλία 9,8(colloquia; K)
ὄμμα 17,8(oculus); 41,13(); 51,2()
ὅμοιος 37,6(talis qualis); 55,18(similis)
ὁμοίως 31,6(similiter)
ὁμοίωσις 81,11(imago ac similitudo)
ὁμοτιμία 63,9(dignitas culmenque)
ὁμοῦ 87,7 · 8(2x; simul)
ὄν → ὤν
ὄνομα 1,16(nomen; K)
ὀξυδορκία 19,3
ὀξύς 11,9(velox)
ὀξύτης 19,2(acutus)
ὁποῖος 5,4(talis)
ὅπου 11,9(ubi)
ὅπως 45,4; 83,3(quam); 87,2(quomodo)
ὁρᾶν 7,10(εἶδε >providebat); 9,7(εἶδε >concepit); 15,15(considerare); 19,6(videre);
    27,10()
ὅρασις 19,2(visus)
ὁρατός 15,7(corporeus)
ὄργανον 87,7(organum) · 14(membrum)
ὀργή 71,6(iracundia)
ὄρθιος 83,5(rectus; K)
ὁρμή 5,15(motus; K); 73,3; 83,12(impetus vel conatus)
ὄρνεον 17,14; 19,4(avis)
ὄρος 35,14
ὄροφος 69,4(laquearia)
ὅς 5,6; 7,2 · 10; 13,11 · 13; 21,6; 37,13; 51,15; 63,10; (89,5)
ὅσος 23,5; 47,8(quantus); 65,5 · 10 · 11
ὀστέον 57,13
ὅστις 35,4
ὀστράκινος 35,2
ὄσφρησις 85,1(odoratus)
ὅταν 19,6(cum); 45,12(si)
ὅτι 5,14(quod); 25,3(quoniam) · 4; 33,5(quod); 55,14(2x; quia); 61,9(); 63,7(quod);
    67,2(si); 73,5(quia); 75,3(quod); 83,7(quia)
οὐδέ 77,8(neque)
οὐδείς/έν 41,7; 61,9(-έν; nihil); 75,16(-έν; non); 85,4(in nullo)

οὐ(κ) 9,8(in-); 15,15 – 17,1(4x); 35,*1*; 45,10; 51,6; 57,11 + 13(3x; nonne); 59,5;
   61,7; 63,2(); 65,8 – 15(4x; nonne); 67,2(non) · 7 – 69,4(4x; non); 71,3(nec) ·
   15(nequaquam); 81,3(non); 85,10
οὖν 3,1(igitur); 5,4(enimvero); 11,1(ergo) · 9(); 15,3(); 17,2 · 12(igitur); 19,6(er.);
   21,1() · 5(namque) · 10(ig.); 25,8(er.); 31,10; 59,4(); 63,1(); 67,1() · 12();
   75,7(); 89,4()
οὐρανός 65,15(caelum); 69,5() · 13(); 83,10()
οὔτε 15,13(neque); 77,13-14(3x; neque...aut...vel)
οὗτος 7,3(hic) · 11; 13,11(iste) · 12(is) · 14(hic); 21,8 · 12; 23,7 · 8() · 11() ·
   12(); 27,9; 31,1() · 9(); 33,5 · 14; 35,7(qui) · 8(hic); 45,11; 47,7 · 12 · 16;
   49,3(iste) · 5(qui) · 9(hic) · 13() · 16(); 53,16(); 63,2(); 65,5; 69,7(); 71,1;
   73,5(iste) · 8(); 85,13(hic); 87,15()
οὕτω(ς) 3,15; 7,9(ita); 29,3(); 43,2; 85,3; 87,11
ὄφελος 33,6(utilitas)
ὀφθαλμός 15,7(oculus) · 10() · 13() · 14(); 51,*4* 6; 77,13(); 79,2; 85,5()
ὀφρῦς 85,8(supercilium)
ὀχετός 87,14(meatus)
ὄχημα 67,11(vehiculum)
ὄχλος 27,6(laetitia ! K)
ὄψις 85,1(visus)

παγίς 17,*10 · 14*; 19,8(laqueus)
πάθημα 75,8(passio)
παθητικός 75,4(passibilis)
πάθος 27,5(vitium); 39,*12*; 49,12(); 75,9(); 81,9(); 83,12()
παιδεύειν 13,10(eruditio)
παλαίειν 41,*9*
πάλη 43,3(colluctari)
πάλιν 13,8(rursum); 47,10(sed et); 61,1(quod si); 73,1; 75,9; 81,10(r.);
   85,10(vero)
πανήγυρις 57,5(conventus)
πανοπλία 39,*13*
πανταχόθεν 17,7(undique)
πανταχοῦ 71,4
παντοδαπός 35,1(diversus); 47,7
παντοῖος 35,3(quam plurima et diversa)
πάντως 5,6; 29,2(sine dubio); 53,11
παρά + *gen.* 13,2(a) · 15(*dat.*) · 17(-itus); 17,11(ab); 47,3; 55,12; 61,12; 67,8
παραβαίνειν 41,6(adversum... gerere)
παραγγέλλειν 49,8
παράγγελμα 13,11(mandatum); 15,11; 17,3(); 31,1(praeceptum); 33,6(); 49,9();
   71,5
παραίνεσις 49,13(mandati adiutorium)
παρακατέχειν 3,19(reservare)
παραπέτασμα 1,14(velamen)
παράπτωμα 31,18
παρατρέπειν 37,9(errare)

παρατρέχειν   5,7(transfugere; K)

παρεγγυᾶν   31,4(praecipere)

παρεμπίπτειν   85,16(incidere)

παρεμποδίζειν   85,4(praepedire vel obsistere)

παρέρχεσθαι   25,6(deficere) · 10(transire) · 13(pertransire);   39,1(praeterire)

παρέχειν   27,11(erigere);   71,5;   75,14;   87,8(exhibere)

παρίστασθαι   55,1(apparere);   71,4

παρολισθάνειν   53,4(prolabi)

παροξύνειν   71,15(irritare)

παρουσία   75,2(adventus et praesentia)

παρών   45,6(praesens) · 7(in manibus);   49,2(praes.) · 11();   61,9();   71,3;   73,5()

πᾶς   7,19(omnis);   9,12();   13,2();   17,12();   21,12;   23,13() · 15() · 16;   27,1();   35,7() · 14;   39,13;   45,16;   47,3 · 16;   53,17();   55,12;   57,11(2x)();   61,5(o.;   cuncti) · 10(o.);   63,5();   65,2() · 4();   67,5;   83,8();   85,2();   87,3() · 11() ·   15()

πάσχειν   49,16(accidere)

πατρίς   55,10(patria)

παύειν   49,16(desinere);   51,6(cessare)

Παῦλος   41,8(Paulus)

πέλαγος   65,12(mare)

πέρας   73,6(finis);   79,7(pars)

περὶ + acc.   21,2(circa) · 4() · 8();   23,8(in);   27,6(circa);   33,7;   71,2;   73,15

περὶ + gen.   79,4(de)

περιβάλλειν   47,8(occupare);   57,2

περιβλέπειν   55,18(intueri)

περιγράφειν   77,6(continere)

περιγραφή   25,7(finis aut circumscriptio)

περιεργάζεσθαι   49,17(discutere)

περικλᾶν   85,15(per... ducere)

περιλαμβάνειν   77,15(exprimere)

περιλάμπειν   67,9(radiare)

περινοεῖν   63,11(agnoscere)

περισκάπτειν   39,7

περισκοπεῖν   17,7(circumspicere) · 12();   51,11()

περιστάναι   75,11(convertere)

περίστασις   55,4(adversa et tristia)

περιστίλβειν   69,6(depingere)

περιτιθέναι (-κείμενος)   9,3

περιττός   5,2(abundans)

περιφάνεια   47,1(dignitas);   57,1()

πέψις   87,14(digestio)

πιέζειν   55,4(urgere)

πικρός   31,15(amarus);   73,5()

πιστεύειν   77,11(credere)

πίστις   37,12(fides);   79,3()

πλανᾶσθαι   39,4

πλάσμα   9,2(imago)

πλάστιγξ   29,1(pars)
πλάττειν   5,*13*;   83,5(fingere)
πλεῖστα   3,17(multa);   13,6(plurima quaeque);   79,8(quam plurimum)
πλείστου   83,15(>*compar.*)
πλείων   7,3(maior);   71,1()
πλεονασμός   29,4(propensior)
πληγή   71,13(ictus)
πλῆϑος   47,13
πλημμέλημα   31,11(delinquere)
πλήν   5,6(π. εἰ;   > nisi forte)
πληροῦν   5,15(admittere);   23,7(pertinere);   47,6(replere)
πλησίον, ὁ   1,7(proximus)
πλούσιος   59,1(dives)
πλοῦτος   55,9(divitiae)
πνεῦμα   3,16(spiritus);   17,3();   27,8 · 9;   39,*11 · 13*;   69,9
πνεύμων   87,13(pulmo)
πόα   15,3(pastus)
ποιεῖν   3,11(praebere);   29,2(facere) · 4;   89,1(deus)
ποικίλος   87,4(varius et diversus)
ποιμαντική   39,2(pastoris →studium)
ποιμήν   35,6(pastor);   39,1()
ποῖος   39,3(quae);   81,1()
πόλεμος   47,15(movent classica)
πόλις   65,9(urbs)
πολιτεία   63,9
πολιτικός   47,14;   57,2
πολλάκις   9,4
πολλαχόϑεν   17,11(ubique)
πολυπραγμονεῖν   49,14(curiosius perquirere)
πολύς   11,5(nonnulli);   27,11;   31,14(grandis);   33,3(multi);   35,*13*;   51,3();   53,10();
      67,16
πολυσαρκία   29,6(caro)
πονηρία   23,13(vitia nequitiae);   39,*11*
πονηρός   73,1(obscenus)
πόνος   69,15(labores et aerumnae)
πορεία   69,12(iter);   83,13(cursus)
πορεύεσϑαι   37,*11*(incedere)
πορϑμεῖον   3,2(vehiculum)
πόρος   85,11
πόρρωϑεν   7,7
ποτὲ   5,*10*;   11,*1 · 12*;   19,8(forte);   27,10();   45,13;   59,5;   75,7()
ποῦ   57,1(ubi) · 4() · 5()
πού   5,7;   9,1;   35,15(necubi);   41,6;   51,13(sicubi)
πούς   49,2;   67,11(pes) · 14()
πρᾶγμα   5,3(res);   25,14
πραγματεία   39,*14*
πρᾶξις   7,13(actus);   11,5();   33,7 · 11(opus);   71,8

πράττειν   53,6(committere)
πρέπων   83,3(dignus)
πρό   55,18(ante)
προαίρεσις   35,10(propositum ac mens)
προβολή   41,12;   85,8(prominentia)
πρόγονος   55,9(proavus)
προεκτρέχειν   53,4(praecurrere)
προεστάναι   43,8
προηγεῖσθαι   23,9(K);   77,8
πρόθεσις   5,16(propositum);   11,6(mens; K)
προιέναι (-ιημι)   45,8
προιέναι (-ειμι)   51,8(dirigi)
προκαταλαμβάνειν   7,12(circumdare et circumvallare)
προλαμβάνειν   81,3
προμηθής   7,6(→ providus)
προνοητικός   45,6
πρός   1,17(ad);   5,12();   7,10();   9,5();   11,3;   13,3 () · 7(adversum) · 8(ad);   17,8();
     19,7();   29,7;   39,8();   41,13;   45,4;   47,4;   49,11;   55,6 · 8;   61,12() · 13();
     63,3() · 8();   65,11;   69,12();   71,3 · 7;   75,15;   77,9(gen.);   79,6 · 9(ad) · 11();
     81,8() · 11();   83,9 · 10() · 13();   85,9(in);   87,3(ad)
προσάγειν   37,3(offerre)
προσγί(γ)νεσθαι   13,13(addi)
προσεῖναι   61,10(praesto est)
προσέχειν   3,15(intentus esse);   5,10;   13,1;   15,3 · 6(attendere);   17,6;   19,6;   21,1 ·
     3(att.) · 11;   23,10;   25,8;   31,4()10;   33,1;   35,15;   37,9;   39,1;   41,5;   45,5;
     49,10;   51,1;   53,15;   55,13;   59,6;   71,1 · 10;   73,4;   75,2 · 17;   83,1();
     89,4 · 4()
προσήκων   87,12(competenter ac pie)
προσθήκη   81,4(additamenta augmentaque)
πρόσκαιρος   23,6(praesens)
προσοχή   13,15;   23,14
πρόσταγμα   17,5(praeceptum);   45,4();   69,10()
προστιθέναι   27,10(manus accommodare);   47,12(addere)
πρόσφορος   27,2(convenit)
πρόσωπον   15,18(vultus)
προφέρειν   1,9
προφήτης   89,3(propheta)
προφυλακτικός   7,6(procuratio)
προχείρως   7,2(→ proclivis)
πρῶτος   7,1(ante omnia);   63,1(primo)
πτερόν   19,4(penna)
πτωχός   59,1(pauper);   61,2(2x)() · 7
πυκτεύειν   41,9
πύκτης   41,10
πῦρ   73,11
πύρωσις   73,10(calor fervorque)
πῶλος   71,12(equus)

πῶς   15,12(quomodo);   79,5() · 14();   81,8() · 10()

ῥᾳδίως   3,14(facile)
ῥᾳθυμία   45,8
ῥᾴθυμος   49,3(deses)
ῥᾴδιος   49,14(facilis)
ῥῆμα   1,16(verbum; K);   5,10;   11,1 · 12;   35,8(mandatum);   53,16(sermo);   71,7
ῥήτωρ   57,4(rhetores et oratores)
ῥοπή   27,15(momentum)
ῥοῦς (ῥόος)   53,17
ῥύπος   23,14(macula)

σάρξ   1,14(caro);   21,11();   25,5() · 12();   27,2() · 7() · 8 · 9 · 11();   39,12;
   73,10(carnalis);   79,10(corpus) · 11(caro);   81,8()
σατράπης   57,9(satrapa)
σαυτοῦ   23,9;   59,6
σαυτῷ   21,2(tibi);   27,1(tibi ipsi);   33,1;   51,1;   67,12
σέ   21,2(te);   35,15();   39,1();   43,4();   67,8(te v.l.);   69,8();   77,4(tui);   89,1 ·
   2(tu)
σεαυτόν   17,7(te ipsum);   51,7(temet ips.);   53,1(te ips.);   71,2
σεαυτοῦ   17,8(tui);   19,7(tuae);   43,8;   53,9;   61,8 · 11();   75,13;   77,11()
σεαυτῷ   5,10;   13,1;   15,4;   17,6;   21,1;   23,11;   25,8;   31,10;   37,9;   41,5;
   45,5;   49,9;   53,15;   55,13;   59, 6;   71,1 · 10;   73,4;   75,3 · 17;   77,2(in temet
   ipso);   89,4
σελήνη   67,8(lunae discus)
σεμνότης   9,2(honestas)
σημαίνειν   5,2(dicere)
σημαντικός   3,1(significantia)
σιωπή   3,12(silentium)
σκέπασμα   27,3
σκέπειν   41,12
σκεῦος   35,1
σκολιότης   85,15(anfractus)
σκοπεῖν   79,10(intueri et attendere)
σκοπιά   85,6(specula)
σκότος   9,15(tenebrae)
σκώληξ   73,8
σοβαρός   9,1(ambitiosus)
σοί   31,14;   51,7;   53,16(tibi);   59,2;   61,10() · 12();   65,2() · 12() · 16;   67,2() ·
   6();   71,4;   73,5;   75,13;   77,6(in te)
σός   21,2(tuus);   65,14();   77,8
σοῦ   5,11;   11,2 · 13;   23,11(tuus);   25,3();   69,11;   71,6;   79,6;   83,8(tibi);
   89,3
σοφία   63,13(sapientia);   77,4();   85,13();   89,1()
σοφός   49,9
σπλάγχνον   17,1(viscera)
σπουδάζειν   9,7(-ζόμενα > maligna desideria);   27,7(cursitare)

σπουδή   23,8;   35,10(desiderium)
στενοχωρεῖν   85,3(brevibus dirempti spatiis)
στέφανος   69,14
στεφανοῦν   41,7
στήλη   81,6(tabulae)
στρατεία   39,11
στρατεύειν   39,10
στρατηγία   47,14(bella)
στρατηγός   57,9
στρατιώτης   35,7(miles);   39,9()
στρατολογεῖν   41,1
στρέφειν   51,2(convertere)
σύ   65,8(tu)
συγγένεια   83,7(cognatio)
συγγενής   25,6(cognatus)
συγγίγνεσθαι   1,13(nosci)
συγκακοπαθεῖν   39,9
συκῆ   39,7
συλλαμβάνειν   37,1(capere)
σύμβουλος   55,2(consiliarius)
συμπάθεια   79,12(compassio)
σύμπνοια   79,9(consonantia)
συμφέρων   49,11(diligenter)
συμφυής   67,11(tecum natus)
συναπαρτίζειν   11,7(adhaerere)
συνάφεια   77,10(consortium)
συνδεῖν   79,7(consortium)
συνεργεῖν   45,2
συνεργός   7,15(adiutorium)
συνεχής   13,16
συνήθεια   49,12
συνίστασθαι   7,18(compleri);   13,2(conditor);   63,5(fecit subsistere);   65,9(condere)
συντομία   3,18(brevitas)
σύντονος   31,15(intentus)
συντρίβειν   39,5
σύστασις   13,4
συστέλλειν   3,16
σχῆμα   83,6(habitus)
σχηματίζειν   77,14(habitus est)
σχολάζειν   83,11
σχολή   49,18(attendere)
σῴζειν   15,5(utilis);   17,13;   37,4(salus)
σῶμα   7,5(corpus) · 13();   11,5();   21,7();   25,3();   27,6();   29,3() · 5() · 11();   55,11();
     79,6() · 15()(2x);   83,2(natura corporea);   85,7
σωματικός   15,6(corporeus);   77,12(carnalis) · 15(corp.)
σωφρόνως   63,3(recte et integre)
σωφροσύνη   9,2(continentia et sobrietas)

σώφρων   75,2(gravis ac → severus)

ταμεῖον   1,8
τάξις   67,1(ordo)
ταπεινότης   61,5(humilitas)
τάφος   57,15(sepulchrum)
τάχος   11,7(punctum)
ταχύς   11,10(celer);   25,5(cito);   69,3
τὲ   61,12;   65,2 · 13;   71,7;   75,4;   87,3
τελειοῦν   33,9(integritas perfectionis);   69,11
τελώνης   53,1 · 13(publicanus)
τέμνειν   87,9(incidere)
τετράπους   83,8(→ quadrupes)
τέχνη   21,9(ars);   35,3(artificium);   65,8(ars)
τί   21,10(quid);   67,1() · 12();   81,3(διὰ τί >quomodo)
τὶ   3,12(aliquid);   39,1(quid);   51,13(al.);   53,2(quid) · 3()
τιθέναι   83,15(situm est)
τιμή   47,3(obsequium);   55,12(honor)
τίμιος   37,16;   69,1
τίς   57,17(τ.καὶ τ.);   59,1();   79,10(quae · 11(qui)
τὶς   1,8;   3,2(quidam) · 8();   9,1(quispiam) · 8;   13,8(quidam);   15,12(quis);
   25,4(quidam);   33,11(aliqui);   41,6;   49,7;   55,2;   59,2;   61,1;   71,12;
   73,15(quidam);   75,1;   77,3() · 14(aliqu.)
τοίνυν   3,11(quamobrem);   17,4(ergo);   49,5;   51,7();   61,8(ergo);   75,2(igitur)
τοιοῦτος   43,4(talis)
τόπος   9,6(loca);   77,7(locus) · 9
τουτέστι   17,6(id est);   21,1();   23,11;   51,1
τρέμειν   61,4
τρέχειν   41,9;   43,2
τρόπαιον   47,15(tropeum)
τρόπος   21,12(studium)
τροφή   87,9(cibi)
τρόφιμον   15,3
τρυφή   65,11(K)
τυγχάνειν   45,9
τύραννος   57,10(tyrannus)
τῦφος   55,6(arroganter)

ὑγιαίνειν   33,9(sanus)
ὑγίεια (ὑγεῖα)   23,1(sanitas)
ὑμῶν   5,7
ὑπακούειν   75,6(oboedire)
ὑπάρχειν   45,10;   61,12(quae concessit);   75,5(praesto est + inest)
ὑπέρ + gen.   69,15(pro)
ὑπερβαίνειν   47,13
ὑπέρογκος   55,7
ὑπερορᾶν   25,12(contemnere et despicere)

ὑπερπιαίνειν   27,6(→ pinguedo)
ὑπερφυσᾶν   47,5(efferre)
ὑπηρεσία   23,7(ministerium)
ὑπηρετεῖν   65,13(famulari)
ὑπηρέτης   33,12(ministerium);   87,9(min. praebere, ministrare)
ὕπνος   69,3(somnus)
ὑπό + *gen.*   11,5(>*abl.*);   19,10;   31,7(ex);   33,3;   37,2(>*abl.*);   47,17;   55,4();
    63,4(>*abl.*);   71,7()
ὑπό + *acc.*   69,4;   83,11(infra)
ὑποθήκη   7,7(→ προφυλακτικός)
ὑποκαθῆσθαι   85,9
ὑπολισθαίνειν   81,8(declinare et labi)
ὑπόμνησις   55,2(commonitio)
ὑποπτήσσειν   61,5(expositus)
ὑποτιθέναι   45,10;   47,1(describere);   49,10(cogitare)
ὑποχείριος   65,6(subiectio)
ὕστερος   61,14(posterus)
ὑφίστασθαι   61,7
ὑψηλός   19,4;   83,14(in summo culmine);   85,5(excelsior)
ὑψοῦν   29,10(erigere)

φαιδρύνειν   25,1(excolere)
φαίνεσθαι   3,12;   19,7
φάναι   13,1(inquit);   21,10(praecipere);   49,9(dicere) · 16(inq.);   61,7(ait)
φανεροῦν   9,16
φαντασία   9,7(mens);   45,14(imago)
φαρισαῖος   51,14
φέρειν   55,2(suggerere)
φέρεσθαι   45,16;   55,1(succedere)
φεύγειν   13,18(fugere) · 19()
φθέγγεσθαι   3,4(loqui)
φιλόπονος   5,6(K)
φλεγμονή   49,6(inflammatio)
φορητός   31,18(levis)
φρονεῖν   55,10(intumescere)
φυγαδεύειν   73,14(effugare)
φυλακή   7,3(cautela);   11,10(cura remedii);   13,3(defensio ac tutela);   17,8(custodia);
    19,8(caut.);   87,13(servare)
φύλαξ   13,17(conservare);   45,6
φυλάττειν   11,1
φυσικός   13,7(naturalis)
φύσις   1,7(natura);   13,12();   45,10;   59,5(omnia);   63,11(n.);   75,5(naturaliter);
    87,2(n.)
φωνή   3,1(vox);   85,14();   87,7()
φῶς   67,9(splendor)

χαλεπός   31,13(gravis)

Von Basileios und / oder Rufin zitierte Stellen

Bibel

Andere